간화선 창시자의 禪
상권: 대혜의 깨달음과 가르침

간화선 창시자의 禪

대혜의 깨달음과 가르침

김태완 엮고 지음

침묵의 향기

머리말

도(道)에는 말이 없다고 한다.

옳은 말이긴 하지만 역시 30대 맞아야 할 소리다.

헤아릴 수 없이 말하는 것이 한 마디도 하지 않는 것이며, 한 마디 말도 하지 않으면서 헤아릴 수 없이 말하는 도리를 어찌 모른단 말인가?

말해도 옳고 말하지 않아도 옳다면, 무엇 때문에 애써 많은 말을 하는가?

병이 있으니 약을 처방하는 것이다.

오늘날 수많은 사람들이 참선(參禪)을 하고 도(道)를 닦는다고 하지만, 안타깝게도 열에 아홉은 엉뚱한 짓을 하고 있다.

도는 본래 닦을 것이 없음에도 닦는 행위에만 몰두하고, 선에는 본래 들어가고 나옴이 없는데도 오로지 선정에 들어가려고만 한다.

도는 본래 숨겨져 있는 것이 아닌데도 무슨 비밀이라도 있는 양 수수께끼 같은 허황된 말을 하면서 저 혼자 아는 척 하고, 선은 본래 특별할 것이 없는데도 무슨 신비스러운 일이 있고 남다른 능력을 얻는 듯이 괴상한 말을 한다.

도는 본래 얻거나 잃는 것이 아닌데도 얻으라고 가르치고, 선은 본래 생각으로 헤아릴 수 있는 것이 아닌데도 생각으로 헤아릴 수 있어야 한다고 주장한다.

도는 본래 행복하거나 불행한 것이 아님에도 행복을 얻으라고 하고, 선은 본래 고요하거나 시끄러운 것이 아닌데도 고요한 곳에서 푹 쉬어야 한다고 가르친다.

이런 수많은 병이 있으니 어찌 말을 하지 않을 수 있으랴?

선량한 남녀가 공부하려고 하다가 이런 삿된 견해에 물드는 것은 무슨 까닭인가?

바른 가르침을 만나지 못했기 때문이다.

여기 대혜종고의 바른 가르침을 소개하여 선량한 남녀들이 바른 법을 들을 기회를 제공하고자 한다.

우리 부처님의 법을 가장 알맞게 베풀어 부처님의 가르침을 다시 크게 부흥시키신 분들이 육조혜능과 그 문하의 선사들이시다.

혜능 조사께선 단지 불이법(不二法)인 견성(見性)만 말씀하시고 이법(二法)인 선정해탈(禪定解脫)은 말씀하지 않으셨고, 마조 선사께선 도는 닦을 것이 없으니 오염되지만 말라고 하셨고, 백장 선사께선 닦아서 부처가 된다고 하면 이것은 죽은 말이라고 하셨고, 황벽 선사께선 모든 것은 오직 한 개 마음이라고 하셨고, 임제 선사께선 지금 눈앞에 드러나 움직인다고 하셨고, 대혜 선사께선 깨달음을 기다리면 모두가 삿되다고 하셨다.

이분들이 이렇게 분명하고도 확실하게 가리키셨는데도, 또 무엇을 닦아서 무엇을 얻으려고 하는가?

그러므로 다만 삿된 견해가 없어지면 그뿐, 달리 얻을 깨달음은 없다고 하였다.

    그대들 선량한 남녀들은 삿된 스승들의 말에 속아 엉덩이에 굳은살이 박이도록 앉아서 수행한답시고 죽을 고생을 하는 어리석은 행동을 하지 말라.

    여기 올바른 가르침이 있으니, 잘 듣고 잘 보면 한 마디 말에서 문득 깨달아 천년 동안의 어둠이 일시에 사라질 것이다.

    진지하게 잘 살펴볼 뿐, 쓸데없이 의심하고 헤아리지는 말라.

    어허, 말이 많구나!

    그렇지만 온 우주에 말이 가득하여도 다름이 없고, 온 우주에 침묵이 가득하여도 다름이 없도다.

2011년 11월

해운대 무심선원에서 김태완 합장

일러두기

1. 본 『간화선 창시자의 禪』은 상, 하 두 권으로 나뉘어 있다. 상권(上卷)은 〈대혜의 깨달음과 가르침〉이라는 제목이고, 하권(下卷)은 〈대혜의 간화선〉이라는 제목이다. 상, 하로 된 본 『간화선 창시자의 禪』은 필자가 번역한 『대혜보각선사어록』(2011년 4월 소명출판사 간행)의 해설판에 해당하는 책이지만, 『대혜보각선사어록』에 나타난 대혜의 선을 넘어서 중국선(中國禪)의 본질적인 특징과 한국선(韓國禪)과의 관계에 관한 문제까지 함께 다루었으므로, 이 두 권의 책으로써 선(禪)의 핵심적인 내용을 조망할 수 있도록 하였다.

2. 상권에서는 먼저 대혜 이전의 선(禪), 즉 육조혜능에서 비롯되어 전개된 임제종(臨濟宗) 선사들의 선이 어떤 것인지를 소개하여, 선의 본질인 직지인심(直指人心)·견성성불(見性成佛)이 무엇인지 또 선에서는 본래 어떤 방편을 사용하는지를 알 수 있도록 하였다. 다음으로 대혜의 공부와 깨달음을 소개하여, 대혜가 어떻게 공부하여 어떻게 깨달았으며, 대혜의 깨달음이 어떤 것인지를 알 수 있도록 하였다. 다음으로 대혜의 가르침

을 소개하여, 대혜의 법을 보는 안목, 공부에 대한 조언, 잘못된 공부에 대한 경고, 방편에 대한 올바른 이해, 본보기가 되는 공부 등과 대혜가 조실에서 어떻게 학인들을 지도하였는지를 알 수 있도록 하였다. 마지막은 부록인데, 필자가 어떻게 공부하여 대혜종고를 알게 되었으며 대혜에게서 무엇을 얻었는지를 참고로 수록하였고, "사주 사람이 대성을 본다."는 말의 뜻이 무엇인가를 밝힌 논문을 마지막에 참고로 실었다.

3. 하권에서는 먼저 대혜의 간화선이 어떤 것인가를 밝혔는데, 화두의 종류, 화두의 역할, 화두를 공부하는 태도와 방법, 화두 공부에서 주의할 점 등을 밝히고, 대혜 간화선의 표준적인 모델을 구성해 보았으며, 대혜 간화선이 지닌 문제점도 짚어 보았다. 다음으로 무문혜개(無門慧開)의 간화선과 고봉원묘(高峰原妙)의 간화선을 소개하여 대혜의 간화선과 어떻게 같고 다른지를 살펴보았다. 다음으로 우리나라의 간화선에서 많이 지침으로 삼는 몽산덕이(蒙山德異)의 간화선을 『몽산법어』를 통하여 살펴서 몽산의 간화선이 대혜의 간화선과는 매우 다르다는 사실을 밝혔다. 마지막으로 부록에서는 간화선에서 화두에 관계되는 용어들의 올바른 번역이 무엇인가를 논구하여, 현재 우리가 알고 있는 '화두를 든다'거나 '화두를 잡는다'가 올바른 번역이 아님을 밝혔다.

4. 상권은 선을 공부하는 모든 사람들에게 도움이 되는 내용이므로, 일반 독자들이 부담없이 읽을 수 있도록 중국어 원문과 학문적인 주석은 생략하고, 내용의 전달을 위주로 하였다. 그러나 내용을 이해하는 데에 꼭 필요한 주석은 중복되더라도 붙여 놓았다. 내용은 필자가 번역한 『대혜보각선사어록』에서 발췌하여 인용하였으므로, 그곳의 출처를 각주에서 밝

혀 놓았다. 중국어 원문이나 그 번역에 관한 자세한 사항을 알고자 하는 이들은 필자가 번역한 『대혜보각선사어록』을 참고하기 바란다. 하권은 대혜의 간화선을 소개하면서 번역의 문제와 몽산덕이의 간화선과의 관계 등 보다 엄밀한 논증을 필요로 하는 내용을 다루고 있으므로, 중국어 원문도 모두 각주에서 소개하였고, 내용을 이해하는 데 필요한 주석도 그대로 두었다. 그렇지만 전문적인 학술서적을 지향하는 것은 아니고 역시 간화선을 알려고 하는 사람들에게 간화선의 본래 모습을 알려 주려고 하는 것이 목적인 만큼, 번역에 관한 전문적인 내용이나 학술적인 사항은 수록하지 않았다. 번역에 관한 전문적인 내용은 역시 『대혜보각선사어록』에서 찾아보기 바란다.

5. 가능한 한 풍부한 예문을 제공하려고 하였기 때문에, 비슷한 내용이 거듭 소개되는 경우가 있어서 중언부언하는 느낌이 들 수도 있다. 이렇게 거듭 소개한 까닭은 우선 주장에 대한 근거로서 예문을 드는 것이므로 더 많은 예문을 들기 위하여 그런 것이고, 또한 이러한 예문의 내용이 그저 한 번 읽고 지나칠 것이 아니라 꼼꼼히 읽어 보고 음미해 보고 살펴보아야 하는 것이기 때문이다. 인용된 글의 앞뒤 내용을 더욱 자세히 읽어 보고자 하는 독자들은 『대혜보각선사어록』에서 찾아보기 바란다.

6. 본 『간화선 창시자의 禪』은 대혜종고를 비롯한 여러 선사들의 어록에서 필자 나름의 안목으로 발췌하여 번역하고, 다시 내용에 따라 분류하여 정리한 책이다. 그러므로 본 『간화선 창시자의 禪』에서 혹시 잘못된 번역이나 내용의 잘못된 전달이 있다면, 그 책임은 전적으로 필자에게 있음을 말해 둔다.

7. 교정에 수고를 아끼지 않은 이혜경, 조정원, 정만호 도반님과 흔쾌히 출판을 허락해 주신 도서출판 침묵의 향기 김윤 사장님께 깊이 감사드린다.

차례

머리말
일러두기

제1장 선이란 무엇인가

1. 선의 특징   23
(1) 불교와 선   23
(2) 선의 주요한 특징   25

2. 마음   30
(1) 세계는 오직 마음이다   31
(2) 깨달음은 마음의 일이다   34

3. 견성성불(見性成佛)   38
(1) 모든 모습은 허망하다   39
(2) 견성은 불이법문(不二法門)이다   42
(3) 견성(見性)이 발생할 조건   58

4. 선의 가르침   63
(1) 망상을 부숨   64
(2) 마음을 가리킴   74
(3) 고칙공안(古則公案)의 두 역할   85

5. 수행하지 않는다   92
(1) 육조혜능(六祖慧能)의 돈교법문(頓敎法門)   93
(2) 남악회양(南嶽懷讓)   123

(3) 마조도일(馬祖道一) 125
(4) 황벽희운(黃檗希運) 128
(5) 임제의현(臨濟義玄) 134
(6) 대혜종고 138

6. 언하돈오(言下頓悟) 140
(1) 선지식의 가르침을 받아야 한다 141
(2) 언하대오(言下大悟) 144

제2장 대혜의 공부와 깨달음

1. 대혜의 공부와 깨달음 자료 152
(1) 깨달음 이전의 공부 152
(2) 첫 번째 깨달음 155
(3) 두 번째 깨달음 161
(4) 세 번째 깨달음 165

2. 해설 172
(1) 첫 번째 장벽 172
(2) 첫 번째 깨달음 175
(3) 두 번째 장벽 181
(4) 두 번째 깨달음 183
(5) 남아 있던 장벽 188
(6) 세 번째 깨달음 190
(7) 깨달음은 어떻게 발생하는가? 194

제3장 대혜의 가르침

1. 깨달아야 한다 197
(1) 반드시 깨달아야 한다 197

(2) 깨달음은 어떻게 일어나는가?   202
(3) 깨달으면 어떤가?   207
(4) 잘못된 깨달음을 피하라   213
(5) 깨달음의 모범적 사례   218

2. 법을 보는 바른 눈   225
(1) 주고 받을 법이 없다   225
(2) 차별이 곧 평등이다   228
(3) 테두리가 없다   229
(4) 하나하나 위에서 밝다   230
(5) 취함도 버림도 없다   231
(6) 모자람도 남음도 없다   232
(7) 세간이 곧 출세간이다   232
(8) 분별이 없으면 모두 법이다   233
(9) 모두가 자기의 일이다   235
(10) 깨달으면 깨달음이 없다   236
(11) 옛날 그 사람일 뿐이다   236
(12) 망상이 곧 실상이다   237
(13) 쓸 마음이 없다   237

3. 공부인에게 주는 도움말   238
(1) 깨달음을 본보기로 삼아라   238
(2) 믿음이 깨달음의 뿌리다   239
(3) 결정적인 뜻이 있어야 한다   240
(4) 눈 밝은 종사에게 의지하라   241
(5) 알 수 없는 곳에서 깨닫는다   242
(6) 깨달음을 기다리지 말라   245
(7) 빚을 갚지 못한 사람 같아야 한다   246
(8) 신속한 효과를 찾지 말라   247
(9) 애써 구하지 말라   248

⑽ 힘들지 않은 곳에서 공부하라	249
⑾ 방편의 말을 멋대로 이해하지 말라	250
⑿ 헤아려서 점검하려 하지 말라	252
⒀ 근본을 얻을 뿐 말단을 근심하지 말라	253
⒁ 익숙한 곳을 낯설게 한다	254
⒂ 깨달은 뒤의 공부	255
⒃ 공부의 점검	257
⒄ 생사심(生死心)이 끊어져야 깨달음이다	258

4. 방편을 오해하지 말라   261
(1) 방편이란 무엇인가?	261
(2) 모든 가르침은 방편이다	264
(3) 방편을 진실이라 여기지 말라	265
(4) 방편을 버리고 깨닫는다	275
(5) 오매일여라는 방편	278
(6) 좌선이라는 방편	296

5. 잘못된 공부와 삿된 선(禪)   304
(1) 깨달음이 없으면 삿되다	304
(2) 지식으로 이해하면 삿되다	306
(3) 양쪽에 머물면 삿되다	313
(4) 머물 곳이 있으면 삿되다	324
(5) 얻을 것이 있으면 삿되다	331
(6) 도리와 격식을 세우면 삿되다	336
⑺ 공안거량선(公案擧量禪)	350
⑻ 묵조선(默照禪)	366
⑼ 전광석화선(電光石火禪)	381
⑽ 기타 여러 가지 삿된 경우들	387

6. 선문(禪門)의 본보기 394
(1) 첫 번째 본보기 395
(2) 두 번째 본보기 397
(3) 세 번째 본보기 399
(4) 네 번째 본보기 401
(5) 다섯 번째 본보기 402
(6) 여섯 번째 본보기 404
(7) 일곱 번째 본보기 406
(8) 여덟 번째 본보기 408

7. 실중(室中) 가르침 410
(1) 입실(入室) 지도 410
(2) 죽비자화(竹篦子話) 411
(3) 구자무불성화(狗子無佛性話) 416
(4) 간시궐화(乾屎橛話) 417
(5) 실중 가르침의 요체 418

부록

1. 필자의 공부와 대혜종고 423
2. '사주인견대성'의 뜻에 관하여 445
   (1) 서론 445
   (2) 승가대사와 승가신앙 446
   (3) 불교 이외 문헌의 사례 448
   (4) 선어록에서의 사례 450
   (5) 결론 458
3. 퇴옹성철 오매일여론의 비판 460

상세 차례 494

하권 차례

머리말
일러두기

제1장 대혜의 간화선

1. 간화선의 제창(提唱)   23
  (1) 대혜가 제시한 선 공부   23
  (2) 간화선 제창의 배경   29

2. 간화선에서 화두의 종류와 기능   32
  (1) 대혜가 제시한 화두들   32
  (2) 화두는 어떤 기능을 하는가?   42
  (3) 화두는 몇 개나 살펴보는가?   46

3. 간화선은 어떻게 깨달음으로 이끄는가?   49
  (1) 깨달음이 발생하는 조건   49
  (2) 간화선에서 깨달음의 발생   51

4. 언제 어디에서 어떻게 간화하는가?   63
  (1) 간화(看話)하기 전에   63
  (2) 언제 어디에서 간화하는가?   69
  (3) 어떻게 간화하는가?   76
  (4) 간화(看話)하면 어떻게 되는가?   95

5. 간화할 때 주의할 점   103
  (1) 깨달음을 기다리지 말라   103

⑵ 헤아리거나 해석하지 말라 109
⑶ 입을 열어 말을 하는 곳에서 이해하거나 받아들이지 말라 112
⑷ 말로써 설명하거나 문자를 인용하여 증명하려 하지 말라 114
⑸ 일 없는 곳에 빠져 있지 말라 115
⑹ 화두를 버리고 다른 곳에서 의문을 일으키지 말라 116
⑺ 애쓰거나 힘쓰지 말라 118
⑻ 욕심을 내어 급하게 깨달음을 찾지 말라 119
⑼ 번개처럼 번쩍 스치는 곳에서 이해하지 말라 120
⑽ 눈썹을 찡그리고 눈을 깜빡이는 곳에 빠져 있지 말라 121
⑾ 구습(舊習)이 일어나더라도 억지로 눌러 막지 말라 121
⑿ 지나간 일을 생각하거나 두려워하지 말라 122
⒀ 관대(管帶)와 망회(忘懷)를 피하라 123
⒁ 텅 비고 고요한 곳에 떨어져 있지 말라 124
⒂ 공(空)에 떨어질까 두려워하지 말라 124
⒃ 말할 때는 있고 침묵할 때는 없다고 하지 말라 125

6. 대혜 간화선의 표준 모델 126
⑴ 간화선에서 화두의 역할은 무엇인가? 126
⑵ 간화선은 어떻게 깨달음으로 이끄는가? 128
⑶ 간화선은 어떻게 행하는가? 129
⑷ 간화할 때 주의할 점은 무엇인가? 134
⑸ 간화선의 본질과 관건 135
⑹ 간화선의 문제점 139

제2장 간화선의 계승

1. 무문혜개 149
⑴ 무문혜개의 공부와 깨달음 149
⑵ 무문혜개의 간화선 150
⑶ 대혜의 간화선과 무엇이 다른가? 154

2. 고봉원묘 157
(1) 고봉원묘의 공부와 깨달음 157
(2) 고봉원묘의 간화선 161
(3) 대혜의 간화선과 무엇이 다른가? 175

제3장 몽산법어와 한국의 간화선

1. 한국 간화선과 몽산법어 181

2. 몽산덕이의 공부와 깨달음 184

3. 몽산덕이의 간화선 186
(1) 어떤 화두를 살펴보는가? 186
(2) 화두의 역할은 무엇인가? 187
(3) 언제, 어디에서, 어떻게 간화하는가? 188
(4) 어떻게 깨달음에 이르는가? 196
(5) 주의할 점은 무엇인가? 204

4. 대혜와 몽산 간화선의 동이점 206
(1) 화두의 형태에 차이가 있다 206
(2) 화두의 역할이 다르다 206
(3) 간화하는 방법이 다르다 207
(4) 깨달음에 이르는 길이 다르다 208

5. 몽산의 선이 가진 특성 209

부록 간화(看話) 용어의 번역에 관하여

1. 『대혜어록』에서 화두를 다루는 용어들   219

2. 기존 번역의 검토   225

3. 사전에서의 의미 및 당송대 어록에서의 사례 조사   228
  (1) 간(看)   229
  (2) 거(擧)   233
  (3) 거각(擧覺)   243
  (4) 제시(提撕)   250
  (5) 참(參)   282
  (6) 여지시애(與之廝崖)   288
  (7) 애장거(崖將去)   292
  (8) 거기(擧起), 제철(提掇), 처포(覷捕)   295

4. 간화(看話) 관련 용어의 번역어 정리   303

5. '화두를 든다'는 말에 관하여   305
  (1) 『몽산화상법어약록』 언해본의 번역   307
  (2) 『사법어록』 언해본의 번역   311
  (3) 신미 번역의 문제점   312

상세 차례   318

제1장

선이란 무엇인가

선(禪)이란 무엇인가? 부정할 수도 없고 긍정할 필요도 없는 명백한 사실이지만, 말로써 설명할 수는 없다. 선이 무엇인지 말로써 설명할 수는 없으나, 선사들이 선을 가르치기 위하여 주로 어떤 말을 하고 어떤 방편을 어떻게 사용했는지를 살펴볼 수는 있다. 여기에서는 육조(六祖) 문하의 선사들이 행한 선의 중요한 특징 몇 가지를 간단히 살펴볼 것이다. 이렇게 함으로써 육조 문하 조사선(祖師禪)의 중요한 특징을 이해할 수 있을 것이고, 이러한 이해는 정통 조사선의 바른 혈맥을 잇고 있느냐 아니냐를 판단함에 도움이 될 것이다. 이 글은 이러한 판단에 도움을 주기 위한 하나의 방편일 뿐, 선에 이러한 이론이 있다거나 이러한 객관적인 사실이 있다고 주장하려는 것이 아님을 분명히 말해 둔다.

다시 말해, 이 글은 올바른 선 공부를 돕기 위하여 선의 대강의 특징을 말하려는 것일 뿐이지, 선이 무엇인지 이해하라는 취지의 글이 아님을 분명히 밝혀 둔다. 선을 공부하는 사람이 자칫 맹목적으로 앉아만 있는 것을 공부로 삼거나, 화두를 천착하면서 어떤 현묘한 이해를 추구하거나, 좌선 수행 속에서 어떤 신비한 경계 속으로 빠지거나, 혹은 어떤 신비한 능력을 얻는 것을 공부라고 착각하는 잘못을 방지하려는 것이 이 글의 목적이다. 본래 육조 문하의 선이 어떤 것인가를 대강 알려서 선이라는 이름으로 엉뚱하게 외도(外道)의 법을 공부하는 잘못을 범하지 않도록 하려는 데에 이 글을 쓰는 목적이 있다.

1. 선의 특징

(1) 불교와 선

　석가모니 부처님의 가르침을 불교(佛敎)라 하고, 조사(祖師)들의 가르침을 선(禪)이라 한다. 부처님의 가르침이든 조사의 가르침이든 모두 깨달음으로 이끄는 방편이다. 불교가 깨달음으로 이끄는 방편이듯이 선도 깨달음으로 이끄는 방편이지만, 선은 기존의 불교 속에서 기존 불교의 단점을 극복하고 새롭게 발전하여 나타난 방편이다. 간단히 말하면, 선은 기존의 불교에서 깨달음으로 이끌기 위하여 내세운 방편들이 도리어 깨달음을 방해하는 장애물이 되는 문제점을 극복하고, 단계적 수행을 통하지 않고 곧장 깨달음으로 들어가도록 하려는 새로운 불교이다.

　불교의 방편이란 중생의 어리석은 망상을 부수고 깨달음으로 이끌기 위하여 만들어 놓은 수단이다. 마치 병이 있을 경우에 병을 치유하기 위하여 사용하는 약과 같다. 약은 병에 대응하여 필요할 뿐, 병이 없으면 약도 필요 없다. 중생은 본래 완전한 깨달음을 갖추고 있으므로 본래는 약이 필요 없지만, 스스로 분별망상이라는 병을 일으켜 앓고 있으므로 분별망상이라는 병을 없애는 약이 필요하다. 불교의 모든 방편은 깨달음을 가로막는 중생의 병인 분별망상을 없애는 약이다.

불교에서 깨달음으로 이끌기 위하여 세워 놓은 가장 중요한 두 가지 방편은 말씀인 경전(經典)과 수행(修行)이다. 경전은 깨달음이 무엇이며, 깨달음을 가로막는 망상은 무엇이며, 어떻게 망상을 없애고 깨달음으로 가는가를 언어문자(言語文字)로써 설명해 놓은 말씀이요, 이론이다. 수행은 이론에 따라서 마음과 육체로써 행하는 행동인 실천이다. 깨달음으로 가는 데 필요한 이론과 실천인 경전과 수행 이 두 가지가 불교에서 세운 방편의 핵심이다.

그런데 경전에 있는 가르침의 말씀은 분별에 속하는 언어문자로 이루어져 있고, 수행 역시 의도적으로 행해야 하는 일정한 격식을 갖추고 있으므로 분별에 속한다. 다시 말해, 말씀과 수행이 분별망상을 부수기 위한 방편이지만, 말씀과 수행 역시 분별망상에 속한다. 비유하면 약이 병을 치유하기 위하여 필요한 것이지만, 약 역시 건강한 몸에는 불필요한 해로운 물질인 것과 같다.

그러므로 비록 깨달음으로 이끌기 위한 방편으로서 가르침의 말씀과 수행을 세웠으나, 공부하는 사람이 만약 이들 방편에 사로잡혀 벗어나지 못한다면 도리어 이들 방편이 깨달음을 가로막는 장애물이 되는 문제가 있는 것이다. 『금강경』에서는 "내가 법을 말하는 것은 마치 뗏목의 비유와 같음을 알아야 한다. 법도 오히려 버려야 하는데, 하물며 법 아닌 것이야 말할 필요도 없느니라."[1]고 하였듯이, 방편이 오히려 장애

---

1) 知我說法如筏喩者. 法尙應捨何況非法?(구마라집(鳩摩羅什) 역 『금강반야바라밀경(金剛般若波羅蜜經)』6. 정신희유분(正信希有分))

물이 될 수 있는 것이다.

　부처님께서는 어리석은 범부를 일깨워서 망상분별의 장애를 벗어나 깨달음으로 이끌기 위하여 여러 가지 말씀들을 방편으로 하시고 또 여러 가지 수행을 방편으로 시키셨지만, 범부들은 오히려 방편인 말씀과 수행에 집착하여 깨달음에 장애를 만들고 있는 경우가 많다. 이것은 마치 오로지 약에만 의지하여 생활하려 하거나, 뗏목을 버리지 않으려고 하는 것처럼 어리석은 일이다.

　왜 이런 일이 발생하는가? 그 이유는 공부하는 학인들이 방편에 대해서는 잘 이해하여 알고 있으나, 방편을 떠난 깨달음에 대해서는 전혀 알지 못하기 때문이다. 부처님이 남기신 말씀과 실천수행이라는 두 가지 방편은 분별로써 헤아려 이해할 수 있으므로, 분별망상 속에 있는 범부중생들이 잘 이해할 수 있고 잘 알 수 있다. 그러나 깨달음은 분별을 벗어난 것이므로 범부중생들은 전혀 알 수 없다. 전혀 알 수 없는 것에 대해서는 의지할 수도 집착할 수도 없지만, 잘 아는 것에 대해서는 의지하고 집착하기가 쉽다. 바로 이런 까닭에 학인들은 부처님이 남기신 말씀과 부처님이 시키신 실천수행에만 집착하게 되는데, 도리어 이러한 집착이 깨달음을 가로막는 장애가 되는 것이다.

(2) 선의 주요한 특징

　이러한 방편의 부작용을 최소화하기 위하여 등장한 것이 바로 선이다. 선종(禪宗)에서는 전통적인 불교를 교(敎)라고 부르고 스스로를 선(禪)이라고 불러, 불교와 선을 대비하여 말한다. 그리하여 교는 부처님의 말씀이라 하고, 선은 부처님의 마음이라고 한다. 교는 깨달음으로 이끄는 부처님의 말씀을 모아 경전을 만들고 그에 의거하여 공부하는 것이라면, 선은 부처님의 깨달음이 부처님으로부터 역대 조사들을 거치면서 마음에서 마음으로 이심전심(以心傳心) 전해져 왔다는 것이다. 이런 측면에서 보통 선의 특징을 말할 때에 불립문자(不立文字), 교외별전(敎外別傳), 이심전심(以心傳心), 직지인심(直指人心), 견성성불(見性成佛)을 말한다.

마음에서 마음으로 이심전심 전해 온 것은 무엇인가? 부처님의 깨달음이며, 깨달은 마음이다. 불교의 목적은 마음의 번뇌에서 해탈하는 것이다. 육체의 고통을 치유하는 것이 의학이라면, 마음의 고통을 치유하는 것이 불교이다. 부처님을 대의왕(大醫王)이라고 하는데, 의사 중에서 최고의 의사라는 말이다. 그 까닭은 육체의 고통은 치유하더라도 결국 다시 병이 드는 고통과 죽는 두려움에서 벗어날 수 없지만, 마음의 고통인 번뇌를 깨달음이라는 이름으로 치유하면 생로병사(生老病死)의 고통과 두려움에서 완전히 벗어나기 때문이다. 이처럼 번뇌에서 벗어난 마음이 깨달은 마음이고 부처님의 마음이다. 이심전심으로 전해 온 것은 바로 이 깨달은 마음이요, 부처님의 마음이다. 그러므로 선에서는 마음이 바로 부처라고 한다. 또 마음을 그 드러나 보이는 모습인 상(相)만 보는 것이 아니라 마음의 본질인 성(性)을 본다고 하여 견성(見性)이라고도 한다. 견성이란 곧 깨달은 마음이다.

이처럼 부처님의 깨달은 마음을 전하여 제자들 역시 마음을 깨달아 깨달은 마음으로 살아가게 하는 것이 곧 선이다. 그렇게 마음에서 마음으로 전하는 선의 특성을 말하여 불립문자·교외별전·직지인심·견성성불이라는 네 구절로 나타낸다. 이 네 구절은 각각 둘씩 짝을 지어 양측면을 말하고 있는데, 불립문자와 교외별전이 짝을 이루고 직지인심과 견성성불이 짝을 이룬다. 불립문자·교외별전, 즉 문자를 세우지 않고 가르침의 말씀인 교(敎) 밖에서 따로 전한다는 것은 언어문자라는 방편에 의지하지 않는다는 것이다. 직지인심·견성성불, 즉 마음을 곧장 가리킴으로써 자기 마음의 본성을 보아 깨닫는다는 것은 수행이라는 방편에 의지하지 않고 곧장 깨달음으로 들어간다는 것이다. 이처럼 이 네 구절은 선이 문자로써 설명하지 않으며, 수행에 의지하지 않고 곧장 깨달음으로 들어간다는 것을 나타내고 있다. 그러므로 선이라는 방편의 특징을 간단히 말하면, 문자로 설명하지도 않고, 수행에 의지하지도 않으며, 곧장 사람의 마음을 가리키고 마음의 본성을 보아 깨닫는다.

곧장 가리키는 사람의 마음은 어떤 마음인가? 선에서는 즉심시불(卽心是佛)이라고 하여 당장 이 마음이 바로 부처라고 한다. 당장 이 마음이 부처이므로 당장 이 마음을 가리키는 것이다. 직지인심으로 곧장 가리키는 사람의 마음이란 바로 부처의 마음이요, 깨달음의 마음이요, 해탈의 마음이요, 열반의 마음으로서 분별망상에서 벗어난 불이(不二)의 마음이요, 중도(中道)의 마음이다. 선에서는 이 마음을 즉심(卽心), 차심(此心), 직심(直心), 무심(無心), 비심(非心) 등으로 표현한다. 즉심, 차심, 직심은 '당장 이 마음'이라는 말이고, 무심, 비심은 '당장 이 마음'은 시간과 공간 속에서 분별되는 사물이 아니라는 말이다. 시간과 공간 속에서 분별된다면 그것은 불이중도(不二中道)의 마음이 아니고, 마음이라는 개념으로 분별된 망상(妄相)이다.

이 마음은 애초부터 깨달음의 마음이요, 불이중도의 마음으로서 수행을 거쳐서 얻어지는 마음이 아니다. 갈고 닦는 수행을 통하여 얻는 새로운 마음이 아니므로, 이 마음을 평소의 마음 즉 평상심(平常心)이라고도 한다. 더러움에 물든 마음을 갈고 닦아서 깨끗한 마음으로 만드는 것이 해탈이나 깨달음은 아니다. 깨달음은 이 마음의 참된 모습인 실상(實相)을 깨닫는 것이다. 우리들 범부중생은 자신의 분별(分別) 때문에 자기 마음의 실상을 보지 못하고 자기 마음의 망상(妄相)을 본다. 그러므로 자신의 분별에서 벗어나기만 하면, 자기 마음의 실상을 본다.

자신의 분별에서는 어떻게 벗어나는가? 우리의 분별은 마치 허망한 꿈과 같다. 꿈속에서도 모든 일들이 깨어 있을 때와 동일하게 나타나지만, 그 모두는 진실이 아니고 헛된 환상이다. 꿈이라는 헛된 환상에서 벗어나는 길은 꿈속에서 꿈을 버리고 깨어 있음을 얻는 것이 아니다. 꿈속에서는 꿈도 꿈이고 깨어 있음도 꿈이다. 꿈속에서 꿈을 버리고 깨어 있음을 취할 것이 아니라, 단지 문득 꿈에서 깨어나기만 하면 모든 환상은 사라지는 것이다. 마찬가지로 분별 속에서 망상을 버리고 실상을 취하는 것이 깨달음이 아니며, 분별 속에서 어리석음을 버리고 지혜로움을 취하는 것이 깨달음은 아니다. 단지 분별이라는 꿈에서 문득 깨어나기만 하면 곧 깨달음이다. 이처럼 깨달음은 어리석음과 망상을 닦아 내고 털어 내어 지혜와 실상을 얻는 것이 아니라, 이렇게 어리석음과 지혜로움, 망상과 실상을 분별하는 분별로부터 벗어나는 것이 깨달음이다. 그러므로 깨달음은 수행을 통하여 망상을 버리고 실상을 취하는 단계적인 일이 아니다.

우리는 태어나면서부터 언제나 분별이라는 꿈속에서 분별에 의지하여 살아왔으니, 분별에서 벗어난다는 말 역시 분별 속에서 말하고 분별 속에서 듣고 분별 속에서 생각하고 있을 뿐, 참으로 분별에서 벗어나는 길은 전혀 분별하지 못한다. 꿈속에서 꿈을 깨어나는 것을 말하더라도, 이 모두는 꿈이어서 참으로 꿈에서 깨어나는 길은 전혀 알 수 없는 것과 같다. 그러므로 분별에서 벗어나려면 분별에서 벗어난 스승을 만나서 그 가르침에 의지하여야 한다. 분별에서 벗어난 스승은 이미 분별에서 벗어나 있기 때문에, 어떻게 하면 분별에서 벗어나는지를 알고 있다. 분별에서 벗어난 적이 없는 학인(學人)은 분별에서 벗어난 스승의 가르침에 의지하여야 비로소 분별에서 벗어날 수 있다. 스승은 결국 학인의 분별이 작용하지 못하는 곳으로 학인을 끌고감으로써 학인의 분별이 저절로 적멸(寂滅)하도록 만드는 것이다. 이처럼 스승의 가르침을 듣고서 학인이 깨닫게 되므로 선에서 깨달음은 언제나 언하변오(言下便悟)이다. 말을 듣고서 곧장 깨닫는 것이 바로 선에서의 깨달음이다.

따라서 선의 특징은 다음 몇 가지로 요약할 수 있다.

① 즉심시불(卽心是佛) : 깨달음은 마음의 일이다.
② 견성성불(見性成佛) : 모습이 아니라 불이(不二)의 법성(法性)을 본다.
③ 직지인심(直指人心) : 분별을 배제하고 마음을 바로 가리킨다.
④ 도불용수(道不用修) : 수행하여 깨달음을 얻는 것이 아니다.
⑤ 언하돈오(言下頓悟) : 선지식의 말을 듣고 문득 깨닫는다.

이제 이 다섯 가지 특징에 대한 선사(禪師)들의 언급을 모아서 보고자 한다. 대혜종고가 임제종(臨濟宗)의 계보에 속하기 때문에, 중국 선종의 실질적 창시자인 육조혜능(六祖慧能)으로부터 임제종(臨濟宗)의 개조(開祖)인 임제의현(臨濟義玄)까지 이른바 선의 황금시대를 구가한 선사들의 어록(語錄)에서 주로 살펴볼 것이고, 또 『대혜어록』에서도 같은 내용이 등장함을 소개할 것이다.

2. 마음

　어리석음이든 깨달음이든 모두 마음의 일이다. 마음 스스로가 마음 스스로를 깨달으니 마음이 곧 부처다. 마음 스스로가 마음 스스로를 깨닫지 못하면 마음은 중생이다. 그러므로 중생의 마음이 부처의 마음이고, 부처의 마음이 중생의 마음이다. 중생이 깨달으면 부처이고, 부처가 깨닫지 못하면 중생이다. 마음이 깨닫지 못하면, 마음은 어리석고 어두워서 드러나는 온갖 모습에 속아 헤매니 미혹(迷惑)이라 한다. 마음이 깨달으면, 마음은 지혜롭고 밝아서 온갖 모습 속에서 모습에 속지 않고 언제나 여여(如如)하니 반야(般若)라 한다. 마음은 방편으로 만든 이름일 뿐, 마음이라는 이름의 어떤 모습도 없다. 어떤 모습이라도 있기만 하면, 곧 분별로 말미암아 나타난 허망한 망상(妄想)이고 진실은 아니다. 온 천지가 하나의 마음으로서 평등하고 둘이 없지만, 어디에도 마음이라는 이름에 해당하는 모습이나 물건은 없다. 마음이 곧 부처이지만, 마음 없는 것이 깨달음이다.

(1) 세계는 오직 마음이다

온 세계는 다만 한 개 마음이다.[2] 삼라만상은 한 개 마음이 만들어 내는 것이다. 그러므로 삼라만상 하나하나는 마음을 드러내고 있다. 삼라만상 하나하나도 온전한 한 개 마음이고, 전체 세계도 온전한 한 개 마음이다. 그러므로 마음에는 크고 작음의 차별이 없고, 하나와 둘의 차별이 없다. 온 세계가 한 개 마음이고, 삼라만상 하나하나가 한 개 마음을 증명하며, 삼라만상 하나하나가 한 개 마음을 드러내며, 삼라만상 하나하나가 완전한 한 개 마음이다.

"그러므로 만법이 모두 자기의 마음에 있음을 알아야 한다."[3] – 육조 혜능

"그러므로 삼계(三界)는 오직 마음이며, 삼라만상은 마음 하나가 찍어 내는 것이다. 무릇 색(色)을 본다는 것은 모두 마음을 보는 것이다. 마음은 저 홀로 마음이 되는 것이 아니라, 색으로 말미암기 때문에 마음이 된다. 그대들이 다만 언제든지[4] 말을 하면서 현상[사(事)]으로 나아가든 도리[리(理)]로 나아가든 전혀 막힐 것이 없다. 깨달음이라는 열매도 역시 이와 같다. 마음에서 생겨난 것을 이름하여 색이라 하는데, 색이 본래 공(空)[5]이라는 것을 알면 생겨나는 것은 곧 생겨나지 않는 것이다. 만약

---

2) 선(禪)에서뿐만 아니라, 『화엄경』, 『능가경』, 『유식론』 등 불교의 여러 경론(經論)에 "세계가 오직 마음이다."(三界唯心)라는 구절이 등장한다.
3) 故知萬法盡在自心.(『육조대사법보단경』)
4) 수시(隨時) : ① 언제나. 때를 가리지 않고. ② 제때에. 그때그때. 즉각즉각.
5) 마음은 본래 공(空)이니, 마음에서 생겨난 색(色)도 공이다.

이 뜻을 깨달으면, 언제나 옷 입고 밥 먹고 성태(聖胎)를 키우면서 인연 따라[6] 시간을 보낼 수 있으니, 다시 무슨 일이 있겠는가?"[7] – 마조도일

"그대들 모두는 각자 자기의 마음에 통달하고, 나의 말을 기억하지는 말라. 설사 강바닥의 모래알만큼 많은 도리를 말할 수 있다 하여도 그 마음은 늘어나지 않으며, 비록 말하지 못한다 하여도 그 마음은 줄어들지 않는다. 말할 수 있는 것도 그대의 마음이며 말하지 못하는 것도 그대의 마음이다."[8] – 마조도일

"모든 법은 오직 한 개 마음이다."[9] – 황벽희운

"바로 이 본래 깨끗한 마음은 중생·부처·세계·산하(山河)·모양 있는 것·모양 없는 것 등의 온 우주와 더불어 온전히 평등하여 너와 나라는 분별된 모습이 없다. 이 본래 깨끗한 마음은 늘 스스로 두루 밝고 빠짐없이 비추고 있다. 세상 사람들이 깨닫지 못하는 것은 다만 보고·듣고·느끼고·아는 것을 마음이라고 알기 때문이다. 보고·듣고·느끼고·아는 것에 뒤덮이는 까닭에 밝은 본바탕을 보지 못한다. 단지 곧장 마음이 없기만 하면 본바탕이 저절로 나타나니, 마치 태양이

---

6) 임운(任運) : 운(運)에 맡기다. 되는 대로 따라가다.
7) 故三界唯心, 森羅及萬象, 一法之所印. 凡所見色, 皆是見心. 心不自心, 因色故有. 汝但隨時言說, 卽事卽理, 都無所礙. 菩提道果, 亦復如是. 於心所生, 卽名爲色, 知色空故, 生卽不生. 若了此意, 乃可隨時, 著衣喫飯, 長養聖胎, 任運過時, 更有何事?(『사가어록』「마조어록」)
8) 汝等諸人, 各達自心, 莫記吾語. 縱饒說得, 河沙道理, 其心亦不增, 縱說不得, 其心亦不滅. 說得亦是汝心, 說不得亦是汝心.(『사가어록』「마조어록」)
9) 一切諸法唯是一心.(『사가어록』「전심법요」)

허공에 떠서 사방팔방을 두루 비춤에 막힘이 전혀 없는 것과 같다."10)
– 황벽희운

"삼계(三界)는 오직 마음이며 만법은 오직 식(識)일 뿐이다."11) – 임제의현

"그대들은 삼계(三界)를 알고자 하는가? 삼계는 그대들의 지금 법을 듣는 마음을 벗어나지 않는다."12) – 임제의현

"마음이 생겨나면 갖가지 법이 생겨나고, 마음이 사라지면 온갖 법도 사라지니, 한 마음도 생겨나지 아니하면 만법에 허물이 없다."13) – 임제의현

"그대들이 다만 지금 작용하는 이것을 믿기만 하면 아무 일도 없을 것이다. 그대들의 한 순간 마음이 삼계(三界)를 낳고, 인연 따라 나누어져 육진경계(六塵境界)가 된다. 그대들이 지금 작용하는 곳에 무슨 모자람이 있는가?"14) – 임제의현

---

10) 卽此本源淸淨心, 與衆生諸佛, 世界山河, 有相無相, 遍十方界, 一切平等, 無彼我相. 此本源淸淨心, 常自圓明遍照. 世人不悟, 祇認見聞覺知爲心. 爲見聞覺知所覆, 所以不睹精明本體. 但直下無心, 本體自現, 如大日輪昇於虛空, 遍照十方更無障礙.(『사가어록』「전심법요」)
11) 三界唯心, 萬法唯識.(『사가어록』「임제어록」) 본래『성유식론(成唯識論)』 권7에 나오는 구절이다.
12) 『欲識三界』 不離你今聽法底心地.(『사가어록』「임제어록」)
13) 心生種種法生, 心滅種種法滅, 一心不生, 萬法無咎.(『사가어록』「임제어록」)
14) 你但信現今用底, 一箇事也無. 你一念心生三界, 隨緣被境分爲六塵. 你如今應用處, 欠少什麼?(『사가어록』「임제어록」)

(2) 깨달음은 마음의 일이다

온 세계가 한 개 마음이고, 깨달음은 마음의 깨달음이다. 마음이 어리석으면 중생이고, 마음이 깨달으면 부처이다. 온 세계는 한 개 마음이고, 이 마음은 본래 깨달음이고 본래 원만구족이다. 오직 한 개 마음이 유일한 진실이다.

"깨달음은 다만 마음에서 찾을 뿐, 어찌 애써 밖으로 현묘함을 구하겠는가?"15) – 육조혜능

"나의 마음에 본래 부처가 있으니, 나의 부처가 진짜 부처이다. 나에게 부처의 마음이 없다면, 어느 곳에서 참된 부처를 찾겠는가? 그대들 스스로의 마음이 부처이니, 다시 여우처럼 의심하지 말라."16) – 육조혜능

"그대들은 각자 자기의 마음이 곧 부처임을 믿어라. 이 마음이 바로 부처이다."17) – 마조도일

"무릇 진리[法]를 찾는 자는 찾는 것이 없어야 하니, 마음 밖에 따로 부처가 없고 부처 밖에 따로 마음이 없기 때문이다."18) – 마조도일

---

15) 菩提只向心覓, 何勞向外求玄?(『육조대사법보단경』)
16) 我心自有佛, 自佛是眞佛. 自若無佛心, 何處求眞佛? 汝等自心是佛, 更莫狐疑.(『육조대사법보단경』)
17) 汝等諸人, 各信自心是佛. 此心卽佛.(『사가어록』「마조어록」)
18) 夫求法者, 應無所求, 心外無別佛, 佛外無別心.(『사가어록』「마조어록」)

"만약 여래(如來)가 방편(方便)으로 가르친 삼장(三藏)[19]을 말한다면 아무리 오랜 세월 동안 말하더라도 끝이 없어서 마치 쇠사슬이 끊어지지 않는 것과 같겠지만, 성인의 마음을 깨닫기만 하면 남은 일은 아무것도 없다."[20] - 마조도일

"이 마음이 곧 부처이니, 부처가 곧 중생이다. 중생일 때에도 이 마음은 줄어들지 않고, 부처일 때에도 이 마음은 불어나지 않는다. 나아가 육도만행(六度萬行)[21]과 강바닥 모래알 같이 많은 공덕을 본래 다 갖추고 있으니 수행에 의지하여 더할 필요가 없으며, 인연을 만나면 베풀고 인연이 사라지면 고요히 쉰다. 만약 이것이 부처임을 확실히 믿지 못하고, 모습을 붙잡고[22] 수행함으로써 효과를 바란다면, 모두 망상(妄想)이어서 도와는 어긋난다."[23] - 황벽희운

---

19) 방편(方便)으로 가르친 삼장(三藏) : 부처님의 가르침을 문자화하여 모아 놓은 대장경(大藏經)은 세 부분으로 구성되어 있어서 삼장(三藏)이라고 한다. 그것은 진리에 대한 부처님의 말씀을 모은 경(經), 계율을 모은 율(律), 경(經)의 요점을 체계적으로 정리한 논(論) 등 셋이다. 이들 속에 진리가 저장되어 있다고 하여 삼장(三藏)이라고 하는 것이다. 진리는 본래 말로써 설명하거나 이론화할 수 있는 것이 아니지만, 말이 통하지 않으면 가르침을 펼 수 없기 때문에, 마치 달을 가리키는 손가락처럼 말을 수단으로 하여 진리를 가리킨다는 뜻에서 이 삼장의 가르침은 방편(方便)이라 한다. 방편은 수단이라는 뜻이다. 그러므로 경전을 읽는 사람은 그 내용을 체계적으로 이해하는 것으로 그쳐서는 안 되고, 경전의 말씀이 가리키고 있는 깨달음을 얻어야 한다. 깨달음을 얻어야만 경전의 내용을 참으로 소화시킬 수 있는 것이다.
20) 若說如來權敎三藏, 河沙劫說不盡, 猶如鉤鎖亦不斷絕, 若悟聖心, 總無餘事.(『사가어록』「마조어록」)
21) 육도만행(六度萬行) : 보시(布施) · 지계(持戒) · 인욕(忍辱) · 정진(精進) · 선정(禪定) · 지혜(智慧)의 육도(六度; 육바라밀)는 모든 선행(善行)의 근본이기 때문에 넓게 말하면 만행(萬行)이 됨을 가리킴. 정토문(淨土門)에서는 염불(念佛) 이외의 모든 선행(善行)을 가리킴.
22) 착(着) : ① 떨어지다. 내려가다. ② 따르다. 당하다. 견디다. 받다. ③ -을. -으로써.(개사) ④ 행하다. 이루다. ⑤ 좋아하다. ⑥ 이르다. 있다. 입다. 놓지 않다. 가지다. 붙잡다.

"다만 당장 자기의 마음이 본래 부처임을 문득 깨달으면, 얻을 만한 하나의 법도 없고 닦을 만한 하나의 행도 없다. 이것이 위없는 도이며, 이것이 참되고 여여한 부처이다."24) - 황벽희운

"어떤 것이 법인가? 법이란 마음이라는 법이다. 마음은 모양이 없어서 시방세계를 관통하여 눈앞에 드러나 작용한다. 그런데도 사람들은 믿음이 부족하여 이름과 말로써 알아차리고 문자 가운데에서 구하며 뜻으로 불법(佛法)을 헤아리니 하늘과 땅 만큼이나 어긋나는 것이다."25) - 임제의현

"그대들 눈앞에서 작용하는 이것은 조사나 부처와 다르지 않다. 다만 그대들은 믿지 않기 때문에 곧 밖에서 찾지만, 착각하지 말라! 밖에는 법이 없고, 안에서도 법은 얻을 수 없다."26) - 임제의현

"그대들은 밥통과 똥자루를 짊어지고 밖으로 달려나가며 부처를 찾고 법을 구하는데, 오히려 지금 이와 같이 치달리며 구하는 것, 이것을 그대들은 아느냐? 활발하게 살아 움직이나 뿌리도 줄기도 없으며, 껴

---

23) 此心卽是佛, 佛卽是衆生. 爲衆生時, 此心不減, 爲諸佛時, 此心不添. 乃至六度萬行, 河沙功德, 本自具足, 不假修添. 遇緣卽施, 緣息卽寂. 若不決定信此是佛, 而欲着相修行以求功用, 皆是妄想, 與道相乖.(『사가어록』「전심법요」)
24) 唯直下頓了, 自心本來是佛, 無一法可得, 無一行可修. 此是無上道, 此是眞如佛.(『사가어록』「전심법요」)
25) 云何是法? 法者是心法. 心法無形, 通貫十方, 目前現用. 人信不及, 便乃認名認句, 向文字中求, 意度佛法, 天地懸殊.(『사가어록』「임제어록」)
26) 是你目前用處, 與祖佛不別. 祇麼不信, 便向外求, 莫錯! 向外無法, 內亦不可得.(『사가어록』「임제어록」)

안아도 모아지지 않고 펼쳐도 흩어지지 않으며, 구할수록 더욱 멀어지고 구하지 않으면 도리어 눈앞에 있어서 신령스러운 소리가 들린다. 그러나 사람이 이것을 믿지 않으면 백년을 애쓰더라도 헛수고만 할 뿐이다."27) – 임제의현

"이른바 전한다는 법은 곧 마음법입니다. 마음법에는 전할 만한 모양이 없으니, 앞서 말한 '내가 깨닫고 그대가 깨닫는다'는 것이 바로 이것입니다. 만약 피차가 깨닫지 못하고 마음 밖에서 깨달음을 취한다면, 전해 줄 수 있는 현묘하고 기특한 종지(宗旨)가 있을 것입니다. 이렇게 되면 곧 나는 알지만 그대는 알지 못한다는 경박한 생각을 내는 일이 있어서, 아견(我見)28)을 키우게 될 것이니, 이들이 바로 여래께서 말씀하신 불쌍한 자입니다."29) – 대혜종고

"도는 마음을 깨닫는 것이지, 말을 전하는 것이 아닙니다."30) – 대혜종고

---

27) 儞擔鉢囊屎擔子, 傍家走, 求佛求法, 卽今與麽馳求底, 儞還識渠活潑潑地, 秖是勿根株, 擁不聚, 撥不散, 求著卽轉遠, 不求還在目前, 靈音囑耳. 若人不信, 徒勞百年.(『사가어록』「임제어록」)
28) 아견(我見) : =신견(身見). 5가지 잘못된 견해 가운데 하나. 보통 '나'라고 부르는 것은 오온(五蘊)의 화합일 뿐, 오온 밖에 참으로 '나'라고 할 무엇이 없는데도, 오온 밖에 '나'가 따로 있는 줄로 잘못 아는 견해.
29) 所謂傳法者, 乃心法也. 心法無形段所傳者, 前所云我證你證底是也. 若彼此不證, 向心外取證, 則有宗旨玄妙奇特可傳可授. 便有我會你不會生輕薄想, 增長我見, 如來說爲可憐愍者.(『대혜보각선사법어』제19권. 2. 동봉거사(東峰居士)에게 보임)
30) 道由心悟, 不在言傳.(『대혜보각선사법어』제23권. 30. 묘명거사(妙明居士)에게 보임)

3. 견성성불(見性成佛)

육조혜능은 말하기를, "나의 이 법문(法門)은 원래부터 무념(無念)을 종(宗)으로 삼고, 무상(無相)을 체(體)로 삼고, 무주(無住)를 본(本)으로 삼는다. 무상(無相)은 모습 속에서 모습을 벗어나는 것이다. 무념(無念)은 생각 속에서 생각이 없는 것이다. 무주(無住)는 사람의 본성이다."[31]라고 하였다. 선의 본질이 무념(無念)·무상(無相)·무주(無住)라는 것이다. 생각 속에서 생각이 없고, 모습 속에서 모습을 벗어나고, 마음에 머무는 곳이 없는 것이 곧 선(禪)이다. 혜능의 이 말과 "모든 모습은 전부 허망하다. 만약 모든 모습이 모습 아님을 본다면 곧 여래를 보는 것이다."[32]라는 『금강경』의 사구게(四句偈)를 방편으로 이용하여 견성성불이 어떤 것인가를 설명해 본다.

---

31) 善知識, 我此法門, 從上以來, 先立無念爲宗, 無相爲體, 無住爲本. 無相者, 於相而離相. 無念者, 於念而無念. 無住者, 人之本性.(『육조대사법보단경』)
32) 凡所有相皆是虛妄. 若見諸相非相則見如來.(구마라집 역 『금강경』)

(1) 모든 모습은 허망하다

무릇 모습은 모두 허망하다. 왜 그럴까? 모습은 분별된 것이고, 모습을 본다는 것은 분별한다는 것이다. 모습은 분별에서 나온 것이므로 허망하다. 분별은 망상(妄相)을 낳는 근본바탕이다. 마치 하나하나의 물결을 분별함으로써 본래 하나인 물을 놓쳐 버리듯이, 하나하나의 모습을 분별함으로써 본래 하나인 마음을 놓쳐 버리게 된다. 본래 물결은 다만 물의 움직임일 뿐이고 물결이란 무엇이 따로 있지 않은데도 물결의 모습에 머물러 물결의 모습만 보게 되면, 진실을 놓치고 헛것을 붙잡으니 망상이다. 이와 마찬가지로 본래 하나의 마음이 움직여 삼라만상을 분별하는데도 삼라만상의 모습에 머물러 삼라만상의 모습만을 분별한다면, 역시 진실을 놓치고 헛것을 붙잡으니 망상이다. 그러므로 『금강경』에서는 "무릇 모습은 모두 허망하다."고 하였고, 또 "몸의 모습으로는 여래를 볼 수 없다."[33]고 하였으며, 또 "모든 모습을 벗어난다면 부처라고 부른다."[34]고 한 것이다.

"밖으로 분별된 모습을 벗어나는 것이 선(禪)이고, 안으로 어지럽지 않은 것이 정(定)이다."[35] – 육조혜능

"밖으로 모습에 집착하면 안의 마음이 어지럽고, 밖으로 모습을 벗어나면 마음이 어지럽지 않다."[36] – 육조혜능

---

33) 不可以身相得見如來.(구마라집 역 『금강경』)
34) 離一切諸相則名諸佛.(구마라집 역 『금강경』)
35) 外離相爲禪, 內不亂爲定.(『육조대사법보단경』)

"의도적으로37) 깨끗함에 집착하여 도리어 깨끗하다는 망상(妄相)을 내지만, 망상은 있는 것이 아니므로 집착 역시 허망하다. 깨끗함에는 모습이 없는데 도리어 깨끗하다는 모습을 세워 그것을 공부라고 말하지만, 이러한 견해를 낸다면 자기의 본성을 가로막고 도리어 깨끗함에 얽매이게 된다."38) - 육조혜능

"그대는 좌선을 배우고자 하는가, 좌불(坐佛)을 배우고자 하는가? 만약 좌선을 배우고자 한다면, 선(禪)은 앉거나 눕는 것이 아니다. 좌불을 배우고자 한다면, 부처는 정해진 모습이 아니다. 머묾 없는 법에서는 취하거나 버리지 말아야 한다. 그대가 좌불을 따른다면, 곧 부처를 죽이는 것이다. 만약 앉은 모습에 집착한다면, 그 이치에 통하지 못한다."39) - 남악회양

"근원으로 돌아갈 줄 모르고 이름을 따르고 모습을 좇으면, 미혹한 생각이 망령되이 일어나 여러 가지 업을 짓게 된다."40) - 마조도일

"모두 자기가 한 순간 망상(妄想)을 일으켜 거꾸로 모습을 취하여 있는 것이다."41) - 백장회해

---

36) 外若着相, 內心卽亂, 外若離相, 心卽不亂.(『육조대사법보단경』)
37) 기심(起心) : 장심(將心), 존심(存心)과 같이 '일부러' '마음먹고' '의도적으로'라는 뜻.
38) 起心着淨, 却生淨妄. 妄無處所, 着者是妄. 淨無形相, 却立淨相, 言是工夫, 作此見者, 障自本性, 却被淨縛.(『육조대사법보단경』)
39) 汝爲學坐禪? 爲學坐佛? 若學坐禪, 禪非坐臥. 若學坐佛, 佛非定相. 於無住法, 不應取捨. 汝若坐佛, 卽是殺佛. 若執坐相, 非達其理.(『사가어록』「마조어록」)
40) 不解返源, 隨名逐相, 迷情妄起, 造種種業.(『사가어록』「마조어록」)
41) 皆從自己一念妄想, 顚倒取相而有.(『사가어록』「백장어록」)

"마음은 허공과 같아서 한 물건도 머물러 두지 않고 또 허공이라는 모습도 없다."[42] – 백장회해

"다만 중생은 모습에 집착하여 밖으로 구하니, 구할수록 더욱 잃는다."[43] – 황벽희운

"오늘날 도를 배우는 사람들은 자기 마음속에서 깨닫지 못하고 마음 밖에서 모습을 붙잡고 경계를 취하니 모두가 도와는 어긋난다."[44] – 황벽희운

"만약 부처를 보고 깨끗하고 밝고 해탈했다는 모습을 만들고, 중생을 보고 더럽고 어둡고 삶과 죽음에 매여 있다는 모습을 만든다면, 이러한 견해를 만드는 자는 강바닥의 모래알 같은 세월을 지나더라도 마침내 깨달음을 얻지 못할 것이니, 모습을 붙잡고 있기 때문이다."[45] – 황벽희운

"도 닦는 이들이여! 참 부처와 참 법은 모습이 없는데, 그대들은 다만 허깨비 위에서 모습을 만들고 있구나. 설사 구하여 얻는다 하더라도 모두가 들여우요, 도깨비일 뿐 참 부처는 아니니, 곧 외도(外道)의 견해이다. 진실로 도를 배우는 사람이라면, 부처도 취하지 말고, 보살·나한도 취하지 말고, 삼계(三界)의 뛰어난 것도 취하지 말고, 멀리 홀로 벗

---

[42] 心如虛空, 不停留一物, 亦無虛空相.(『사가어록』「백장어록」)
[43] 但是衆生着相外求, 求之轉失.(『사가어록』「전심법요」)
[44] 今學道人, 不向自心中悟, 乃於心外着相取境, 皆與道背.(『사가어록』「전심법요」)
[45] 若觀佛, 作淸淨光明解脫之相, 觀衆生, 作垢濁暗昧生死之相, 作此解者, 歷河沙劫, 終不得菩提, 爲着相故.(『사가어록』「전심법요」)

어나 사물의 구속을 허락치 말아야 한다."⁴⁶⁾ - 임제의현

"하늘과 땅이 뒤집어져도 나는 다시 의심치 않고, 시방의 모든 부처가 눈앞에 나타나도 한 생각 마음에 기쁨이 없으며, 삼악도(三惡道)의 지옥이 문득 나타나도 한 생각 마음에 두려움이 없다. 왜 그러한가? 나는 모든 법이 헛된 모습[空相]이어서 변화하면 있고 변화하지 않으면 없음을 알기 때문이다. 삼계(三界)는 오직 마음이며, 만법은 오직 식(識)일 뿐이다. 그러니 꿈이요 허깨비인 헛된 꽃을 무엇 때문에 애써 붙잡으려 하는가?"⁴⁷⁾ - 임제의현

(2) 견성은 불이법문(不二法門)이다

① 불법은 불이법(不二法)이다

모든 모습은 마음에서 만들어지므로, 모든 모습은 허망하다. 모든 모습을 모습이 아니게 보면 본래 모습 없는 마음을 보는 것이니, 곧 여래를 보는 것이다. 모습을 모습이 아니게 본다는 것은 무슨 말인가?

모습으로 보면 모습으로 분별하는 것이고, 모습을 모습 아니게 보면 모습을 분별하는 것이 아니다. 분별하면 둘로 나누는 것이고, 분별

---

46) 道流! 眞佛無形, 眞法無相, 你祇麼幻化上頭, 作模作樣. 設求得者, 皆是野狐精魅, 竝不是眞佛, 是外道見解. 夫如眞學道人, 竝不取佛, 不取菩薩・羅漢, 不取三界殊勝, 迥然獨脫, 不與物拘.(『사가어록』「임제어록」)

47) 乾坤倒覆, 我更不疑; 十方諸佛現前, 無一念心喜; 三塗地獄頓現, 無一念心怖. 緣何如此? 我見諸法空相, 變卽有, 不變卽無. 三界唯心, 萬法唯識. 所以夢幻空花, 何勞把捉?(『사가어록』「임제어록」)

하지 않으면 둘로 나누지 않는 것이다. 마음을 모습으로 보면 이법(二法)이고, 모습으로 보지 않으면 불이법(不二法)이다. 모습으로 보면 어떤 모습이 있고, 모습으로 보지 않으면 모습 있음이 곧 모습 없음이다. 마음을 모습으로 보면 마음이 있고, 마음을 모습으로 보지 않으면 마음은 있는 것도 아니고 없는 것도 아니다. 마음을 모습으로 보면 망상이고, 마음을 모습으로 보지 않으면 망상도 아니고 실상도 아니다. 마음을 모습으로 보면 상(相)이라 하고, 마음을 모습으로 보지 않으면 성(性)이라 한다. 마음은 본래 하나이다. 본래 하나인 마음을 상(相)과 성(性)으로 나누어 말하니, 비유하면 상(相)은 물결을 보는 것이고 성(性)은 물을 보는 것이지만, 물결과 물은 둘이 아니다.

  모습은 모습이 아니라는 말은 연필은 연필이 아니라는 말처럼 논리적으로 무의미한 말이니, 분별될 수 있는 말이 아니다. 분별이 끊어졌으니 불가사의(不可思議)이고 불이중도(不二中道)이다. 불가사의한 불이중도의 법, 즉 불이법(不二法)을 보는 것을 견성(見性)이라고 한다. 그러므로 견성에서는 분별이 끊어지고, 마음이라고 할 만한 물건도 없으니 무심(無心)이고, 얻을 만한 것이 없다. 마음이라고 할 무엇이 있고 얻을 것이 있다면, 곧 분별이고 이법(二法)이다. 육조혜능은 "이법(二法)이기 때문에 불법(佛法)이 아니다. 불법은 불이법(不二法)이다."[48]라고 명백하게 선언하고서, 다시 말하기를 "불성(佛性)을 명백히 보는 것이 곧 불법이 불이법(不二法)인 것이다. …… 불성은 선하지도 않고 선하지 않지도 않으니, 이것을 일컬어 불이(不二)라고 한다. 오온(五蘊)과 십팔계(十八界)를 범부는 둘로 보지만, 지혜로운 자는 그 자성(自性)에 둘이 없음을 밝

---

48) 爲是二法, 不是佛法. 佛法是不二之法.(『육조대사법보단경』)

게 안다. 둘이 없는 자성(自性)이 곧 불성(佛性)이다."⁴⁹⁾라고 밝혔다.

불이법이므로, 있다거나 없다고 분별할 수 없고, 취하거나 버릴 수 없고, 이것이라거나 저것이라고 나눌 수 없고, 부처니 중생이니 하고 이름 붙일 수 없고, 알거나 모른다고 할 수 없고, 얻거나 잃을 수 없고, 맞거나 틀리다고 할 수 없고, 옳거나 그르다고 할 수 없고, 좋거나 나쁘다고 할 수 없고, 어리석다거나 깨달았다고 할 수 없고, 머물 곳도 없고, 생각으로 헤아릴 수도 없다.

"도를 배우는 사람이라면 모든 선한 생각 악한 생각을 응당 모두 없애야 한다. 이름 붙일 만한 이름이 없지만, 자성을 일러 둘이 없는 성품이라고 하니, 이것이 바로 진실한 자성이다."⁵⁰⁾ – 육조혜능

"다만 자기의 본래 마음을 알고 자기의 본성을 보기만 하면, 움직임도 없고 고요함도 없고, 생겨남도 없고 사라짐도 없고, 오는 일도 없고 가는 일도 없고, 옳음도 없고 그름도 없고, 머묾도 없고 가는 일도 없다."⁵¹⁾ – 육조혜능

"지혜로써 비추어 보아 모든 법을 취하지도 않고 버리지도 않으면, 자성을 보아 깨달음을 이룬다."⁵²⁾ – 육조혜능

---

49) 明見佛性, 是佛法不二之法. …… 佛性非善非不善, 是名不二. 蘊之與界, 凡夫見二, 智者了達其性無二. 無二之性 卽是佛性.(『육조대사법보단경』)
50) 學道之人, 一切善念惡念, 應當盡除. 無名可名, 名於自性, 無二之性, 是名實性.(『육조대사법보단경』)
51) 但識自本心, 見自本性, 無動無靜, 無生無滅, 無去無來, 無是無非, 無住無往.(『육조대사법보단경』)

"즉시 도를 알고자 하는가? 평상심(平常心)이 바로 도이다. 무엇을 일러 평상심이라 하는가? 조작하지 않고, 옳고 그름을 따지지 않으며, 취하거나 버리지도 않고, 끊어짐이 있다거나 끊어짐이 없다고 헤아리지 않으며, 범부도 아니고 성인도 아닌 것이 바로 평상심이다. 경전에 말하기를, '범부의 행위도 아니고 성인의 행위도 아닌 것이 바로 보살의 행위이다.'53)라고 하였다."54) – 마조도일

"악(惡)에 부딪치는 대로 악에 머무는 것을 '중생의 깨달음'이라 하고, 선(善)에 부딪치는 대로 선에 머무는 것을 '성문(聲聞)의 깨달음'이라 하며, 선악(善惡) 양쪽에 머물지 않고 머물지 않음을 옳다고 여기는 것을 '이승(二乘)의 깨달음' 또는 '벽지불의 깨달음'이라 한다. 선악 양쪽에 머물지 않음으로 돌아가고 또 머물지 않는다는 지해(知解)도 내지 않음을 '보살의 깨달음'이라 하는데, 이미 어디에도 머물지 않고 또 머물 것이 없다는 지해(知解)도 내지 않아야만 비로소 '부처님의 깨달음'이라 한다."55) – 백장회해

"범부는 경계를 취하고 도인은 마음을 취하지만, 마음과 경계 모두를 잊어야 참된 법이다."56) – 황벽희운

---

52) 以智慧觀照, 於一切法, 不取不捨, 卽是見性成佛道.(『육조대사법보단경』)
53) 『유마힐소설경』「문수사리문질품(文殊師利問疾品)」제5.
54) 若欲直會其道, 平常心是道. 何謂平常心? 無造作, 無是非, 無取捨, 無斷常, 無凡無聖. 經云: '非凡夫行, 非聖賢行, 是菩薩行.'(『사가어록』「마조어록」)
55) 觸惡住惡 名衆生覺 觸善住善 名聲聞覺 不住善惡二邊 不依住 將爲是者 名二乘覺 亦名辟支佛覺 歸不依住善惡二邊 亦不作不依住知解 名菩薩覺 旣不依住 亦不作無依住知解 始得名爲佛覺(『천성광등록』제9권 「홍주대웅산백장회해선사」)
56) 凡夫取境, 道人取心, 心境雙忘, 乃是眞法.(『사가어록』「전심법요」)

"밝은 눈을 가진 도 배우는 이라면 마구니와 부처를 모두 쳐 버려야 한다. 그대가 만약 성인을 좋아하고 범부를 싫어한다면, 생사(生死)의 바다에서 떴다 가라앉았다를 계속할 것이다."57) - 임제의현

"나의 견처에서는 부처도 없고 중생도 없으며 옛날도 없고 지금도 없으니, 얻는 자는 곧바로 얻을 뿐 시간을 거치지 않으며, 닦음도 없고 증득함도 없으며 얻음도 없고 잃음도 없을 뿐, 언제라도 다시 무슨 다른 법은 없다. 설사 이것을 넘어서는 한 법이 있다고 하더라도, 나는 그것이 꿈이나 환상과 같다고 말한다."58) - 임제의현

"만약 이 두 분이 활용한 곳을 알아차린다면, 일상생활 가운데 경계에 접촉하고 인연을 만나는 곳에서 세제(世諦)59)를 펼치지도 않고 불법(佛法)의 이론을 만들지도 않을 것입니다. 이미 이 두 쪽에 발을 딛지 않는다면, 자연히60) 하나의 살아날 길이 있음을 반드시 알 것입니다."61)
- 대혜종고

"예전에 주세영(朱世英)이 편지로 운암진정(雲庵眞淨) 스님에게 물었습

---

57) 如明眼道流, 魔佛俱打. 你若愛聖憎凡, 生死海裏浮沈.(『사가어록』「임제어록」)
58) 約山僧見處, 無佛無衆生, 無古無今, 得者便得, 不歷時節, 無修無証, 無得無失, 一切時中, 更無別法. 設有一法過此者, 我說如夢如化.(『사가어록』「임제어록」)
59) 세제(世諦) : 속제(俗諦)라고도 함. 세(世)는 세속이란 뜻이고, 제(諦)는 진실한 도리란 뜻. 세속 사람들이 아는 도리, 곧 세간 일반에서 인정하는 진리. 반대는 진제(眞諦) 혹은 승의제(勝義諦)라고 한다.
60) 자유(自有) : 저절로 -이 있다. 자연히 -이 있다. 응당 -이 있다.
61) 若識二大老用處, 則於日用觸境逢緣處, 不作世諦流布, 亦不作佛法理論. 旣不著此二邊, 須知自有一條活路.(『대혜보각선사법어』제23권. 27. 방기의(方機宜)에게 보임)

니다. '불법(佛法)은 지극히 묘한데, 일상생활에서 어떻게 마음을 쓰고 어떻게 탐구해야 합니까? 자비로써 가리켜 주시옵소서.' 진정 스님이 말했습니다. '불법은 지극히 묘하여 둘이 없다. 다만 아직 묘한 곳에 이르지 못했다면 서로 길고 짧음이 있다. 진실로 묘한 곳에 이르면 마음을 깨달은 사람이니, 자신의 마음이 마지막 진실이고 본래부터 깨달아 있음을 진실하게 알 것이고, 진실하게 자재(自在)할 것이고, 진실하게 안락할 것이고, 진실하게 해탈할 것이고, 진실하게 깨끗할 것이다. 일상생활에서 오직 자기의 마음을 쓸 뿐이니, 자기 마음의 변화를 붙잡으면 바로 쓸 뿐, 옳고 그름은 묻지 말라. 마음으로 헤아리고[62] 사량하면 바로 옳지 않게 된다.'"[63] – 대혜종고

② 불이법에는 얻을 것이 없다

선에서는 모습에 머물지 않는 불이중도(不二中道)의 본래 마음을 나타내는 방편의 말로서 '얻을 것이 없다'는 구절을 자주 사용한다. 얻거나 잃는 것은 곧 있다거나 없다는 것처럼 양쪽에 떨어진 이법(二法)이요, 분별이다. 공부를 하여 어떤 경지(境地)를 얻었다거나, 어떤 능력을 얻었다거나, 어떤 힘을 얻었다거나 하는 것들은 모두 분별이니 망상이다. 마음을 공부하는 사람들이 깨달음의 마음이라는 무엇을 얻고자 하

---

62) 의심(擬心) : 마음으로 헤아리다. 마음을 내어 –하려 하다.
63) 昔朱世英, 嘗以書問雲菴眞淨和尙云 : '佛法至妙, 日用如何用心, 如何體究? 望慈悲指示.' 眞淨曰 : '佛法至妙無二. 但未至於妙, 則互有長短. 苟至於妙, 則悟心之人, 如實知自心究竟本來成佛, 如實自在, 如實安樂, 如實解脫, 如實淸淨. 而日用唯用自心, 自心變化把得便用, 莫問是之與非. 擬心思量早不是也.'(『대혜보각선사서(大慧普覺禪師書)』 제26권. 17. 진소경(陳少卿) 계임(季任)에 대한 답서(1))

는 잘못된 욕구를 가지는 경우는 매우 흔하다. 이러한 잘못에 떨어지지 말라는 경고로써, 본래 마음을 깨달으면 달리 얻을 것도 없고 잃을 것도 없다고 하는 방편의 말을 한다.

"얻을 수 있는 법이 조금도 없음을 일러 위없이 바르고 평등한 깨달음이라 한다."[64] - 금강경

"세상 사람의 묘한 본성은 본래 텅 비어서 하나의 법도 얻을 수 없다."[65] - 육조혜능

"자성에는 본래 얻을 수 있는 하나의 법도 없다. 만약 얻는 것이 있어서 망령되게 화복(禍福)을 말한다면 이것이 바로 번뇌요, 잘못된 견해이다. 그러므로 이 법문에서는 무념을 세워서 으뜸으로 삼는다."[66] - 육조혜능

"성문(聲聞)은 성인(聖人)의 마음에는 본래 지위(地位)[67] · 인과(因

---

64) 無有少法可得, 是名阿耨多羅三藐三菩提.(『금강경』)
65) 世人妙性本空, 無有一法可得.(『육조대사법보단경』)
66) 自性本無一法可得. 若有所得, 妄說禍福, 卽是塵勞邪見. 故此法門 立無念爲宗.(『육조대사법보단경』)
67) 지위(地位) : 범부의 지위, 보살의 지위, 부처의 지위 등으로 이름과 특성에 따라 구분되는 위치.
68) 인과(因果) : 수행이라는 원인이 깨달음이라는 결과를 가져온다는 관념. 인과법칙. 원인에 의하여 결과가 나타난다는 인과법칙은 먼저 원인과 결과를 각각 따로 세운 뒤에 가능한 법칙이므로 불이법문(不二法門)에는 알맞지 않다. 즉 인과법은 분별심(分別心) 위에서 이분법(二分法)으로 세워진 법칙이다. 그러므로 깨달음의 진실에는 인과법칙이 해당되지 않는다.

果)⁶⁸⁾·계급(階級)⁶⁹⁾이 없다는 것을 모르고, 마음으로 헤아려 수행이 원인이고 깨달음이 결과라고 허망하게 생각한다. 마음을 비우는 선정에 머물러 긴긴 시간을 지나면, 비록 깨닫는다고 하여도 깨닫고 나서 다시 미혹해진다."⁷⁰⁾ – 마조도일

"부처는 구함이 없는 사람이니, 구하면 도리에 어긋난다. 도리는 구함이 없는 도리이니, 구하면 잃는다. 만약 구함 없음에 집착하면, 도리어 구하는 것과 같다. 만약 무위(無爲)에 집착하면, 도리어 유위(有爲)와 같다. 그러므로 경전에서 말하기를 '법을 취하지도 않고, 법 아닌 것을 취하지도 않고, 법 아님이 아닌 것도 취하지 않는다.'라고 하였다. 또 말하기를 '여래께서 얻은 법은 진실도 아니고 헛것도 아니다.'라고 하였다."⁷¹⁾ – 백장회해

"본래의 부처에게는 진실로 한 물건도 없으니, 텅 비어 통하고 고요하면서 밝고 묘하고 안락할 뿐이다. 깊으면 저절로 깨달아 들어가니 곧장 바로 이것이다. 모자람 없이 다 갖추고 있어서 전혀 부족함이 없다. 비록 무한한 세월 동안 정진수행하고 모든 지위를 거치더라도, 한 순간 깨달을 때에 이르러서는 다만 원래의 자기 부처를 깨달을 뿐, 그 위에

---

69) 계급(階級) : 1단계, 2단계……처럼 차례차례 수행하고 성취해 나아가는 점차적인 단계를 계급이라 한다. 역시 분별심에 근거한 이분법이므로 불이법문인 진리에는 해당되지 않는다.
70) 聲聞不知聖心, 本無地位因果階級, 心量妄想, 脩因證果. 住於空定, 八萬劫二萬劫, 雖卽已悟, 悟已卻迷.(『사가어록』「마조어록」)
71) 佛是無求人, 求之理乖. 理是無求理, 求之卽失. 若著無求, 復同於有求. 若著無爲, 復同於有爲. 故經云: '不取於法, 不取非法, 不取非非法.' 又云: '如來所得法, 此法無實亦無虛.'(『사가어록』 제3권 「백장광록(百丈廣錄)」)

다시 한 물건도 더할 수 없다. 깨달았을 때에 오랫동안 행해 온 노력을 돌이켜 보면 모두가 꿈속의 허망한 짓일 뿐이다. 그래서 여래는 말하기를 '나는 위없이 바르고 평등한 깨달음에서 참으로 얻은 것이 없다. 만약 얻은 것이 있다면, 연등부처는 나에게 수기(授記)하지 않았을 것이다.'라고 하고, 또 말하기를 '이 법은 평등하여 높고 낮음이 없으니, 이것을 일러 깨달음이라 한다.'라고 하였다."72) – 황벽희운

"다만 당장 자기의 마음이 본래 부처임을 문득 깨달으면, 얻을 만한 하나의 법도 없고 닦을 만한 하나의 행도 없다. 이것이 위없는 도이며, 이것이 참되고 여여한 부처이다."73) – 황벽희운

"도 닦는 이들이여! 참 부처와 참 법은 형상이 없는데, 그대들은 다만 허깨비 위에서 모양을 짓고 있구나. 설사 구하여 얻는다 하더라도 모두가 들여우요, 도깨비일 뿐 참 부처는 아니니, 곧 외도(外道)의 견해이다. 진실로 도를 배우는 사람이라면, 부처도 취하지 말고, 보살·나한도 취하지 말고, 삼계(三界)의 뛰어난 것도 취하지 말고, 멀리 홀로 벗어나 사물의 구속을 허락치 말아야 한다."74) – 임제의현

---

72) 本佛上實無一物, 虛通寂靜, 明妙安樂而已. 深自悟入, 直下便是. 圓滿具足, 更無所欠. 縱使三祇精進修行, 歷諸地位, 及一念證時, 祇證元來自佛, 向上更不添得一物. 卻觀歷劫功用, 總是夢中妄爲. 故如來云: "我於阿耨菩提, 實無所得, 若有所得, 然燈佛則不與我授記." 又云: "是法平等, 無有高下, 是名菩提."(『사가어록』「전심법요」)
73) 唯直下頓了, 自心本來是佛, 無一法可得, 無一行可修. 此是無上道, 此是眞如佛.(『사가어록』「전심법요」)
74) 道流! 眞佛無形, 眞法無相, 你祇麽幻化上頭, 作模作樣. 設求得者, 皆是野狐精魅, 並不是眞佛, 是外道見解. 夫如眞學道人, 並不取佛, 不取菩薩·羅漢, 不取三界殊勝, 迥然獨脫, 不與物拘.(『사가어록』「임제어록」)

"대덕들이여! 그대들은 분주하게 여러 곳을 돌아다니며 무엇을 찾느라고 발바닥에 못이 박이도록 밟고 다니느냐? 구할 수 있는 부처도 없고, 이룰 수 있는 도(道)도 없고, 얻을 수 있는 법(法)도 없다. 밖에서 구하는 모양 있는 부처는 그대들과 같지 않다. 그대들의 본래 마음을 알고자 하느냐? 합해져 있는 것도 아니고, 떨어져 있는 것도 아니다. 도 닦는 이들이여! 참 부처는 모양이 없고, 참 도는 몸체가 없으며, 참 법은 모습이 없다."[75] - 임제의현

"그대들은 곳곳에서 '닦을 것도 있고 깨달을 것도 있다'라고 말들 하지만, 착각하지 말라. 설사 닦아서 얻는 것이 있다고 하더라도 모두가 생사(生死)의 업(業)이다. 그대들은 또 육도(六度)[76]와 만행(萬行)[77]을 고루 닦는다고 말하지만, 내가 보기에는 모두가 업을 짓는 일이다. 부처를 구하고 법을 구하는 것은 곧 지옥 갈 업을 짓는 것이고, 보살을 구하는 것 역시 업을 짓는 일이며, 경전을 보고 가르침을 살피는 것 역시 업을 짓는 일이다."[78] - 임제의현

---

75) 大德! 你波波地往諸方, 覓什麽物, 踏你脚板闊? 無佛可求, 無道可成, 無法可得. 外求有相佛, 與你不相似. 欲識汝本心? 非合亦非離. 道流! 眞佛無形, 眞道無體, 眞法無相.(『사가어록』, 「임제어록」)
76) 육도(六度) : 대승보살이 닦는 수행 방법인 보시(布施) · 지계(持戒) · 인욕(忍辱) · 정진(精進) · 선정(禪定) · 지혜(智慧)의 육바라밀.
77) 만행(萬行) : '팔만세행(八萬細行)'이라고도 한다. 중생의 번뇌의 수가 8만 4천이 되기 때문에 이를 물리칠 부처의 교법(敎法) 또한 8만 4천이나 된다고 하지만, 8만 4천은 부처의 교법을 총칭하는 말이며 반드시 실제 수를 뜻하는 것은 아니다.
78) 你諸方言道, '有修有證,' 莫錯. 設有修得者, 皆是生死業. 你言六度萬行齊修, 我見皆是造業. 求佛求法, 卽是造地獄業; 求菩薩, 亦是造業; 看經看敎, 亦是造業.(『사가어록』, 「임제어록」)

"모든 부처님이 세상에 나오시고 조사가 서쪽에서 왔지만, 역시 전해 줄 수 있는 법은 하나도 없습니다. 왜 그럴까요? 전해 주고 전해 받는 것은 무명(無明)의 법이요, 유위(有爲)의 법이지, 지혜의 법도 아니고 무위(無爲)의 법도 아닙니다."79) - 대혜종고

"모든 부처님들이 세상에 나오시고 조사들이 서쪽에서 오신 것은 중생의 근기(根器)에 맞추어 그때그때 응한 것일 뿐입니다. 진실을 말하자면, 말씀도 없고, 보여 줌도 없고, 들음도 없고, 얻음도 없습니다. 그러므로 암두(巖頭)는 말했습니다. '만약 진실한 법이라는 것으로 사람을 얽어맨다면, 보시80)를 받는다고 말해서는 안 되니, 흙 한 줌도 받을 자격이 없기 때문이다.'81) 이로써 본다면, 모든 부처님과 모든 조사들 역시 다만 법을 증명(證明)하는 주인공 노릇을 할 뿐입니다. 보지 못했습니까? 사리불(舍利弗)이 문수사리(文殊師利)에게 물었습니다. '모든 부처님이신 여래께서는 법계(法界)를 깨닫지 못했습니까?' 문수가 답했습니다. '모든 부처님도 오히려 있을 수 없는데, 어떻게 부처님이 법계를 깨닫겠습니까? 법계도 오히려 있을 수 없는데, 어떻게 법계가 모든 부처님에게 깨달아지겠습니까?'82)"83) - 대혜종고

---

79) 諸佛出世, 祖師西來, 亦無一法可以傳授. 何以故? 有傳有授, 是無明法, 是有爲法, 非智慧法, 非無爲法.(『대혜보각선사법어』제23권. 29. 태허거사(太虛居士)에게 보임)
80) 신시(信施) : 재가 신자가 불법승(佛法僧) 삼보에게 보시하는 물건.
81) 출처를 알 수 없다.
82) 『문수사리소설반야바라밀경(文殊師利所說般若波羅蜜經)』에 나오는 구절.
83) 諸佛出世, 祖師西來, 隨衆生根器所宜, 應箇時節而已. 據實而論, 無說無示, 無聞無得. 故巖頭有言: '若以實法繫綴人, 莫道受他信施, 只土亦銷不得.' 以是觀之, 諸佛諸祖亦只作得箇證明底主人耳. 不見? 舍利弗問文殊師利曰: '諸佛如來不覺法界耶?' 文殊答曰: '諸佛尙不可得, 云何有佛而覺法界? 法界尙不可得, 云何法界爲諸佛所覺?'(『대혜보

③ 불이법에는 단계가 없다

　선에서는 불이중도의 마음을 나타내는 방편의 말로써 단계가 없다는 말을 한다. 마음은 불이법(不二法)으로서 둘이 아니니 원래 단계가 없다. 그러므로 수행한다고 하여 마음이 단계적으로 점차 달라져 가는 일은 없다. 만약 수행하여 마음이 점차 달라져 가는 단계가 있다고 여긴다면, 그것은 마음의 변화하는 모습을 보는 것이니 본래 불이법인 마음은 아니다. 수행하는 사람들이 순간순간 경험하는 마음의 모습을 분별함으로써, 흔히 이런 잘못에 떨어지는 경우가 많다. 단계가 없다는 방편의 말은 바로 이런 잘못에 떨어지지 말라고 경고하는 것이다. 이 마음은 수행과는 상관 없이 언제나 여여(如如)하다. 이 여여한 마음을 모습으로 분별하려는 어리석음에서 벗어나 마음이라는 모습이 없어지면, 본래 마음은 언제나 여여하다. 그러므로 무심(無心)이 곧 도(道)라고 하는 것이다.

　"자성에는 시비도 없고, 어리석음과 지혜도 없고, 혼란됨과 안정됨도 없다. 순간순간 반야로 비추어 보아 늘 법상(法相)에서 벗어나 자유자재하게 마음대로 할 수 있다면, 세울 무엇이 있겠는가? 자성을 스스로 깨달으면, 문득 깨닫고 문득 수행하니, 또한 점차(漸次)가 없다. 그러므로 일체법을 세우지 않는 것이다. 모든 법이 적멸(寂滅)한데 어찌 점차 닦을 것이 있겠는가?"[84] – 육조혜능

　『각선사법어』 제21권. 14. 포교수(鮑敎授)에게 보임)
[84] 自性無非無癡無亂. 念念般若觀照, 常離法相, 自由自在, 縱橫盡得, 有何可立? 自性自悟, 頓悟頓修, 亦無漸次. 所以不立一切法. 諸法寂滅, 有何次第?(『육조대사법보단경』)

"성문(聲聞)은 성인(聖人)의 마음에 본래 지위(地位)·인과(因果)·계급(階級)이 없다는 것을 모르고, 마음으로 헤아려 허망한 생각을 하여 원인을 닦아 결과를 얻으려 한다."[85] - 마조도일

"만약 상근기(上根器)[86] 중생이라면 문득 선지식(善知識)의 가르침을 받고서 말을 듣고 바로 알아차려서, 다시는 계급과 지위를 거치지 않고 즉시 본성을 깨닫는다."[87] - 마조도일

"따라서 도를 배우는 사람이 자기의 본래 마음을 잃고 자기의 본래 마음이 부처임을 알지 못하고, 밖에서 찾고 구하며 애써 노력하여 순차적으로 깨달으려 한다면, 무한한 세월을 애써 구하더라도 영원히 깨달음을 이루지 못할 것이니, 당장 마음이 없음만 못하다."[88] - 황벽희운

"그러므로 조사(祖師)는 모든 중생의 본래 마음을 곧장 가리켰던 것이다. 마음의 본바탕이 본래 부처이니, 수행에 의하여 이루어지는 것이 아니고, 단계에 따라 이루어지는 것도 아니며, 밝거나 어두운 것도 아니다. 밝음이 아니기 때문에 밝음이 없고, 어둠이 아니기 때문에 어둠

---

85) 聲聞不知聖心, 本無地位因果階級, 心量妄想, 修因證果.(『사가어록』「마조어록」)
86) 상근기(上根機) : 근기(根機)는 가르침을 듣고 깨달을 수 있는 능력을 가리키는 말인데, 이 근기가 높으냐 낮으냐 하는 것은 진리인 불법(佛法)과 스승인 부처와 그의 가르침에 대한 믿음의 깊이가 얼마나 깊으냐 얕으냐에 의하여 좌우된다. 깊은 믿음을 가지고 끈기 있게 가르침에 귀를 기울이면 어렵지 않게 깨달음에 도달하지만, 믿음이 얕으면 자기의 경험과 견해에 의존하기 때문에 깨달음에 도달하기가 힘들게 된다.
87) 若是上根衆生, 忽爾遇善知識指示, 言下領會, 更不歷於階級地位, 頓悟本性.(『사가어록』「마조어록」)
88) 故學道人迷自本心, 不認爲佛, 遂向外求覓, 起功用行, 依次第證, 歷劫勤求, 永不成道, 不如當下無心.(『사가어록』「전심법요」)

이 없다. 그러므로 무명(無明)도 없고 무명이 다함도 없다."[89] - 황벽희운

"한 번 마침에 모두를 마치는 것이며, 한 번 깨달음에 모두를 깨닫는 것이며, 한 번 증득(證得)함에 모두를 증득하는 것입니다. 마치 한 타래의 실을 끊음에 한 번 끊으면 한꺼번에 끊어지는 것처럼, 가없는 법문을 증득함에도 단계란 없습니다."[90] - 대혜종고

"부처의 경계는 모습 있는 바깥 경계가 아닙니다. 부처는 곧 스스로 깨달은 성스러운 지혜의 경계입니다. 꼭 이 경계를 알고자 한다면, 수행하여 깨달아 얻는다는 단계[91]에 의지하지 말고, 의식(意識) 아래에 애초부터 있었던 더러운 객진번뇌(客塵煩惱)[92]를 깨끗이 없애야 합니다. 허공처럼 드넓고 텅 비어서 의식 속의 모든 집착을 멀리 여의어 헛되고 거짓되고 진실하지 않고 허망한 생각 역시 허공과 같아지면, 이 공용(功用)[93] 없는 묘한 마음이 향하는 곳에는 저절로 가로막는 장애가 없습니다."[94] - 대혜종고

---

89) 故祖師直指, 一切衆生本心. 本體本來是佛, 不假修成, 不屬漸次, 不是明暗. 不是明故無明, 不是暗故無暗. 所以無無明, 亦無無明盡.(『사가어록』「완릉록」)
90) 一了一切了, 一悟一切悟, 一證一切證. 如斬一結絲, 一斬一時斷, 證無邊法門亦然, 更無次第.(『대혜보각선사서』 제27권. 22. 유보학(劉寶學) 언수(彦修)에 대한 답서.)
91) 장엄(莊嚴)은 '건립하다' '배열하다' '배치하다' '장식하다'는 뜻이다. 여기에서는 수행(修行)과 증득(證得)의 단계를 건립하여 배열한다는 뜻.
92) 객진번뇌(客塵煩惱) : 객진(客塵)은 번뇌를 수식하는 말. 번뇌는 모든 법의 체성(體性)에 대하여 본래의 존재가 아니므로 객(客)이라 하고, 미세하고 수가 많으므로 진(塵)이라 함.
93) 공용(功用) : 몸·입·뜻으로 애써 행하는 행위. 곧 유위행(有爲行).

④ 불이법에는 머묾이 없다

불이중도(不二中道)란 어디에도 머물지 않는 무주(無住)이다. 육조혜능은 『금강경』의 "머묾 없이 그 마음을 내라."는 구절을 듣고서 깨달았다고 한다. 마음이 어디에 머물러 있다는 것은 곧 분별 속에 있는 것이다. 머물 곳이 있다는 것은 분별이기 때문이다. 마음이라는 물건도 얻을 수 없는데, 마음이 머물 곳이 어디에 있겠는가? 마음이 어딘가에 머물러 있는 것이 바로 범부중생이 분별하여 집착하는 것이고, 그 머물러 있는 곳에 얽매여 자유가 없는 것이다. 그러므로 깨달음과 해탈은 곧 무주(無住)이다.

"자신의 본성을 보면, 움직이지도 않고 고요하지도 않으며, 생겨나지도 않고 사라지지도 않으며, 가지도 않고 오지도 않으며, 옳지도 않고 틀리지도 않으며, 머물지도 않고 가지도 않는다."[95] - 육조혜능

"무주(無住)는 사람의 본성입니다. 무주는 세간의 선과 악, 아름답고 추함, 원수와 친구를 구별하여 말하고, 부딪히고, 찌르고, 속이고, 싸울 때에도 모두를 공(空)으로 여겨 해 끼칠 생각을 하지 않고 순간순간 속에 앞의 경계를 생각하지 않는 것입니다. 만약 앞 순간과 지금 순간과 뒷순간이 순간순간 이어져서 끊임이 없다면, 이것을 일러 속박이라고 합니다. 모든 법 위에서 순간순간 머물지 아니하면 속박이 없습니

---

94) 佛境界非是外境界有相. 佛乃自覺聖智之境界也. 決欲知此境界, 不假莊嚴修證而得, 當淨意根下無始時來客塵煩惱之染. 如虛空之寬曠, 遠離意識中諸取, 虛僞不實妄想亦如虛空, 則此無功用妙心所向, 自然無滯礙矣. 『대혜보각선사법어』 제19권. 1. 청정거사(淸淨居士)에게 보임

95) 見自本性, 無動無靜, 無生無滅, 無去無來, 無是無非, 無住無往. 『육조대사법보단경』

다. 이 때문에 무주(無住)를 근본으로 삼습니다."96) - 육조혜능

"세존이 입멸한 이래로 서천(西天)의 28대 조사(祖師)가 모두 무주(無住)의 마음을 전하였다."97) - 하택신회

"머묾 없는 법에서는 취하거나 버리지 말아야 한다."98) - 마조도일

"만약 더럽거나 깨끗한 마음이 사라지면, 얽매임에도 머물지 않고 해탈에도 머물지 않아서, 유위(有爲)·무위(無爲)·얽매임·해탈 등의 마음의 테두리가 일절 없어서, 삶과 죽음 속에서도 그 마음이 자재할 것이다."99) - 백장회해

"모든 법은 본래 가질 것도 없고, 얻을 것도 없고, 의지할 곳도 없고, 머물 곳도 없고, 주관도 없고, 객관도 없음을 명확히 알아서 허망한 생각을 내지 않으면, 곧장 깨달음을 얻는다."100) - 황벽희운

"그대가 생사(生死)·거주(去住)·탈착(脫著)에 자유롭기를 바란다면,

---

96) 無住者, 人之本性. 於世間善惡好醜, 乃至寃之與親, 言語觸刺欺爭之時, 並將爲空, 不思酬害. 念念之中, 不思前境. 若前念今念後念, 念念相續不斷, 名爲繫縛. 於諸法上, 念念不住, 卽無縛也. 此是以無住爲本.(『육조대사법보단경』)
97) 自世尊滅後, 西天二十八祖, 共傳無住之心.(『景德傳燈錄』 제30권 '하택대사현종기')
98) 於無住法, 不應取捨.(『사가어록』「마조어록」)
99) 若垢淨心盡, 不住繫縛, 不住解脫, 無有一切有爲無爲縛脫心量, 起於生死, 其心自在.(『사가어록』「백장광록」)
100) 決定知一切法, 本無所有, 亦無所得, 無依無住, 無能無所, 不動妄念, 便證菩提.(『사가어록』「전심법요」)

지금 법을 듣는 사람을 알아야 한다. 이 사람은 형상도 없고 근본도 없고 머무는 곳도 없이 활발발하게 움직여서 수만 가지 경계를 시설(施設)하지만, 작용(作用)하는 곳이 따로 없다."[101] – 임제의현

"왜 그럴까요? 부처님께서 말씀하시지 않았습니까? '모든 경계에서 의지함도 없고 머묾도 없고 분별도 없이, 법계가 광대하게 펼쳐져 있음을 밝게 보고, 모든 세간과 모든 법이 평등하여 둘이 없음을 깨닫는다.'[102]"[103] – 대혜종고

(3) 견성(見性)이 발생할 조건

견성(見性)은 불이법문(不二法門)이니 분별에서 벗어나야 한다. 분별에서 벗어나는 길은 둘이다. 첫째는 분별이 완전히 사라져 분별의식(分別意識)이 전혀 없는 것으로서, 나무토막이나 돌멩이 같은 무정물(無情物)과 같이 되는 것이다. 둘째는 분별하면서, 분별 속에서 분별에서 벗어나 분별이 없는 것이다. 불이법문은 둘째에 해당한다. 분별이면서 분별이 아니니, 분별과 분별에서 벗어남이 둘이 아니다.

분별하면서 분별 속에서 분별에서 벗어나 있다는 말은 이치적으로는 말이 되지 않는 무의미한 말이다. 이것은 마치 '사과이면서 사과가 아니다' '밀감이면서 밀감이 아니다'라는 말과 같은 말이다. 이것은 '사과

---

101) 你若欲得生死去住脫著自由, 卽今識取聽法底人. 無形無相, 無根無本, 無住處, 活撥撥地, 應是萬種施設, 用處祇是無處.(『사가어록』「임제어록」)
102) 『화엄경』(80권 화엄) 제31권 「십회향품(十廻向品)」제25-9에 나오는 구절.
103) 何以故? 佛不云乎? : '於一切境無依無住, 無有分別, 明見法界廣大安立, 了諸世間及一切法平等無二.'(『대혜보각선사법어』제20권. 6. 진여도인(眞如道人)에게 보임)

는 사과이고 밀감은 밀감이다'라는 분별이 깨어져 버린 말이다. 그러나 불이법문이란 본래 분별을 떠난 것이니 당연히 이렇게 분별이 깨어진 형태로 표현되는 것이다. 『금강경』에서 "모든 모습이 모습이 아니다."라거나 "여래께서 말씀하신 몸의 모습은 곧 몸의 모습이 아니다."[104]라거나, "여래께서 말씀하시는 법은 모두 취할 수도 없고 말할 수도 없으니 법도 아니고 법 아닌 것도 아니다."[105]라거나, "불법이라는 것은 불법이 아니다."[106]라는 말들이 모두 이런 말이다.

이 때문에 불이법문을 "언어의 길이 끊어지고, 마음 가는 곳이 사라졌다."[107]고 말한다. 그러므로 견성(見性)으로 향하는 사람은 무엇보다도 우선 분별에 머물면 안 된다. 분별에 머물지 않고 분별에 의지하지 않는다면 어떻게 해야 하는가? 어떻게 한다고 하면 곧 분별이니, 어떻게 해야 한다고 말할 수 없다. 어떻게도 하지 말아야 한다고 하면 역시 분별이니, 어떻게도 하지 말아야 한다고 말할 수 없다. 단지 분별에 머물지 말라고 경고할 뿐, 어떻게 하라고 말할 수는 없다.

"그대가 마음의 요체를 알고자 한다면, 단지 모든 좋고 나쁨을 전혀 생각하지 말라. 그러면 저절로 깨끗한 마음의 바탕에 들어가, 맑고 늘 고요하면서도 묘한 작용이 끝이 없을 것이다."[108] – 육조혜능

---

104) 如來所說身相卽非身相.(『금강경』)
105) 如來所說法皆不可取不可說, 非法非非法.(『금강경』)
106) 所謂佛法者卽非佛法.(『금강경』)
107) 言語道斷, 心行處滅.(『사가어록』「전심법요」)
108) 汝若欲知心要, 但一切善惡都莫思量. 自然得入淸淨心體, 湛然常寂妙用恒沙.(『육조대사법보단경』)

"자성(自性)은 본래부터 완전하여 모자람이 없다. 그러므로 다만 선이니 악이니 하는 일에 막히지만 않는다면, 도 닦는 사람이라 할 것이다."109) – 마조도일

"선(善)이라고 하여 취하지도 말고 악(惡)이라고 하여 버리지도 말며, 깨끗함과 더러움의 어느 쪽에도 기대거나 믿지 말아야 한다."110) – 마조도일

"만약 곧장 도를 알고자 한다면, 평소의 마음이 바로 도이다. 무엇을 일러 평소의 마음이라 하는가? 조작이 없고, 옳고 그름이 없고, 취하거나 버림이 없고, 끊어짐이나 항상됨의 차별이 없고, 범부도 없고 성인도 없는 것이다. 경전에 말하기를, '범부의 행위도 아니고 성인의 행위도 아닌 것이 바로 보살의 행위이다.'라고 하였다."111) – 마조도일

"다만 양쪽으로 분별되는 말을 끊기만 하라. 있다는 말과 있지 않다는 말을 끊고, 없다는 말과 없지 않다는 말을 끊으면, 양쪽의 흔적이 나타나지 않아서 그대는 양쪽에 붙잡히지 않을 것이고 숫자로 헤아리는 것에 관여하지 않을 것이다. 부족함도 아니고 만족도 아니며, 범부도 아니고 부처도 아니며, 밝음도 아니고 어둠도 아니며, 앎도 아니고 모름도 아니며, 얽매여 있음도 아니고 해탈도 아니며, 어떤 이름도 아니다."112) – 백장회해

---

109) 自性本來具足. 但於善惡事中不滯, 喚作修道人.(『사가어록』「마조어록」)
110) 不取善不捨惡 淨穢兩邊 俱不依怙.(『사가어록』「마조어록」)
111) 若欲直會其道, 平常心是道. 何謂平常心? 無造作, 無是非, 無取捨, 無斷常, 無凡無聖. 經云: '非凡夫行, 非聖賢行, 是菩薩行.'(『사가어록』「마조어록」)
112) 但割斷兩頭句. 割斷有句不有句, 割斷無句不無句, 兩頭跡不現, 兩頭捉汝不着, 量數管汝不得. 不是欠少, 不是具足, 非凡, 非聖, 非明, 非暗, 不是有知, 不是無知, 不是

"다만 모든 법에서 있다거나 없다는 견해를 내지 않으면, 곧 법을 보는 것이다."113) - 황벽희운

"모든 법은 본래 가질 것도 없고, 얻을 것도 없고, 의지할 곳도 없고, 머물 곳도 없고, 주관도 없고, 객관도 없음을 명확히 알아서 허망한 생각을 내지 않으면, 곧장 깨달음을 얻는다."114) - 황벽희운

"도에 방향과 장소가 없는 것을 일러 대승(大乘)의 마음이라 한다. 이 마음은 안에 있지도 않고 밖에 있지도 않고 그 사이에 있지도 않으니, 참으로 방향과 장소가 없으므로 결코 알음알이를 낼 수 없다. 다만 그대에게 말하노니, 지금 분별심으로 헤아림이 끝난 곳이 곧 도이다. 분별심으로 헤아림이 끝난다면, 마음에는 방향도 장소도 없다."115) - 황벽희운

"평상(平常)하기를 바란다면, 모양을 만들지 말라."116) - 임제의현

"그대가 한 순간 마음에서 의심하는 곳이 곧 부처와 마구니다. 그대가 만약 만법은 생겨나지 않으며 마음은 환상처럼 조화를 부린다는 것에 통달한다면, 다시는 하나의 경계도 없고 하나의 법도 없어서 곳곳이

繫縛, 不是解脫, 不是一切名目.(『천성광등록』 제9권 「홍주대웅산백장회해선사(洪州大雄山百丈懷海禪師)」)
113) 但於一切法, 不作有無見, 卽見法也.(『사가어록』「전심법요」)
114) 決定知一切法, 本無所有, 亦無所得, 無依無住, 無能無所, 不動妄念, 便證菩提.(『사가어록』「전심법요」)
115) 道無方所, 名大乘心. 此心不在內外中間, 實無方所, 第一不得作知解. 只是說汝, 如今情量盡處爲道. 情量若盡, 心無方所.(『사가어록』「전심법요」)
116) 且要平常, 莫作模樣.(『사가어록』「임제어록」)

모두 깨끗해질 것이니, 이것이 바로 부처이다. 그러나 부처와 마구니는 물들거나 깨끗한 두 가지 경계이다. 나의 견처에는 부처도 없고 중생도 없으며 옛날도 없고 지금도 없으니, 얻는 자는 곧바로 얻을 뿐 시간을 거치지 않으며, 닦음도 없고 증득함도 없으며 얻음도 없고 잃음도 없을 뿐, 언제라도 다시 무슨 다른 법은 없다. 설사 이것을 넘어서는 한 법이 있다고 하더라도, 나는 그것이 꿈이나 환상과 같다고 말한다. 내가 말하는 것은 이것이 모두이다."[117] - 임제의현

"문득 헤아림이 미치지 못하는 곳에서 이 한 생각이 부서진다면 곧 삼세(三世)[118]를 깨닫는 곳입니다."[119] - 대혜종고

"그대들이 진실하게 공부하려고 한다면, 다만 모든 것을 놓아 버리고, 마치 완전히 죽은 사람처럼 아무것도 알지 못하고 아무것도 이해하지 못해야 한다. 알지도 못하고 이해하지도 못하는 곳에서 문득 이 한 생각이 부서지게 되면, 부처님도 그대들을 어찌하지 못할 것이다."[120] -대혜종고

---

117) 你一念心疑處是佛魔. 你若達得萬法無生, 心如幻化, 更無一塵一法, 處處淸淨, 是佛. 然佛與魔, 是染淨二境. 約山僧見處, 無佛無衆生, 無古無今, 得者便得, 不歷時節, 無修無証, 無得無失, 一切時中, 更無別法. 設有一法過此者, 我說如夢如化. 山僧所說皆是.(『사가어록』「임제어록」)
118) 삼세(三世) : 과거 · 현재 · 미래. 또는 전세(前世) · 현세(現世) · 내세(來世), 전제(前際) · 중제(中際) · 후제(後際). 세(世)는 따로 떨어진다는 격별(隔別)과 바뀌어 흐른다는 천류(遷流)의 뜻이 있다.
119) 忽然向思量不及處, 得這一念破, 便是了達三世處也.(『대혜보각선사서』 제27권. 28. 왕내한(汪內翰) 언장(彦章)에 대한 답서(1))
120) 你要眞箇參, 但一切放下, 如大死人相似, 百不知, 百不會, 驀地向不知不會處得這一念子破, 佛也不奈你何.(『대혜보각선사보설(大慧普覺禪師普說)』 제13권. 1. 설봉(雪峰)에서 보리회(菩提會) 만들 때의 보설)

4. 선의 가르침

 선에서는 어떻게 분별망상에서 벗어나 깨달음에 이르도록 가르치는가? 육조혜능이 "내가 만약에 사람에게 줄 법이 있다고 말한다면, 그것은 너를 속이는 것이다. 다만 경우에 따라서 얽매인 것을 알맞게 풀어 주는 것일 뿐이다."[121)]고 말했듯이, 선의 가르침이든 불교의 가르침이든 어떤 진리를 가르쳐 주는 것은 아니다. 선이든 불교든 다만 허망한 분별에 얽매인 중생을 그 얽매임에서 풀어 주는 방편일 뿐이다. 구름이 걷히면 태양은 언제나 밝게 빛나듯이, 망상분별이 사라지면 본래의 마음은 언제나 그 자리에 있는 것이다. 선에서나 불교에서나 얻을 무엇이 있다고 한다면, 그것은 모두 망상이다. 다만 얽매인 마음을 풀어 주면 본래 마음은 자유자재한 것이다.

 얽매인 마음을 풀어 주는 선의 방편을 이해를 위하여 편의상 구분하면, 분별을 가로막고 부수어서 분별망상에 머물지 못하도록 하는 측면과, 곧장 마음을 가리킴으로써 망상에서 벗어나 깨달음을 이루도록 이

---

121) "吾若言有法證人, 卽爲誑汝. 但且隨方解縛.(『육조대사법보단경』)

끄는 측면으로 나누어 말할 수 있다. 여기에서는 이 두 측면의 방편을 선사들이 어떻게 말하고 사용했는지를 살펴본다.

(1) 망상을 부숨

분별망상이 부수어지면 본래 마음이 저절로 나타나기 때문에 분별망상을 부수는 방편을 사용한다. 망상이란 곧 양변(兩邊)으로 분별하여, 이쪽이나 저쪽에 머무는 것이다. 이쪽과 저쪽은 서로 원인이 되어 연기(緣起)하는 것이므로, 둘이면서 둘이 아니다. 이쪽과 저쪽을 분별하여도 이쪽과 저쪽은 둘이 아니므로, 이쪽을 말하면서도 이쪽에 머물지 않고 저쪽을 말하면서도 저쪽에 머물지 않으면 불이(不二)의 중도(中道)이다. 망상을 타파하는 것은 모든 법의 자성(自性)이 불이(不二)임을 알지 못하고 하나의 이름과 하나의 개념과 하나의 모습에 머무는 것을 가로막아 어디에도 머물지 못하게 이끄는 것이다. 불이중도(不二中道)란 곧 양변의 어디에도 머물지 않는 무주(無住)이다.

① 대법중도(對法中道)

『육조단경』에서 혜능은 "내가 이제 너희들에게 법을 말하는 방법을 가르쳐서 우리의 종지(宗旨)를 잃어버리지 않도록 하겠다."[122]라고 말하고서 다음과 같이 말한다.

---

122) 吾今教汝說法, 不失本宗.(『육조대사법보단경』)

"모든 법을 말하면서 자성(自性)에서 벗어나지 말라. 만약 어떤 사람이 너희에게 법을 묻는다면, 말을 하되 모두 짝을 이루게 하여 대법(對法)을 취하고, 오고 감에 서로 원인이 되게 하여 마침내 두 대법을 모두 제거함으로써 다시는 갈 곳이 없게 하라."[123] – 육조혜능

"만약 누가 너희에게 뜻을 묻는다면, 있음을 물으면 없음으로써 대답하고, 없음을 물으면 있음으로써 대답하고, 범부를 물으면 성인으로써 대답하고, 성인을 물으면 범부로써 대답하여, 두 말이 서로 원인이 되게 하여 중도(中道)의 뜻을 내도록 하라. 너희는 한 번 묻고 한 번 답하되, 나머지 물음도 한결같이 이처럼 한다면, 도리(道理)를 잃지 않을 것이다. 가령 어떤 사람이 묻기를 '무엇을 일러 어둠이라고 하는가?'라고 한다면, 답하기를 '밝음이 인(因)이고 어둠이 연(緣)[124]이니 밝음이 사라지면 어둡다.'라고 말하여, 밝음으로써 어둠을 드러내고 어둠으로써 밝음을 드러냄으로써 오고 감에 서로 원인이 되어 중도의 뜻을 이루도록 하라. 나머지 물음도 모두 이와 같다. 너희들은 뒷날 법을 전함에, 이것에 의지하여 번갈아 서로 가르쳐서 종지를 잃지 않도록 하라."[125]
– 육조혜능

---

123) 說一切法, 莫離自性. 忽有人間汝法, 出語盡雙, 皆取對法, 來去相因, 究竟二法盡除, 更無去處.(『육조대사법보단경』)
124) 인(因)과 연(緣) : 결과를 내는 직접 원인은 인(因), 결과를 내는 데 도움이 되는 간접 원인은 연(緣). 쌀과 보리는 그 종자를 인으로 하고, 노력(勞力)·우로(雨露)·비료(肥料) 등을 연으로 하여 생긴다. 인연이란 일이 이루어짐에 개별적 실재성은 없고 상호 관계되어 나타나는 상대적인 것들을 가리킴. 연기(緣起)는 인연에 의하여 나타남.
125) 若有人問汝義, 問有將無對, 問無將有對, 問凡以聖對, 問聖以凡對, 二道相因, 生中道義. 汝一問一對, 餘問一依此作, 卽不失理也. 設有人問: '何名爲暗?' 答云: '明是因, 暗是緣, 明沒卽暗.' 以明顯暗, 以暗顯明, 來去相因, 成中道義. 餘問悉皆如此. 汝等於後傳法, 依此迭相敎授, 勿失宗旨.(『육조대사법보단경』)

법을 말하면서 자성(自性)에서 벗어나지 말라고 당부하는데, 자성은 불이법(不二法)이다. 불이법인 자성에서 벗어나지 않고 말하는 방법은, 말을 하되 늘 대응되는 뜻을 가진 두 짝의 말을 하여 서로가 서로에게서 말미암는 원인이 되게 하고는, 그 둘이 각각 단독으로는 있을 수 없음을 보임으로써 둘은 둘이 아닌 불이(不二)임을 보여 어느 한쪽으로 치우칠 수 없게끔 만드는 것이다.

대표적인 사례는 '있음'과 '없음'이라는 말이다. '있음'은 '없음'이 아닌 것이니, '있음'은 '없음'으로 말미암아 '있음'이 된다. 마찬가지로, '없음'은 '있음'이 아닌 것이니, '없음'은 '있음'으로 말미암아 '없음'이 된다. 따라서 '있음'과 '없음'은 이름은 둘이나, 몸은 한 몸이어서 둘이 아니다. '있음'은 '없음'을 떠나 홀로 있음이 될 수 없고 '없음'에 기대어 '있음'이 되니, '있음'은 '없음'과 둘이 아니다. '없음'도 마찬가지로 '있음'을 떠나 홀로 '없음'이 될 수 없고 '있음'에 기대어 '없음'이 되니, '없음'은 '있음'과 둘이 아니다. 마음이 '있음'에 머물면 바로 '없음'에 머무는 것이고, '없음'에 머물면 바로 '있음'에 머무는 것이다. 이처럼 '있음'과 '없음'이 둘이 아니니, '있음'을 말하더라도 '있음'이 아니고, '없음'을 말하더라도 '없음'이 아니어서, 마음은 어디에도 머물 곳이 없다. 마음이 어디에도 머물 곳이 없는 것이 바로 불이(不二)이며 중도(中道)이다.

이처럼 상대개념(相對概念)을 쌍으로 대응시키고 양변(兩邊)을 떠나 중도를 이룬다는 방식은 본래 중관불교(中觀佛敎)에서 중도로 이끌 때에 사용하는 방편인데,[126] 혜능이 마찬가지의 방법을 말하는 것이다. 이

---

126) 용수(龍樹)가 『중론(中論)』에서 중관사상(中觀思想)을 설명하는 논리는, 각각 단독으로는 의미가 없는 두 상대개념(生·滅, 去·來, 一·異, 斷·常 등 이른바 팔불중도(八不中道)의 상대개념들)이 성립하는 조건은 서로 간의 상의성(相依性)에 있음을 밝혀서 각 개

처럼 말을 할 때에 언제나 양변을 떠난 중도를 지킨다면, 말을 하면서도 양변에 떨어지지 않고 중도를 지킬 수 있다. 불교에서나 선에서나 법성(法性)을 말할 때에는 언제나 이러한 방식에서 벗어나지 않아야 한다. 두 개의 대법(對法)을 말하여 중도를 이루지 않고, 만약 하나의 이름만 취한다면 곧장 망상분별에 떨어진다. 예컨대 '어떤 사실이 있다'고 주장하거나 '어떤 것이 없다'고 주장한다면, 이러한 주장은 바로 변견(邊見)에 떨어진 망상분별인 것이다. 법을 말할 때에는 언제나 양변의 어느 한쪽에 머물지 않도록 주의하여야 한다. 고정된 하나의 견해를 가진다면 바로 양변에 떨어진 망상이니, 불성(佛性)을 보는 사람은 절대로 고정된 견해를 가지지 않는다.

② 삼구투탈(三句透脫)

백장회해는 불교와 선에서 법을 가르치는 말은 모두 3단계의 말로 이어져 있다고 한다. 백장은 이것을 삼구(三句)라고 표현하였는데, 삼구란 첫째 법을 긍정하고, 둘째 그 법을 부정하고, 셋째 법을 부정한다는 생각도 하지 않는 것이다. 다시 말하여, 법을 세우고, 법을 부수고, 법을 부수었다는 생각도 하지 않는 것이다. 백장의 말은 다음과 같다.

"무릇 가르침의 말은 모두 삼구(三句)로 서로 이어져 있다. 삼구란 초선(初善)·중선(中善)·후선(後善)이다. 처음에는 곧바로 그에게 좋은 마

념의 자존성(自存性) 즉 자성(自性)을 파괴해 가는 것이다. 이 경우 상의성(相依性)은 곧 연기법(緣起法)을 말하고, 연기법을 통하여 자존성(自存性)을 파괴하는 것을 중도(中道)라고 한다.

음을 내도록 하여야 하고, 다음에는 그 좋은 마음을 부수게 하며, 그런 뒤에야 비로소 아주 좋은 것이라고 한다. '보살은 곧 보살이 아니라, 이름이 보살이다.'라든가, '법(法)은 법(法)도 아니고 법 아닌 것도 아니다.'127)는 말이 모두 이와 같은 것이다. 만약 단지 일구(一句)만 말한다면, 중생을 지옥에 들어가게 하는 것이다. 만약 삼구(三句)를 한꺼번에 말한다면, 자기 스스로가 지옥에 들어갈 것이니, 부처님의 일과는 관계가 없다. 지금 비추어 보는 것이 곧 자기의 부처라는 데까지 말하면, 이것은 초선(初善)이다. 지금 비추어 보는 것에 머물러 있지 않다면, 이것은 중선(中善)이다. 머물러 있지 않다는 알음알이도 만들지 않는다면 이것은 후선(後善)이다."128) – 백장회해

"끝이 있다는 견해와 끝이 없다는 견해를 내기 때문에, 여래의 정상(頂相)129)을 보지 못한다. 다만 지금 있느니 없느니 하는 어떤 견해도 일절 없고 또 견해가 없음도 없다면, 이를 일러 정상이 나타난다고 한다."130) – 백장회해

---

127) 인용된 두 구절은 모두 『금강경』에 나오는 구절을 요약하여 인용한 것이다.
128) 夫敎語皆三句相連. 初中後善. 初直須敎渠發善心, 中破善心, 後始名好善. '菩薩卽非菩薩, 是名菩薩.' '法非法非非法.' 總與麼也. 若祇說一句, 令生入地獄. 若三句一時說, 渠自入地獄, 不干敎主事. 說到如今鑑覺是自己佛, 是初善. 不守住如今鑑覺, 是中善. 亦不作不守住知解, 是後善.(『천성광등록』 제9권 「홍주대웅산백장회해선사」)
129) 정상(頂相) : 원래는 정계(頂髻)의 상(相)이란 뜻으로, 선종 특유의 초상화. 반신상이 많지만, 곡록(曲彔)에 앉은 전신상도 있다. 찬(讚)도 써 넣는다. 송대(宋代) 이후에는 그것에 자찬(自讚)하여, 스승이 제자에게 불법의 깊은 뜻을 전달할 때의 표시로 사용되게 되었다. 여기에선 여래 자체를 가리킨다.
130) 爲作有邊見無邊見, 所以不見如來頂相. 祇如今都無一切有無等見, 亦無無見, 是名頂相現.(『천성광등록』 제9권 「홍주대웅산백장회해선사」)

이것은 불교에서 모든 분별상(分別相)을 부수고 불이(不二)의 법성(法性)에 이르는 과정을 대체적으로 삼분(三分)하여 말한 것이라고 할 수 있다. 먼저 법을 세우는 것은 일반 범부들의 분별심에 부응하는 것이다. 산을 보고 산이라 하고, 물을 보고 물이라 하는 것이다. 두 번째로 법을 부수는 것은 범부들의 분별심을 부수는 것이다. 산을 보고 산이 아니라 하고, 물을 보고 물이 아니라 한다. 세 번째로 법을 부수었다는 생각도 하지 않는 것은 산과 물에 대한 분별상이 깨어진 곳에 마음이 머물지도 않는 것으로서 완전히 분별상에서 벗어난 것을 말한다.

이러한 삼구(三句)는 결국 법을 말하는 하나의 방식이기도 하다. 법을 말할 때에는 다음과 같이 말해야 치우침이 없는 말이다.

- 일구(一句) → 이구(二句) → 삼구(三句)
- 법이다 → 법이 아니다 → 법은 법도 아니고, 법 아님도 아니다.
- 보살이다 → 보살이 아니다 → 보살은 보살이 아니라, 이름일 뿐이다(보살도 아니고, 보살 아님도 아니다).

일구(一句)는 긍정에 머물러 있고, 이구(二句)는 부정(否定)에 머물러 있고, 삼구(三句)는 긍정과 부정에 모두 머물지 않아서 긍정과 부정에서 벗어났다. 그러므로 삼구에서는 어디에도 치우쳐 머물지 않으며, 분별상을 만들지 않는다. 즉, 삼구는 불이중도(不二中道)를 표현하는 말인 것이다. 불법을 말할 때에는 언제나 이처럼 삼구의 형식을 갖추어야 비로소 어디에도 머물지 않고 양쪽에 치우치지 않고 법을 말할 수 있다. 그러므로 삼구(三句)도 앞서 육조혜능의 대법중도(對法中道)처럼 불이중도(不二中道)로 이끄는 하나의 방편이다.

③ 분별을 용납하지 않음

혜명(慧明)이 절을 하고서 말했다.
"행자께선 나를 위하여 법을 말씀해 주십시오."
혜능(慧能)이 말했다.
"당신이 이미 법을 위하여 왔다면, 마땅히 모든 인연을 쉬어 버리고 하나의 생각도 일으키지 마시오. 내가 그대를 위하여 말하겠습니다."
잠시 침묵한 후에 혜명에게 말했다.
"선(善)도 생각하지 말고, 악(惡)도 생각하지 마시오. 바로 이러한 때에 어느 것이 혜명 상좌(上座)의 본래면목입니까?"
혜명은 말을 듣고서 크게 깨달았다.[131]

약산유엄(藥山惟儼) 선사가 처음 석두(石頭)를 찾아가서는 바로 물었다.
"삼승십이분교(三乘十二分敎)[132]는 제가 대략 압니다. 그런데 남방(南方)[133]의 직지인심(直指人心)과 견성성불(見性成佛)을 늘 듣고는 있습니다만, 도무지 알 수가 없습니다. 엎드려 바라건대 스님께서 자비로써 가리켜 주십시오."

---

131) 惠明作禮云: "望行者爲我說法." 能云: "汝旣爲法而來, 可屛息諸緣, 勿生一念. 吾爲汝說." 良久謂明日: "不思善, 不思惡. 正與麼時, 那箇是明上座本來面目?" 惠明言下大悟.(『육조대사법보단경』)
132) 삼승십이분교(三乘十二分敎) : 삼승은 성문승(聲聞乘)·연각승(緣覺乘)·보살승(菩薩乘)으로서 소승불교와 대승불교를 통틀어 가리킨다. 십이분교는 대소승의 경전을 형식과 내용에 따라 12종류로 분류한 것으로, 십이부경(十二部經)이라고도 한다.
133) 남방(南方) : 육조혜능이 남쪽의 광동 지방에서 활동하였으므로, 육조의 선(禪)을 남종돈교(南宗頓敎) 혹은 남종선(南宗禪)이라 한다. 중앙의 황도(皇都)에서 활동한 대통신수(大通神秀)의 북종선(北宗禪)과 대비되는 말이다.

석두가 말했다.

"이렇게 해도 안 되고, 이렇게 하지 않아도 안 되고, 이렇게 하고 또 이렇게 하지 않아도 모두 안 된다. 그대는 어떻게 하겠는가?"

약산은 어찌할 바를 몰랐다.[134]

방거사(龐居士)는 뒤에 강서(江西)로 마조(馬祖)를 찾아가서 물었다.

"만법(萬法)과 짝하지 않는 자[135]는 어떤 사람입니까?"

마조가 말했다.

"그대가 한입에 서강(西江)의 물을 몽땅 마시면, 그대에게 말해 주겠다."

방거사는 그 말을 듣고서 문득 깨달았다.[136]

향엄지한(香嚴智閑)이 상당(上堂)하여 말했다.

"만약 이 일을 논한다면, 마치 사람이 나무에 올라가 입으로는 가지를 물고 발로는 가지를 밟지 않고 손으로도 가지를 붙잡지 않고 있는데, 나무 아래에서 문득 어떤 사람이 묻기를 '무엇이 조사가 서쪽에서 온 뜻인가?'라고 하는 것과 같다. 답변하지 않으면 그의 물음에 어긋나고, 답변한다면 목숨을 잃는다. 바로 이러한 때에 어떻게 해야 되겠느냐?"[137]

---

134) 藥山惟儼禪師, 初參石頭, 便問: "三乘十二分敎, 某甲粗知. 常聞南方直指人心見性成佛, 實未明了. 伏望和尙慈悲指示." 頭曰: "恁麽也不得, 不恁麽也不得, 恁麽不恁麽總不得. 子作麽生?" 山岡措.(『사가어록』「마조어록」)

135) 만법(萬法)과 짝하지 않는 자 : 어떤 것과도 둘이 되지 않는 자, 어떤 경우에도 철저히 불이법문(不二法門)에 들어 있는 자.

136) 後之江西, 參問馬祖云 : "不與萬法爲侶者, 是什麽人?" 祖云 : "待汝一口吸盡西江水, 卽向汝道." 居士言下頓領玄要.(『경덕전등록』 제8권 '양주거사방온')

수산(首山)이 하루는 죽비를 들고서 물었다.

"죽비라고 부르면 사물을 분별하는 것이고, 죽비라고 부르지 않으면 사물을 무시하는 것이다. 무엇이라 불러야 하느냐?"138)

오조법연(五祖法演)이 말했다.

"길에서 도에 통달한 사람을 만나면, 말로도 침묵으로도 응대하지 못한다. 말해 보라. 무엇으로 응대해야 하는가?"139)

파초혜청(芭蕉慧淸) 화상이 대중들에게 시중(示衆)하였다.

"그대가 주장자를 가지고 있으면 내가 그대에게 주장자를 줄 것이고, 그대가 주장자를 가지고 있지 않으면 내가 그대에게서 주장자를 빼앗을 것이다."140)

향엄(香嚴)은 백장(百丈)의 회상(會上)에서 총명하고 영리하였으나, 선(禪)에 참(參)하지는 못했다. 백장이 죽자 위산(潙山)을 찾아갔는데, 위산이 물었다.

"그대는 백장 선사(先師)의 문하에서 하나를 물으면 열을 답하고 열을 물으면 백을 답하였다고 나는 들었다. 그러나 이것은 그대가 총명하고

---

137) 上堂: "若論此事, 如人上樹 口銜樹枝 脚不踏枝 手不攀枝, 樹下忽有人問: '如何是祖師西來意?' 不對他 又違他所問, 若對他 又喪身失命. 當恁麽時作麽生卽得?"(『오등회원』 제9권 '등주향엄지한선사(鄧州香嚴智閑禪師)')
138) 山一日擧竹篦, 問日: "喚作竹篦卽觸, 不喚作竹篦卽背. 喚作甚麽?"(『오등회원』 제11권 '여주섭현광교원귀성선사(汝州葉縣廣敎院歸省禪師)')
139) 五祖曰: "路逢達道人, 不將語默對. 且道. 將甚麽對?"(『무문관(無門關)』)
140) 芭蕉和尙, 示衆云: "你有拄杖子, 我與你拄杖子, 你無拄杖子, 我奪你拄杖子."(『무문관』)

영리하여 뜻으로 이해하고 생각으로 알아차린 것이니, 곧 삶과 죽음을 반복하는 뿌리가 될 뿐이다. 부모가 그대를 아직 낳지 않았을 때를 한마디 말해 보라."

향엄은 위산의 질문을 받자 곧장 막막해졌다. 자기 방으로 돌아와 늘 보던 책들을 처음부터 훑어보았지만, 대답할 만한 뜻이 되는 구절을 찾을 수 없었다.[141]

제이대(第二代) 덕산(德山)이 수시(垂示)[142]하여 말했다.

"말을 해도 30방 맞아야 하고, 말을 하지 못해도 30방 맞아야 한다."[143]

"그러므로 나는 방장실(方丈室)에서 늘 선객(禪客)들에게 묻는다. '죽비(竹篦)라고 부르면 사물을 따라가고, 죽비라고 부르지 않으면 사물을 무시한다.[144] 말을 해도 안 되고,[145] 말을 하지 않아도 안 되고, 생각을 해도 안 되고, 헤아려 보아도 안 되고, 소매를 떨치고 곧장 가 버려도

---

141) 在百丈時, 性識聰敏, 參禪不得. 洎丈遷化, 遂參潙山, 山問: "我聞汝在百丈先師處, 問一答十, 問十答百. 此是汝聰明靈利, 意解識想, 生死根本. 父母未生時, 試道一句看." 師被一問, 直得茫然. 歸寮將平日看過底文字, 從頭要尋, 一句酬對, 竟不能得.(『오등회원』제9권 '등주향엄지한선사')
142) 수시(垂示) : 색어(索語), 조어(釣語), 수어(垂語)라고도 한다. 선사가 수행인의 역량을 시험하기 위하여 질문을 던지는 것.
143) 第二代德山垂示云: "道得也三十棒, 道不得也三十棒."(『천성광등록』제10권 '진주임제원의현혜조선사')
144) 배촉관(背觸關)이다. 배(背)는 등을 돌리는 것이고, 촉(觸)은 부딪혀 집착하는 것이다. 반야(般若)를 경험하려면 등을 돌려서도 안 되고 부딪혀 집착해서도 안 된다고 하여 배촉구비(背觸俱非)라 한다. 배촉관(背觸關)이란 놓아서도 안 되고 잡아서도 안 되는 경우에 어떻게 뚫어 낼 것인가 하는 공부의 관문(關門).
145) 득(得) : -해야 한다. =수(須).

안 되고, 어떻게 하든지 안 된다.' 그대들이 곧 죽비를 빼앗아 버리면, 나는 우선 그대들이 죽비를 빼앗도록 내버려둔다. 내가 주먹이라고 부르면 사물을 따라가고, 주먹이라고 부르지 않으면 사물을 무시한다고 하면, 그대들이 또 어떻게 빼앗겠느냐? 다시 그대들이 '스님 내려놓으십시오.' 하고 말한다면,146) 나는 우선 내려놓는다. 내가 노주(露柱)147)라고 부르면 사물을 따라가고, 노주라고 부르지 않으면 사물을 무시한다고 하면, 그대들은 또 어떻게 빼앗겠는가? 내가 산하대지(山河大地)라고 부르면 사물을 따라가고, 산하대지라고 부르지 않으면 사물을 무시한다고 하면, 그대들이 또 어떻게 빼앗겠는가?"148) – 대혜종고

(2) 마음을 가리킴

문자로써 뜻을 세우지 않고 마음에서 마음으로 전하는 선은 분별할 수 없는 곳에서 마음을 곧장 가리키는 방편을 쓴다. 분별로써 마음을 가리키고 분별로써 알아차린 마음은 곧 망상이다. 마음을 곧장 가리킬 때에는 반드시 분별이 아닌 곳에서 가리킨다. 그러나 마음을 곧장 가리킨다고 하여 마음이 분별되는 물건이라는 뜻은 아니다. 마음을 곧장 가리킨다고 할 때에 '곧장'이라고 하는 것은 분별을 통하지 않는다는 뜻이

---

146) 요(饒) : 비록 – 이지만, 설사 –라 하더라도, 만약 –라면.
147) 노주(露柱) : 법당이나 불전(佛殿)의 노출된 둥근 기둥을 가리킨다.
148) 所以妙喜室中常問禪和子: '喚作竹篦則觸, 不喚作竹篦則背. 不得下語, 不得無語, 不得思量, 不得卜度, 不得拂袖便行, 一切總不得.' 你便奪卻竹篦, 我且許你奪卻. 我喚作拳頭則觸, 不喚作拳頭則背, 你又如何奪? 更饒你道箇請和尙放下著', 我且放下著. 我喚作露柱則觸, 不喚作露柱則背, 你又如何奪? 我喚作山河大地則觸, 不喚作山河大地則背, 你又如何奪?(『대혜보각선사보설』 제16권. 8. 부경간이 청한 보설)

지, 가리킬 마음이 따로 있다는 뜻은 결코 아니다. 가리킬 마음이 따로 있다면, 그것은 바로 분별이고 이법(二法)이고 망상이다. 곧장 마음을 가리키는 것은 곧장 분별에서 벗어나도록 하기 위한 것이다.

① 즉심시불(卽心是佛)

앞에서 살펴보았듯이 선에서는 마음이 곧 부처라고 한다. 그러면 어떤 마음이 부처인가? 육조(六祖)는 이 마음을 직심(直心)이라고 하고, 마조와 황벽은 즉심시불(卽心是佛) 혹은 차심시불(此心是佛)이라고 하는데, 직심(直心)이나 즉심(卽心)이나 차심(此心)은 마음이라는 이름과 모양으로 분별되지 않은 이 마음을 곧장 가리키는 말이다. 임제는 이 마음을 '지금 눈앞에서 법을 듣는 사람'[149] '눈앞에 또렷한 것'[150] '지금 눈앞에서 홀로 밝고 또렷하게 듣는 자'[151] '지금 법을 듣는 마음'[152] '눈앞에 드러나 작용하는'[153] '눈앞의 작용하는 곳'[154] '눈앞에 밝고 신령스럽게 보고 듣고 느끼고 아는'[155] 등으로 표현한다. 임제가 사용하는 '지금' '눈앞' '또렷한' '듣는' '드러나 작용하는' 등의 말이 즉심(卽心)을 나타내는 말들이다. 또 '발밑'[156] '당장 이곳'[157] '서 있는 곳'[158] 등의 말들도 사용

---

149) 卽今目前聽法底人.(『사가어록』「임제어록」)
150) 目前歷歷底.(『사가어록』「임제어록」)
151) 卽今目前孤明歷歷地聽者.(『사가어록』「임제어록」)
152) 今聽法底心地.(『사가어록』「임제어록」)
153) 目前現用.(『사가어록』「임제어록」)
154) 目前用處.(『사가어록』「임제어록」)
155) 目前昭昭靈靈鑒覺聞知.(『사가어록』「임제어록」)
156) 각하(脚下) 혹은 각근하(脚跟下).
157) 당처(當處).

되는데, 역시 '지금' '눈앞'이라는 말과 같은 뜻이다.

즉심이란 눈앞의 세계 삼라만상 위에 평등하게 드러나 있는 마음으로서 분별되지 않는, 둘이 없는 마음이다. 둘이 없는 마음이므로, 표면의 마음과 속의 마음이 따로 없으며, 드러난 마음과 감추어진 마음이 따로 없으며, 마음의 안과 밖이 따로 없으며, 과거·현재·미래의 마음이 따로 없으며, 이쪽과 저쪽이 따로 없으며, 어떤 테두리도 없이 언제나 어디서나 생겨나지도 않고 사라지지도 않는 여여(如如)한 한결같은 마음이다.

즉심은 둘이 없으니, 마음과 사물이 분별되지 않는다. 마음이 곧 사물이고, 사물이 곧 마음이다. 삼라만상은 오직 이 하나의 마음이지만, 삼라만상이 곧 이 마음이라고 분별하면 바로 분별망상이다. 이 마음에서 온갖 분별이 일어나므로 모든 분별이 곧 이 마음이지만, 분별이 곧 이 마음이라고 하면 바로 분별망상에 떨어진다. 그러므로 즉심은 분별 속에서 분별 없이 드러나고, 분별 속에서 분별 없이 분명하다. 분별로써 알아차리는 것이 아니라, 즉각 저절로 밝고 명백한 것이다.

깨달음이란 분별에서 벗어나 어디에도 머물지 않고 한 물건도 없는 불이중도(不二中道)와, 바로 서 있는 곳에서 눈앞이 밝고 또렷하고 진실하여 온갖 모습에 속지 않는 즉심(卽心)의 두 측면으로 말할 수 있다. 불이중도만 있고 즉심이 없다면 혼침(昏沈)[159]에 떨어질 것이고, 즉심만 있고 불이중도가 없다면 도거(掉擧)[160]에 떨어질 것이다. 정(定)과 혜

---

158) 입처(立處).
159) 혼침(昏沈) : 마음이 어둡고 흐리멍덩한 것. 도거(掉擧)의 상대어.
160) 도거(掉擧) : 마음이 가볍게 들떠서 안정되지 못하는 것. 마음이 어둡고 흐리멍덩한 혼침(昏沈)의 반대. 혼침과 도거는 모두 삿된 선병(禪病)이다.

(慧)라는 말로써 본다면, 속으로 흔들림 없는 정(定)은 불이중도에 해당하고, 밖으로 사물에 끄달리지 않는 혜(慧)는 즉심에 해당한다. 정이 곧 혜요, 혜가 곧 정이어서 둘이 아니듯이, 불이중도가 곧 즉심이요, 즉심이 곧 불이중도여서 둘이 아니다.

그러므로 즉심을 가리키는 것은 곧 불이중도를 가리키는 것이다. 불이중도를 가리키는 것이 즉심을 가리키는 것이므로, 가리키는 즉심이 따로 있지 않고 얻을 즉심이 따로 있지 않다. 다만 곧장 분별에서 벗어나도록 곧장 가리키는 방편일 뿐이다. 분별에서 벗어나면 세계는 본래 둘이 없고, 한결같이 평등하고 여여하다.

② 마음을 설명함

대매산(大梅山)의 법상(法常) 선사가 처음 마조(馬祖)를 찾아와서 물었다.
"무엇이 부처입니까?"
마조가 말했다.
"바로 이 마음이 부처다."
법상은 곧 크게 깨달았다.[161]

월주(越州)의 대주혜해(大珠慧海)가 처음 마조(馬祖)를 찾아뵈었을 때에 마조가 물었다.
"어디에서 오는가?"
"월주의 대운사(大雲寺)에서 옵니다."

---

161) 大梅山法常禪師, 初參祖問: "如何是佛?" 祖云: "卽心是佛." 常卽大悟.(『사가어록』「마조어록」)

"여기 와서 무엇을 하려 하는가?"

"불법(佛法)을 구하러 왔습니다."

"자기의 보물창고는 돌아보지 않고 집을 버리고 이리저리 다녀서 무엇 하려는가? 나의 이곳에는 한 물건도 없는데, 무슨 불법을 구한다는 것인가?"

대주가 이에 절하고 물었다.

"무엇이 저 자신의 보물창고입니까?"

"바로 지금 나에게 묻는 그것이 그대의 보물창고이니라. 그것에는 모든 것이 갖추어져 있고 조금도 부족함이 없으며, 사용이 자재(自在)한데, 무엇을 밖에서 구하고 찾는가?"

대주는 말을 듣자마자 본래의 마음을 저절로 알았다.[162]

분주무업(汾州無業) 선사가 마조(馬祖)를 찾아왔을 때, 마조는 그의 풍채가 훌륭하고 목소리가 종소리같이 우렁찬 것을 보고는 말했다.

"으리으리한 불당(佛堂)인데, 그 속에 부처가 없구나."

무업이 절을 하고 꿇어앉아 물었다.

"삼승(三乘)의 학문은 대강 그 뜻을 살펴보았습니다만, 늘 듣기로 선문(禪門)에서는 바로 이 마음이 곧 부처라고 하는데, 도무지 알 수가 없습니다."

"다만 알지 못하는 마음이 곧 이것이고, 다시 다른 물건은 없다네."[163]

---

[162] 大珠初參祖, 祖問曰: "從何處來?" 曰: "越州大雲寺來." 祖曰: "來此擬須何事?" 曰: "來求佛法." 祖曰: "自家寶藏不顧, 抛家散走作什』我這裡一物也無, 求甚麼佛法?" 珠遂禮拜問曰: "阿那箇是慧海自家寶藏?" 祖曰: "卽今問我者, 是汝寶藏. 一切具足, 更無欠少, 使用自在, 何假向外求覓?" 珠於言下, 自識本心.(『사가어록』「마조어록」)

조주(趙州)가 남전(南泉)에게 물었다.

"어떤 것이 도(道)입니까?"

남전이 말했다.

"평소의 마음이 도이다."

조주가 물었다.

"향하여 다가갈 수 있습니까?"

남전이 말했다.

"향하려 하면 어긋난다."

조주가 말했다.

"향하려 하지 않는다면, 어떻게 도임을 압니까?"

남전이 말했다.

"도는 알거나 알지 못하는 것에 속하지 않는다. 아는 것은 허망한 깨달음이고, 알지 못하는 것은 캄캄한 무기(無記)이다. 만약 참으로 의심할 수 없는 도에 통달하면, 마치 허공과 같아서 드넓게 확 트여 걸림이 없는데 어찌 억지로 옳으니 그르니 할 수 있겠느냐?"

조주는 그 말을 듣고서 깨달았다.[164]

---

163) 汾州無業禪師參祖, 祖睹其狀貌瑰偉, 語音如鐘乃曰: "巍巍佛堂, 其中無佛." 業禮跪而問曰: "三乘文學, 粗窮其旨, 常聞禪門卽心是佛, 實未能了." 祖曰: "只未了底心卽是, 更無別物."(『사가어록』「마조어록」)

164) 異日間南泉: "如何是道?" 南泉曰: "平常心是道." 師曰: "還可趣向否?" 南泉曰: "擬向卽乖." 師曰: "不擬時, 如何知是道?" 南泉曰: "道不屬知不知. 知是妄覺不知是無記. 若是眞達不疑之道, 猶如太虛廓然虛豁, 豈可強是非邪?" 師言下悟理.(『경덕전등록』제

③ 직지인심(直指人心)

백장(百丈)이 마조(馬祖)를 모시고 길을 갈 때에 한 무리의 들오리가 날아가는 것을 보았다. 마조가 물었다.

"무엇이냐?"

"들오리입니다."

"어디로 갔느냐?"

"날아가 버렸습니다."

마조가 이에 머리를 돌려 백장의 코를 한 번 잡아당겼다. 백장이 고통을 이기지 못하고 소리를 지르자 마조가 말했다.

"또 날아가 버렸다고 말해라."

백장은 그 말을 듣고서 깨달음이 있었다.165)

홍주(洪州)의 수로(水老) 화상이 처음 마조(馬祖)를 찾아와서 물었다.

"어떤 것이 조사가 서쪽에서 오신 분명한 뜻입니까?"

마조가 말했다.

"절하라."

수로가 엎드려 절을 하는데, 마조가 곧장 한 번 밟아 버렸다. 이에 수로가 크게 깨달았다.166)

10권 '조주관음원종심선사(趙州觀音院從諗禪師)'
165) 師侍馬祖行次, 見一群野飛過. 祖曰: "是甚麼?" 師曰: "野鴨子." 祖曰: "甚處去也?" 師曰: "飛過去也." 祖遂回頭, 將師鼻一搊. 負痛失聲, 祖曰: "又道飛過去也." 師於言下有省.(『사가어록』「백장어록」)
166) 洪州水老和尙, 初參祖問: "如何是西來的的意?" 祖云: "禮拜著." 老纔禮拜, 祖便與一蹋. 老大悟.(『사가어록』「마조어록」)

백장(百丈)은 어느 때에 설법이 끝나고 대중이 법당을 내려가자 문득 그들을 불렀다. 대중이 머리를 돌리자 백장이 말했다.

"무엇이냐?"167)

누가 물었다.

"어떤 것이 부처입니까?"

백장(百丈)이 말했다.

"그대는 누구인가?"

"접니다."

"그대는 나를 아느냐?"

"분명히 압니다."

백장이 불자(拂子)를 세우고 물었다.

"그대는 불자를 보느냐?"

"봅니다."

백장은 더 이상 말하지 않았다.168)

임제가 상당(上堂)하여 말하였다.

"붉은 고깃덩이 위에 하나의 자리 없는 참사람이 있어서, 늘 그대들의 얼굴에서 출입하니, 아직 밝히지 못한 자는 잘 보아라!"

그때 어떤 스님이 나와서 물었다.

"어떤 것이 자리 없는 참사람입니까?"

---

167) 師有時說法竟, 大衆下堂, 乃召之, 大衆回首, 師云: "是甚麼?"(『사가어록』「백장어록」)
168) 問: "如何是佛?" 師云: "汝是阿誰?" 云: "某甲." 師云: "汝識某甲否?" 云: "分明箇." 師豎起拂子問: "汝見拂子否?" 云: "見." 師乃不語.(『사가어록』「백장어록」)

임제가 선상(禪牀)을 내려와 그를 움켜잡고 말하였다.
"말해라, 말해!"169)

임제가 상당(上堂)하자, 한 스님이 물었다.
"어떤 것이 불법(佛法)의 큰 뜻입니까?"
임제가 불자(拂子)170)를 세웠다.171)

한 승려가 조주(趙州)에게 물었다.
"어떤 것이 조사가 서쪽에서 온 뜻입니까?"172)
"뜰 앞의 잣나무다."
"스님께선 경계를 사람에게 보여 주지 마십시오."
"나는 경계를 사람에게 보여 주지 않는다."
"그러면 어떤 것이 조사가 서쪽에서 온 뜻입니까?"
"뜰 앞의 잣나무다."173)

---

169) 上堂云: "赤肉團上有一無位眞人, 常從汝等諸人面門出入, 未證據者看看!" 時有僧出問: "如何是無位眞人?" 師下禪床把住云: "道, 道!"(『사가어록』「임제어록」)
170) 불자(拂子) : 먼지털이. 불자는 수행자가 마음의 티끌·번뇌를 털어 내는 상징적 의미의 법구로 불(拂) 또는 불진(拂塵)이라고도 한다. 짐승의 털이나 삼[麻] 등을 묶어서 자루 끝에 맨 것으로 원래는 벌레를 쫓는 데 쓰는 생활용구였다.
171) 上堂, 僧問: "如何是佛法大意?" 師竪起拂子.(『사가어록』「임제어록」)
172) "조사(祖師)가 서쪽에서 오신 뜻이 무엇입니까?"(如何是西來祖師意) : 당송대(唐宋代) 선종(禪宗)에서의 상투적인 질문으로서, 여기서 조사는 달마를 가리키므로, 이 질문은 '달마가 서쪽 인도로부터 동쪽 중국으로 온 이유가 무엇이냐?'는 것이다. 달마는 중국에 불교의 진리인 일심법(一心法)을 전하려고 왔는데, 그 전하는 방법이 직지인심(直指人心)·견성성불(見性成佛)의 직지선법(直指禪法)인 조사선(祖師禪)이었다. 결국 이 질문은, '달마가 서쪽에서 와 전한 법(法)이 무엇이냐?'고 묻는 것이다.

조주에게 어떤 승려가 물었다.

"저는 총림에 들어온 지 얼마 되지 않습니다. 스님께서 가르쳐 주시기 바랍니다."

"죽은 다 먹었느냐?"

"다 먹었습니다."

"발우를 씻어라."

그 승려는 문득 깨달았다.[174]

직지(直指)에 대한 대혜종고의 말을 들어 보자.

"그러므로 이 일은 결코 언어(言語) 위에 있는 것이 아니다. 만약 언어 위에 있다면, 일대장교(一大藏敎)와 제자백가(諸子百家)가 온 하늘과 땅에 가득한데, 어찌 말이 없었겠느냐? 또 달마대사께서 서쪽에서 오셔서 곧장 가리키신[직지(直指)] 일이 왜 필요하겠느냐? 결국 어디가 곧장 가리키신 곳인가? 그대들이 마음으로 헤아리려고 하면, 벌써 굽어[175] 버렸다.

예컨대 한 승려가 조주(趙州)에게 물었다.

'무엇이 조사께서 서쪽에서 오신 뜻입니까?'

---

173) 問: "如何是祖師西來意?" 師曰: "庭前柏樹子." 曰: "和尙莫將境示人." 師曰: "我不將境示人." 曰: "如何是祖師西來意?" 師曰: "庭前柏樹子."(『오등회원』 제4권 '조주관음원종심선사')

174) 問: "學人乍入叢林, 乞師指示." 師曰: "喫粥了也未?" 曰: "喫粥了也." 師曰: "洗鉢盂去." 其僧忽然省悟.(『오등회원』 제4권 '조주관음원종심선사')

175) '굽다'는 곡(曲)은 '어긋나다'는 뜻이고, '바르다' '곧다'는 직(直)은 '어긋남이 없다'는 뜻이다.

조주가 말했다.

'뜰 앞의 잣나무다.'

이것이 확실히[176] 곧장(가리키신 것)이다.

또 어떤 승려가 동산(洞山)에게 물었다.
'어떤 것이 부처님입니까?'
동산이 말했다.
'마(麻)가 서 근이다.'

또 어떤 승려가 운문(雲門)에게 물었다.
'어떤 것이 부처님입니까?'
운문이 말했다.
'똥 닦는 막대기다.'

이것들이 확실히 곧장(가리키신 것)이다."[177]

---

176) 특살(忒殺) : 매우. 대단히. 아주.
177) 所以此事決定不在言語上. 若在言語上, 一大藏敎·諸子百家, 徧天徧地, 豈是無言? 更要達磨西來直指作麼? 畢竟甚麼處是直指處? 你擬心早曲了也. 如僧問趙州 : '如何是祖師西來意麼' 州云 : '庭前柏樹子.' 這箇忒殺直. 又僧問洞山 : '如何是佛?' 山云 : '麻三斤.' 又僧問雲門 : '如何是佛?' 門云 : '乾屎橛.' 這箇忒殺直.(『대혜보각선사보설』 제13권. 1. 설봉(雪峰)에서 보리회(菩提會) 만들 때의 보설)

(3) 고칙공안(古則公案)의 두 역할

① 분별 차단

 여기에서 예로 든 이야기들은 모두 비교적 단순한 이야기들로서, 이 이야기들이 분별을 차단시키거나 곧장 이 마음을 가리키는 방편임은 쉽게 알 수 있다. 물론 이 방편들은 이것이 어떤 방편인가에 대한 이해를 요구하고 있는 것이 아니라, 우리의 분별이 차단되고 분별이 막힌 곳에서 곧장 깨달음을 이루도록 이끌고 있는 것이다. 선을 공부하는 사람은 이해를 목적으로 하는 것이 아니라, 깨달음을 목적으로 한다는 것은 말할 필요도 없다.

 이렇게 옛 선사들이 사용한 방편의 이야기를 또한 고칙공안(古則公案)[178]이라고도 한다. 1,700여 개가 있다고도 말하는 고칙공안의 이야

---

[178] 고칙공안(古則公案) : 공안(公案)을 말한다. 공안에는, ① 공무(公務)에 관한 문안(文案), 관청에서 결재(決裁)되는 안건(案件), 공문서(公文書), ② 쟁송(爭訟) 중인 안건, 쟁점이 되고 있는 안건, ③ 공무를 처리할 때에 사용하던 큰 책상, ④ 선문(禪門)에서는 부처와 조사가 열어 보인 불법(佛法)의 도리를 가리키는 말 등의 뜻이 있다. 선문(禪門)에서 공안은 당대(唐代) 선승들의 문답에서 비롯되었는데, 송대(宋代)에 이르자 앞 시대 선승들의 어록(語錄)에 기록된 문답들이 선 공부에서 참구(參究)하는 자료로 활용되면서 많은 공안들이 만들어졌다. 공안은 화두(話頭), 고칙(古則)이라고도 한다. 1,700공안이라는 말은 『경덕전등록』에 대화가 수록된 선승의 숫자가 1,701명이었던 것에서 유래하였다. 최초의 공안집(公案集)은 운문종(雲門宗)의 설두중현(雪竇重顯; 980-1052)이 화두 100칙(則)을 모아 만든 『설두송고(雪竇頌古)』이며, 여기에 원오극근(圜悟克勤; 1063-1135)이 다시 수시(垂示), 착어(著語), 평창(評唱) 등을 붙여서 『벽암록(碧巖錄)』을 만들었다. 무문혜개(無門慧開; 1183-1260)는 고칙공안 48칙을 모아 평창(評唱)과 송(頌)을 붙여 『무문관(無門觀)』을 저술하였다. 『벽암록』과 『무문관』은 임제종(臨濟宗)의 공안집들이다. 한편, 굉지정각(宏智正覺; 1091-1157)이 화두 100칙에 송(頌)한 것에 만송행수(萬松行秀; 1165-1246)가 평창을 붙여 간행한 『종용록(從容錄)』은 조동종(曹洞宗)의 종

기들 가운데에는 언뜻 보기에 무슨 숨겨진 뜻이나 오묘한 이치를 묻고 있는 듯이 보이는 것들도 많다. 하지만 선사들의 모든 가르침의 이야기들은 분별을 묻는 것이 아니라 자신의 본래면목을 묻고 있을 뿐이다. 모든 고칙공안들은 다만 분별을 배제하고 마음을 가리켜서 깨달음으로 이끄는 방편일 뿐이다.

깨달음은 스스로의 마음에서 홀로 온전히 성취되는 일일 뿐, 어떤 이치나 뜻을 이해하는 것이 아니다. 아무리 복잡한 이야기를 가진 고칙공안이라고 하더라도 목적은 다만 분별을 차단하고 본래의 마음을 깨닫도록 이끄는 방편일 뿐임은 말할 필요도 없다. 불교든 선이든 단지 깨달음으로 이끄는 방편일 뿐이지, 무슨 이론을 말하려는 것은 아니기 때문이다. 방편의 도움을 받아 깨달으면, 깨달음은 본래 자신에게 완전히 갖추어져 있는 것임을 알 수 있다. 즉심시불(卽心是佛)이라고 하듯이 깨달음은 곧 자신의 마음이기 때문이다. 그러므로 어떤 고칙공안이든 분별을 부수고 직심을 드러내는 선의 방편이다. 공안이 어떤 방편인가 하는 것은 대혜의 다음 두 가지 말에서 엿볼 수 있다.

"이것이 아까 상좌가 가르침을 청했던 공안(公案)인데, 이것을 사료간(四料揀)이라고 일컫는다. 그대들이 만약 임제 스님의 뜻을 분명하게 이해하고자 한다면, 다만 그 당시 수시(垂示)[179]했던 것을 보아라. 어떻게 보는가?

풍을 거양한 공안집이다. 우리나라의 공안집으로는 고려시대 진각혜심(眞覺慧諶; 1178-1234)이 고칙 1,463칙을 모아 편찬한 『선문염송(禪門拈頌)』이 있다.
179) 수시(垂示) : 색어(索語), 조어(釣語), 수어(垂語)라고도 한다. 선사가 수행인의 역량을 시험하기 위하여 질문을 던지는 것. 여기에서는 임제가 사료간(四料揀)을 말한 것을 가리킨다.

나는 어떤 때에는 사람을 빼앗고 경계는 빼앗지 않으며, 어떤 때에는 경계를 빼앗고 사람은 빼앗지 않으며, 어떤 때에는 사람과 경계를 모두 빼앗으며, 어떤 때에는 사람과 경계를 모두 빼앗지 않는다. 이와 같으면 즉시 옳다.

그대들이 만약 내가 어떤 때에는 사람을 빼앗고 경계는 빼앗지 않으며, 어떤 때에는 경계를 빼앗고 사람은 빼앗지 않으며, 어떤 때에는 사람과 경계를 모두 빼앗으며, 어떤 때에는 사람과 경계를 모두 빼앗지 않는다고 한다면, 즉시 옳지 않다.

그러므로 오조(五祖) 노스님[180]은 이렇게 말씀하셨다.

'어떤 것이 조사가 서쪽에서 오신 뜻인가? 뜰 앞의 잣나무니라. 이렇게 알면, 곧 옳지 않다. 어떤 것이 조사가 서쪽에서 오신 뜻인가? 뜰 앞의 잣나무니라. 이렇게 알아야 비로소 옳다.'"[181]

"여러분은 알겠는가? 이러한 부류의 이야기를 여러분이 이해하지 못한다고도 하지 말고, 묘희(妙喜)[182] 자신도 이해하지 못한다고도 하지 말라.

우리의 이 문중(門中)에는 이해할 수 있는 것도 없고 이해할 수 없는

---

180) 사옹(師翁) : 스승의 스승. 계보에서 할아버지 스승에 해당하는 사람. 여기에서는 대혜종고의 할아버지인 오조법연(五祖法演)을 가리킨다.
181) 這箇是適來上座請益底公案, 謂之四料揀. 你若要分明理會得臨濟意, 但向他當時垂示處看. 如何看? 山僧有時奪人不奪境, 有時奪境不奪人, 有時人境兩俱奪, 有時人境俱不奪. 若恁麽便是; 你若作山僧有時奪人不奪境, 有時奪境不奪人, 有時人境兩俱奪, 有時人境俱不奪, 便不是了也. 所以五祖師翁有言 : '如何是祖師西來意? 庭前柏樹子. 恁麽會, 便不是了也. 如何是祖師西來意? 庭前柏樹子. 恁麽會, 方始是.'(『대혜보각선사보설』제16권. 9. 열 선인이 청한 보설)
182) 묘희(妙喜) : 대혜종고 자신의 호(號).

것도 없다.[183] 마치 모기가 무쇠로 만든 소 위에 올라앉아 있듯이, 그대들이 입을 댈 곳이 없다. 모름지기 옛사람이 자비(慈悲)를 베풀었음을 믿어야 법이 있기도 하고 법이 없기도 한 것이다. 자비를 베풀지 않았다면, 도를 보는 눈이 열리지 못하여 대법(大法)이 밝아지지 않았을 것이니, 어떻게 남의 입 속에서 선(禪)을 찾고 도(道)를 찾고 현(玄)을 찾고 묘(妙)를 찾는 일에서 벗어나겠느냐?

그대들은 법을 찾은 뒤에는 남이 알까 봐 오로지 두려워하고, 말할 때가 되면 또 말을 다 해 버려 마지막에 말할 것이 없을까 봐 두려워한다. 이 법은 테두리가 없는 법인데, 그대들이 테두리 있는 마음을 가지고 그 귀결점에 도달하려 한다면, 착각하지 말기 바란다.

예컨대 세존께서 영취산의 법회에서 수많은 사람들 앞에서 꽃을 들어 두루 보여 주셨을 때에 오직 가섭(迦葉)만이 빙그레 미소를 지었는데, 어찌 남이 알까 봐 두려워했겠는가? 또 어찌 밀실(密室) 속에서 전해 주었겠는가?

나의 이 선(禪)은 여러분이 듣는 것은 허락하지만, 여러분이 이해하는 것은 허락하지 않는다. 위와 같이 풀어서 주석(注釋)한 이 사료간(四料揀)을 여러분들은 다 같이 듣고서 다 같이 이해하였지만, 임제 스님의 뜻이 과연 이와 같을까? 만약 단지 이와 같다면, 임제 스님의 종지(宗旨)가 어떻게 오늘날까지 이르렀겠는가?

여러분은 내가 말한[184] 것을 듣고서, 단지[185] 이와 같구나 하고 오해하지만,[186] 내가 진실로 그대들에게 말한다. 내가 했던 이 말은 가장

---

183) 이해하고 이해하지 못하고와 이 일은 상관이 없다.
184) 득(得)과 락(落)은 모두 동사 뒤에 쓰여 동작의 완료를 나타내는 조동사.
185) 지(止) : 단지, 다만.

나쁜 말[187]이다. 만약 내가 했던 말에서 기역자 뒷다리라도 기억한다면, 이것은 곧 살고 죽는[188] 뿌리가 될 것이다. 여러분들이 이곳저곳에서 배운 것이 현(玄)한 가운데 더욱 현(玄)하고 묘(妙)한 가운데 더욱 묘(妙)한 것이라면, 이 무슨 더러운 똥 같은 선(禪)인가? 한결같이 가죽 포대기[189] 속에 막혀서 이러한 일이 진실로 있다고 오해하고 있으니, 착각하지 말기 바란다.

여러 스님들이여! 그대들이 진실로 나의 선(禪)에 참여하고자 한다면, 이곳저곳에서 배운 것들을 싹 쓸어서 저쪽으로 내버리고 아무것도 알지 못하고[190] 아무것도 이해함 없이 마음을 비워 버려야,[191] 비로소 그대들과 함께 알아차리게[192] 될 것이다."[193]

---

186) 장위(將謂) : -라고 여겼는데(결국 그렇지 않다는 뜻을 내포함). -라고 잘못 알다.
187) 악구(惡口) : 악랄한 말. 욕설. 나쁜 말.
188) 삶과 죽음 속에 빠져 헤어나지 못하는 어리석은 마음을 생사심(生死心)이라 한다. 불교에서는 삶과 죽음을 반복하는 윤회(輪回) 속에 갇혀 있는 까닭은 깨달음이 없기 때문이라 하여, 깨달음을 얻으면 삶과 죽음 속을 흘러 다니는 어리석음은 윤회에서 해탈한다고 가르친다. 삶과 죽음 속을 흘러 다닌다는 것은 곧 깨달음이 없어서 어리석게 윤회의 그물 속에 갇혀 있다는 말.
189) 가죽 포대기 : 본래 피부 즉 육체를 가리키지만, 분별망상하는 어리석은 세속(世俗)의 마음을 뜻한다.
190) 백불(百不) : 전혀 -아니다. 어느 것도 -아니다. 어떤 것도 -아니다. 아무것도 -아니다.
191) 허심(虛心) : 겸허(謙虛)하다. 겸손하다. 경건하다. 마음을 비우다.
192) 이회(理會) : 이해(理解)하다. 깨닫다. 알아차리다. 따지다. 헤아리다. 처리하다. 요리하다.
193) 你諸人還會麽? 這般說話, 莫道你諸人理會不得, 妙喜也自理會不得. 我此門中無理會得理會不得. 蚊子上鐵牛, 無你下嘴處. 須信古人垂慈, 則有法無法. 不垂慈, 道眼未開, 大法未明, 豈免向他人口裏覓禪覓道, 覓玄覓妙? 覓得了, 唯恐人知. 及至說時, 又恐說盡了, 末後無可說. 這箇是無限量底法, 你以有限量心擬窮他落處, 且莫錯. 只如世尊在靈山會上百萬衆前拈華普示, 獨迦葉破顔微笑, 何曾怕人知? 又何曾密室裏傳授來? 我這裏禪許你衆人聞, 不許你衆人會. 如上所解註者四料揀, 你諸人齊聞齊會了, 臨濟之意果如是乎? 若只如是, 臨濟宗旨豈到今日? 你諸人聞妙喜說得落, 將謂止如此, 我實向你道. 此是第一等惡口. 若記著一箇元字脚, 便是生死根本也. 你諸人諸

분별을 차단하고 법을 곧장 가리키는 공안에 대한 보다 자세한 이야기는 아래 '제3장 대혜의 가르침 - 5. 잘못된 공부와 삿된 선(禪) - ⑺ 공안거량선(公案擧量禪)'에서 다시 살펴볼 것이다.

② 법을 보는 안목

공안의 역할을 하나 더 말하면 공안은 법을 보는 안목을 제공하는 것이다. 공안(公案)은 본래 공무(公務)에 관한 문안(文案) 즉 공문서(公文書)란 뜻인데, 공문서란 국가가 정한 공적인 내용을 담고 있는 문서로서 어디에서나 예외 없이 통용되는 보편적 규칙을 담고 있는 것이다. 이와 같이 선문(禪門)에서 고칙공안(古則公案)이 담고 있는 내용도 법을 보는 바른 안목을 담고 있는 것으로서 선을 공부하는 모든 사람에게 보편적으로 통하는 내용을 담고 있다. 즉 공안은 법을 보는 올바른 안목을 담고 있는 이야기로서, 불법(佛法)을 공부하는 사람이면 누구나 그 안목이 자신의 내면에서 증명되어야 올바른 안목을 갖추었다고 말할 수 있는 것이다. 이처럼 공안은 공부인들에게 법을 보는 올바른 안목을 제공함으로써, 공부인들이 자신의 공부를 살펴보는 시금석(試金石)의 역할을 한다.

사실 경전 속의 말이나 선사들의 어록에 나타난 말이나 모두 우리의 분별망상을 배제하고 법을 보는 안목을 제공하는 말들이다. 공부하는

方學得底, 玄中又玄, 妙中又妙, 是甚麼屎禪? 一向塹在皮袋裏, 將謂實有恁麼事, 莫錯. 諸上座! 你眞箇要參妙喜禪, 盡將諸方學得底掃向他方世界, 百不知, 百不會, 虛卻心來, 共你理會.(『대혜보각선사보설』제16권. 9. 열 선인이 청한 보설)

사람들은 이런 말을 보고 분별로써 이해할 수 없는 벽에 부딪히고, 그 벽에 가로막혀서 전전긍긍하다가 문득 그 벽이 무너지는 체험을 하게 된다. 이런 체험은 분별망상이 무너지는 체험이고 분별망상에서 빠져나오는 깨달음의 체험이지만, 이런 체험으로 곧바로 법을 보는 안목이 모두 갖추어지는 것은 아니다. 다시 경전이나 선사들의 가르침을 시금석으로 삼아 자신의 공부를 비추어 봄으로써 법을 보는 안목이 완전히 갖추어지도록 해야 한다. 불교(佛敎)에서는 이러한 시금석의 역할을 경전이 하지만, 선문(禪門)에서는 공안이라는 것을 설치하여 이러한 시금석의 역할을 하도록 배려한 것이다.

이처럼 공안이란 아직 깨달음의 체험이 없는 사람에게는 분별심으로 헤아릴 수 없는 장벽이 되고, 깨달음을 체험한 사람에게는 자신의 공부를 비추어 볼 수 있는 거울 혹은 자신의 공부를 시험해 볼 수 있는 시금석이 된다. 그러므로 깨달음을 아직 얻지 못한 사람은 분별심으로 공안을 헤아려 알려고 하지 말아야 하고, 깨달음을 체험한 사람은 공안을 통하여 자신의 안목을 더욱 철저하게 단련하는 수단으로 삼아야 한다. 어느 경우이든 공안에 표현되어 있는 말을 따라다니며 그 뜻을 헤아려서는 안 되고, 자신에게 갖추어져 있고 저절로 우러나오는 자신의 안목을 가지고 공안을 보고 평가할 줄 알아야 하는 것이다.

5. 수행하지 않는다

 선(禪)의 가장 주요한 특징 하나는 어떤 종류의 수행도 행하지 않는다는 것이다. 깨달음은 수행을 통하여 얻는 것이 아니다. 갈고 닦는 수행이라는 행위가 원인이 되어 깨달음이라는 결과가 나타나는 것이 아니라는 말이다. 보통 사람들은 선이라는 말을 들으면 좌선(坐禪)하여 선정(禪定)에 들어가는 수행을 떠올리지만, 육조혜능(六祖慧能) 문하의 조사선(祖師禪)은 좌선에 의지하지도 않고 선정에 들어가지도 않는다. 조사선이란 선지식이 곧장 본래 마음을 가리키면, 그 말씀을 듣고서 곧장 불이중도(不二中道)를 깨닫는 돈오(頓悟)의 깨달음일 뿐이다. 직지인심(直指人心)·견성성불(見性成佛)이지 좌선선정(坐禪禪定)이나 좌선간심(坐禪看心)은 아닌 것이다.
 수행이란 곧 유위(有爲)의 조작하는 행위이다. 그러므로 그 결과 역시 조작된 결과가 나온다. 조작된 결과는 우리의 본래 마음이 아니고, 불이중도인 자성(自性)도 아니다. 불이중도란 마음이 어디로 향하지도 않고 어디에 머물지도 않고 어떤 조작하는 행위도 없는 무위(無爲)의 깨달음이다. 마음은 본래 원만구족하여 중생의 마음과 부처의 마음이 따로 없다. 수행하여 나아갈 곳이 따로 없는 것이다. 그러므로 선에는 어떤 수행도 없다. 범부의 마음이나 부처의 마음이나 하나의 마음이지만, 범부는 다만 스스로 일으킨 분별에 속고 있을 뿐이다. 그러므로 선지식이 일깨우는 한 마디 말을 듣고서 범부 스스로 곧장 망상의 꿈에서 깨어나면 그뿐인 것이다.

(1) 육조혜능(六祖慧能)의 돈교법문(頓敎法門)

① 돈교(頓敎)의 불이법문(不二法門)

시장에서 나무를 팔다가 『금강경』의 구절을 듣고서 깨달음을 얻은 혜능은 기주(蘄州)의 황매산(黃梅山)으로 오조홍인(五祖弘忍)을 찾아가 8개월 만에 오조가 설법하는 『금강경』 구절을 듣고서 다시 크게 깨달았다. 깨달음을 얻은 혜능이 오조에게서 물려받은 것은 달마에게서 전해 온 돈교(頓敎)와 의발(衣鉢)이었다.[194] 옷과 발우는 돈교를 전해 받았다는 신표이니, 옷과 발우가 나타내는 내용은 바로 돈교이다. 혜능이 돈교를 받은 까닭은 오조가 말해 주는 『금강경』 구절을 듣고서 문득 깨달아 온갖 법이 자성에서 벗어나지 않음을 알았기 때문이다.[195] 이때 혜능이 오조에

---

[194] "오조께서는 제가 본성(本性)을 깨달았음을 아시고서 곧 대장부(大丈夫)요, 천인사(天人師)인 부처(佛)라고 이름하셨습니다. 삼경(三更)에 법을 받으니 사람들이 아무도 알지 못했는데, 오조께서는 곧 돈교(頓敎)와 의발(衣鉢)을 전해 주셨습니다."(祖知悟本性, 即名丈夫天人師佛. 三更受法, 人盡不知, 便傳頓敎, 及衣鉢.)(『육조대사법보단경』)

[195] "『금강경』을 말씀해 주셨는데, '마땅히 머묾 없이 그 마음을 내어야 한다.'라는 구절에 이르자 저는 그 말씀에서 크게 깨달았는데, 온갖 법이 모두 자성(自性)에서 벗어나지 않았습니다."(爲說『金剛經』, 至'應無所住而生其心.' 能言下大悟, 一切萬法, 不離自性.)(『육조대사법보단경』)

게 자신의 깨달음을 말한 구절이 『육조단경』에는 이렇게 실려 있다.

"어찌 자성이 본래 깨끗함을 기대했겠습니까?
어찌 자성이 본래 생멸(生滅)하지 않음을 기대했겠습니까?
어찌 자성이 본래 모자람 없이 완전함을 기대했겠습니까?
어찌 자성이 본래 흔들리지 않음을 기대했겠습니까?
어찌 자성이 만법(萬法)을 만들어 낼 수 있음을 기대했겠습니까?"[196]

자성이 본래 깨끗하니 다시 닦을 필요가 없고, 자성이 본래 생겨나거나 사라지지 않으니 다시 생멸에서 벗어날 이유가 없고, 자성이 본래 모자람 없이 완전하니 보충해 넣을 것이 없고, 자성이 본래 흔들리지 않으니 고요함을 찾을 필요가 없고, 자성이 만법을 만들어 내니 자성을 깨달으면 만법을 깨닫는 것이다. 견성(見性), 즉 자성만 깨달으면 그뿐, 달리 수행은 말하고 있지 않다. 이것이 돈교의 기본적 태도이다.

의발을 물려받은 뒤에 혜능은 한동안 사냥꾼들을 따라서 숨어 살다가 광주(廣州)의 법성사(法性寺)에서 『열반경』을 강의하는 인종(印宗) 법사(法師)를 만나 자신이 의발을 물려받은 육조(六祖)임을 밝혔다. 그때에 인종이 오조는 어떤 법을 가르치느냐고 혜능에게 묻는데, 혜능은 말하기를 "다만 견성(見性)을 말할 뿐이고, 선정(禪定)과 해탈(解脫)은 말하지 않는다."[197]라고 한다. 인종이 왜 선정과 해탈을 말하지 않느냐고 묻자, 혜능은 "(선정과 해탈을 말하면) 이법(二法)이기 때문에 불법(佛法)이 아

---

196) 何期自性, 本自淸淨? 何期自性, 本不生滅? 何期自性, 本自具足? 何期自性, 本無動搖? 何期自性, 能生萬法?(『육조대사법보단경』)
197) 唯論見性, 不論禪定解脫.(『육조대사법보단경』)

니다. 불법은 불이법(不二法)이다."[198]라고 말한다. 다시 인종이 불이법이 무엇이냐고 묻자 혜능은 "불성은 선하지도 않고 선하지 않지도 않으니, 이것을 일컬어 불이(不二)라고 한다. 오온(五蘊)과 십팔계(十八界)를 범부는 둘로 보지만, 지혜로운 자는 그 자성(自性)에 둘이 없음을 밝게 안다. 둘이 없는 자성(自性)이 곧 불성(佛性)이다."[199]라고 한다.

자성은 둘이 없는 불이법이고, 불이법인 자성을 깨닫는 것이 돈교인 것이다. 세계의 모든 법의 자성은 둘이 없는 불이법이고, 세계의 온갖 법을 볼 때 불이법으로 보는 것이 견성이다. 다만 언제나 어디서나 불이법을 보는 견성이 바로 돈교인 것이다. 불이이므로 당연히 선정을 닦아 해탈을 이룬다고 하지 않으며, 유루니 무루니 하고 나누지도 않으며, 유위니 무위니 하고 나누지도 않으며, 중생이니 부처니 하고 나누지도 않으며, 수행이니 깨달음이니 하고 나누지도 않는다. 언제나 모든 경우에 다만 둘로 분별됨이 없을 뿐이다. 그리하여 혜능은 이렇게 말한다.

"자성에는 잘못됨도 없고 어리석음도 없고 어지러움도 없다. 순간순간 반야로써 비추어 보아 늘 법의 모습에서 벗어나 자유자재하게 마음대로 할 수 있는데, 세울 무엇이 있겠는가? 자성을 스스로 깨달으면, 문득 깨닫고 문득 수행하니[돈오돈수(頓悟頓修)], 점차(漸次)는 없다. 그러므로 어떤 법도 세우지 않는 것이다. 모든 법이 적멸(寂滅)한데 어찌 점차 닦을 일이 있겠는가?"[200]

---

198) 爲是二法, 不是佛法. 佛法是不二之法.(『육조대사법보단경』)
199) 佛性非善非不善, 是名不二. 蘊之與界, 凡夫見二, 智者了達其性無二. 無二之性 卽是佛性.(『육조대사법보단경』)
200) "自性無非無癡無亂. 念念般若觀照, 常離法相, 自由自在, 縱橫盡得, 有何可立? 自性自悟, 頓悟頓修, 亦無漸次. 所以不立一切法. 諸法寂滅, 有何次第?"(『육조대사법보단경』)

이처럼 돈교에서는 문득 깨달음만 있을 뿐, 점진적인 수행은 없다. 문득 깨달아 불이법문(不二法門)에 들어가면, 만법을 대함에 언제나 불이법문 속에 있으니 늘 한결같고 차별이 없다. 그러므로 혜능은 이렇게 노래한다.

"바른 견해를 일러 출세간이라 하고,
삿된 견해를 일러 세간이라 한다.
삿됨과 바름을 모두 물리쳐 버리면,
깨달음의 본성은 완전하여 흠이 없다.
이 게송은 돈교(頓敎)이며,
또 큰 진리의 배라 부른다.
어리석게 들으면 오랜 세월이 걸리겠지만,
깨달으면 찰나 사이일 뿐이다."[201]

"지금 만약 돈교문(頓敎門)을 만난다면
문득 자성을 깨달아 세존(世尊)을 본다.
만약 수행을 하여 부처가 되고자 한다면
어느 곳에서 부처를 찾을 수 있겠는가?"[202]

---

201) 正見名出世, /邪見是世間. /邪正盡打却, /菩提性完然. /此頌是頓敎, /亦名大法船. /迷聞經累劫, /悟卽刹那間.(『육조대사법보단경』)
202) 今生若遇頓敎門, /忽遇自性見世尊. /若欲修行覓作佛, /不知何處擬求眞?(『육조대사법보단경』)

② 남돈북점(南頓北漸)

『육조단경』에 다음의 내용이 있다.

"그때 육조(六祖)는 조계(曹溪)의 보림사(寶林寺)에 머물렀고, 신수대사(神秀大師)는 형남(荊南)의 옥천사(玉泉寺)에 있었다. 그때에 두 종파(宗派)가 성대하게 사람들을 교화하였는데, 사람들이 모두 말하기를 남쪽의 혜능과 북쪽의 신수라고 하였다. 그러므로 남쪽과 북쪽의 두 종파가 있어서 돈교(頓敎)와 점교(漸敎)로 나누어졌으나, 배우는 사람들은 그 종파의 취지를 알지 못하였다. 육조가 대중에게 말했다.
'법에는 본래 하나의 근본이 있지만, 사람에게는 남쪽과 북쪽이 있다. 법이라면 하나의 종류밖에 없지만, 법을 보는 것에는 빠르고 느림이 있다. 무엇을 일러 돈점(頓漸)이라고 하는가? 법에는 돈점이 없는데, 사람의 근기에 날카롭고 둔함이 있기 때문에 돈점이라고 한다.'"[203]

육조의 문하는 남종(南宗)이라 하였고 신수의 문하는 북종(北宗)이라 하였는데, 육조 문하의 선은 돈교(頓敎)이고 신수 문하의 선은 점교(漸敎)라고 하였다. 점교는 점차 한 단계 한 단계 닦아 나가서 마침내 깨닫는다는 뜻이고, 돈교는 닦음과 깨달음이 문득 이루어진다는 뜻이다. 점교에서는 한 단계 한 단계 점차 닦아 나가는 수행의 과정을 거쳐야 하고, 돈교에서는 수행의 과정 없이 문득 깨달음을 이룬다. 점교에서는

---

203) 時祖師居曹溪寶林, 神秀大師在荊南玉泉寺. 于時兩宗盛化. 人皆稱南能北秀. 故有南北二宗, 頓漸之分. 而學者莫知宗趣. 師謂衆曰: '法本一宗, 人有南北. 法卽一種, 見有遲疾. 何名頓漸? 法無頓漸, 人有利鈍, 故名頓漸.'(『육조대사법보단경』)

깨달음을 얻기 위한 과정으로서의 수행이 곧 참선(參禪)이지만, 돈교에서는 수행이 따로 없고 평상심(平常心)이 곧 도(道)이며, 깨달음이 곧 참선(參禪)이다.

혜능 이전의 초조(初祖) 달마(達摩)에서 오조(五祖) 홍인(弘忍)까지의 중국의 선은 주로 좌선관행(坐禪觀行)의 수행을 말하는 점교(漸敎)였다. 좌선(坐禪)과 관법(觀法)을 통한 점수(漸修)를 말하는 북종 신수의 선은 이전의 전통을 충실히 계승하고 있는 것이다. 반면에 선정 수행 없이 견성(見性)만 말하는 혜능의 돈교는 이전과는 전혀 다른 새로운 선이다.[204]

혜능은 스스로 선정 수행을 통하여 깨달은 것이 아니었다. 혜능은 처음 시장에서 나무를 팔다가 『금강경』의 구절을 듣고서 곧장 깨달았고, 뒤에 오조홍인의 『금강경』 설법(說法)을 듣고서 더욱 확실한 깨달음을 얻었다. 신수가 "그는 스승 없이 지혜를 얻어서 최상승의 진리를 깊이 깨달았으니, 나는 그에게 미치지 못한다."[205]라고 말했듯이, 혜능은 스승인 오조의 법을 계승한 것이 아니라 스스로의 깨달음에 의거한 법을 펼친 것이다. 오조홍인이 혜능을 인가한 까닭은 자신이 가르친 수행을 잘 실천해서가 아니라, 혜능이 법을 보는 안목이 바름을 인정하였기 때문이다. 깨달음을 얻어 법을 보는 안목을 갖추지 못하면, 아무리 수행을 잘 하더라도 불법(佛法)은 아닌 것이다.

『육조단경』을 통하여 북종의 가르침과 대비하여 혜능의 남종선(南宗禪)이 어떤 것인가를 살펴보자. 신수의 선은 사조도신(四祖道信)과 오조홍인(五祖弘忍)의 동산법문(東山法門)의 선을 계승하였으므로, 신수가 말

---

[204] 이 주제에 관해서는 졸저 『조사선의 실천과 사상』(장경각. 2001년)에서 자세히 구명하였다. 자세한 내용은 이 책을 참고하기 바란다.
[205] 秀曰: "他得無師之智, 深悟上乘, 吾不如也."(『육조대사법보단경』)

하는 선은 이전까지의 전통적인 선법(禪法)이라고 해도 좋을 것이다. 이에 반하여 혜능이 어떤 선을 말하는지를 살펴보면 혜능의 돈교법문(頓敎法門)을 알 수 있을 것이다. 『육조단경』에서 북종의 신수와 대비하여 혜능의 선을 말하는 부분은 대개 다음의 4가지다.

㉮ 신수의 게송과 혜능의 게송
㉯ 인종 앞에서 견성을 말함
㉰ 지성의 질문에 답함
㉱ 설간의 질문에 답함

㉮ 신수의 게송과 혜능의 게송

오조가 문인들에게 각자 자신의 공부를 내보이라고 하였을 때에 신수가 쓴 게송은 다음과 같다.

"몸은 깨달음의 나무요,
마음은 밝은 거울[206]과 같다.
늘[207] 부지런히 털고 닦아서
먼지[208]가 붙지 않도록 하라."[209]

---

206) 경대(鏡臺) : 거울이 붙은 대(臺)라는 뜻이지만, 곧 거울을 가리킨다.
207) 시시(時時) : 언제나. 늘.
208) 진애(塵埃) : 티끌. 먼지. 티끌먼지. 티끌먼지는 곧 망상번뇌(妄想煩惱)를 가리킨다.
209) 身是菩提樹, /心如明鏡臺./ 時時勤拂拭, /勿使惹塵埃.(『육조대사법보단경』) 身是菩提樹, /心如明鏡臺. /時時勤拂拭, /莫使有塵埃.(『단경』 돈황본) 身是菩提樹, /心如明鏡台, /時時勤拂拭, /莫遣有塵埃.(『경덕전등록』)

신수의 이 게송에 대하여 혜능이 쓴 게송은 다음과 같다.

"깨달음에는 본래 나무가 없고
밝은 거울도 대(臺)가 아니다.
본래 한 물건도 없는데
어느 곳에 먼지가 붙겠는가?"[210]

이 두 게송의 차이는 앞 2구와 뒤 2구로 나누어 살펴볼 수 있다. 앞 2구에서 신수는 깨달음의 열매가 열리는 나무로써 몸의 존재를 말하고, 밝은 거울과 같은 마음의 존재를 말했다. 반면에 혜능은 몸과 마음이라는 두 존재를 인정하지 않는다. 뒤 2구에서 신수는 늘 부지런히 닦아서 먼지가 붙지 않도록 하라고 하여 끊임없는 수행을 말했다. 반면에 혜능은 "본래 한 물건도 없는데 어느 곳에 먼지가 붙겠는가?"라고 하여 수행을 부정하고 있다.

마음이라는 존재를 인정함도 분별이요, 마음을 더럽히지 않고 깨끗이 하기 위하여 닦아야 한다는 것도 분별이다. 그러므로 신수는 분별 속에 있는 사람이다. 반면에 애초에 마음의 존재를 인정하지 않으니 분별이 없고, 마음이 없으니 더럽거나 깨끗하다는 분별도 없다. 그러므로 혜능은 분별을 벗어나 있다. 분별 속에서 깨끗함과 더러움을 나누어 하나하나 닦아 가는 것이 신수의 점수(漸修)요, 애초에 분별이 없어서 곧장 아무 일도 없는 것이 혜능의 돈오(頓悟)이다.

---

[210] 菩提本無樹, /明鏡亦非臺. /本來無一物, /何處惹塵埃?(『육조대사법보단경』) 菩提本無樹, /明鏡亦無臺. /佛性常淸淨, /何處有塵埃.(『단경』 돈황본) 菩提本非樹, /心鏡亦非臺. /本來無一物, /何假拂塵埃.(『경덕전등록』)

⑭ 인종(仁宗) 앞에서 견성을 말함

육조혜능이 오조홍인(五祖弘忍)에게 법을 전해 받고서 15년간 사냥꾼을 따라 숨어 살다가 비로소 법을 펼치려고 광주(廣州) 법성사(法性寺)에 모습을 드러내었을 때, 법성사 주지인 인종(仁宗) 법사가 혜능을 알아보고서 물었다.

"황매산의 오조(五祖)께서는 법을 부촉하실 때에 어떻게 가르쳐 주십니까?"

혜능이 말했다.

"가르쳐 주시는 것은 없습니다. 다만 견성(見性)을 말할 뿐이고, 선정(禪定)과 해탈(解脫)은 말하지 않습니다."

인종이 물었다.

"왜 선정과 해탈을 말하지 않습니까?"

혜능이 말했다.

"이법(二法)이기 때문에 불법(佛法)이 아닙니다. 불법은 불이법(不二法)입니다."

인종 법사가 또 물었다.

"어떤 것이 불법(佛法)이 불이법이라는 것입니까?"

혜능이 말했다.

"법사께서 『열반경』을 강설하시면서 밝게 불성(佛性)을 보시는 것이 곧 불법이 불이법인 것입니다. …… 불성은 선하지도 않고 선하지 않지도 않으니, 이것을 일컬어 불이(不二)라고 합니다. 오온(五蘊)과 십팔계(十八界)를 범부는 둘로 보지만, 지혜로운 자는 그 자성(自性)에 둘이 없음을 밝게 압니다. 둘이 없는 자성(自性)이 곧 불성(佛性)입니다."[211]

혜능은 "다만 견성(見性)을 말할 뿐이고, 선정(禪定)과 해탈(解脫)은 말하지 않는다."라 하고, 그 까닭을 묻는 질문에 "선정과 해탈은 이법(二法)이기 때문에 불법(佛法)이 아니다. 불법은 불이법(不二法)이다."라 하고, 또 "밝게 불성(佛性)을 보는 것이 곧 불법이 불이법인 것이다."라 하고, 또 "둘이 없는 자성(自性)이 곧 불성(佛性)이다."라고 하였다. 혜능의 이 말은 곧 혜능이 확립한 남종선(南宗禪)의 성격을 선명하게 드러내고 있다. 혜능이 말하는 요점은 다음 두 가지다.

첫째, 다만 견성(見性), 즉 불이법(不二法)인 불성(佛性)을 보는 깨달음을 말할 뿐이다.
둘째, 불법(佛法)은 불이법이고, 이법(二法)은 불법이 아니다.

『육조단경』 전체의 내용이 단지 이 두 가지 주제를 말하고 있다고 할 수 있다. 혜능은 오직 견성(見性)을 말하고 있을 뿐이다. 불성(佛性), 자성(自性), 본성(本性)은 불이중도(不二中道)의 다른 이름이고, 선(禪)은 불이중도를 깨달아 언제나 불이중도의 눈을 가지고 삼라만상을 바라보는

---

211) 宗復問曰: "黃梅付囑, 如何指授?" 能曰: "指授卽無. 唯論見性, 不論禪定解脫." 宗曰: "何不論禪定解脫?" 謂曰: "爲是二法, 不是佛法. 佛法是不二之法." 宗又問: "如何是佛法不二之法?" 能曰: "法師講涅槃經, 明見佛性, 是佛法不二之法. …… 佛性非善非不善, 是名不二. 蘊之與界, 凡夫見二, 智者了達其性無二. 無二之性 卽是佛性." (『육조대사법보단경』) 혜능과 인종의 이 대화는 『조계대사별전(曹溪大師別傳)』(781년경 간행)에도 등장하는데, 여기에서는 오조에게서 전해 받은 법이 무엇이냐는 인종의 질문에 혜능은 "오직 견성을 말할 뿐이고, 선정·해탈·무위(無爲)·무루(無漏)는 말하지 않는다."(唯論見性不論禪定解脫無爲無漏.)라고 하고, 그 까닭에 대하여 "이러한 여러 가지 법은 불성(佛性)이 아니다. 불성은 둘 아닌 법이다. 열반경이 불성이 둘 아닌 법임을 밝혔다면 곧 이 선(禪)이다."(爲此多法不是佛性. 佛性是不二之法. 涅槃經明其佛性不二之法, 卽此禪也.)라고 하였다.

것이다. 선정(禪定), 해탈(解脫), 열반(涅槃), 반야(般若), 보리(菩提) 등 불교의 모든 용어들은 단지 불이중도인 견성을 다양한 측면에서 말하는 것일 뿐, 제각각 차별되는 이름의 법이 따로 있는 것은 아니다. 오직 불이중도인 견성이 있을 뿐이다.

어떤 이름이나 어떤 일이라고 하더라도 분별되는 상(相)을 따라 다르게 본다면 이법(二法)으로서 견성이 아니고 불법이 아니다. 선(禪)은 언제나 어디서나 단지 불이법인 불성을 보는 견성을 말할 뿐이다. 견성성불(見性成佛)이라고 하듯이 견성은 곧 깨달음이다. 선은 단지 깨달음을 말할 뿐인 것이다. 이것은 선의 단적인 특징을 말하고 있다. 선은 모든 차별을 당장 적멸해 버리고 다만 불이법인 깨달음을 말할 뿐이다. 언제나 어느 곳에서나 단지 불이법인 법성(法性)을 볼 뿐이다. 선정 수행과 해탈을 말하지 않고, 유위(有爲)니 무위(無爲)니 유루(有漏)니 무루(無漏)니 하는 여러 가지 차별을 말하지 않고 곧장 둘 아닌 불성을 말할 뿐이다.

이처럼 혜능의 선은 깨달은 자의 입장에서 깨달은 자의 눈으로 바라보는 세계를 말할 뿐이다. 깨달은 자에게는 자신과 세계가 둘이 아니고, 안과 밖이 차별되지 않고 하나이다. 세계가 곧 자기 자신이고, 마음이 곧 세계이다. 온갖 차별되는 모습들이 그대로 차별 없는 하나이고, 차별 없는 하나가 그대로 삼라만상의 세계이다. 한 물건도 법이라거나 마음이라고 할 것이 없으니, 차별되는 모습에서 벗어나 불이중도를 실현했기 때문이다. 『육조단경』에 실린 혜능의 말에는 다양한 불교의 일들에서 오로지 불이중도에서 벗어나지 않는 혜능의 깨달음이 일관되게 드러나 있다. 남종돈교에서는 단지 견성을 말할 뿐이다.

㉯ 지성(志誠)의 질문에 답함

『단경』에는 북종 신수가 파견한 지성(志誠)과 혜능의 대화가 나온다. 여기에서 혜능은 북종과는 다른 남종의 돈교법문을 자세히 말하고 있다.

육조(六祖)가 북종(北宗) 신수(神秀)의 제자인 지성(志誠)에게 물었다.
"너의 스승은 어떻게 대중에게 법을 보여 주느냐?"
지성이 말했다.
"늘 대중에게 가르치시길, '마음을 쉬어[212] 깨끗함을 보고[주심관정(住心觀淨)], 오래 앉아서 눕지 말라[장좌불와(長坐不臥)].'고 하십니다."
육조가 말했다.
"마음을 쉬어 깨끗함을 보는 것은 병(病)이지 선(禪)이 아니다. 늘 앉아서 몸을 구속하면 도리(道理)에 무슨 이익이 있겠느냐? 나의 게송을 들어라."

"살아 있을 때에는 앉아서 눕지 못하고
죽어서는 누워서 앉지를 못하네.
더러운 냄새 나는 육신[213]을 한결같이 붙잡고서
어떻게 공부[214]가 되겠는가?"[215]

---

212) 주(住) : 멈추다. 쉬다. 주심(住心)이란 마음의 활동을 멈추고 쉬는 것.
213) 취골두(臭骨頭) : ① 몹쓸 놈. 망나니. ② 육신(肉身). 더러운 뼛조각. 더러운 냄새 나는 육체.
214) 공과(功課) : 일상에서 경전을 외우고 예불하는 행위. 일상생활에서 노동하는 것. 일상 속에서 공부하는 것.
215) 師曰: "汝師若爲示衆?" 對曰: "常指誨大衆, 住心觀淨, 長坐不臥." 師曰: "住心觀淨,

지성은 북종의 가르침을 '마음을 쉬어 깨끗함을 보고[주심관정(住心觀淨)], 오래 앉아서 눕지 말라[장좌불와(長坐不臥)].'는 말로써 요약하고 있다. 오래 앉아서 눕지 않는 장좌불와란 곧 좌선(坐禪)이고, 좌선 속에서 행하는 마음 공부는 마음의 잡념을 쉬어 텅 비고 깨끗한 마음을 보는 것이다. 이에 대하여 혜능은 말하기를, "마음을 쉬어 깨끗함을 보는 것은 병(病)이지 선(禪)이 아니다. 늘 앉아서 몸을 구속하면 도리(道理)에 무슨 이익이 있겠느냐?"라면서, 육체를 붙잡고 앉아서 눕지 않는 것을 공부로 삼는 것을 통렬하게 비난하고 있다. 좌선(坐禪)하여 관심(觀心)하는 것을 선(禪)으로 인정하지 않는 것이다. 다시 육조는 신수대사가 계정혜(戒定慧) 삼학(三學)을 어떻게 가르치는가 하고 물었다.

지성(志誠)이 말했다.
"신수대사께서는 모든 악한 행동을 하지 않는 것을 계(戒)라 하시고, 모든 선한 일을 받들어 행하는 것을 혜(慧)라 하시고, 스스로 그 뜻을 깨끗하게 하는 것을 정(定)이라고 말씀하십니다. 그분의 말씀은 이와 같습니다만, 스님께서는 어떠한 법을 가지고 사람을 깨우쳐 주십니까?"
육조가 말했다.
"내가 만약 사람에게 줄 법이 있다고 말한다면, 그것은 너를 속이는 것이다. 다만 경우에 따라서 얽매인 것을 알맞게[216] 풀어 주는 것을 거짓 이름하여 삼매(三昧)라고 한다. 너의 스승이 말하는 바와 같은 그런

是病非禪. 長坐拘身, 於理何益? 聽吾偈." 曰: "生來坐不臥, 死去臥不坐./ 一具臭骨頭, 何爲立功課?"(『육조대사법보단경』)
216) 수방(隨方) : 수방취원(隨方就圓)의 준말. 모난 데는 모난 대로, 둥근 데는 둥근 대로 대응하다. 사정의 변화에 잘 맞추다. 자유자재하게 변화하다. 환경에 잘 적응하다.

계·정·혜는 진실로 알 수 없는 것이다. 내가 보는 바의 계·정·혜는 그와는 다르다."217)

신수는 계정혜를 과거칠불(過去七佛)이 불교의 요점을 공통으로 말했다고 하는 칠불통계게(七佛通戒偈)218)를 빌려서 말했다. 그런데 악한 행동을 하지 않고, 선한 행동을 하고, 생각을 깨끗하게 한다는 것은 모두 이분법 속에서 취하고 버리는 유위의 행위이고, 조작하여 무엇을 이루려는 행위이다.

이에 대하여 혜능은 매우 다른 말을 하고 있다. 사람에게 줄 만한 법이 있다고 말한다면, 그것은 그 사람을 속이는 짓이다. 혜능은 주고 받을 것이 없고, 얻고 잃을 것이 없는 불이법(不二法)을 말하고 있다. 혜능은 다시 말하기를, "경우에 따라서 얽매인 것을 알맞게 풀어 주는 것을 거짓 이름하여 삼매(三昧)라고 한다."라고 하는데, 이것은 모든 불교의 가르침이 어리석은 분별과 집착에서 풀어 주는 방편임을 말한 것이다.

신수에게는 불교라는 이름의 견해를 가지고 불교다운 행위를 하는 유위의 행동이 불교이지만, 혜능에게는 불교의 말과 행위가 모두 우리의 어리석음을 치유하는 약으로서 임시로 거짓 만들어 놓은 방편일 뿐

---

217) 誠曰: "秀大師說, 諸惡莫作名爲戒, 諸善奉行名爲慧, 自淨其意名爲定. 彼說如此, 未審和尙, 以何法誨人?" 師曰: "吾若言有法與人, 卽爲誑汝. 但且隨方解縛, 假名三昧. 如汝師所說戒定慧, 實不可思議. 吾所見戒定慧, 又別."(『육조대사법보단경』)
218) 칠불통계게(七佛通戒偈): 과거칠불이 공통으로 금계(禁戒)의 근본으로 삼는 게문(偈文). "제악막작(諸惡莫作), 제선봉행(諸善奉行), 자정기의(自淨其意), 시제불교(是諸佛敎)."(나쁜 짓은 하지 말고, 착한 일만 행하여서, 내 마음을 깨끗이 하면, 이것이 바로 불교라네.)의 4구.

인 것이다. 다들 불교를 방편이라고 하지만, 불교를 방편으로 보는 눈이 전혀 다르다고 할 수 있다. 신수에게 불교라는 방편은 무언가를 세우고 만드는 방편이라면, 혜능에게 불교라는 방편은 다만 우리로 하여금 망상(妄相)의 꿈에서 깨어나게 하는 수단일 뿐이다. 얽매인 것을 풀어 주는 일이 중요하지, 거짓으로 만든 이름인 삼매(三昧)가 중요한 것은 아니다. 병을 치유하는 효험이 중요하지 약의 이름은 중요하지 않다. 그러므로 선에서는 사람을 일깨워 줌에 전통적인 불교의 말과 방식을 고집하지 않는다. 선(禪)을 격외선(格外禪)이라고 하듯이, 분별망상에서 풀어 주는 방편을 상대에 알맞게 어떤 격식에도 구애됨이 없이 자유자재하게 사용하는 것이 불교와는 다른 선의 특징이다.

지성이 말했다.
"계·정·혜는 다만 한 종류가 있을 뿐인데, 어떻게 또 다른 종류가 있겠습니까?"
육조가 말했다.
"너의 스승이 말하는 계·정·혜는 대승(大乘)의 사람들을 교화하는 것이고, 내가 말하는 계·정·혜는 최상승(最上乘)의 사람들을 교화하는 것이다. 깨달음[219]이 같지 않고, 자성을 보는 것에도 빠르고 늦음이 있다. 너는 내 말을 들어라. 같고 다름을 말해 주겠다. 내가 말하는 법은 자성에서 벗어나지 않는다. 본바탕에서 벗어나 법을 말하는 것을 일러 모습을 말한다고 하니, 자성에는 늘 어둡다. 모름지기 온갖 법들이 전부 자성에서 일어나 활동함을 아는 것이 바로 참된 계·정·혜의 법이다."[220]

---

219) 오해(悟解) : 깨달다. 대오(大悟)와 같음.

신수가 말하는 계정혜는 대승의 사람들을 향한 것이고, 혜능이 말하는 계정혜는 최상승의 사람들을 향한 것이다. 대승의 사람과 최상승의 사람은 깨달음이 다르고 견성함에 늦고 빠름이 있다. 즉, 최상승 사람의 깨달음이 대승 사람보다 더 뛰어나고, 최상승 사람의 견성이 대승 사람보다 더 빠르다. 왜 이런 말을 할까? 신수가 말하는 깨달음과 견성은 점차적인 수행의 과정을 겪은 뒤에 얻을 목표이고, 혜능이 말하는 깨달음과 견성은 지금 바로 여기에서 즉각 분별심에서 벗어나기만 하면 되는 것이기 때문이다. 이것은 점수(漸修)와 돈오(頓悟)의 차이를 말하고 있는 것이다.

혜능은 다시 "내가 말하는 법은 자성에서 벗어나지 않는다."라고 하여, 스스로 언제나 불이법인 자성에서 벗어나지 않음을 분명히 하였다. 그리고 법의 모습을 말하면 자성에는 늘 어둡다고 하였는데, 법의 모습을 말하는 것이 곧 분별이요, 망상이다. 결국 혜능의 말은 계정혜라는 어떤 정해진 불법(佛法)이 있는 것이 아니라, 언제나 불이법인 자성에서 벗어나지 않는 것이 곧 모든 불법이라는 말이다. 이처럼 언제 어디서나 단지 불이중도인 견성이 선이다. 선에서는 언제 어디서나 불이중도인 깨달음뿐이어서, 분별에 치우쳐 머물러 있는 사람을 언제나 분별에서 풀어내어 중도로 이끌어 주는 것이 곧 선의 가르침이다.

다시 지성에게 말했다.
"네 스승이 말하는 계 · 정 · 혜는 작은 근기의 지혜를 자진 사람에게

---

220) 志誠曰: "戒定慧只合一種, 如何更別?" 師曰: "汝師戒定慧, 接大乘人, 吾戒定慧, 接最上乘人. 悟解不同, 見有遲疾. 汝聽吾說. 與彼同否. 吾所說法, 不離自性. 離體說法, 名爲相說, 自性常迷. 須知一切萬法, 皆從自性起用, 是眞戒定慧法."(『육조대사법보단경』)

권할 만한 것이고, 내가 말하는 계·정·혜는 큰 근기의 지혜를 가진 사람에게 권하는 것이다. 만약 자성을 깨닫는다면, 보리열반(菩提涅槃)도 세우지 않고 해탈지견(解脫知見)도 세우지 않는다. 얻을 만한 하나의 법도 없어야, 바야흐로 만법을 건립할 수 있다. 만약 이 뜻을 이해한다면, 불신(佛身)이라고도 말하고, 보리열반이라고도 말하고, 해탈지견이라고도 말한다. 견성한 사람은 세울 수도 있고 세우지 않을 수도 있으니, 가고 옴에 자유로워 머묾이 없고 장애가 없다. 인연에 응하여 행동하고, 말에 따라서 답을 하며, 온갖 조화를 두루 보면서도 자성을 떠나지 않는다면, 이것이 바로 자재신통유희삼매(自在神通遊戲三昧)를 얻은 것이니, 이름하여 견성(見性)이라 한다."221)

자성을 깨달으면 어떤 법에도 얽매이지 않는다. 어떤 법이든 자유자재하게 세울 수도 있고 부술 수도 있지만, 본래 하나의 법도 없다. 하나의 법도 없으면서, 온갖 법을 세우기도 하고 부수기도 한다. 이러한 자유자재가 자성을 떠나지 않는 견성이요, 불이중도이다. 온갖 경계 속에서 어디에도 얽매이지 않고 자유자재한 것이 바로 선이다. 선은 경계에 얽매인 사람을 풀어 주어 자유롭게 하는 것이지, 경계를 세워 사람을 구속하는 것이 아니다.

지성이 거듭 육조에게 여쭈었다.

---

221) 復語誠曰: "汝師戒定慧, 勸小根智人, 吾戒定慧, 勸大根智人. 若悟自性, 亦不立菩提涅槃, 亦不立解脫知見. 無一法可得, 方能建立萬法. 若解此意, 亦名佛身, 亦名菩提涅槃, 亦名解脫知見. 見性之人, 立亦得, 不立亦得, 去來自由, 無滯無碍, 應用隨作, 應語隨答, 普見化身, 不離自性, 卽得自在神通遊戲三昧, 是名見性."(『육조대사법보단경』)

"어떤 것이 뜻을 세우지 않는 것입니까?"

육조가 말했다.

"자성에는 잘못됨도 없고 어리석음도 없고 어지러움도 없다. 순간순간 반야로써 비추어 보아 늘 법의 모습에서 벗어나 자유자재하게 마음대로 할 수 있는데, 세울 무엇이 있겠는가? 자성을 스스로 깨달으면, 문득 깨닫고 문득 수행하니[돈오돈수(頓悟頓修)], 점차(漸次)는 없다. 그러므로 어떤 법도 세우지 않는 것이다. 모든 법이 적멸(寂滅)한데 어찌 점차 닦을 일이 있겠는가?"222)

우리의 자성은 본래 아무런 문제가 없다. 그러므로 자성을 스스로 깨닫기만 하면 그뿐, 다시 점차 수행할 것은 없다. 문득 깨닫고 문득 수행하여 한 순간 본래면목을 보면 그뿐이다. 본래 자성에는 얻을 수 있는 한 개의 법도 없다. 자성은 불이중도이니 모든 분별에서 벗어나 있는 것이다. 모든 분별에서 벗어난 적멸(寂滅)에서 어찌 점차 닦아 나가는 단계가 있겠는가? 이처럼 혜능의 돈교법문(頓敎法門)은 돈오돈수(頓悟頓修)이다. 한 순간 문득 깨달으면 바로 완전한 자성인 것이다.

㉱ 설간(薛簡)의 질문에 답함

설간(薛簡)이 말했다.

"서울에 있는 선승(禪僧)들은 모두 말하기를 '도를 알려고 한다면 반

---

222) 志誠再啓師曰: "如何是不立義?" 師曰: "自性無非無癡無亂, 念念般若觀照, 常離法相, 自由自在, 縱橫盡得, 有何可立? 自性自悟, 頓悟頓修, 亦無漸次. 所以不立一切法. 諸法寂滅, 有何次第?"(『육조대사법보단경』)

드시 좌선(坐禪)하여 선정(禪定)을 익혀야 한다. 선정으로 말미암지 않고 해탈을 얻은 자는 아직 없었다.'라고 하는데, 스님께서 말씀하시는 법은 어떻습니까?"

혜능이 말했다.

"도는 마음으로부터 깨닫는 것인데, 어찌 앉는 것에 있겠습니까? 경전에서 말했습니다. '만약 여래가 앉거나 눕는다고 말한다면, 이것은 삿된 도(道)를 행하는 것이다. 무슨 까닭인가? (여래는) 오지도 않고 가지도 않기 때문이다.'223) 생겨나지도 않고 없어지지도 않는 것이 여래의 깨끗한 선(禪)이요, 모든 법이 텅 비어 고요한 것이 여래의 깨끗한 좌(坐)입니다. 결국 깨달음도 없는데, 하물며 앉겠습니까?"224)

설간은 당나라의 서울인 장안(長安)에서 황제의 명을 받고 혜능을 찾아와 법을 물었다. 북쪽 장안의 선사들은 국사(國師)인 대통신수(大通神秀)의 제자들일 것이다. 설간은 장안에 있는 선사들의 주장을 "깨달으려면 반드시 좌선하여 선정을 익혀야 하니, 선정으로 말미암아 해탈을 얻는다."라고 요약하여 말했다. 이 말은 북종의 선을 나타낸다. 이에

---

223) 『금강경』 제29 위의적정분(威儀寂靜分)에 나오는 다음 내용을 문구를 변형시켜서 말하고 있다 : "수보리야, 만약 누가 여래는 오기도 하고 가기도 하고 앉기도 하고 눕기도 한다고 말한다면, 이 사람은 내가 말하는 뜻을 이해하지 못한 것이다. 무슨 까닭인가? 여래는 어디에서 오지도 않고 어디로 가지도 않는다. 그 까닭에 여래라 부른다."(須菩提, 若有人言 如來若來若去 若坐若臥 是人不解我所說義. 何以故? 如來者 無所從來 亦無所去 故名 如來.)

224) 簡曰: "京城禪德皆云: '欲得會道, 必須坐禪習定. 若不因禪定, 而得解脫者, 未之有也.' 未審師所說法如何?" 師曰: "道由心悟, 豈在坐也? 經云: '若言如來, 若坐若臥, 是行邪道. 何故? 無所從來, 亦無所去.' 無生無滅, 是如來淸淨禪, 諸法空寂, 是如來淸淨坐, 究境無證, 豈況坐耶?"(『육조대사법보단경』)

대하여 혜능은 "도는 마음에서 깨달으니 몸이 앉는 것과는 상관이 없다."라고 말하여 좌선선정을 부정하고는, 생겨나지도 않고 사라지지도 않는 것이 선이고 텅 비고 고요하여 한 물건도 없는 것이 좌라고 하는데, 이것은 곧 불이법문(不二法門)이 좌선이요, 선정이라는 말이다.

설간이 말했다.
"제가 서울로 돌아가면 임금께서 반드시 물으실 것입니다. 원컨대 스님께서는 자비를 베풀어 마음의 요체를 가르쳐 주십시오. 두 황궁과 서울에서 도를 배우는 사람들에게 전하겠습니다. 비유하면 하나의 등불이 수만 개의 등에 불을 붙이면, 모두 밝아져서 밝음이 끝이 없는 것과 같습니다."

육조가 말했다.
"도에는 밝고 어두움이 없습니다. 밝고 어두움은 서로 상대(相對)하는 뜻입니다. 밝고 밝아 끝이 없다는 것 역시 끝이 있습니다. 상대하여 세운 이름이기 때문입니다. 『유마경(淨名經)』에 이르기를 '법은 비교할 것이 없으니, 상대가 없기 때문이다.'라고 하였습니다."[225]

설간이 혜능의 도를 묻자, 혜능은 말하기를 도(道)란 다만 서로 상대가 없는 불이법(不二法)일 뿐이라고 했다.

설간이 말했다.

---

[225] 簡曰: "弟子回京, 主上必問. 願師慈悲, 指示心要. 傳奏兩宮, 及京城學道者. 譬如一燈然百千燈, 冥者皆明, 明明無盡." 師云: "道無明暗. 明暗是代謝之義. 明明無盡, 亦是有盡. 相待立名故. 『淨名經』云: '法無有比, 無相待故.'"(『육조대사법보단경』)

"밝음은 지혜를 비유하고, 어둠은 번뇌를 비유하는 것입니다. 도 닦는 사람이 만약 지혜로써 번뇌를 비추어 부수지 않는다면, 끝없는 생사윤회에서 무엇에 의지하여 벗어나겠습니까?"

혜능이 말했다.

"번뇌가 곧 깨달음이며, 둘이 없고 다름이 없습니다. 만약 지혜로써 번뇌를 비추어 부순다고 한다면, 이것은 이승(二乘)의 견해로서 양이나 염소 등의 근기입니다. 지혜가 뛰어난 대근기라면, 전혀 이와 같지 않습니다."

설간이 말했다.

"어떤 것이 대승의 견해입니까?"

혜능이 말했다.

"밝음과 밝지 않음을 범부는 둘로 보지만, 지혜로운 자는 그 자성에 둘이 없음을 깨닫습니다.226) 둘 없는 자성이 바로 진실한 자성입니다. 진실한 자성은 어리석은 범부라고 줄어들지도 않고 현명한 성인이라고 불어나지도 않으며, 번뇌 속에서도 어지럽지 않고 선정 속에서도 고요하지 않습니다. 끊어지지도 않고 이어지지도 않으며, 오지도 않고 가지도 않으며, 중간에 있지도 않고 안팎에 있지도 않으며, 생겨나지도 않고 없어지지도 않습니다. 자성과 모습이 한결같아 늘 머물러 변하지 않음을 이름하여 도(道)라고 합니다."227)

---

226) 요달(了達) : 철저히 깨닫다. 통달하다.
227) 簡曰: "明喻智慧, 暗喻煩惱. 修道之人, 倘不以智慧照破煩惱, 無始生死, 憑何出離?" 師曰: "煩惱卽是菩提, 無二無別. 若以智慧照破煩惱者, 此是二乘見解, 羊鹿等機. 上智大根, 悉不如是." 簡曰: "如何是大乘見解?" 師曰: "明與無明, 凡夫見二, 智者了達其性無二. 無二之性, 卽是實性. 實性者, 處凡愚而不減, 在賢聖而不增, 住煩惱而不亂, 居禪定而不寂. 不斷不常, 不來不去, 不在中間, 及其內外, 不生不滅. 性相如如, 常住不遷, 名之曰道."(『육조대사법보단경』)

밝은 지혜로써 어두운 번뇌를 부순다고 한다면, 이것은 분별 속의 말이지 불이중도의 말이 아니다. 범부와 소승(小乘)은 분별 속에 있지만, 대승(大乘)은 불이중도에 있다. 대승의 법은 언제나 불이법이다. 불이법이 참된 자성이다. 자성은 불이법이므로, 자성에는 번뇌와 해탈의 다름이 없고, 범부와 부처의 다름이 없고, 선정이 따로 없고, 안팎이 없고, 오고 감이 없고, 생기고 사라짐이 없이 늘 한결같다.

③ 수행에 대한 혜능의 언급

『육조단경』에서 수행에 대한 혜능의 언급을 살펴보면, 혜능은 모든 수행에 대하여 언제나 불이법문인 견성의 입장에서 말하고 있음을 알 수 있다. 즉, 단계적인 수행은 없고, 언제나 불이법문인 견성(見性)이 있을 뿐이다.

㉮ 좌선선정이 아니라 견성이다

"무엇을 일러 좌선(坐禪)이라 할까요? 이 법문(法門) 속에서 장애가 없어, 밖으로 모든 좋고 나쁜 경계에서 마음에 생각이 일어나지 않는 것을 일러 좌(坐)라고 하고, 안으로 자성(自性)을 보아 움직임이 없는 것을 일러 선(禪)이라고 합니다. 여러분, 무엇을 일러 선정(禪定)이라 할까요? 밖으로 분별된 모습을 벗어나는 것이 선(禪)이고, 안으로 어지럽지 않은 것이 정(定)입니다."[228]

---

228) 何名坐禪? 此法門中, 無障無礙, 外於一切, 善惡境界, 心念不起, 名爲坐, 內見自性不動, 名爲禪. 善知識, 何名禪定? 外離相爲禪, 內不亂爲定.(『육조대사법보단경』)

"밖으로 모습에 집착하면 안의 마음이 어지럽고, 밖으로 만약 모습을 벗어나면 마음이 어지럽지 않습니다. 본성(本性)은 스스로 깨끗하고 스스로 안정되어 있으나, 단지 경계를 보고 경계를 생각하기 때문에 어지럽습니다. 만약 온갖 경계를 보고서도 마음이 어지럽지 않다면, 바로 참된 정(定)입니다. 여러분, 밖으로 모습을 벗어나는 것이 선(禪)이고, 안으로 어지럽지 않은 것이 정(定)이니, 밖으로 선(禪)하고 안으로 정(定)하면 곧 선정(禪定)이 됩니다. 『유마경(維摩經)』에서는 '곧장 활짝 열려서 본심을 되찾는다.'고 하였고, 『보살계경(菩薩戒經)』에 이르기를 '내가 본래 타고난 자성은 깨끗하다.'고 하였습니다. 여러분, 매 순간 저절로 본성이 깨끗함을 보면, 저절로 닦고 저절로 행하여 저절로 불도(佛道)가 이루어집니다."229)

• 요약 •

좌선(坐禪)에서 좌(坐)는 밖으로 온갖 경계를 만나 분별이 일어나지 않는 것이고, 선(禪)은 안으로 불이의 자성을 보아 흔들림이 없는 것이다. 선정(禪定)에서 선(禪)은 밖으로 분별된 모습에서 벗어나는 것이고, 정(定)은 안으로 어지럽지 않은 것이다. 그러므로 선(禪)이 좌(坐)이고 선이 정(定)이다. 온갖 분별된 경계에서 끄달림이 없는 것은 곧 늘 불이의 중도에 있는 것이다. 그러므로 좌선이든 선정이든 다만 견성(見性)일 뿐이다.

---

229) 外若着相, 內心卽亂, 外若離相, 心卽不亂. 本性自淨自定, 只爲見境思境卽亂. 若見諸境, 心不亂者, 是眞定也. 善知識, 外離相卽禪, 內不亂卽定, 外禪內定, 是爲禪定. 『淨名經』云: '卽時豁然, 還得本心.' 『菩薩戒經』云: '我本性元自淸淨.' 善知識, 於念念中, 自見本性淸淨, 自修自行, 自成佛道.(『육조대사법보단경』)

"우리 선문(禪門)의 좌선(坐禪)은 원래 마음에 집착하지도 않고, 깨끗함에 집착하지도 않고, 움직이지 않는 것을 옳다고 여기지도 않습니다. 만약 마음에 집착한다고 하면, 마음은 원래 허망한 것입니다. 마음이 환상과 같음을 알기 때문에 집착할 것이 없습니다. 만약 깨끗함에 집착한다고 하면, 사람의 본성은 본래 깨끗합니다. 허망한 생각 때문에 진여(眞如)를 뒤덮은 것이니, 단지 허망한 생각만 없으면 본성은 원래 깨끗합니다. 일부러 마음을 일으켜 깨끗함에 집착하여 도리어 깨끗하다는 망상(妄想)을 내지만, 망상은 있는 것이 아니므로 집착 역시 허망합니다. 깨끗함에는 모습이 없는데 도리어 깨끗하다는 모습을 세워 그것을 공부라고 말하지만, 이러한 견해를 낸다면 자기의 본성을 가로막고 도리어 깨끗함에 얽매이게 됩니다. 도반들이여! 만약 움직이지 않음을 닦는 자가 다만 모든 사람을 만날 때에 그 사람의 옳음·그름·좋음·나쁨·허물·어려움을 보지 않는다면, 이것이 바로 자성이 움직이지 않는 것입니다. 도반들이여! 어리석은 사람은 몸은 비록 움직이지 않으나, 입만 열면 곧 다른 사람의 옳음·그름·장점·단점·좋음·싫음을 말하니 도(道)와는 어긋나는 것입니다. 만약에 마음에 집착하고 깨끗함에 집착한다면, 도리어 도를 가로막는 것입니다."[230]

---

230) 此門坐禪, 元不着心, 亦不着淨, 亦不是不動. 若言着心, 心元是妄. 知心如幻, 故無所着也. 若言着淨, 人性本淨. 由妄念故 盖覆眞如, 但無妄想 性自淸淨. 起心着淨, 却生淨妄, 妄無處所, 着者是妄. 淨無形相, 却立淨相, 言是工夫, 作此見者, 障自本性, 却被淨縛. 善知識, 若修不動者, 但見一切人時, 不見人之是非善惡過患, 卽是自性不動. 善知識, 迷人身雖不動, 開口便說, 他人是非長短好惡, 與道違背. 若着心着淨, 却障道也.(『육조대사법보단경』)

•요약•

　선문(禪門)의 좌선(坐禪)은 마음에 집착하지도 않고, 깨끗함에 집착하지도 않고, 움직이지 않는 것을 옳다고 여기지도 않는다. 마음은 환상과 같아서 집착할 것이 없다. 본성은 본래 깨끗하니, 마음을 일으켜 깨끗함에 집착하면 도리어 깨끗하다는 망상(妄相)을 만드는 것이다. 움직이지 않는다는 것은 몸을 움직이지 않는다는 것이 아니라, 경계를 만나서 분별에 떨어지지 않는 것이다.

　선을 공부하는 지황(智隍)이라는 사람은 처음에 오조(五祖)를 찾아뵙고 공부하였는데, 스스로 이미 삼매(三昧)[231]를 얻었다고 여기고서 암자에 머물며 앉아서 눕지 않고 20년을 지냈다. 혜능의 제자인 현책(玄策)이 돌아다니다가 하삭(河朔)에 이르러 지황의 이름을 듣고서 암자로 찾아가서 물었다.
　"당신은 여기에서 무엇을 합니까?"
　지황이 말했다.
　"선정(禪定)에 들어갑니다."
　현책이 말했다.
　"당신이 선정에 들어간다고 말하니, 마음이 있어서 들어가는 것입니까? 마음이 없어서 들어가는 것입니까? 만약에 마음이 없어서 들어간다면, 모든 정식(情識) 없는 풀·나무·기와·돌들도 마땅히 선정을 얻어야 할 것입니다. 만약 마음이 있어서 들어간다면, 모든 정식을 가진 존재들 역시 마땅히 선정을 얻어야 할 것입니다."

---

231) 정수(正受) : 삼매(三昧)

지황이 말했다.

"내가 선정에 들어갈 때는 있느니 없느니 하는 그런 마음을 보지 않습니다."

현책이 말했다

"있느니 없느니 하는 그런 마음이 있음을 보지 않는다면 곧 늘 선정인데, 어떻게 들어가고 나옴이 있겠습니까? 만약 들어가고 나옴이 있다면, 선정이 아닙니다."[232]

• 요약 •

선정(禪定)에는 들어가거나 나오거나 하는 일이 없다. 선정으로 들어가거나 선정에서 나온다면 참된 선정이 아니다. 참된 선정은 곧 불이중도(不二中道)이니 들어가거나 나오는 일이 없다.

⑭ 삼매(三昧)는 좌선이 아니다

"도반들이여, 일행삼매(一行三昧)라는 것은 모든 곳에서 가거나 머물거나 앉거나 눕거나 항상 하나의 직심(直心)을 행하는 것입니다. 『유마경』에 말하기를 '직심(直心)이 도량이고, 직심(直心)이 정토이다.'[233]라고 한

---

232) 禪者智隍, 初參五祖, 自謂已得正受, 庵居長坐, 積二十年. 師弟子玄策, 遊方至河朔, 聞隍之名, 造庵問云: "汝在此, 作什麼?" 隍云: "入定." 策云: "汝云入定, 爲有心入耶? 無心入耶? 若無心入者, 一切無情草木瓦石, 應合得定. 若有心入者, 一切有情含識之流, 亦應得定." 隍曰: "我正入定時, 不見有有無之心." 策云: "不見有有無之心, 卽是常定, 何有出入? 若有出入, 卽非大定."(『육조대사법보단경』)
233) 『유마힐소설경(維摩詰所說經)』「제4 보살품(菩薩品)」에 "直心是道場."이라는 구절이 나오고, 「제1 불국품(佛國品)」에 "直心是菩薩淨土."라는 구절이 나온다.

것과 같습니다. …… 다만 직심(直心)만 행할 뿐, 어떤 법에도 집착하지 마십시오. 어리석은 사람은 법의 모습에 집착하여 일행삼매를 가지고 말하기를, '앉아서 움직이지 않고 망령되이 마음을 일으키지 않는 것이 곧 일행삼매이다.'라고 곧장 말합니다. 이와 같이 이해한다면, 무정물과 같게 되어서 도리어 도를 가로막는 원인이 됩니다. 도반들이여, 도는 모름지기 통하여 흘러야 하는데, 어찌하여 도리어 막히겠습니까? 마음이 법에 머물지 않으면 도는 통하여 흐르고, 마음이 만약 법에 머물면 이름하여 스스로를 얽어맨다고 합니다. 만약 늘 앉아서 움직이지 않는 것을 옳다고 한다면, 마치 사리불(舍利弗)이 숲 속에 편안히 앉아 있다가 도리어 유마힐(維摩詰)에게 꾸중을 들은 것[234]과 같을 뿐입니다."[235]

• 요약 •

삼매(三昧)는 앉아서 움직이지 않고 망령되이 마음을 일으키지 않는

---

234) 『설무구칭경(說無垢稱經)』 제2권 「제3 성문품(聲聞品)」에 보면, 사리불은 큰 나무 아래에서 좌선을 하고 있다가 유마힐에게 다음과 같은 꾸중을 듣는다 : "이보세요, 사리불님! 앉는 것을 좌선이라 여기지는 마십시오. 무릇 좌선이라는 것은, 삼계(三界)에 있으면서도 몸과 마음을 나타내지 않는 것이 곧 좌선입니다. 멸정(滅定)에서 나오지 않으면서도 모든 행동거지(行動擧止)를 나타내는 것이 곧 좌선입니다. 모든 깨달은 모습을 버리지 않으면서도 중생의 온갖 모습을 나타내는 것이 곧 좌선입니다. 마음이 안에 머물지도 않고 밖으로 나가지도 않는 것이 곧 좌선입니다. 삼십칠보리분법(三十七菩提分法)에 머물면서도 모든 견취(見趣)에서 벗어나지 않는 것이 곧 좌선입니다. 생사(生死)에서 벗어나지 않으면서도 번뇌(煩惱)가 없고, 열반(涅槃)을 얻고도 머묾이 없는 것이 곧 좌선입니다. 만약 이와 같이 좌선할 수 있다면, 부처님께서 인가(印可)하실 것입니다."
235) 善知識, 一行三昧者, 於一切處, 行住坐臥, 常行一直心, 是也. 如『淨名經』云: '直心是道場, 直心是淨土.' 莫心行諂曲, 口但說直, 口說一行三昧, 不行直心. 但行直心, 於一切法, 勿有執著. 迷人著法相, 執一行三昧, 直言坐不動妄不起心, 卽是一行三昧. 作此解者, 卽同無情, 却是障道因緣. 善知識, 道須通流, 何以却滯? 心不住法, 道卽通流, 心若住法, 名爲自縛. 若言常坐不動是, 只如舍利弗, 宴坐林中, 却被維摩詰訶. 『육조대사법보단경』)

것이 아니라, 다만 늘 하나의 직심(直心)을 행하는 것이다. 앉아서 움직이지 않고 마음을 일으키지 않으면, 무정물(無情物)과 같게 되어서 도리어 도(道)를 가로막는다.²³⁶⁾

 ㉰ 공심정좌(空心靜坐)는 잘못이다

"도반들이여, 내가 공(空)을 말하는 것을 듣고서 곧장 공(空)에 집착해서는 안 됩니다. 무엇보다도 공에 집착해서는 안 됩니다. 만약 마음을 비우고 고요히 앉아 있다면, 이것은 곧 무기공(無記空)²³⁷⁾에 집착하는 것입니다."²³⁸⁾

"어떤 어리석은 사람은 마음을 비우고 고요히 앉아서 아무것도 생각하지 않는 것을 스스로 일러 크다고 말하지만, 이러한 무리는 더불어 말할 만하지 못하니 삿된 견해를 가지고 있기 때문입니다."²³⁹⁾

---

236) 일행삼매란 본래 사조도신(四祖道信)의 선법이다. 『능가사자기(楞伽師資記)』에 보면 일행삼매(一行三昧)란, 조용한 곳에 정좌(正坐)하여 마음을 한 부처님에게 집중하여 오로지 한 마음으로 명호(名號)를 염송(念誦)하며 부처님을 향하는 생각[念佛]이 계속하여 이어지도록 하면, 그 생각 속에서 과거·현재·미래의 모든 부처님을 잘 볼 수 있게 되고, 마침내 불(佛)과 법(法)을 생각으로 분별하지 않는 곳까지 나아가면, 모두는 오직 하나의 진리로서 궁극의 정각을 이룬다는 것이다. 혜능은 도신의 일행삼매를 잘못이라고 지적한다. 여기에 관해서는 졸저 『조사선의 실천과 사상』(장경각. 2001년.) 제1장, 제5장에 자세히 구명해 놓았다.

237) 무기공(無記空) : 무기(無記)란 '이해(理解)가 없다', '알 수 없어서 깜깜하다'는 뜻. 무기공(無記空)이란 분별의식이 비워져 나무토막이나 돌멩이처럼 깜깜한 마음의 상태.

238) 善知識, 莫聞吾說空, 便卽著空. 第一莫著空. 若空心靜坐, 卽著無記空.(『육조대사법보단경』)

239) 有迷人, 空心靜坐, 百無所思, 自稱爲大, 此一輩人, 不可與語, 爲邪見故.(『육조대사법보단경』)

"법에는 둘이 없고, 마음 역시 그러합니다. 도는 깨끗하여 여러 모습이 없습니다. 그대들은 삼가 고요함을 보지도 말고, 그 마음을 비우지도 마십시오. 이 마음은 본래 깨끗하여 취하거나 버릴 수 없습니다."[240]

"너는 다만 마음이 허공과 같되 허공이라는 견해에 집착하지 않아야 응용(應用)에 장애가 없다. 움직일 때에나 고요히 있을 때에나 마음이 없어서 범인이니 성인이니 하는 생각을 잊고, 주관과 객관이 함께 사라져서 자성과 모습이 한결같으면, 선정이 아닌 때가 없다."[241]

• 요약 •

마음을 비우고 고요히 앉아서 아무것도 생각하지 않는다면, 무기공(無記空)에 떨어진 것이다. 마음은 본래 모습이 없으므로 취하거나 버릴 수 없고, 채우거나 비울 수 없고, 시끄럽거나 고요할 수 없다.

㉰ 좌선간심(坐禪看心)은 잘못이다

"도반들이여, 또 어떤 사람은 앉아서 마음을 보고 고요함을 관찰하면서 움직이지도 말고 일어나지도 말지니 이로 말미암아 공부가 이루어진다고 가르칩니다. 어리석은 사람은 이해하지 못하고 곧바로 집착하여 거꾸로 뒤집어집니다. 이와 같은 자가 많아서 이와 같이 서로 가

---

240) 其法無二, 其心亦然, 其道淸淨, 亦無諸相. 汝等愼勿觀靜, 及空其心. 此心本淨, 無可取捨.(『육조대사법보단경』)
241) 汝但心如虛空, 不著空見, 應用無碍, 動靜無心, 凡聖情忘, 能所俱泯, 性相如如, 無不定時也.(『육조대사법보단경』)

르칩니다. 그러므로 큰 잘못임을 알아야 합니다."²⁴²⁾

• 요약 •

앉아서 마음을 보고 고요함을 관찰하면서 움직이지도 않고 일어나지도 않는 것은 올바른 공부가 아니라 큰 잘못이다.

㉮ 점차 수행함은 없다

"깨달음인 자성은 본래 깨끗하니, 단지 이 마음을 쓰기만 하면 곧장 깨달음을 이룹니다."²⁴³⁾

"어찌 자성이 본래²⁴⁴⁾ 깨끗함을 기대했겠습니까? 어찌 자성이 본래 생멸(生滅)하지 않음을 기대했겠습니까? 어찌 자성이 본래 완전히 갖추어져 있음을 기대했겠습니까? 어찌 자성이 본래 흔들리지 않음을 기대했겠습니까? 어찌 자성이 만법(萬法)을 만들어 낼 수 있음을 기대했겠습니까?"²⁴⁵⁾

"자성에는 잘못도 없고 어리석음도 없고 혼란도 없다. 순간순간 반야로써 비추어 보아 늘 법의 모습에서 벗어나 자유자재하고 종횡무진할

---

242) 善知識, 又有人, 教坐看心觀靜, 不動不起, 從此置功. 迷人不會, 便執成顚. 如此者衆, 如是相敎. 故知大錯.(『육조대사법보단경』)
243) 菩提自性, 本來淸淨, 但用此心, 直了成佛.(『육조대사법보단경』)
244) 본자(本自) : 본래. 원래. 자(自)는 어조사.
245) 何期自性, 本自淸淨? 何期自性, 本不生滅? 何期自性, 本自具足? 何期自性, 本無動搖? 何期自性, 能生萬法?(『육조대사법보단경』)

수 있다면, 세울 무엇이 있겠는가? 자성이 스스로 깨달으면, 문득 깨닫고 문득 수행하고, 또한 점차(漸次)가 없다. 그러므로 어떤 법도 세우지 않는 것이다. 모든 법이 적멸(寂滅)한데, 무슨 차례가 있겠는가?"246)

"반야의 지혜 역시 크고 작음이 없지만, 모든 중생 스스로의 마음이 어리석음과 깨달음으로 같지 않기 때문에, 어리석은 마음은 밖을 보고 수행하여 깨달음을 찾으나, 자성(自性)을 깨닫지 못한다면 근기가 작은 것입니다. 만약 돈교(頓敎)를 깨닫고 바깥으로 수행하는 것에 집착하지 않으며, 다만 자기 마음에서 늘 바른 견해를 일으키고 피곤한 번뇌에 늘 물들지 않을 수 있다면, 곧 견성(見性)입니다."247)

• 요약 •

자성은 본래 완전하여 아무런 모자람이 없으니 문득 자성을 깨달으면 그뿐, 점차로 차례차례 수행하여 나아갈 일은 없다.

(2) 남악회양(南嶽懷讓)

마조도일(馬祖道一)은 당(唐)나라 개원(開元) 년간(年間; 713-741)에 형악(衡嶽)의 전법원(傳法院)에서 선정(禪定)을 익히다가 회양(懷讓) 화상을 만

---

246) 自性無非無癡無亂, 念念般若觀照, 常離法相, 自由自在, 縱橫盡得, 有何可立? 自性自悟, 頓悟頓修, 亦無漸次. 所以不立一切法. 諸法寂滅, 有何次第?(『육조대사법보단경』)
247) 般若之智, 亦無大小, 爲一切衆生自心, 迷悟不同, 迷心外見, 修行覓佛, 未悟自性, 卽是小根. 若開悟頓敎, 不執外修, 但於自心, 常起正見, 煩惱塵勞, 常不能染, 卽是見性.(『육조대사법보단경』)

났다. 회양은 도일(道一)이 진리를 담을 만한 그릇이 됨을 알아보고는 물었다.

"대덕(大德)은 좌선(坐禪)하여 무엇을 하려 하시오?"

도일이 말했다.

"부처가 되려고 합니다."

회양은 이에 벽돌 한 개를 가져와 그 암자 앞에서 갈기 시작했다. 이것을 보고 도일이 물었다.

"벽돌을 갈아서 어쩌려 하십니까?"

"갈아서 거울을 만들려 하오."

"벽돌을 간다고 어떻게 거울이 되겠습니까?"

"벽돌을 갈아 거울이 되지 못한다면, 좌선하여 어떻게 부처가 되겠는가?"

이에 도일이 물었다.

"그러면 어떻게 해야 합니까?"

"소수레가 가지 않는다면 수레를 때려야 하겠는가, 소를 때려야 하겠는가?"[248]

도일이 대답이 없자, 회양이 다시 말했다.

"그대는 좌선을 배우고자 하는가, 좌불(坐佛)[249]을 배우고자 하는가? 만약 좌선을 배우고자 한다면 선(禪)은 앉거나 눕는 것이 아니며, 좌불을 배우고자 한다면 부처는 정해진 모습이 아니다. 머묾 없는 법에서는

---

248) 마명보살(馬鳴菩薩)이 짓고 구마라집(鳩摩羅什)이 번역한 『대장엄론경(大莊嚴論經)』 제2권에 "예컨대 소가 끄는 수레가 있는데, 수레가 가지 않으면 소를 때려야지 수레를 때려서는 안 된다. 몸은 수레와 같고 마음은 소와 같다."라는 말이 있다.

249) 좌불(坐佛) : 앉아 있는 모습으로 만들어진 불상(佛像).

취하거나 버리지 말아야 한다. 그대가 좌불을 따른다면 곧 부처를 죽이는 것이니, 만약 앉은 모습에 집착한다면 그 이치에 통하지 못하기 때문이다."250)

• 요약 •

선(禪)은 앉거나 눕는 모습이 아니다. 앉은 모습에 집착하면 깨달을 수 없다.

(3) 마조도일(馬祖道一)

① 도는 닦는 것이 아니다

어떤 스님이 물었다.
"도(道)를 닦는다는 것은 어떤 것입니까?"
마조가 답했다.
"도는 닦는 것에 속하지 않는다. 만약 닦을 수 있다고 한다면, 닦아서 이루어지는 것은 다시 부서지니 곧 성문(聲聞)251)과 같아지며, 만약 닦지 않는다고 한다면, 곧 범부(凡夫)와 같아진다."252)

---

250) 唐開元中, 習定於衡嶽傳法院, 遇讓和尚. 知是法器, 問曰: "大德, 坐禪圖什麼?" 師曰: "圖作佛." 讓乃取一磚, 於彼菴前磨. 師曰: "磨磚作麼?" 讓曰: "磨作鏡." 師曰: "磨磚豈得成鏡?" 讓曰: "磨磚旣不成鏡, 坐禪豈得成佛耶?" 師曰: "如何卽是?" 讓曰: "如牛駕車, 車不行, 打車卽是? 打牛卽是?" 師無對, 讓又曰: "汝爲學坐禪? 爲學坐佛? 若學坐禪, 禪非坐臥, 若學坐佛, 佛非定相. 於無住法, 不應取捨. 汝若坐佛, 卽是殺佛, 若執坐相, 非達其理."(『사가어록』「마조어록」)
251) 성문(聲聞) : 소승의 수행자. 성문(聲聞)은 부처의 말씀을 뜻으로 이해하여 수행과 깨달음을 분별하여 세워 놓고, 깨달음을 향한 수행을 의도적으로 실천해 가기 때문에, 무엇을

② 수행은 조작이다

"자성은 본래부터 완전하여 모자람이 없다. 그러므로 다만 선이니 악이니 하는 일에 머물지만 않으면, 도 닦는 사람이라 할 것이다. 선에 머물고 악을 제거하며, 공(空)을 관(觀)하고 선정(禪定)에 들어가는 것 등은 곧 조작(造作)에 속한다. 만약 다시 밖으로 치달려 구한다면 더욱더 멀어질 뿐이다."253)

③ 수행하여 깨닫는 것이 아니다

"성문은 성인(聖人)의 마음에 본래 지위(地位)·인과(因果)·계급(階級)이 없다는 것을 모르고, 마음으로 헤아려 허망한 생각을 하여 원인을 닦아 결과를 얻으려 한다. 마음을 비우는 선정에 머물러 긴긴 시간을 지나면, 비록 깨닫는다고 하여도 깨닫고 나서 다시 미혹해진다. 모든 보살(菩薩)이 이러한 성문을 마치 지옥의 고통과 같이 여기는 것은, 성문이 이처럼 공(空)254)에 빠지고 고요함에 머물러서 불성(佛性)을 보지

성취하는 일이 있다고 하여도 부자연스러운 분별조작의 결과물이 되어서 결국 다시 원점으로 되돌아오게 된다는 것이 조사선에서의 성문에 대한 비판이다.
252) 僧問: "如何是修道?" 曰: "道不屬修. 若言修得, 修成還壞, 卽同聲聞, 若言不修, 卽同凡夫."(『사가어록』「마조어록」)
253) 自性本來具足. 但於善惡事中不滯, 喚作修道人. 居善捨惡, 觀空入定, 卽屬造作. 更若向外馳求, 轉疏轉遠.(『사가어록』「마조어록」)
254) 공(空): 소승인 성문이 빠진 공(空)을 악취공(惡取空) 혹은 편공(偏空)이라고 하는데, 모습으로 드러난 모든 현상세계의 본질은 아무것도 없는 허무(虛無)라고 분별하고서, 드러난 현상계를 버리고 아무것도 없는 허무를 실체라고 여겨 추구하기 때문에 공(空)에 빠졌다 혹은 공에 치우쳤다고 한다. 대승불교에서의 공은 중도(中道)와 같은 뜻으로서 현상계를 분별상(分別相)으로 보지 않는 것이지, 분별상을 떠나 공(空)이라는 실상을 따로 세우

못하기 때문이다."²⁵⁵⁾

"장맛비가 지나 불 꺼진 재에 불씨가 남아 있지 않은 것은, 비유하면 성문이 망령되이 닦음에 근거하여 깨달음을 얻으려는 것과 같다."²⁵⁶⁾

④ 닦는 것이 도리어 더럽히는 것이다

"도는 닦을 필요가 없다. 다만 더럽히지만 말라. 어떤 것이 더럽히는 것인가? 분별하는 마음으로써 조작하고 추구하는 것들이 바로 더럽히는 것이다."²⁵⁷⁾

⑤ 수도와 좌선에 의지하지 않는다

"본래 있는 것이 지금 있으니, 수도(修道)나 좌선(坐禪)에 의지하지 않는다. 수도도 하지 않고 좌선도 하지 않으면, 이것이 바로 여래청정선(如來淸淨禪)이다."²⁵⁸⁾

지는 않는다.
255) 聲聞不知聖心, 本無地位因果階級, 心量妄想, 脩因證果, 住於空定, 八萬劫二萬劫, 雖卽已悟, 悟已卻迷, 諸菩薩, 觀如地獄苦, 沈空滯寂, 不見佛性.(『사가어록』「마조어록」)
256) 淋過死灰無力, 喻聲聞妄脩因證果.(『사가어록』「마조어록」)
257) 道不用脩. 但莫汙染. 何爲汙染? 但有生死心, 造作趣向, 皆是汙染.(『사가어록』「마조어록」)
258) 本有今有, 不假脩道坐禪. 不脩不坐, 卽是如來淸淨禪.(『사가어록』「마조어록」)

(4) 황벽희운(黃檗希運)

① 수행할 필요 없다

"이 마음이 곧 부처이니, 부처가 곧 중생이다. 중생일 때에도 이 마음은 줄어들지 않고, 부처일 때에도 이 마음은 불어나지 않는다. 나아가 육도만행(六度萬行)과 강바다 모래알 같이 많은 공덕을 본래 다 갖추고 있으니 수행에 의지하여 더할 필요가 없으며, 인연을 만나면 베풀고 인연이 사라지면 고요히 쉰다. 만약 이것이 부처임을 확실히 믿지 못하고, 모습에 집착하여 수행함으로써 효과를 바란다면, 모두 망상(妄想)이어서 도와는 어긋난다."[259]

"깨달음은 마음에 있고, 육도만행과는 관계가 없다. 육도만행은 모두 방편문(方便門)에서 중생을 교화 제도하는 쪽의 일이다. 설사 보리(菩提)·진여(眞如)·실제(實際)·해탈(解脫)·법신(法身)과 곧바로 십지(十地)·사과(四果)라는 성인의 지위에 도달하는 것이라 하더라도, 모두가 중생을 제도하는 방편문일 뿐, 부처인 마음과는 관계가 없다. 마음이 곧 부처이다."[260]

"마음이 곧 부처이다. 위로는 모든 부처에 이르고 아래로는 꿈틀

---

[259] 此心卽是佛, 佛卽是衆生. 爲衆生時, 此心不減, 爲諸佛時, 此心不添. 乃至六度萬行, 河沙功德, 本自具足, 不假修添. 遇緣卽施, 緣息卽寂. 若不決定信此是佛, 而欲着相修行以求功用, 皆是妄想, 與道相乖.(『사가어록』「전심법요」)

[260] 悟在於心, 非關六度萬行. 六度萬行, 盡是化門接物度生邊事. 設使菩提眞如實際解脫法身, 直至十地四果聖位, 盡是度門, 非關佛心. 心卽是佛.(『사가어록』「완릉록」)

거리는 벌레에 이르기까지 모두 불성이 있으며, 동일한 마음 바탕이다. 그러므로 달마(達摩)는 인도로부터 와서 한 개 마음의 법을 오직 전함에, 모든 중생이 본래 부처임을 곧장 가리켰으니 수행할 필요가 없다.261) 다만 지금 자기 마음을 알기만 하면 자기 본성을 보니, 다시 따로 구하지 말라."262)

"만약 불도(佛道)가 배우고 닦아서 얻는 것이라고 말한다면, 이러한 견해는 전혀 맞지 않다."263)

• 요약 •
마음에는 본래 모든 것들이 다 갖추어져 있으므로 수행에 의지하여 더할 필요가 없다. 모습에 집착하여 수행함으로써 효과를 바란다면 모두 망상(妄想)이다. 깨달음은 배우고 닦아서 얻는 것이 아니다. 깨달음은 바로 이 마음이다.

② 깨달음에는 차례가 없다

"이 마음이 곧 부처이니, 결코 다른 부처가 없고 또한 다른 마음도 없다. 이 마음은 밝고 맑아서 마치 허공과 같아 한 점의 모습도 없다. 마음을 일으키고 생각을 움직이면 법의 바탕과 어긋나고 모습을 붙잡

---

261) 불가(不假) : -에 의지하지 않는다. -할 필요가 없다.
262) 卽心是佛. 上至諸佛, 下至蠢動含靈, 皆有佛性, 同一心體. 所以達摩從西天來, 唯傳一心法, 直指一切衆生, 本來是佛, 不假修行. 但如今識取自心, 見自本性, 更莫別求.(『사가어록』「완릉록」)
263) 若言佛道是修學而得, 如此見解全無交涉.(『사가어록』「완릉록」)

게 되지만, 애초부터 모습을 붙잡는 부처는 없다. 육도만행(六度萬行)을 닦아 부처가 되려고 한다면 차례가 있게 되지만, 애초부터 차례가 있는 부처는 없다. 단지 한 개 마음을 깨달을 뿐, 얻을 수 있는 법은 전혀 없다. 이 한 개 마음이 참된 부처이니, 부처와 중생은 한 개 마음으로서 다름이 없다."264)

"그러므로 조사(祖師)는 모든 중생의 본래 마음을 곧장 가리켰던 것이니, 마음의 본바탕이 본래 부처이니, 수행에 의하여 이루어지는 것이 아니고, 단계에 따라 이루어지는 것도 아니며, 밝거나 어두운 것도 아니다. 밝음이 아니기 때문에 밝음이 없고, 어둠이 아니기 때문에 어둠이 없다. 그러므로 무명(無明)도 없고 무명이 다함도 없다."265)

• 요약 •

수행에는 차례가 있지만 깨달음에는 차례가 없으므로, 차례 있는 수행은 깨달음이 아니다.

③ 수행은 모습에 집착하는 것이다

"오직 이 한 개 마음뿐, 얻을 수 있는 법은 티끌만큼도 없다. 바로 이

---

264) 此心卽是佛, 更無別佛, 亦無別心. 此心明淨, 猶如虛空, 無一點相貌. 擧心動念, 卽乖法體, 卽爲着相, 無始已來, 無着相佛. 修六度萬行, 欲求成佛, 卽是次第, 無始已來, 無次第佛. 但悟一心, 更無少法可得. 此卽眞佛, 佛與衆生, 一心無異.(『사가어록』「전심법요」)
265) 故祖師直指, 一切衆生本心, 本體本來是佛, 不假修成, 不屬漸次, 不是明暗. 不是明故無明, 不是暗故無暗. 所以無無明, 亦無無明盡.(『사가어록』「완릉록」)

마음이 부처이다. 오늘날 도를 배우는 사람들은 이 마음의 본바탕을 깨닫지는 못하고 곧장 마음 위에서 마음을 내니, 밖에서 부처를 구하는 것이고 모습을 붙잡고 수행하는 것이므로 모두가 악법(惡法)이고 깨달음이 아니다."266)

• 요약 •

수행이란 마음 위에서 마음을 내는 것이고, 모습에 집착하여 밖으로 부처를 구하는 것이므로, 악법(惡法)이지 깨달음이 아니다.

④ 수행은 조작하는 것이다

"이 마음이 곧 부처이고, 마음이 없는 것이 곧 도이다. 다만 마음을 일으키지도 생각을 움직이지도 않으면, 있고 없음 · 길고 짧음 · 남과 나 · 주관과 객관이 마음과 같다. 마음이 본래 부처이고, 부처가 본래 마음이며, 마음은 허공과 같다. 그러므로 말하기를, '부처의 진짜 법신은 허공과 같다.'라고 하였다. 따로 구할 필요가 없으니, 구한다면 모두가 고통이다. 설사 강바닥의 모래알 같은 세월 동안 육도만행(六度萬行)을 행하여 부처의 깨달음을 얻는다고 하더라도, 역시 마지막 진실은 아니다. 왜 그런가? 이러한 일들은 모두 인연에 따른 조작에 속하므로, 인연이 다하면 도로 덧없음으로 돌아가 버리기 때문이다. 그러므로 말하기를, '보신과 화신은 진짜 부처가 아니고, 또한 법을 말하는 자도 아

---

266) 唯此一心, 更無微塵許法可得. 卽心是佛. 如今學道人, 不悟此心體, 便於心上生心, 向外求佛, 着相修行, 皆是惡法, 非菩提道.(『사가어록』「전심법요」)

니다.'267)라고 한 것이다. 다만 자기의 마음을 알기만 하면, 나도 없고 남도 없고 본래가 부처이다."268)

• 요약 •

　수행하는 것은 모두 인연에 따라 조작하여 만드는 것이므로, 조작하여 만든 것은 결국 다시 사라져 버린다. 그러므로 수행하여 이룬 결과는 아무리 그럴듯한 것이라도 본래 있는 그대로의 실상(實相)인 마지막 진실은 아니다.

⑤ 깨달음이 없으면 헛일이다

"이 마음은 곧 마음 없는 마음이니, 모든 모습을 벗어나 중생과 부처가 전혀 차별이 없다. 다만 마음이 없기만 하면 곧장 마지막 깨달음이다. 도를 배우는 사람이 만약 당장 마음이 없지 않다면, 아무리 오랜 세월 수행(修行)하더라도 마침내 깨달을 수 없으니, 삼승(三乘)의 수행에 매여서 해탈할 수 없기 때문이다. 그러나 이 마음을 깨닫는 데에는 빠르고 늦음이 있다. 설법을 듣고서 한 순간 문득 마음이 없어지는 자도 있고, 십신(十信)·십주(十住)·십행(十行)·십회향(十廻向)에 이르러서야 마음이 없어지는 자도 있고, 십지(十地)에 이르러서야 마음이 없어지는

---

267) 『어주금강반야바라밀경선연(御注金剛般若波羅蜜經宣演)』 상권(上卷)에 나오는 구절.
268) 卽心是佛, 無心是道. 但無生心動念, 有無長短, 彼我能所等心. 心本是佛, 佛本是心, 心如虛空. 所以云: '佛眞法身, 猶若虛空.' 不用別求, 有求皆苦. 設使恒沙劫, 行六度萬行, 得佛菩提, 亦非究竟. 何以故? 爲屬因緣造作故. 因緣若盡, 還歸無常. 所以云: '報化非眞佛, 亦非說法者.' 但識自心, 無我無人, 本來是佛. 『사가어록』 「완릉록」.

자도 있다. 그러나 빠르건 더디건 마음이 없어지면 그만이지, 다시 수행하거나 깨달을 것은 없다. 참으로 얻는 것이 없다면, 진실하여 헛되지 않다. 한 순간에 이루든 십지에 이르러 이루든 그 효용은 꼭 같아서 다시 깊고 얕음이 없으므로, 오랜 세월을 지나는 것은 괜한 헛수고일 뿐이다."269)

"설사 무한한 세월 동안 정진수행하고 모든 지위를 거치더라도, 한 순간 깨달을 때에 이르러서는 다만 원래의 자기 부처를 깨달을 뿐, 그 위에 다시 한 물건도 더할 수 없다. 깨달았을 때에 오랫동안 행해 온 노력을 돌이켜 보면 모두가 꿈속의 허망한 짓일 뿐이다. 그래서 여래는 말하기를 '나는 위없이 바르고 평등한 깨달음에서 참으로 얻은 것이 없다. 만약 얻은 것이 있다면, 연등부처는 나에게 수기(授記)하지 않았을 것이다.'라고 하고, 또 말하기를 '이 법은 평등하여 높고 낮음이 없으며, 이것을 일러 깨달음이라 한다.'라고 하였다."270)

• 요약 •

아무리 오래 수행하더라도 깨달음이 없으면 헛일이다. 당장 깨닫는 사람이나 오랜 세월 수행하여 깨닫는 사람이나 깨달으면 그뿐, 다시 다

---

269) 此心卽無心之心, 離一切相, 衆生諸佛, 更無差別. 但能無心, 便是究竟. 學道人, 若不直下無心, 累劫修行, 終不成道, 被三乘功行拘繫, 不得解脫. 然證此心, 有遲疾. 有聞法一念便得無心者, 有至十信十住十行十迴向乃得無心者, 有至十地乃得無心者. 長短得無心乃住, 更無可修可證. 實無所得, 眞實不虛. 一念而得, 與十地而得者, 功用恰齊, 更無深淺, 祇是歷劫枉受辛勤耳.(『사가어록』「전심법요」)

270) 縱使三祇精進修行, 歷諸地位, 及一念證時, 祇證元來自佛, 向上更不添得一物. 卻觀歷劫功用, 總是夢中妄爲. 故如來云: "我於阿耨菩提, 實無所得. 若有所得, 然燈佛則不與我授記." 又云: "是法平等, 無有高下, 是名菩提."(『사가어록』「전심법요」)

른 일은 없다. 그러므로 오랜 세월 수행하는 것은 괜한 헛수고일 뿐이고, 도리어 수행에 얽매여서 깨닫지 못하는 병폐만 있다.

(5) 임제의현(臨濟義玄)

① 수행은 조작이니 업 짓는 일이다

"그대들은 곳곳에서 '닦을 것도 있고 깨달을 것도 있다.'라고 말들 하지만, 착각하지 말라. 설사 닦아서 얻는 것이 있다고 하더라도, 모두가 삶과 죽음을 오고 갈 업(業)이다. 그대들은 또 육도만행을 고루 닦는다고 말하지만, 내가 보기에는 모두가 업을 짓는 일이다. 부처를 구하고 법을 구하는 것은 곧 지옥 갈 업을 짓는 것이고, 보살을 구하는 것 역시 업을 짓는 일이며, 경전을 보고 가르침을 살피는 것 역시 업을 짓는 일이다."271)

"나아가 외로운 산봉우리에서 홀로 살며,272) 아침 한 끼만 먹고,273) 눕지 않고 늘 앉아 지내며, 밤낮으로 도를 닦는다고 하더라도, 이들은 모두 업을 짓는 사람들이다. 그리고 머리 · 눈 · 골수 · 뇌 · 나라 · 성곽 · 아내 · 자식 · 코끼리 · 말 · 칠보(七寶)를 모두 보시한다 하더라도,

---

271) 你諸方言道, '有修有證,' 莫錯. 設有修得者, 皆是生死業. 你言六度萬行齊修, 我見皆是造業. 求佛求法, 卽是造地獄業, 求菩薩, 亦是造業, 看經看敎, 亦是造業.(『사가어록』「임제어록」)
272) 『천태사교의(天台四敎義)』에 다음의 말이 있다. "독각(獨覺)이 성자(聖者)는 부처님이 안 계신 세상에 태어나 외로운 산봉우리에 홀로 살며 우주의 변역(變易)을 관찰하여 스스로 불생불멸(不生不滅)을 깨닫는 사람이다."
273) 불교승단의 계율(戒律)에는 비구승들이 오전 중에 한 번만 걸식(乞食)하고 오후에는 단식(斷食)하게 되어 있다.

이와 같은 견해는 모두 몸과 마음을 괴롭히는 것으로 괴로운 과보를 초래할 것이니,[274] 일 없이 순일하고 잡스러움이 없는 것만 못하다."[275]

② 닦아서 보충할 부족함이 없다

"도 배우는 이들이여! 곳곳에서 '닦아야 할 도(道)가 있고, 깨달아야 할 법(法)이 있다.'고 말들을 한다. 그대들은 무슨 법을 깨닫고 무슨 도를 닦는다고 말하는가? 그대들이 지금 활용하는 곳에 무엇이 모자라며, 어느 곳을 닦아서 보충하겠다는 것인가? 공부하는 사람들이 이런 사실을 알지 못하고, 곧 이런 부류의 들여우·도깨비를 믿고서 그들이 말하는 것을 받아들여서 사람들을 결박하고는, '이치와 행동이 상응하고 삼업(三業)[276]을 아껴야[277] 비로소 부처가 될 수 있다.'고 말한다. 이와 같이 말하는 자는 봄날의 가랑비처럼 많다."[278]

③ 좌선은 조사 문중의 법이 아니다

"대덕들이여! '밖에는 법이 없다.'고 내가 말을 하면, 학인들은 이해

---

274) 고행(苦行)과 보시(布施)는 모두 어떤 결과를 바라고 행하는 유위(有爲)의 행위이기 때문에, 무위행(無爲行)인 불법(佛法)은 아니다.
275) 乃至孤峯獨宿, 一食卯齋, 長坐不臥, 六時行道, 皆是造業底人. 乃至頭·目·髓·腦·國·城·妻·子·象·馬·七珍, 盡皆捨施, 如是等見, 皆是苦身心, 故邊招苦果, 不如無事, 純一無雜.(『사가어록』「임제어록」)
276) 삼업(三業) : 신업(身業)·구업(口業)·의업(意業)의 세 가지 업(業).
277) 호석(護惜) : 보호하고 아낌.
278) 道流! 諸方說有道可修, 有法可證. 你且說證何法修何道? 你今用處, 欠少什麼物, 修補何處? 後生小阿師不會, 便卽信這般野狐精魅, 許他說事, 繫縛他人, 言道'理行相應, 護惜三業, 始得成佛.' 如此說者, 如春細雨.(『사가어록』「임제어록」)

하지 못하고 곧 속으로 알음알이를 지어서, 벽에 기대어 앉아 혀를 입천장에 붙이고는 고요히 움직이지 않으면서, 이것을 조사(祖師) 문중(門中)의 불법(佛法)이라고 여긴다. 이는 크게 잘못된 것이다. 그대들이 만약 움직이지 않는 청정한 경계를 불법이라고 여긴다면, 그대들은 저 무명을 주인이라고 여기는 것이다. 옛사람이 '고요하고 컴컴하고 깊은 동굴은 진실로 두렵다.'고 말한 것이 바로 이것을 가리킨다. 또 그대들이 만약 저 움직이는 것을 불법이라고 여긴다면, 풀과 나무도 모두 움직일 줄 아니 마땅히 도(道)라고 해야 할 것이다. 움직이는 것은 바람이요, 움직이지 않는 것은 땅인 까닭에, 움직임과 움직이지 않음은 모두 자성(自性)이 없는 것이다. …… 대덕들이여! 움직이는 것과 움직이지 않는 것은 두 가지 경계인데, 의지함 없는 도인이 움직임도 쓰고 움직이지 않음도 쓰는 것이다."279)

④ 좌선선정은 외도의 법이다

"어떤 눈먼 중은 배불리 밥을 먹고는 곧 좌선관행(坐禪觀行)280)을 하며, 생각을 꼭 쥐고서 새어 나가지 못하게 하며, 시끄러운 곳을 싫어하고 고요한 곳을 찾으나,281) 이것은 외도(外道)의 법이다. 조사가 말하기

---

279) 大德! 山僧說向外無法, 學人不會, 卽便向裏作解, 便卽倚壁坐, 舌拄上齶, 湛然不動, 取此爲是. 祖門佛法也. 大錯! 是你若取不動淸淨境爲是, 你卽認他無明爲郎主. 古人云, '湛湛黑暗深坑, 實可怖畏,' 此之是也. 你若認他動者是, 一切草木皆解動, 應可是道. 所以動者是風大, 不動者是地大, 動與不動, 俱無自性. …… 大德! 動與不動, 是二種境, 還是無依道人用動用不動.『사가어록』「임제어록」)
280) 좌선관행(坐禪觀行) : 결가부좌(結跏趺坐)하고 앉아서 정신을 한곳에 모아 관법(觀法)을 행하는 것.

를, '그대가 만약 마음을 붙잡고 고요함을 살피며, 마음을 들어 밖으로 비추고, 마음을 거두어 안으로 깨끗이 하며, 마음을 집중시켜 정(定)에 든다면,[282] 이와 같은 것들은 모두가 조작하는 짓이다.'라고 하였다. 그대는 지금 이렇게 법을 듣는 사람인데, 어떻게 바로 그 사람을 닦겠으며 깨닫겠으며 장엄하겠는가? 그 사람은 닦을 수 있는 물건이 아니며, 장엄할 수 있는 물건이 아니다."[283]

⑤ 깨닫지 못하면 헛일이다

"나의 견처(見處)에는 진실로 여러 가지 도리(道理)가 있지 않다. 작용하고자 하면 곧바로 작용하고, 작용하지 않으면 바로 쉴 뿐이다. 곳곳에서는 육도만행을 말하면서 이를 불법(佛法)이라고 여기지만, 나는 말한다, '이것은 장엄문(莊嚴門)[284]이고 불사문(佛事門)[285]이지 불법은 아니다.'라고. 또 재계(齋戒)[286]를 잘 지키며 기름 그릇을 높이 들고 가도 출

---

281) 보지공(寶誌公) 화상(和尙)의 『십사과송(十四科頌)』의 「정란불이(靜亂不二)」에서는 "성문(聲聞)은 시끄러움을 피하고 고요함만을 구하니, 마치 밀가루를 버리고 떡을 찾는 것과 같다."라고 한다.
282) 이 구절은 『신회화상유집(神會和尙遺集)』, 『남양화상단어(南陽和尙壇語)』 등에 나오는 구절로서, 하택신회(荷澤神會; 670-762)가 북종선(北宗禪)의 특징을 요약하여 비판한 말이다.
283) 有一般瞎禿子, 飽喫飯了, 便坐禪觀行, 把捉念漏, 不令放起, 厭喧求靜, 是外道法. 祖師云, '你若著心看靜, 擧心外照, 徹心內澄, 凝心入定, 如是之流, 皆是造作.' 是你如今與麼聽法底人, 作麼生擬修他証他莊嚴他? 渠且不是修底物, 不是莊嚴得底物.(『사가어록』「임제어록」)
284) 장엄문(莊嚴門) : 불법(佛法)의 외면을 꾸미는 부분, 즉 교화(敎化)의 형식면을 가리킨다.
285) 불사문(佛事門) : 불법으로 이끄는 방편을 가리킨다.
286) 재계(齋戒) : 팔관재계(八關齋戒)를 말한다. 8재계 · 8계재 · 8계라고도 한다. 집에 있는

렁거리지 않게 할 정도라 하여도,287) 도를 보는 안목이 분명치 못하면 모두가 빚을 갚고 밥값을 치러야 할 날이 오게 될 것이다. 어찌하여 그러한가? '출가하여 도리에 통달하지 못하면, 몸을 돌이켜 신도들의 시주를 갚아야 한다. 장자(長者)가 여든한 살이 되면, 그 나무에 더 이상 버섯이 나지 않으리라.'288)고 하지 않았던가."289)

(6) 대혜종고

"옛 성인(聖人)이 말씀하셨다. '도는 닦을 필요가 없으니, 다만 오염되

이가 하룻밤 하룻낮 동안 받아 지키는 계율. ① 중생을 죽이지 말라. ② 훔치지 말라. ③ 음행하지 말라. ④ 거짓말 하지 말라. ⑤ 술 먹지 말라. ⑥ 꽃다발 쓰거나 향 바르고 노래하고 춤추며 가서 구경하지 말라. ⑦ 높고 넓고 크며 잘 꾸민 평상에 앉지 말라. ⑧ 때 아닌 적에 먹지 말라. 이 가운데 8은 재(齋), 나머지 일곱은 계(戒)이다. 또는 꽃다발을 쓰거나 향 바르고 장식물로 꾸미지 말라와, 노래하고 춤추며 풍류하지 말라를 둘로 나누어서 8계와 1재(一齋)라고 한다. 관(關)은 금지의 뜻.
287) 기름을 채운 그릇을 머리에 이고는 엎지르지 않고 일정한 거리를 가는 것은 마음을 집중하는 훈련이다. 『대지도론(大智度論)』이나 『대반열반경(大般涅槃經)』「고귀덕왕품(高貴德王品)」 등에 나온다.
288) 이 게송은 『조계보림전(曹溪寶林傳)』 3 「가나제바」에 나온다. 이야기는 다음과 같다. 가나제바는 용수의 법을 받은 뒤 비라국에 갔다가 일흔아홉 살의 노인과 그 아들을 만났다. 그들의 정원에는 맛난 버섯이 돋는 고목이 있었는데, 그 버섯은 노인과 그 아들만 따다 먹을 수 있었고, 다른 사람들 눈에는 보이지 않았다. 그때, 가나제바는 그들이 전생에 어떤 비구를 공양하였는데, 그 비구는 깨달음을 얻지 못하였고, 그 때문에 비구는 버섯이 되어 그 빚을 갚고 있는 것이라 설명해 주었다. 그리고는, 노인의 나이 여든하나가 되면 그 빚은 모두 갚게 되어 고목에서는 더 이상 버섯이 돋지 않으리라는 예언을 담은 위 게송을 지은 것이다.
289) 據我見處, 實無許多般道理. 要用便用, 不用便休. 秖如諸方說六度萬行以爲佛法, 我道, '是莊嚴門·佛事門, 非是佛法.' 乃至持齋持戒, 擎油不㳂, 道眼不明, 盡須抵債, 索飯錢有日在. 何故如此? '入道不通理, 復身還信施, 長者八十一, 其樹不生耳.'(『사가어록』「임제어록」)

지만 말라.'290) 내가 말한다. '마음을 말하고 본성을 말하는 것이 곧 오염이고, 현(玄)함을 말하고 묘(妙)함을 말하는 것이 곧 오염이고, 좌선(坐禪)하여 선정(禪定)을 닦는 것이 곧 오염이고, 일부러 생각하는 것이 곧 오염이다. 지금 이런 모양으로 글을 쓰는 것이 특히 오염이다. 이것을 내려놓는 것 이외에 결국 어떤 것이 확실히 힘을 얻는 곳인가? 금강왕보검(金剛王寶劒)291)으로 당장 절단낼 때에는 인간인지 인간이 아닌지를 상관하지 말라.'"292)

---

290) 『사가어록』「마조어록」, 『경덕전등록』 제28권 '강서대적도일선사시중(江西大寂道一禪師示衆)'에 나오는 마조도일(馬祖道一)의 말.

291) 금강왕보검(金剛王寶劒) : 만물 가운데 가장 단단한 금강(金剛; 다이아몬드)으로 만든 보검이라는 뜻으로 부처님의 지혜가 일체 번뇌를 끊는 것에 비유한 말이다.

292) 古聖云: '道不假修, 但莫汚染.' 山僧道: '說心說性是汚染, 說玄說妙是汚染, 坐禪習定是汚染, 著意思惟是汚染. 只今恁麽形紙筆, 是特地汚染. 降此之外, 畢竟如何是實得力處? 金剛寶劒當頭截, 莫管人間是與非.'(『대혜보각선사법어』 제24권. 40. 묘총선인(妙總禪人)에게 보임)

6. 언하돈오 (言下頓悟)

　수행이라는 행위를 통하지 않는다면, 선에서는 어떻게 공부하고 어떻게 깨닫는가? 선을 공부하는 사람이라면 깨달음을 얻어 바른 안목을 갖춘 선지식(善知識)을 찾아뵙는 것이 우선 첫 번째 공부이다. 선지식을 찾아뵙고 질문하거나, 선지식이 깨우쳐 주는 가르침을 듣는 것이 곧 공부이다. 선에서 깨달음이 일어나는 것은, 선지식이 일깨워 주는 가르침을 듣고서 문득 마음이 사라지면서 깨닫게 되는 것이다. 선지식의 역할은 앞서 살펴본 혜능의 말처럼 다만 분별망상에 얽매인 범부의 마음을 알맞게 풀어 주어 범부가 문득 분별에서 벗어나게 하는 것일 뿐, 무슨 법을 전해 주는 것은 아니다. 깨달음이란 우리의 본래 마음을 가로막고 있는 망상분별에서 벗어나는 것일 뿐, 무엇을 얻는 것이 아니다. 그러므로 선지식의 역할은 분별에서 풀어내는 방편을 사용하는 것이다. 분별에서 풀어내는 방편이니, 그 방편은 당연히 분별할 수 없는 것이다.
　분별할 수 없는 방편을 말하는 것이 선지식이고, 그 말을 듣고서 문득 분별이 사라지면 학인은 깨달음을 얻은 것이다. 이처럼 역대 조사들과 선사들의 깨달음은 거의 전부 말을 듣고서 곧장 마음이 활짝 열리는 언하대오(言下大悟)이다. 물론 선지식의 일깨움을 듣고도 그 즉시 깨닫지 못하고 그 일깨움이 분별을 가로막는 장벽이 되었다가 어느 날 홀연 깨닫는 경우도 있다. 이 경우 역시 선지식의 말씀이 깨달음을 일으키는 실마리가 된 것이다. 그러므로 선사들은 늘 선지식을 찾아뵙고 가르침을 받으라고 강조한다.

(1) 선지식의 가르침을 받아야 한다

"깨달음의 지혜는 세상 사람들이 본래 갖추고 있는 것이지만, 다만 마음이 어리석기 때문에 스스로 깨닫지 못하는 것입니다. 모름지기 대선지식의 지시(指示)와 가르침에 의지하여 본성을 보아야 합니다. 어리석은 사람과 지혜로운 사람의 불성(佛性)에는 본래 차별이 없지만, 단지 어리석음과 깨달음이 같지 않기 때문에 어리석은 자가 있고 지혜로운 자가 있음을 알아야 합니다."[293] – 육조혜능

"만약 스스로 깨닫지 못했다면, 모름지기 최상승법(最上乘法)을 이해하고 바른 길을 곧장 보여 주는 대선지식(大善知識)을 찾아가야 한다. 이 선지식에게는 교화하여 이끌어 본성을 볼 수 있게 하는 큰 인연이 있으니, 모든 선법(善法)이 선지식으로 말미암아 발현될 수 있기 때문이다. 삼세(三世)의 모든 부처와 십이부경(十二部經)이 사람의 본성 속에 본래

---

[293] 菩提般若之智, 世人本自有之, 只緣心迷, 不能自悟. 須假大善知識示導見性. 當知愚人智人佛性, 本無差別, 只緣迷悟不同, 所以有愚有智.(『육조대사법보단경』)

갖추어져 있으나, 스스로 깨닫지 못한다면 모름지기 선지식의 지시를 구하여야 비로소 볼 수 있다."294) - 육조혜능

"네가 만약 마음이 어리석어 자성을 보지 못한다면, 선지식에게 물어서 길을 찾아야 한다. 네가 만약 마음을 깨닫는다면 곧 스스로 자성을 볼 것이니, 법에 의지해 수행하라."295) - 육조혜능

"만약 상근기 중생이라면 문득 선지식의 가르침을 받고서 말을 듣고 바로 알아차려서, 다시는 계급과 지위를 거치지 않고 즉시 본성(本性)을 깨닫는다."296) - 마조도일

"본래 스스로 알고 스스로 깨닫는 것이 곧 자기 부처인 줄 알지 못하고 밖으로 구하여 부처를 찾는다. 스스로 알고 스스로 깨닫는다는 선지식의 말을 약으로 삼아 밖에서 구하는 병을 치료하면 밖에서 구하지 않게 된다. 병이 나으면 약은 버려야 한다."297) - 백장회해

"도 배우는 이들이여! 꿈 같고 환상 같은 이 육신에 집착하지 말라.

---

294) 若自不悟, 須覓大善知識, 解最上乘法者, 直示正路. 是善知識, 有大因緣, 所謂化導, 令得見性, 一切善法, 因善知識, 能發起故. 三世諸佛, 十二部經, 在人性中, 本自具有, 不能自悟, 須求善知識指示, 方見.(『육조대사법보단경』)
295) 汝若心迷不見, 問善知識覓路. 汝若心悟, 即自見性, 依法修行.(『육조대사법보단경』)
296) 若是上根衆生, 忽爾遇善知識指示, 言下領會, 更不歷於階級地位, 頓悟本性.(『사가어록』「마조어록」)
297) 本來不認自知自覺是自己佛, 向外馳求覓佛. 假善知識說出自知自覺作藥, 治箇向外馳求病, 歸不向外馳求. 病瘥須除藥.(『천성광등록』제9권「홍주대웅산백장회해선사」)

나이가 들면 바로 무상(無常; 죽음)으로 돌아간다. 그대들은 이 세계 속에서 무슨 물건을 찾느냐? 해탈하려면 한술 밥을 찾아 먹고 옷을 입으며 시간을 보내더라도 모름지기 선지식(善知識)을 찾아뵈어야 하지, 무기력하게 습관을 따르고 쾌락을 좇으며 시간을 보내어서는 안 된다."
298) – 임제의현

"도 닦는 이들이여! 출가한 이라면 모름지기 도를 배워야 한다. 나의 예를 들면, 과거 한때에는 계율에 마음을 두기도 한 것이 수십 년이고 또 경전과 논서를 탐구해 보기도 하였으나, 뒤에 이것들이 세상을 구제하는 약299)이며 드러내 보인 말일 뿐임을 알고서 비로소 일시에 이것들을 버리고 도(道)를 묻고 선(禪)을 찾았다. 그 뒤 큰 선지식(善知識)을 만나보고 나서야 비로소 도를 보는 안목이 분명해져서, 천하의 노스님들을 알아볼 수 있게 되었다. 삿됨과 바름을 아는 것은 어머니에게서 태어나면서 곧바로 이해하는 것이 아니라, 몸소 찾아보고 갈고 닦아 하루아침에 스스로 깨닫게 되는 것이다."300) – 임제의현

"삼가 여러분께 권하노니, 눈 밝은 종사(宗師)를 만나기가 매우 어려움을 알고, 만일 이미 만났다면, 마치 한 개 수미산(須彌山)에 의지한 듯

---

298) 道流! 你莫認著箇夢幻伴子. 遲晚中間, 便歸無常. 你向此世界中, 覓箇什麽物? 作解脫, 覓取一口飯喫補毳過時, 且要訪尋知識, 莫因循逐樂過時.(『사가어록』「임제어록」)
299) 원문은 '제세약(濟世藥)'인데, 이는 세간의 고통을 잊게 하는 일시적인 약 또는 방편을 뜻한다.
300) 道流! 出家兒且要學道. 祇如山僧, 往日曾向毘尼中留心數十年, 亦曾於經論尋討, 後方知是濟世藥·表顯之說, 遂乃一時抛却, 卽訪道參禪. 後遇大善知識, 方乃道眼分明, 始識得天下老和尙. 知其邪正, 不是娘生下便會, 還是體究煉磨, 一朝自省.(『사가어록』「임제어록」)

하여야 한다. 곧장 한 발 물러나 나와 남이라는 수많은 분별과 무명(無明)의 어리석음과 이제까지 책을 보고 배우고 기억한 것들을 내려놓아서 한쪽으로 밀쳐놓되, 억지로 주인 노릇하려고 하지는 말아야 한다."
301) – 대혜종고

(2) 언하대오(言下大悟)

선지식이 일깨우는 말을 듣고서 깨달음을 얻은 몇몇 사례들을 소개한다. 『전등록』을 보면 거의 모든 선사들이 스승의 말을 듣고 문득 깨달았음을 말하고 있다.

"삼경을 알리는 북이 울리자 저는 오조가 계신 방에 들어갔습니다. 오조께서는 가사(袈裟)를 가지고 방문을 막아 사람들이 보지 못하게 하셨습니다. 그리고는 『금강경』을 말씀해 주셨는데, '마땅히 머묾 없이 그 마음을 내어야 한다.'라는 구절에 이르자 저는 그 말씀에서 크게 깨달았는데, 일체의 만법(萬法)이 자성(自性)에서 벗어나지 않았습니다."302)
– 육조혜능

"잠시 침묵한 후에 혜명에게 말했습니다. '선(善)도 생각하지 말고, 악(惡)도 생각하지 마십시오. 바로 이러한 때에 어느 것이 혜명 상좌(上座)

---

301) 奉勸諸人, 明眼宗師難逢難遇, 旣得遭逢, 如靠一座須彌山相似. 直須退步, 放下許多 人我·無明, 從前册子上記持學得底, 撥置一邊, 不要彊作主宰.(『대혜보각선사보설』 제13권. 1. 설봉(雪峰)에서 보리회(菩提會) 만들 때의 보설)
302) 三鼓入室. 祖以袈裟遮圍, 不令人見. 爲說『金剛經』, 至'應無所住而生其心.' 能言下大 悟, 一切萬法, 不離自性.(『육조대사법보단경』)

의 본래면목입니까?' 혜명은 말을 듣고서 크게 깨달았습니다."303) – 혜명상좌

마조가 말했다.

"나는 어떤 때에는 그에게 눈썹을 치켜올리고 눈을 깜빡이도록 시키고, 어떤 때에는 그에게 눈썹을 치켜올리고 눈을 깜빡이도록 시키지 않는다. 어떤 때에는 눈썹을 치켜올리고 눈을 깜빡이는 것이 옳고, 어떤 때에는 눈썹을 치켜올리고 눈을 깜빡이는 것이 옳지 않다. 그대는 어떻게 하겠는가?"304)

약산은 말을 듣고서 깨달았다.305) – 약산유엄

옛날 귀종식안(歸宗拭眼) 선사에게 어떤 승려가 물었다.
"무엇이 부처입니까?"
귀종이 말했다.
"내가 그대에게 말해 주면, 그대가 믿겠느냐?"
"스님께서 진실하게 말씀하시는데, 어찌 믿지 않을 수 있겠습니까?"
"바로 그대이다."
그 승려는 귀종의 말을 듣고 잠시 말없이 곰곰이 생각하더니 말했다.

---

303) 良久謂明曰: '不思善, 不思惡. 正與麼時, 那箇是明上座本來面目?' 惠明言下大悟.(『육조대사법보단경』)
304) 눈썹을 치켜올리고 눈을 깜빡이는 모습을 따라가면 경계에 속는 것이다. 눈썹을 치켜올리고 눈을 깜빡이는 모습을 따라가지 않으면, 눈썹을 치켜올리고 눈을 깜빡이는 것이 바로 마음이다. 그러나 눈썹을 치켜올리고 눈을 깜빡이는 것이 바로 마음이라고 생각하면 그 즉시 망상(妄想)에 떨어진다. 자, 여기서 어떻게 해야 할까?
305) 祖曰: "我有時教伊揚眉瞬目, 有時不教伊揚眉瞬目. 有時揚眉瞬目者是, 有時揚眉瞬目者不是. 子作麼生?" 山於言下契悟.(『사가어록』「마조어록」)

"제가 바로 부처라면, 다시 어떻게 보임(保任)[306]합니까?"

귀종이 말했다.

"티끌 하나라도 눈에 들어가면, 헛꽃이 어지러이 휘날린다."

그 승려는 그 말을 듣자 문득 깨달았다.[307] - 무명승

나산법보(羅山法寶) 대사가 일찍이 석상보회(石霜普會)에게 물었다.

"일어나고 사라지며 머무르지 않을 때에는 어떻습니까?"

석상이 말했다.

"곧장 불꺼진 재와 마른 나무처럼 되어야 하고, 한 순간이 영원처럼 되어야 하고, 상자와 뚜껑이 서로 꼭 맞듯이 되어야 하고, 온통 말끔하여 티끌 한 점도 없어야 한다."

나산은 계합(契合)하지 못하고, 다시 이 말을 암두(巖頭)에게 물었다. 묻는 말이 채 끝나기도 전에 암두는 위세 있게 "악!" 하고 일할(一喝)을 하고는 말했다.

"무엇이 일어나고 사라진다고?"

나산은 그 말을 듣자 크게 깨달았다.[308] - 나산법보

---

306) 보임(保任) : 보호임지(保護任持)의 준말. 보호하여 떠맡아 가지고 있다는 말. 깨달음을 얻으면 얻은 깨달음에 머물러 물러남이 없이 잘 유지하여 깨달음에 익숙해져야 하는 것을 가리키는 말이다.

307) 在昔歸宗拭眼禪師, 曾有僧問:"如何是佛?"宗云:"我向汝道, 汝還信否?"僧云:"和尙誠言, 焉敢不信?"宗云:"只汝便是."僧聞宗語, 諦審思惟, 良久, 曰:"某某便是佛, 卻如何保任?"宗曰:"一翳在目, 空華亂墜."其僧於言下忽然契悟.(『연등회요』제7권 '복주부용영훈선사(福州芙蓉靈訓禪師)')

308) 羅山法寶大師嘗致問於石霜普會曰:"起滅不停時如何?"石霜云:"直須寒灰枯木去, 一念萬年去, 函蓋相應去, 全清絕點去."羅山不契, 復持此語問巖頭. 問聲未絕, 被巖頭震威一喝, 曰:"是誰起滅?"羅山於言下大悟.(『정법안장(正法眼藏)』제3권 상(上))

금릉 보은원(報恩院)의 현칙(玄則)선사는 활주(滑州)의 위남(衛南) 사람이다. 처음에 청봉(青峰)에게 물었다.

"무엇이 부처입니까?"

청봉이 말했다.

"병정동자(丙丁童子)가 와서 불을 찾는구나."

현칙이 이 말을 마음에 간직하고 있다가 정혜(淨慧)를 만났는데, 정혜가 그 깨달은 뜻을 따져 물었다. 현칙이 대답하였다.

"병정(丙丁)은 불인데 다시 불을 구한다 하는 것은, 현칙이 부처인데 다시 부처를 묻는다 하는 것과 같습니다."

이에 정혜가 말했다.

"하마터면 놓치고 지나갈 뻔하였군! 원래 잘못 알았구나."

현칙은 비록 이런 가르침을 받았으나 여전히 마음은 개운치가 않았다. 물러나 온갖 궁리를 다 해 보았으나, 그 현묘한 이치를 알지 못했다. 이윽고 정성을 기울여 가르쳐 줄 것을 부탁하니, 정혜가 말했다.

"그대는 물어보라. 내가 말해 주겠다."

현칙이 이에 물었다.

"무엇이 부처입니까?"

정혜가 말했다.

"병정동자가 와서 불을 찾는구나."

이 말에 현칙은 그침없이 깨달았다.[309] – 금릉현칙

---

[309] 金陵報恩院玄則禪師, 滑州衛南人也. 初問青峰: "如何是佛?" 峰曰: "丙丁童子來求火." 師得此語, 藏之於心, 及謁淨慧, 詰其悟旨. 師對曰: "丙丁是火而更求火, 亦似玄則將佛問佛." 淨慧曰: "幾放過! 元來錯會." 師雖蒙開發, 頗懷猶豫, 後退思既殆, 莫曉玄理. 及投誠請益, 淨慧曰: "汝問. 我與汝道." 師乃問: "如何是佛?" 淨慧曰: "丙丁童子來求火." 師豁然知歸.(『경덕전등록』 제25권 '금릉보은원현칙선사')

무주(婺州) 오설산(五洩山) 영묵(靈黙)선사는 비릉(毗陵) 사람으로서 성은 선(宣)씨이다. 처음에 예장(豫章)의 마대사(馬大師)를 찾아가니, 마대사가 받아들여서 머리를 깎고 구족계를 주었다. 뒤에 석두희천(石頭希遷)을 찾아갈 때 먼저 스스로 결심하기를, '만약 한 마디 말로써 나와 서로 계합(契合)하면 머물 것이고, 그렇지 않으면 바로 떠나겠다.' 하였다. 석두는 그가 법기(法器)임을 알고서 곧 가르침을 열어 보였는데, 영묵은 그 뜻을 알지 못했다. 그리하여 인사를 드리고 떠나가는데, 문에 다다르자 석두가 그를 불렀다.

"스님!"

영묵이 머리를 돌리자, 석두가 말했다.

"태어나서 늙을 때까지 다만 이것일 뿐이니, 또 달리 구하지 말게!"

영묵은 이 말을 듣고 크게 깨닫고는, 곧 지팡이를 꺾어 버리고 그곳에 머물렀다.[310] – 오설영묵

"이 일은 남자냐 여자냐도 상관없고 승려냐 속인이냐도 상관없습니다. 만약 종사의 한마디를 듣고 우지끈[311] 부러지고, 뚝[312] 끊어지면, 곧 철두철미한 곳입니다."[313] – 대혜종고

---

310) 婺州五洩山靈黙禪師者 毗陵人也 姓宣氏 初謁豫章馬大師 馬接之因披剃受具 後謁石頭遷和尙 先自約曰 若一言相契我卽住 不然便去 石頭知是法器 卽垂開示 師不領其旨 告辭而去 至門石頭呼之云 闍梨 師回顧 石頭云 從生至老 祇是這個漢 更莫別求 師言下大悟 乃踏折拄杖 棲止焉(『경덕전등록』제7권 '무주오설산영묵선사')
311) 쵀지(啐地) : (의성어) 문득 꺾어지는(부러지는) 소리를 형용한 말. 뚝딱, 탁, 우지끈.
312) 박지(嚗地) : (의성어) 문득 끊어지는 소리. 뚝.
313) 此事不在男之與女, 僧之與俗. 若於宗師一言之下啐地折, 嚗地斷, 便是徹頭處也.(『대혜보각선사법어』제22권. 19. 영녕군부인(永寧郡夫人)에게 보임)

제2장

대혜의 공부와 깨달음

한 사람의 선사(禪師)가 선(禪) 공부를 어떻게 하였고 어떻게 깨달음을 얻었는지를 아는 것은 그의 선이 어떤 것이며 그의 가르침이 어떤 것인지를 아는 데에 꼭 필요하다. 왜냐하면 참된 선사라면 남에게서 듣고 이해한 이야기를 하는 것이 아니라, 반드시 자신이 몸소 경험하고 체득한 것을 말하기 마련이기 때문이다. 그러므로 대혜종고 선사의 선을 알기 위해서는 우선 대혜가 어떻게 공부하였고, 특히 어떤 깨달음을 어떻게 얻었는지를 먼저 알아보아야 한다.

대혜어록에 의하면 대혜는 깨달음의 체험이 3번 있었다. 첫 번째는 37세인 1125년 5월 13일 개봉(開封)의 천녕사(天寧寺)에서 원오극근의 설법을 듣고 깨달음이 있었고, 두 번째는 37세인 1125년 연말 아니면 38세인 1126년 연초에 개봉의 천녕사에서 원오극근의 지도를 받고 깨달아 원오극근의 인가를 받았고, 세 번째는 40세인 1128년에 강소성(江蘇省) 소주부(蘇州府) 하호구사(夏虎丘寺)에서 화엄경(華嚴經)을 보다가 앙굴리마라가 바루를 들고 임산부를 구원한 공안을 깨달은 것이다.

대혜의 공부 과정과 깨달음에 관한 내용은 다음과 같이 네 곳의 기록에서 확인할 수 있다.

① 〈대혜보각선사탑명(大慧普覺禪師塔銘)〉 대혜가 시적(示寂)한 융흥(隆興) 원년(元年; 1163년) 장준(張浚) 지음. 『대혜보각선사어록』 제6권의 끝에 붙어 있음.

② 〈대혜선사행장(大慧禪師行狀)〉 남송 건도(乾道) 2년(1166년)에 혜연(慧然)과 황문창(黃文昌)이 편집하여 간행한 『대혜서(大慧書)』의 앞에 붙어 있음. 이 행장(行狀)이 언제 누구에 의하여 작성되어 붙여졌는지는 알 수 없음.

③ 『대혜보각선사서(大慧普覺禪師書)』 제29권 '향시랑(向侍郞) 백공(伯恭)에 대한 답서'. 『대혜보각선사보설(大慧普覺禪師普說)』 제17권 '예시자 단칠이 청한 보설'. 『대혜보각선사보설(大慧普覺禪師普說)』 제15권 '전계의가 청한 보설'. 남송 건도(乾道) 7년(1171년)에 편찬.

④ 〈대혜보각선사연보(大慧普覺禪師年譜)〉 송(宋)의 조영(祖詠) 선사(禪師)가 편찬하여, 효종(孝宗) 순희(淳熙) 10년(1183년)에 처음 간행하였고, 개희(開禧) 원년(元年; 1205년)에 교정하여 중간(重刊).

이 네 곳의 기록을 바탕으로 하여 대혜의 공부와 깨달음의 기록을 소개하고 그 내용을 살펴보겠다.

1. 대혜의 공부와 깨달음 자료

(1) 깨달음 이전의 공부

① 17세에 경론(經論)을 가르치는 스님을 따라 출가하여, 늘 여러 선사(禪師)들의 어록(語錄)을 읽었고, 경전을 보다가 환희를 맛보기도 했다.314)

② 19세에 사방으로 선지식을 찾아다니며 행각(行脚)하다가, 서죽소정(瑞竹紹珵) 화상이 있는 곳에서 설두(雪竇)의 염고(拈古)와 송고(頌古)를 스스로 공부하고, 그 미묘한 뜻에 통달하여 소정(紹珵)의 칭찬을 들었고, 서암(瑞巖)이 주인공을 부른 이야기315)를 보고서 기쁨을 맛보기도 하였다.316)

---

314) 〈대혜보각선사연보〉 1105년(17세) 숭녕 4년 을유(乙酉).
315) 서암(瑞巖)은 방장실(方丈室)에 있으면서 늘 스스로 "주인공아!" 하고 부르고는 스스로 "예!" 하고 답하고, 다시 스스로 "또랑또랑 깨어 있어라." 하고 "예!" 하고 답하고, 다시 스스로 "뒷날 다른 때에 남에게 속지 말아라." 하고 "예! 예!" 하고 답하곤 하였다.(瑞巖和尚居常在丈室中自喚云. "主人公." 又自應云. "喏!" "惺惺著." 又自應云. "喏!" "他時後日莫受人謾." 又自應云. "喏喏!")(『오등회원』 제7권 '대주서암사언선사(台州瑞巖師彦禪師)')
316) 〈대혜보각선사연보〉 1107년(19세) 대관(大觀) 원년(元年) 정해(丁亥).

③ 20세에 조동종(曹洞宗)의 승려인 동산(洞山)의 미(微) 선사(禪師), 원(元) 수좌, 견(堅) 수좌를 영주(郢州) 대양(大陽)에서 만나, 이들에게서 2년 동안 조동종의 종지(宗旨)를 배워 인가를 받고, 도리어 공훈오위(功勳五位)·편정회호(偏正回互)·오왕자(五王子) 등 조동종의 방편을 그들에게 가르쳐 주었지만, 만족하지 못하고 이렇게 말했다. "선(禪)이 전해 주는 것이라면, 어찌 부처와 조사가 스스로 증명하고 스스로 깨달은 법이겠는가? 대장부가 선에 참(參)하면서 어찌 종사(宗師)의 입가로 나아가 여우가 흘린 침을 기꺼이 핥아먹겠는가? 모두가 염라대왕 앞에서 쇠몽둥이를 맞을 짓들이다."[317]

④ 21세에 보봉(寶峯)의 담당문준(湛堂文準)을 찾아가 안거를 지냈다.[318] 이때부터 생사의 문제를 해결하고자 하는 생각을 늘 하였다. "내가 벌써 몇 살인데, 내가 남염부주(南閻浮州)에 아직 태어나지 않았을 때에 어디에서 왔는지를 모르고 있단 말인가? 마음이 어둡기가 칠흑(漆黑) 같으니 온 곳을 전혀 모르는 것이로다. 온 곳을 모른다면, 사는 일이 큰일이로다. 내가 죽은 뒤에는 도리어 어디로 가는가? 마음이 여전히 깜깜하게 어두우니 갈 곳을 알지 못하는구나. 갈 곳을 알지 못한다면, 죽는 일이 큰일이로다."[319]

⑤ 22세에 봉성초(奉聖初) 화상의 법회에 참석하여 봉성초와의 선문답(禪問答)에서 봉성초의 입을 다물게 하였다.[320]

⑥ 24세에 보봉에서 담당문준의 시자(侍者)가 되어, 『금강경』을 보다

---

317) 〈대혜보각선사연보〉 1108년(20세) 대관 2년 무자(戊子).
318) 〈대혜보각선사연보〉 1109년(21세) 대관 3년 기축(己丑).
319) 『대혜보각선사보설』 제16권 8. 부경간이 청한 보설.
320) 〈대혜보각선사연보〉 1110년(22세) 대관 4년 경인(庚寅).

가 담당의 질문에 답하였는데, "좌주(座主) 노릇한다."는 핀잔을 들었다.321)

⑦ 25세에 운봉열(雲峰悅) 화상의 소참법어(小參法語)를 자리 옆에 적어 놓았다.322)

⑧ 26세에 담당의 몇 가지 질문에 답하였으나, "제멋대로 말하는 엉터리 선승(禪僧)이다."는 핀잔을 들었다. 담당이 말했다. "고상좌(杲上座), 나의 여기의 선(禪)을 너는 일시에 이해하여, 너에게 설법(說法)을 시켜도 너는 설법을 해내고, 너에게 염고(拈古)·송고(頌古)·소참(小參)·보설(普說)을 시켜도 너는 모두 해낸다. 그렇지 않은 일이 단지 하나 있으니, 너는 알겠느냐?" 대혜가 모른다고 하니, 담당이 다시 말했다. "흠! 너는 이 하나를 풀지 못하고 있다. 내가 방장 속에서 너에게 말할 때에는 곧 선(禪)이 있다가도 방장을 나오자마자 곧 없어져 버리고, 깨어서 생각할 때에는 곧 선이 있다가도 잠이 들자마자 곧 없어져 버린다. 만약 이와 같다면, 어떻게 생사(生死)와 맞설 수 있겠느냐?" 대혜가 말했다. "바로 제가 의심하던 것입니다." 이로써 대혜는 자신에게 어떤 공부가 부족한지를 확인하였다.323)

⑨ 27세에 담당이 죽으면서 대혜에게 원오극근(圜悟克勤)을 찾아가 공부를 성취하라고 당부하였다.324)

⑩ 28세에 무진거사(無盡居士) 장상영(張商英)을 찾아가 문답하여 "쯧쯧! 이 말솜씨나 뽐내는 허풍선이!"라는 평을 들었다.325)

---

321) 〈대혜보각선사연보〉 1112년(24세) 정화 2년 임진(壬辰).
322) 〈대혜보각선사연보〉 1113년(25세) 정화 3년 계사(癸巳).
323) 〈대혜보각선사연보〉 1114년(26세) 정화 4년 갑오(甲午).
324) 〈대혜보각선사연보〉 1115년(27세) 정화 5년 을미(乙未).
325) 〈대혜보각선사연보〉 1116년(28세) 정화 6년 병신(丙申).

⑪ 36세에 개봉(開封) 천녕사(天寧寺)로 원오극근을 찾아가며 스스로 생각하였다. "9년을 기다려 왔다. 이 분의 선(禪)이 만약 여러 곳의 선과 다르지 않고 헛되이 나를 옳다고 여긴다면, 나는 '선(禪)이란 없다'는 무선론(無禪論)을 지을 것이다. 자신을 속이고 공연히 정신을 허비하며 세월을 낭비한 것이니, 널리 한 권의 경(經)이나 한 권의 논(論)을 붙잡고 수행(修行)하여 후생(後生)에 불법(佛法) 속의 사람이 되는 것을 놓치지 않도록 하는 것이 더 나을 것이다."[326)]

(2) 첫 번째 깨달음

『대혜보각선사보설』 제17권 '10. 예시자 단칠이 청한 보설'에서 대혜가 자신의 첫 번째 깨달음을 말하는 것은 다음과 같다.

나는 17년 동안 공부하면서, 일찍이 자질구레한 깨달음도 있었고, 운문(雲門)의 문하에서도 이해한 바가 조금 있었고, 조동(曹洞)의 문하에서도 이해한 바가 조금 있었지만, 앞뒤의 시간이 끊어지지는 못하고 있었다. 뒤에 서울[327)]의 천녕사(天寧寺)에서 노스님께서 상당(上堂)하여 설법하셨다.

"어떤 승려가 운문(雲門)에게 묻기를 '어떤 것이 모든 부처님이 나타나는 곳입니까?'라고 하자, 운문은 말하길 '동산(東山)이 물 위로 간다.'라고 하였다. 만약 나라면 그렇지 않다. 어떤 것이 모든 부처님이 나타나는 곳이냐? 따뜻한 바람이 남쪽에서 불어오니, 전각(殿閣)이 조금 시

---

326) 〈대혜보각선사연보〉 1124년(36세) 선화 6년 갑진(甲辰).
327) 경사(京師) : 서울. 수도(首都). 여기선 북송(北宋)의 서울인 동경(東京), 즉 개봉(開封).

원하구나."

나는 이 말을 듣자 문득 앞뒤의 시간이 끊어졌다. 비유하자면 마치 한 타래 엉킨 실뭉치를 칼로써 한 번에 몽땅 잘라 버린 것과 같았다. 그 당시 온몸에 땀이 솟았다. 비록 그렇지만, 활동하는 모습은 생기지 않고 도리어 깨끗이 벗어난 곳에 머물러 있었다.

『대혜보각선사서』 제29권 '46. 향시랑 백공에 대한 답서'에서 대혜가 자신의 첫 번째 깨달음의 체험을 서술한 내용은 다음과 같다.

보내신 편지의 질문을 보니 바로 제가 36세 때에 의심했던 것이더군요.[328] 읽어 보니 자신도 모르게 가려운 곳을 긁는 것 같았습니다. 저 역시 일찍이 이 문제를 가지고 원오(圜悟) 선사(先師)[329]에게 물었습니다. 이에 대하여 원오 선사는 다만 손으로 가리키며 말씀하셨습니다.

"그만, 그만하고, 망상을 쉬어라. 망상을 쉬어라."

제가 다시 말했습니다.

"제가 아직 잠이 들기 전에는 부처님이 칭찬하신 것에 의지하여 행하고 부처님이 비난하신 것을 감히 범하지 않으며, 이전에 스님들[330]에게 의지하고 또 스스로 공부하여 얻은 자질구레한 것들은 또렷하게 깨어 있을 때에는 전부 마음대로 쓸 수 있습니다. 그러나 침상에서 잠이 들락말락할 때에 벌써 주재(主宰)하지 못하고, 꿈에 황금이나 보물을

---

328) 대혜(大慧)가 36세 때는 송(宋) 휘종(徽宗) 선화(宣和) 6년(1124)으로서, 대혜가 왕태재(王太宰)의 사암(私庵)에 머물 때이다.
329) 선사(先師) : 돌아가신 스승을 가리키니, 이 편지는 원오극근이 입적한 뒤에 씌어진 것이다.
330) 이전에 의지했던 여러 스승들이란 보봉(寶峯)의 담당문준(湛堂文準)을 비롯하여 청량덕홍(清涼德洪) 등 여러 스님들을 가리킨다.

보면 꿈속에서 기뻐함이 한이 없고, 꿈에 사람이 칼이나 몽둥이로 해치려 하거나 여러 가지 나쁜 경계를 만나면 꿈속에서 두려워하며 어쩔 줄 모릅니다. 스스로 생각해 보면 이 몸은 오히려 멀쩡하게 있는데도 단지 잠 속에서 벌써 주재할 수 없으니, 하물며 죽음에 임하여 육체를 구성하는 지수화풍(地水火風)이 흩어지며 여러 고통이 걷잡을 수 없이 다가올 때에 어떻게 경계에 휘둘리지 않을 수 있겠습니까? 여기에 이르면 바야흐로 마음이 허둥지둥 바빠집니다."

원오 선사께서는 이 말을 듣고 다시 말씀하셨습니다.

"네가 말하는 여러 가지 망상들이 끊어질 때, 너는 저절로 깨어 있을 때와 잠잘 때가 늘 하나인 곳에 도달할 것이다."

처음 이 말을 들었을 때에는 믿지 않고 매양 말하였습니다.

"내가 스스로 돌이켜 보면, 깨어 있음과 잠들어 있음이 분명히 둘인데, 어떻게 감히 입을 크게 벌려 선(禪)을 말하겠는가? 다만 부처님께서 말씀하신 깨어 있음과 잠들어 있음이 늘 하나라는 말이 망령된 말이라면 나의 이 병을 없앨 필요가 없겠지만, 부처님의 말씀이 진실로 사람을 속이지 않는다면 이것은 곧 나 자신이 아직 깨닫지 못한 것이다."

뒤에 원오(圓悟) 선사(先師)께서 "모든 부처님이 나타나는 곳에 따뜻한 바람이 남쪽으로부터 불어온다."[331]라고 하시는 말씀을 듣고서 홀연 가슴에 걸려 있던 것이 내려갔습니다. 그리하여 비로소 부처님의 말씀이 진실한 말이며, 있는 그대로의 말이며, 속이지 않는 말이며, 망령되

---

331) "따뜻한 바람이 남쪽에서 불어오니 전각(殿閣)이 조금 시원하구나."라는 말은 원오가 『전당시(全唐詩)』 제4권. 〈하일연구(夏日聯句)〉에 나오는 유공권(柳公權)과 문종(文宗)의 연구(聯句)인 '人皆苦炎熱, 我愛夏日長. 薰風自南來, 殿閣生微涼.'에서 뒤 2구를 인용한 것이다.

지 않은 말이며, 사람을 속이지 않는 참으로 커다란 자비로서, 몸을 가루로 만들어 목숨을 버리더라도 갚을 수 없음을 알았습니다. 가슴에 걸려 있던 것이 없어지고 나서야, 비로소 꿈꿀 때가 바로 깨어 있는 때이며 깨어 있는 때가 바로 꿈꾸는 때라는 것을 알았으며, 비로소 부처님이 말씀하신 깨어 있을 때와 잠잘 때가 늘 하나라는 것을 저절로 알았습니다. 이러한 도리는 집어내어 남에게 보여 줄 수도 없고, 남에게 말해 줄 수도 없습니다. 마치 꿈속의 경계와 같아서 취할 수도 없고 버릴 수도 없습니다.

이들 내용을 다시 정리해 본다.

① 대혜가 부닥쳐 있었던 벽 : "제가 아직 잠이 들기 전에는 부처님이 칭찬하신 것에 의지하여 행하고 부처님이 비난하신 것을 감히 범하지 않으며, 이전에 스님들에게 의지하고 또 스스로 공부하여 얻은 자질구레한 것들은 또렷하게 깨어 있을 때에는 전부 마음대로 쓸 수 있습니다. 그러나 침상에서 잠이 들락말락할 때에 벌써 주재(主宰)하지 못하고, 꿈에 황금이나 보물을 보면 꿈속에서 기뻐함이 한이 없고, 꿈에 사람이 칼이나 몽둥이로 해치려 하거나 여러 가지 나쁜 경계를 만나면 꿈속에서 두려워하며 어쩔 줄 모릅니다. 스스로 생각해 보면 이 몸은 오히려 멀쩡하게 있는데도 단지 잠 속에서 벌써 주재할 수 없으니, 하물며 죽음에 임하여 육체를 구성하는 지수화풍(地水火風)이 흩어지며 여러 고통이 걷잡을 수 없이 다가올 때에 어떻게 경계에 휘둘리지 않을 수 있겠습니까? 여기에 이르면 바야흐로 마음이 허둥지둥 바빠집니다."332)

"내가 스스로 돌이켜 보면, 깨어 있음과 잠들어 있음이 분명히 둘인데, 어떻게 감히 입을 크게 벌려 선(禪)을 말하겠는가? 다만 부처님께서 말씀하신 깨어 있음과 잠들어 있음이 늘 하나라는 말이 망령된 말이라면 나의 이 병을 없앨 필요가 없겠지만, 부처님의 말씀이 진실로 사람을 속이지 않는다면 이것은 곧 나 자신이 아직 깨닫지 못한 것이다."333)

② 원오의 가르침 : "그만, 그만하고, 망상을 쉬어라. 망상을 쉬어라. 네가 말하는 여러 가지 망상들이 끊어질 때, 너는 저절로 깨어 있을 때와 잠잘 때가 늘 하나인 곳에 도달할 것이다."334)

③ 원오의 설법과 대혜의 깨달음 : 원오극근이 설법하였다. "어떤 승려가 운문(雲門)에게 묻기를 '어떤 것이 모든 부처님이 나타나는 곳입니까?'라고 하자, 운문은 말하길 '동산(東山)이 물 위로 간다.'라고 하였다. 만약 나라면 그렇지 않다. 어떤 것이 모든 부처님이 나타나는 곳이냐? 따뜻한 바람이 남쪽에서 불어 오니, 전각(殿閣)이 조금 시원하구나."335) 이 말을 듣고서 대혜는 문득 깨달았다.336)

④ 깨달음에 대한 대혜의 말 : "나는 이 말을 듣자 문득 앞뒤의 시간이 끊어졌다. 비유하자면 마치 한 타래 엉킨 실뭉치를 칼로써 한 번에 몽땅 잘라 버린 것과 같았다. 그 당시 온몸에 땀이 솟았다. 비록 그렇지

---

332) 『대혜보각선사서』 제29권, 46. 향시랑(向侍郎) 백공(伯恭)에 대한 답서.
333) 『대혜보각선사서』 제29권, 46. 향시랑(向侍郎) 백공(伯恭)에 대한 답서.
334) 『대혜보각선사서』 제29권, 46. 향시랑(向侍郎) 백공(伯恭)에 대한 답서.
335) 대혜의 나이 37세인 선화(宣和) 7년(1125) 5월 30일이었다.
336) 『대혜보각선사보설』 제17권, 10. 예시자 단칠이 청한 보설.

만, 활동하는 모습은 생기지 않고 도리어 깨끗이 벗어난 곳에 머물러 있었다."337)

"홀연 가슴에 걸려 있던 것이 내려갔습니다. 그리하여 비로소 부처님의 말씀이 진실한 말이며, 있는 그대로의 말이며, 속이지 않는 말이며, 망령되지 않은 말이며, 사람을 속이지 않는 참으로 커다란 자비로서, 몸을 가루로 만들어 목숨을 버리더라도 갚을 수 없음을 알았습니다. 가슴에 걸려 있던 것이 없어지고 나서야, 비로소 꿈꿀 때가 바로 깨어 있는 때이며 깨어 있는 때가 바로 꿈꾸는 때라는 것을 알았으며, 비로소 부처님이 말씀하신 깨어 있을 때와 잠잘 때가 늘 하나라는 것을 저절로 알았습니다. 이러한 도리는 집어내어 남에게 보여 줄 수도 없고, 남에게 말해 줄 수도 없습니다. 마치 꿈속의 경계와 같아서 취할 수도 없고 버릴 수도 없습니다."338)

⑥ 대혜의 깨달음에 대한 원오의 말 : "아직 아니다. 그대가 비록 얻은 것은 있으나, 대법(大法)은 아직 밝히지 못했다."339) "대강 깨달았다."340)

---

337) 『대혜보각선사보설』 제17권. 10. 예시자 단칠이 청한 보설.
338) 『대혜보각선사서』 제29권. 46. 향시랑(向侍郞) 백공(伯恭)에 대한 답서.
339) 『대혜보각선사어록』 제6권. 〈대혜보각선사탑명(大慧普覺禪師塔銘)〉
340) 〈대혜보각선사연보〉 1125년(37세) 선화 7년 을사(乙巳).

(3) 두 번째 깨달음

『대혜보각선사보설』 제17권 '10. 예시자 단칠이 청한 보설'에 서술되어 있는 내용을 그대로 인용한다.

하루는 방장실에 들어갔는데, 노스님께서 말씀하셨다.
"그대가 이런 경지에 이른 것도 물론 쉽지는 않지만, 그대는 죽어 버리고 살아날 줄을 모르니 안타깝구나. 언구(言句)를 의심하지 않는 것이 곧 큰 병이다. 듣지도 못했느냐? '절벽에 매달려 손을 놓아, 스스로 기꺼이 받아들여, 죽었다가 다시 살아난다면, 그대를 속일 수 없을 것이다.'341) 반드시 이런 도리가 있음을 믿어야 한다."
나는 혼자 말했다.
"나는 다만 지금 얻은 곳에 의지하여 편하게 지낼 뿐, 다시 깨닫지는 못하고 있구나."
노스님께선 다시 나를 택목료(擇木寮)342)에 머물게 하시고, 자잘한 시자의 일을 시키지는 않으셨다. 매일 사대부들과 함께 서너 번 입실(入室)343)하였는데, 노스님께선 다만 "있다는 구절[유구(有句)]과 없다는 구절[무구(無句)]은 마치 등나무 덩굴이 나무에 기대어 있는 것과 같다."라는 말씀을 하셨는데, 내가 입을 열자마자 노스님께선 곧 "아니다."라고 말씀하셨다. 반년 동안 나는 단지 이와 같이 참(參)하였다.

---

341) 『경덕전등록』 제20권 '소주영광원진선사(蘇州永光院眞禪師)'의 상당 법어 가운데 한 구절. 진선사(眞禪師)는 운거도응(雲居道膺)의 제자로서 청원행사의 6세손이다.
342) 택목료(擇木寮) : =택목당(擇木堂). 절을 방문한 관리(官吏)들이 머물며 쉬는 집.
343) 입실(入室) : 학인이 방장이나 조실의 방에 들어가 공부를 점검받는 것.

하루는 여러 관원들과 함께 방장실에서 약석(藥石)³⁴⁴⁾을 먹을 때에, 나는 젓가락을 손에 쥐고 있을 뿐 먹을 생각을 까맣게 잊고 있었다. 노스님께서 말씀하셨다.

"이 자는 황양목선(黃楊木禪)³⁴⁵⁾에 참여하더니 도리어 움츠러들어 버렸구나."

나는 드디어 하나의 비유를 말씀드렸다.

"스님! 이 도리는 마치 강아지가 뜨거운 기름 솥을 보고 있는 것과 같아서 핥고 싶어도 핥을 수가 없고, 버리고 싶어도 버릴 수가 없습니다."

노스님이 말씀하셨다.

"그대의 비유가 지극히 좋구나! 다만 이것이 곧 금강권(金剛圈)³⁴⁶⁾이요, 율극봉(栗棘蓬)³⁴⁷⁾이니라."

---

344) 약석(藥石) : 총림에서 쓰는 말. 저녁 밥. 본래 오후에는 먹지 않는 법이나 배고픈 병을 고친다는 뜻으로 저녁 밥을 약석이라 함.

345) 황양목선(黃楊木禪) : 황양목(黃楊木)은 회양목이다. 회양목은 자라는 것이 극히 느려서 1년에 손가락 한 마디 길이도 자라지 않다가, 윤년(閏年)에는 도리어 한 마디 정도가 줄어든다고 한다. 황양목선이란, 해탈한 자리에 머물러서 공부가 더 이상 나아가지 않고 머물러 있는 것을 가리킨다. 즉, 해탈한 곳에 주저앉아서 자유롭게 활용하는 능력이 없는 경우를 꾸짖는 말이다.

346) 금강권(金剛圈) : 금강(金剛)은 결코 부서지지 않는 견고한 것이고, 권(圈)은 울타리를 나타내는 말이니, 금강권은 결코 부서지지 않는 울타리나 장벽을 뜻한다. 즉, 분별심으로는 결코 부술 수 없는 언어를 방편으로 시설하여 두고, 배우는 자가 그 언어의 장벽을 스스로 뚫고 나가기를 바라는 것. 선사(禪師)가 학인(學人)을 인도할 때에 사용하는 방편. 율극봉(栗棘蓬)과 같은 뜻.

347) 율극봉(栗棘蓬) : 가시투성이인 밤송이. 밤송이라는 뜻의 율봉(栗蓬)에 가시를 강조하여 율극봉(栗棘蓬)이라 함. 입 안에 밤송이를 넣으면, 삼키려고 해도 가시가 찔러 아프고 뱉으려고 해도 가시가 찔러 아프니, 삼킬 수도 없고 뱉을 수도 없는 진퇴양난의 상태를 가리킨다. 사가(師家)가 학인에게 율극봉 같은 화두(話頭)를 시설해 놓고 분별로 이해하지도 못하게 하고 버리지도 못하게 하는 것, 혹은 마치 쥐가 덫에 빠진 것처럼 학인의 공부가 나아갈 수도 없고 물러설 수도 없는 상태에 봉착한 것을 가리킴. 금강권(金剛圈)과 같은 것. 『원오불과선사어록(圓悟佛果禪師語錄)』 제2권에 "율극봉을 삼키고 금강권을 뛰어

하루는 노스님에게 물었다.

"스님께서 그때 오조산(五祖山)에서 오조(五祖)[348] 스님에게 이 이야기를 질문하셨던 적이 있다고 들었습니다. 오조 스님은 어떻게 답하셨습니까?"

스님은 말씀하지 않으려 하셨다. 내가 말씀드렸다.

"스님, 그때 혼자서 질문하신 것이 아니고 대중 앞에서 질문하셨을 터인데, 지금 다시 말씀하신다고 무슨 거리낄 일이 있겠습니까?"

노스님께서 이에 말씀하셨다.

"내가 '있다는 구절과 없다는 구절이 마치 등나무가 나뭇가지에 기대어 있는 것과 같을 때에는 어떻습니까?' 하고 물으니, 오조께서 말씀하셨다. '말해도 말이 되지 않고, 그려도 그림이 되지 않는다.' 내가 다시 물었다. '문득 나무가 넘어져 등나무가 말라죽을 때에는 어떻습니까?' 오조께서 말씀하셨다. '서로 뒤따른다.'[349]"

나는 그 말을 듣자마자 곧 알아차리고는 말했다.

"제가 알았습니다."

노스님이 말씀하셨다.

"다만 그대가 공안(公案)을 아직 뚫고 벗어나지 못했을까 봐 걱정이다."

내가 말씀드렸다.

"스님께서 한 번 공안을 말씀해 보십시오."

노스님께선 이에 연달아 몇몇 까다롭고 난해한[350] 공안을 말씀하셨

넘어서, 분수 밖에서 가풍을 펼친다.(吞底栗棘蓬, 跳底金剛圈, 分外展家風.)"는 구절이 있다.
348) 원오극근의 스승인 오조법연(五祖法演).
349) 상수래(相隨來) : 서로 뒤쫓는다. 상축(相逐)과 같은 말. 서로 뒤따르다. 서로 의지하고 있다. 서로 뗄 수 없는 한 물건이다.

는데, 나는 두 번 세 번 끊어 버리고, 마치 태평하여 일 없는 때에 길에 들어서 곧장 가는 것과 같이 다시는 막힘이 없었다. 노스님께서 말씀하셨다.

"내가 너를 속일 수 없음을 이제 비로소 알겠구나."

정리해 보면 다음과 같다.

① 원오의 가르침 : "그대는 죽어 버리고 살아날 줄을 모르니 안타깝구나. 언구(言句)를 의심하지 않는 것이 곧 큰 병이다."라고 하면서, "있다는 구절과 없다는 구절은 마치 등나무 덩굴이 나무에 기대어 있는 것과 같다."라는 말을 대혜에게 물었다.

② 금강권, 율극봉 : 원오가 제시한 유구무구(有句無句)에 대하여 대혜가 견해를 말하려고 입을 열자마자 원오는 곧 "아니다."라고 말하여 대혜의 입을 막았다. 드디어 대혜는 "스님! 이 도리는 마치 강아지가 뜨거운 기름 솥을 보고 있는 것과 같아서 핥고 싶어도 핥을 수가 없고 버리고 싶어도 버릴 수가 없습니다."라고 말한다.

③ 원오가 소개한 오조법연의 말 : "내가 '있다는 구절과 없다는 구절이 마치 등나무가 나뭇가지에 기대어 있는 것과 같을 때에는 어떻습니

---

350) 효와(誵訛) : ① 글이 까다로워 이해하기 어려움. 글이 난삽하여 오해하기 쉬움. 일부러 어렵게 보이도록 비틀어 말함. ② 난잡하게 뒤섞임. 뒤흔들어 어지럽힘. 뒤섞여 잘못됨. =오아(謷牙), 효와(淆訛), 효와(殽訛), 요와(譳訛), 오와(謷訛). ③ 고칙공안(古則公案)의 성격을 말함. 고칙공안은 수수께끼 같은 문제를 내어 듣는 이가 자신의 본성(本性)을 놓치고 말에 끌려가 헤매도록 유도하기 때문에 이렇게 말함.

까?' 하고 물으니, 오조께서 말씀하셨다. '말해도 말이 되지 않고, 그려도 그림이 되지 않는다.' 내가 다시 물었다. '문득 나무가 넘어져 등나무가 말라죽을 때에는 어떻습니까?' 오조께서 말씀하셨다. '서로 뒤따른다.'"

④ 대혜의 깨달음 : 나는 그 말을 듣자마자 곧 알아차리고는 말했다. "제가 알았습니다."

⑤ 원오의 시험과 인가 : 원오는 연달아 몇몇 까다롭고 난해한 공안을 말하였는데, 대혜는 거듭하여 끊어 버리고, 마치 태평하여 일 없는 때에 길에 들어서 곧장 가는 것과 같이 다시는 막힘이 없었다. 원오가 말했다. "내가 너를 속일 수 없음을 이제 비로소 알겠구나."

(4) 세 번째 깨달음

『대혜보각선사보설』 제14권 '5. 전계의가 청한 보설'에 있는 내용을 그대로 인용한다.

일찍이 가르침 가운데 있던 다음과 같은 하나의 인연을 생각해 본 적이 있다. 앙굴마라(央崛摩羅)는 사람 1,000명의 손가락을 잘라 화관(花冠)을 만들어 왕의 자리에 오르려고 하였다. 이미 999명의 손가락을 탈취하고 다만 손가락 하나가 부족하자 자기 어머니의 손가락을 잘라 1,000개를 채우려고 하였다. 부처님께선 그의 인연이 익은 것을 보시고는 그를 교화하러 그의 집으로 가셨다. 앙굴마라가 칼을 꺼내어 어머니의 손가락에 대려고 할 때에 문득 석장(錫杖) 흔드는 소리를 듣고는 어머니의 손가락을 놓고 부처님께 손가락 하나를 보시(布施)하실지 물었다.

"이미 고오타마께서 여기에 오셨으니 저에게 손가락 한 개를 보시하셔서 제가 원하는 바를 채우도록 해 주십시오."

그리고는 칼을 막 드는데 세존께서는 그곳을 벗어나 곧장 가셨다. 세존께서는 천천히 가셨지만 앙굴마라는 급하게 뒤쫓았으나 따라잡을 수가 없었다. 이에 큰 소리로 고함을 질렀다.

"멈추시오! 멈추시오!"

세존이 말씀하셨다.

"나는 멈춘 지 오래되었는데, 너는 멈추지 못하고 있구나."

앙굴마라는 여기에서 문득 깨닫고는 세존에게 의지하여 출가하였다. 세존께서 앙굴마라를 시켜 바루를 들고 어떤 장자(長者)의 집으로 찾아가도록 하셨다. 그 집 부인이 마침 산고(産苦)를 겪고 있었는데, 장자가 말했다.

"고오타마의 제자시여! 당신은 위대한 성자이시니 마땅히 어떤 법을 가지고 산고의 어려움을 면하게 해 주시겠습니까?"

앙굴마라는 말했다.

"저는 금방 입도(入道)하였으니 아직 이 법을 알지 못합니다. 제가 돌아가 세존께 여쭈어 보고 다시 돌아와 알려 드리겠습니다."

앙굴마라가 돌아와 부처님께 그 일을 말씀드리니, 부처님께서 앙굴마라에게 말씀하셨다.

"너는 속히 가서 이렇게 말하거라. '나는 성인의 법을 따른 이래로 아직 살생(殺生)을 한 적이 없다.'"

앙굴마라는 곧 부처님의 말씀을 받들어 그 집으로 가서 그대로 말했다. 그 부인은 그 말을 듣더니 곧 산고의 어려움에서 벗어났다.

(대혜가 말한다. "여기에서 방망이를 휘두르고 고함을 지르고 선상(禪床)을 뒤집어 엎고 경전의 가르침을 인용하고 이치와 사실을 설명하고 부싯돌과 번개를 치듯이 함으로써, 한밤중에 오골계(烏骨鷄)[351]를 붙잡을 수 있을까?"[352])

담당(湛堂) 스님에게 거듭 물었을 때, 이 이야기를 하자마자 담당 스님께서 말씀하셨다.
"네가 나의 가려운 곳을 긁는구나. 이 이야기는 금시법(金屎法)[353]이니, 알지 못하면 금(金)과 같지만 알면 똥과 같다."
내가 말했다.
"어찌 방편이 없겠습니까?"
담당 스님께서 말씀하셨다.
"나에게 하나의 방편이 있지만, 네가 아직도 알지 못할 뿐이다."
내가 말했다.
"스님께서 자비를 베풀어 주십시오."
담당 스님께서 말씀하셨다.

---

351) 오계(烏鷄) : 오골계(烏骨鷄). 털이 온통 새까만 닭.
352) 깜깜한 곳에서 눈으로는 전혀 분별이 되지 않는 새까만 닭을 붙잡는다는 말은 곧, 온갖 차별되는 모습 속에서 그 차별되는 모습과 따로 있지 않은 차별 없는 법을 깨닫는다는 뜻.
353) 금시법(金屎法) : 선(禪)을 알지 못할 때에는 황금처럼 특별하고 귀중한 무엇이 있다고 여기지만, 알고 보면 똥처럼 일상 생활의 평범하고 흔한 일이다. 깨닫기 전에는 진리를 특별한 것이라고 분별하지만, 깨닫고 보면 매일매일의 삶이 전부 진리 아님이 없어서 따로 진리라 할 것이 없다.

"앙굴마라가 '저는 금방 입도(入道)하였으니 아직 이 법을 알지 못합니다. 제가 돌아가 세존께 여쭈어 보고 다시 돌아와 알려 드리겠습니다.'라고 말했는데, 앙굴마라가 부처님 계신 곳에 도착하기도 전에 그 부인이 아이를 낳았다면 어쩔 거냐? 또 부처님께서 '나는 성인의 법을 따른 이래로 아직 살생(殺生)을 한 적이 없다.'고 하셨는데, 앙굴마라가 이 말씀을 가지고 그 장자의 집에 도착하기도 전에 이미 아이를 낳았다면 어쩔 거냐?"

나는 그때에는 알아차리지 못했는데, 뒷날 호구(虎丘)에서[354] 『화엄경』을 보다가 보살이 제7지에 올라 무생법인(無生法忍)[355]을 깨달은 곳에 이르자 이런 말이 있었다.

"불자(佛子)여! 보살이 이 인(忍)을 성취하면 즉시 보살의 제8부동지(不動地)[356]에 들어가 심행보살(深行菩薩)[357]이 되어, 알기도 어렵고, 차별

---

354) 『대혜보각선사연보(大慧普覺禪師年譜)』에 의하면 대혜가 40세인 1128년의 일이다.
355) 무생법인(無生法忍) : 불생법인(不生法忍), 불기법인(不起法忍)이라고도 함. 인(忍)은 인(認)과 같이 인정하고 수용한다는 뜻이니, 법인(法忍)은 법을 인정하고 수용하여 의심하지 않는 것. 『유마경(維摩經)』 중권(中卷) 「입불이법문품(入不二法門品)」 제9에 "생멸(生滅)은 이법(二法)이지만, 법(法)은 본래 생하지 않는 것이어서 지금 멸하지도 않습니다. 이러한 무생법인(無生法忍)을 얻는 것이 바로 불이법문(不二法門)에 들어가는 것입니다."(生滅爲二, 法本不生今則無滅. 得此無生法忍, 是爲入不二法門.)라 하고 있다. 무생법인(無生法忍)은 불생불멸(不生不滅)하는 법(法), 즉 생겨나거나 소멸함이 없는 법을 인정하고 의심없이 수용한다는 뜻이다.
356) 제8부동지 : 보살의 수행 단계인 십지(十地) 중 하나이다. 중생이 부처가 되기 위해 닦는 52가지 수행 단계 중 하나로, 『화엄경』의 「십지품」에 나온다. 십지(十地) 중 여덟 번째 단계이다. 이 지위에 오른 보살은 수행을 완성하여 흔들림이 없다. 부동(不動)이란 명칭은 바로 여기에서 유래한다. 이곳의 보살은 깊이 있는 실천을 하므로 심행(深行) 보살이라고도 부른다. 세속의 집착에서 완전히 벗어나 성문(聲聞)이나 연각(緣覺)의 무리들은 전혀 깨트릴 수 없는 경지에 머문다. 달리 무공용지(無功用地)라고도 하는데, 무공(無功)은 곧 어떤 의도나 목적이 없다는 뜻이다. 그저 자연의 흐름대로 순리대로 또한 중생의 생김(住

도 없고, 모든 모습을 벗어나고, 모든 생각을 벗어나고, 모든 집착을 벗어나, 헤아릴 수도 없고 끝도 없게 되니, 모든 성문(聲聞)이나 벽지불(僻支佛)은 미칠 수가 없게 되고, 모든 시끄러운 다툼을 벗어나 적멸(寂滅)이 앞에 나타난다. 비유하면, 비구(比丘)가 신통(神通)을 다 갖추고서 마음의 자재(自在)를 얻고 차례를 밟아 멸진정(滅盡定)³⁵⁸⁾에 들어가게 되면 모든 움직이는 마음과 기억과 생각과 분별이 전부 멈추어 사라지듯이, 이 보살도 마찬가지로 부동지(不動地)에 머물면 모든 공용(功用)³⁵⁹⁾하는 행위를 버리고 공용 없는 법을 얻어 신구의(身口意)의 삼업(三業)을 생각하고 행하는 일이 모두 쉬어지고 보행(報行)³⁶⁰⁾에 머문다. 비유하면, 어떤 사람이 꿈속에서 큰 강물 속에 떨어져서 그 강을 건너기 위해 큰 용맹을 내고 큰 방편을 베풀었는데, 이 큰 용맹과 베푼 방편 덕분에 곧 꿈에서 깨어나지만, 깨어난 뒤에는 행한 일이 모두 쉬어지는 것과 같다.

에 따라 중생을 제도한다. 이 밖에 부동지를 달리 부르는 말이 많다. 지혜가 견고하여 돌아가지 않으므로 부전지(不轉地), 큰 덕을 갖추므로 위덕지(威德地), 색욕이 끊어진 상태이므로 동진지(童眞地), 어디에나 뜻대로 태어날 수 있으므로 자재지(自在地), 완성된 단계이므로 성지(成地), 궁극적으로 알고 있으므로 구경지(究竟地), 항상 큰 서원을 내므로 변화지(變化地), 깨트릴 수 없으므로 주지지(住持地), 선근을 이미 닦았으므로 무공덕력지(無功德力地)라고도 부른다.

357) 심행보살(深行菩薩) : 심행(深行)하는 보살. 심행이란 깊고 비밀스럽게 행한다는 뜻으로서, 초지(初地) 이상의 보살의 행동을 가리킨다.

358) 멸진정(滅盡定) : 대승에서는 24불상응법(不相應法)의 하나. 소승에서는 14불상응법의 하나, 또는 2무심정(無心定)의 하나. 마음에서 모든 분별된 모습을 다 없애고 고요하기를 바라며 닦는 선정. 소승에서는 불환과(不還果)와 아라한과의 성자가 닦는 유루정(有漏定)으로, 육식(六識)과 인집(人執)을 일으키는 말나(末那)만을 없애는 것. 대승의 보살이 닦는 멸진정은 무루정(無漏定)으로, 법집(法執)을 일으키는 말나까지도 없앤다.

359) 공용(功用) : 몸·입·뜻으로 애써 행하는 행위. 곧 유위행(有爲行). 『화엄경』에서는 초지(初地)에서 7지(地)까지의 수행을 말함. 초지에서 7지까지의 보살은 이미 진여(眞如)를 깨달았지만 아직 수행하는 공(功)을 쌓아야 하므로 공용지(功用地)라 한다.

360) 보행(報行) : 과보(果報)로 이루어지는 행위.

보살도 역시 그러하여, 중생이 사류(四流)³⁶¹⁾ 속에 떨어져 있음을 보고
는 구해 내기 위해 큰 용맹을 내고 큰 정진(精進)을 일으키는데, 용맹과
정진 덕분에 이 부동지에 도달하고, 이곳에 도달한 뒤에는 모든 공용(功
用)이 모조리 쉬어지고, 이행(二行)³⁶²⁾과 상행(相行)³⁶³⁾이 모두 나타나지
않는다. 이 보살에게는 보살의 마음도, 부처의 마음도, 깨달음의 마음
도, 열반의 마음도 오히려 나타나지 않는데, 하물며 세간(世間)의 마음
이 나타나겠느냐?"

대혜가 말했다.

"여기에 이르자 문득 장애가 사라지고,³⁶⁴⁾ 담당 스님께서 나에게 말
씀해 주셨던 방편이 문득 앞에 드러났으니, 비로소 참된 선지식이 나를
속이지 않았음을 알았던 것이다. 참된 금강권(金剛圈)이란 바로 장식(藏
識)³⁶⁵⁾임이 밝혀져야 비로소 벗어날 수 있다."

---

361) 사류(四流) : 사폭류(四暴流)와 같음. 폭류는 홍수가 나무·가옥 따위를 떠내려 보내는
것처럼 선(善)을 떠내려 보낸다는 뜻에서 번뇌를 가리킨다. (1) 욕폭류(欲暴流). 욕폭계
에서 일으키는 번뇌. 중생은 이것 때문에 생사계에 바퀴 돌 듯 함. (2) 유폭류(有暴流). 색
계·무색계의 번뇌. (3) 견폭류(見暴流). 3계의 견혹(見惑) 중에 4제(諦)마다 각각 그 아
래서 일어나는 신견(身見)·변견(邊見) 등의 그릇된 견해. (4) 무명폭류(無明暴流). 3계
의 4제와 수도(修道)에 일어나는 우치(愚癡)의 번뇌. 모두 15가지가 있음.
362) 이행(二行) : 번뇌장(煩惱障)과 소지장(所知障)의 둘이 나타나 행해지는 것.
363) 상행(相行) : 신구의(身口意) 삼업(三業)의 모습을 가진 행위.
364) 타실포대(打失布袋) : 타실(打失)은 '잃어버리다', 포대(布袋)는 '무능함, 문제, 장애'를 뜻
함. 무능함을 벗어나다. 문제를 해결하다. 장애가 사라지다. 이 문맥에서는 앞을 가로막
고 있던 분별망상의 포대를 벗어 버렸다는 뜻이다.
365) 장식(藏識) : 제8아뢰야식(阿賴耶識). 아뢰야식(阿賴耶識)은 범어 alaya의 음역이다. 무
몰식(無沒識)·장식(藏識)이라 번역하고, 제8식·본식(本識)·택식(宅識) 등의 명칭이
있다. 진제삼장(眞諦三藏)은 이 식이 중생의 근본 심식(心識)으로 결코 없어지거나 잃어
버릴수 있는 것이 아니라는 뜻에서 무몰식(無沒識)이라 번역하고, 현장(玄奘)은 능장(能
藏)·소장(所藏)·집장(執藏)의 세 뜻이 있으므로 장식(藏識)이라 번역하였다. 무몰식이

정리하면 다음과 같다.

① 대혜가 가로막힌 고칙공안(古則公案) : 담당문준이 제시한 앙굴마라와 임산부의 이야기에 의문이 풀리지 않고 막혀 있었다.

② 담당의 가르침 : 담당이 이 공안에 대하여 도움말을 귀띔해 주었으나 대혜는 통하지 못했다.

③ 화엄경의 열람과 깨달음 : 뒷날 호구(虎丘)에서 『화엄경』을 보다가 보살이 제7지에 올라 무생법인(無生法忍)을 깨달은 곳에 있는 언급을 보고는 문득 장애가 사라졌다.

④ 깨달은 뒤 대혜의 말 : 참된 금강권(金剛圈)이란 바로 장식(藏識)임이 밝혀져야 비로소 벗어날 수 있다.

란 제법을 유지하여 잃어버리지 않는다는 뜻이며, 장식이라 함은 제법이 전개되는 데 있어서 의지할 바탕이 되는 근본 마음이란 의미다. 또한 8식 가운데서 마지막에 두기 때문에 제8식이라 하고, 제법의 근본이기 때문에 본식이라 한다. 따라서 식 중에서도 식주(識主)라 한다.

2. 해설

필자의 공부 경험에 비추어서 대혜가 어떤 과정을 거쳐 깨달음에 이르렀는지를 해설해 본다. 이 해설은 어떤 이론을 전개하는 것이 아니라, 올바른 선 공부란 어떤 것인가를 알리려는 하나의 방편으로 행하는 것이다.

(1) 첫 번째 장벽

① 담당문준이 세운 장벽

"고상좌(杲上座), 나의 여기의 선(禪)을 너는 일시에 이해하여, 너에게 설법(說法)을 시켜도 너는 설법을 해내고, 너에게 염고(拈古)·송고(頌古)·소참(小參)·보설(普說)을 시켜도 너는 모두 해낸다. 그렇지만 너는 이 하나를 풀지 못하고 있다. 내가 방장 속에서 너에게 말할 때에는 곧 선(禪)이 있다가도 방장을 나오자마자 곧 없어져 버리고, 깨어서 생각할 때에는 곧 선이 있다가도 잠이 들자마자 곧 없어져 버린다. 만약 이와 같다면, 어떻게 생사(生死)와 맞설 수 있겠느냐?"

② 대혜종고가 마주친 장벽

"제가 아직 잠이 들기 전에는 부처님이 칭찬하신 것에 의지하여 행하고 부처님이 비난하신 것을 감히 범하지 않으며, 이전에 스님들에게 의지하고 또 스스로 공부하여 얻은 자질구레한 것들은 또렷하게 깨어 있을 때에는 전부 마음대로 쓸 수 있습니다. 그러나 침상에서 잠이 들락말락할 때에 벌써 주재(主宰)하지 못하고, 꿈에 황금이나 보물을 보면 꿈속에서 기뻐함이 한이 없고, 꿈에 사람이 칼이나 몽둥이로 해치려 하거나 여러 가지 나쁜 경계를 만나면 꿈속에서 두려워하며 어쩔 줄 모릅니다. 스스로 생각해 보면 이 몸은 오히려 멀쩡하게 있는데도 단지 잠 속에서 벌써 주재할 수 없으니, 하물며 죽음에 임하여 육체를 구성하는 지수화풍(地水火風)이 흩어지며 여러 고통이 걷잡을 수 없이 다가올 때에 어떻게 경계에 휘둘리지 않을 수 있겠습니까? 여기에 이르면 바야흐로 마음이 허둥지둥 바빠집니다."

③ 원오극근의 가르침

"그만, 그만하고, 망상(妄想)을 쉬어라. 망상을 쉬어라. 네가 말하는 여러 가지 망상들이 끊어질 때, 너는 저절로 깨어 있을 때와 잠잘 때가 늘 하나인 곳에 도달할 것이다."

④ 해설

　담당과 원오가 지적하였고 또 대혜가 스스로 실토하고 있듯이 대혜가 가로막힌 문제는 분별의식이라는 망상을 벗어나지 못하고 있다는 것이다. 깨어 있으면서 의식적으로 분별하고 주재(主宰)할 수 있을 때는 배우고 익힌 바의 불법을 언제나 잃지 않고서 설법도 잘하고 선문답도 잘하고 고칙공안(古則公案)을 평가하여 말하기도 잘하였으나, 이 모두는 의도적인 유위법(有爲法)으로서 분별의식(分別意識)이요, 망상(妄想)일 뿐 자기의 본래면목은 아니다. 본래면목이라면 반드시 한 번 깨달아 분별의식을 벗어나고 망상이 사라져야 드러나는 것이다.
　여기에서 담당은 대혜가 분별의식으로서 넘을 수 없는 벽을 방편으로 세웠으니, 바로 분별의식으로 주재할 수 없는 잠든 때의 불법을 내놓으라고 요구한 것이다. 담당의 이 방편은 위산영우(潙山靈祐; 771-853)가 향엄지한(香嚴智閑; ?-898)에게 사용한 방편을 상기시킨다.
　향엄(香嚴)은 백장(百丈)의 문하에 있었는데, 아는 것이 많고 말재주가 뛰어나 대중들 가운데 말로서는 그를 당할 자가 없을 정도였지만, 선문(禪門)에 들어가지는 못하고 있었다. 백장이 죽고나서는 위산(潙山)의 문하에 들어갔는데, 위산(潙山)은 향엄의 말재주가 단지 지식(知識)에서 나오는 것일 뿐 근원을 통달한 것이 아님을 알고서, 어느 날 그에게 말했다.
　"내가 듣기로 그대는 백장 선사(先師)의 처소에 있을 때 하나를 물으면 열을 답했고, 열을 물으면 백을 답했다고 한다. 그런데 이것은 그대가 총명하고 영리하여 뜻으로 알아차리고 식(識)으로 헤아리는 것이니 바로 생사(生死)의 근본이 된다. 이제 부모가 그대를 낳기 이전의 일을 한 마디 말해 보라."

향엄(香嚴)은 한참을 궁리한 후 몇 마디 대답을 했으나 위산은 하나도 용납하지 않았다. 마침내 향엄이 위산에게 가르쳐 줄 것을 부탁하였으나 위산은 말했다.

"내가 만약 그대에게 말해 준다면 그대는 뒷날 나를 욕할 것이다. 내가 말하는 것은 나의 것일 뿐 결코 그대의 일과는 상관이 없다."[366]

분별의식이 손을 쓸 수 없는 이러한 벽을 마주한 우리의 분별의식이 쉬어질 때에 비로소 우리의 본래면목은 드러난다. 본래면목이 드러나면 당연히 모든 의문(疑問)과 장벽이 사라지니, 애초에 제시한 방편도 해소되어 버린다. 배우고 익혀서 아는 것은 자신의 본래면목이 아니다. 자신의 본래면목이 드러나려면 반드시 배우고 익혀서 아는 것이 전혀 쓸모없고, 헤아리고 궁리하는 것이 전혀 쓸모없는 벽에 부딪혀서 꼼짝달싹할 수 없어야 한다. 바르게 가르치는 종사(宗師)라면 배우는 사람 앞에 이러한 장벽을 세워서, 배우는 사람을 이러한 함정에 빠뜨리는 것이다. 헤아릴 수도 없고 손발을 쓸 수도 없는 이런 갑갑한 곳에서 분별심이 쉬어지면 본래면목은 저절로 드러나는 것이다.

(2) 첫 번째 깨달음

① 원오극근의 상당법문(上堂法門)

"어떤 승려가 운문(雲門)에게 묻기를 '어떤 것이 모든 부처님이 나타나는 곳입니까?'라고 하자, 운문은 말하길 '동산(東山)이 물 위로 간다.'

---

366) 『오등회원(五燈會元)』 제9권 '향엄지한선사'

고 하였다. 만약 나라면 그렇지 않다. 어떤 것이 모든 부처님이 나타나는 곳이냐? 따뜻한 바람이 남쪽에서 불어 오니, 전각(殿閣)이 조금 시원하구나."

② 대혜종고의 깨달음

나는 이 말을 듣자 문득 앞뒤의 시간이 끊어졌다. 비유하자면 마치 한 타래 엉킨 실뭉치를 칼로써 한 번에 몽땅 잘라 버린 것과 같았다. 그 당시 온몸에 땀이 솟았다.

원오(圜悟) 선사(先師)께서 "모든 부처님이 나타나는 곳에 따뜻한 바람이 남쪽으로부터 불어온다."고 하시는 말씀을 듣고서 홀연 가슴에 걸려 있던 것이 내려갔습니다. 그리하여 비로소 부처님의 말씀이 진실한 말이며, 있는 그대로의 말이며, 속이지 않는 말이며, 망령되지 않은 말이며, 사람을 속이지 않는 참으로 커다란 자비로서, 몸을 가루로 만들어 목숨을 버리더라도 갚을 수 없음을 알았습니다. 가슴에 걸려 있던 것이 없어지고 나서야, 비로소 꿈꿀 때가 바로 깨어 있는 때이며 깨어 있는 때가 바로 꿈꾸는 때라는 것을 알았으며, 비로소 부처님이 말씀하신 깨어 있을 때와 잠잘 때가 늘 하나라는 것을 저절로 알았습니다. 이러한 도리는 집어내어 남에게 보여 줄 수도 없고, 남에게 말해 줄 수도 없습니다. 마치 꿈속의 경계와 같아서 취할 수도 없고 버릴 수도 없습니다.

③ 첫 번째 깨달음에 대한 대혜종고의 소감(所感)

"비록 그렇지만, 활동하는 모습은 생기지 않고 도리어 깨끗이 벗어난 곳에 머물러 있었다."

"나는 다만 지금 얻은 곳에 의지하여 편하게 지낼 뿐, 다시 이해(理解)하지는 못하고 있구나."

④ 첫 번째 깨달음에 대한 원오극근의 평가

"내가 상당(上堂)하여 '모든 부처님이 나타나는 곳에 훈풍(薰風)이 남쪽에서 불어온다.'라는 말을 인용하는 것을 듣고는 곧 대강 깨달았다."

"그대가 이런 경지에 이른 것도 물론 쉽지는 않지만, 그대는 죽어 버리고 살아날 줄을 모르니 안타깝구나. 언구(言句)를 의심하지 않는 것이 곧 큰 병이다. 듣지도 못했느냐? '절벽에 매달려 손을 놓아, 스스로 기꺼이 받아들여, 죽었다가 다시 살아난다면, 그대를 속일 수 없을 것이다.' 반드시 이런 도리가 있음을 믿어야 한다."

⑤ 해설

잠잘 때와 깨어 있을 때가 한결같다는 장벽 앞에서 오랫동안 캄캄하게 막혀 있었던 대혜는 원오가 법당에 올라가 설법하면서, "모든 부처님이 나타나는 곳에 따뜻한 바람이 남쪽으로부터 불어온다."라는 말을 듣고서 문득 앞뒤의 시간이 끊어졌고, 홀연 가슴에 걸려 있던 물건을 제거하였다. 비유하자면 마치 한 타래 엉킨 실뭉치를 칼로써 한 번에 몽땅 잘라 버린 것과 같았다. 손쓸 수 없이 꽉 막혀 있던 장벽이 일순간 사라져 버린 것이다.

언제나 깨달음은 이렇게 일어난다. 캄캄하게 어두워 길이 보이지 않고 사방이 꽉 막혀 있는 갑갑한 상황에서 자신도 모르게 어느 순간 문득 이러한 모든 장애가 사라져 버리는 것이다. 이러한 체험은 언제 어느 곳에서든지 발생할 수 있으나, 주로 스승의 설법을 듣거나 스승과의 대화 속에서 스승의 말을 듣고 발생하는 경우가 많다. 그래서 이 깨달음의 체험을 보통 '말을 듣고서 크게 깨닫는다.'고 하여 언하대오(言下大悟)라고 한다. 육조혜능(六祖慧能) 이래로 전통적으로 선(禪)에서의 깨달음은 주로 말을 듣고서 문득 깨닫는 언하대오인데, 대혜 역시 그러한 경우이다.

그 악몽같이 사방을 가로막고 있던 분별심의 감옥에서 벗어나 허공같이 텅 비고 고요한 속에 머무니, 여기는 생겨나는 것도 없고 사라지는 것도 없고 언제나 변함이 없다. 변할 만한 어떤 것도 없는 고요하고 텅 빈 상태인 것이다. 여기에서는 과거·현재·미래의 차별이 없고, 깨어 있음과 잠들어 있음의 차별이 없고, 이곳 저곳의 차별이 없다. 깨어 있는 마음이라고 할 물건이 없고, 잠들어 있는 마음이라고 할 물건이 없다. 그러므로 언제나 한결같음을 저절로 알게 된다.

이렇게 깨닫고 보니 깨어 있을 때와 잠잘 때가 늘 하나라는 것을 저절로 알았다. 분별의식에서 벗어나 보니 본래 마음에는 잠잘 때의 마음과 깨어 있을 때의 마음이 따로 없었다. 분별의식 속에서는 '깨어 있을 때의 마음'이라는 상(相)을 분별하고 있으므로 '잠잘 때의 마음'이라는 상(相)이 잠잘 때에도 분별되어야 하는 것처럼 착각한다. 그러나 분별의식에서 벗어나면, 본래 '마음'은 상(相)이 아니다. '마음'이라는 상(相)이 없는데, 다시 무슨 잠잘 때의 마음과 깨어 있을 때의 마음을 찾을 수 있으리오?

삿됨이 사라지면 곧 바름이 드러나는 것이지, 삿됨이 사라진 뒤에 다시 바름을 얻어야 하는 것은 아니다. 구름이 걷히면 맑은 하늘이 드러나는 것이지, 구름이 걷히는 것에 더하여 다시 맑은 하늘을 찾아야 하는 것은 아니다. 우리가 본래마음을 보지 못하는 것은 분별망상의 구름에 가려져 있기 때문이니, 분별망상의 구름이 사라진다면 본래면목이 저절로 드러난다.

대혜는 이제 비로소 스승인 원오가 말한 "너의 그 말은 망상이니 그 망상이 사라질 때에 저절로 잠잘 때와 깨어 있을 때가 하나가 될 것이다."라는 말을 이해하게 되었다. 이 체험이야말로 대혜가 그동안 선을 공부하면서 늘 목말라했던 것이다. 이 체험이 없었다면 대혜는 '선은 없다'라는 무선론(無禪論)을 짓고 선을 버렸을 것이라고 스스로 말했다.

진실로 선(禪)에 입문하는 것은 바로 이런 깨달음의 체험이다. 아무리 선에 대하여 많이 배우고 이치에 맞게 이해하고 그럴 듯이 말한다고 하여도, 이 체험이 없다면 아직 선(禪)에 참(參)한 것이 아니다. 이 깨달음은 오로지 스스로 체험하여 저절로 드러나는 것이지, 생각으로 이해할 수도 없고 취하거나 버릴 수도 없는 것이다. 대혜가 말하듯이, 남에게 보여 줄 수도 없고 말해 줄 수도 없고, 마치 꿈속의 경계와 같아서 취할 수도 없고 버릴 수도 없다.

그런데 이러한 첫 깨달음은 비록 분별의식에서 풀려나 본래면목에 자리 잡았으나, 도리어 분별의식에서 풀려난 쪽으로 치우치는 경향이 있다. 오랫동안 분별의식에 사로잡혀 분별심의 노예로 살아왔기 때문에,

그 반작용으로 이제는 분별을 떠나 분별이 없는 고요함 속에 머물려고 하는 심리가 작용한다고 할 수 있다. 분별을 떠난 고요하고 안락한 곳에 자리 잡고서 다시 분별하는 것을 두려워하는 심리라고 할 수 있다. 대혜가 "문득 앞뒤의 시간이 끊어졌고, 홀연 가슴에 걸려 있던 물건을 제거하였다."라고 말했듯이, 문득 모든 경계가 사라지고 아무런 분별도 나타나지 않으니, 지금까지 분별에만 의지하던 마음은 어찌할 바를 모르고 마냥 고요하고 아무런 일이 없을 뿐인 상태에 있는 것이다.

이것은 마치 악몽 속에서 갑자기 깨어나 한없는 안도감 속에 있으나 아직 깨어난 뒤의 세계를 자유롭게 인식하지 못하고 있는 경우와 같다고 할 수 있다. 세상을 살아가려면 분별심을 사용할 수밖에 없는데, 분별심에서 벗어난 지금 다시 분별심을 어떻게 사용해야 할지를 모르는 상태라고 할 수 있다. 달리 말하면, 아직도 본래면목과 분별심이 따로 있어서 분별심은 여전히 망상을 일으키는 작용을 하고 있고, 본래면목은 텅 비고 고요하기만 한데 자신은 분별심의 해독을 피하여 본래면목 속에 조용히 머물고 있는 것이라고 할 수 있다. 대혜가 스스로 "활동하는 모습은 생기지 않고 도리어 깨끗이 벗어난 곳에 머물러 있었다."라고 한 말이나, 원오가 "그대는 죽어 버리고 살아날 줄을 모르니 안타깝구나."라고 한 말이 바로 이것을 나타낸다.

문제는 분별심이 아직도 본래면목과 달리 따로 작동하고 있어서 분별하려고 하면 바로 이법(二法)에 떨어져 버리는 데 있다. 즉, 아무것도 없는 본래면목과 이것저것을 분별하는 분별심이 아직 하나가 되질 못하고 따로 작동하고 있는 것이 문제이다. 이런 상황은 망상 속에서 헤매는 일이 끝나고 비로소 새로운 삶 속에 들어와 안도하면서 편안하게 머물고 있으나, 일상생활에서 분별심을 사용할 때에는 여전히 불편함과 부자유스러움이 있고 아직도 지혜가 밝아지지 않아서 법을 보는 눈이 밝지가 못함을 스스로 안다. 달리 말하면, 모든 경우에 완전히 불이법문(不二法門) 속에 있지를 못한 것이다. 분별이 없는 고요한 자리가 있고 분별은 따로 있으니 아직도 이법(二法) 속에 있다.

참된 해탈자재는 모든 경우에 완전히 둘이 없고 차별이 없어야 하니, 모든 경우에 둘이 없고 차별이 없어야 언제나 자신의 본래면목이 드러나고 언제나 법성(法性)을 보는 것이다. 이렇게 둘이 없이 본래면목이 확실히 드러나면, 자유롭게 분별하면서도 한없이 고요하고, 한없이 고요하면서도 자유롭게 분별한다. 이렇게 되어야 비로소 일상생활의 온갖 잡다한 분별 속에 있더라도 늘 한없이 고요하고 여여(如如)하다.

불교와 선에서 이러한 불이법문(不二法門)으로 유도하는 방편은 주로 분별되는 언구(言句)를 시설하여 놓고 분별을 차단하는 방식이다. 원오가 "언구(言句)를 의심하지 않는 것이 곧 큰 병이다. 듣지도 못했느냐? '절벽에 매달려 손을 놓아, 스스로 기꺼이 받아들여, 죽었다가 다시 살아난다면, 그대를 속일 수 없을 것이다.' 반드시 이런 도리가 있음을 믿어야 한다."라고 말한 것이 바로 이것을 가리킨다. 이제 원오극근은 대혜에게 유구무구(有句無句)라는 분별언구를 시설하여 분별을 차단함으로써 이러한 방편을 베풀고 있다.

(3) 두 번째 장벽

① 원오극근이 세운 장벽

매일 사대부들과 함께 서너 번 입실(入室)하였는데, 노스님께선 다만

"있다는 구절[유구(有句)]과 없다는 구절[무구(無句)]은 마치 등나무 덩굴이 나무에 기대어 있는 것과 같다."라는 말씀을 하셨는데, 내가 입을 열자마자 노스님께선 곧 "아니다."라고 말씀하셨다.

② 대혜종고가 마주친 장벽

"스님! 이 도리는 마치 강아지가 뜨거운 기름 솥을 보고 있는 것과 같아서 핥고 싶어도 핥을 수가 없고, 버리고 싶어도 버릴 수가 없습니다."

③ 해설

원오가 새로 대혜의 앞에 세운 장벽은 유구(有句)와 무구(無句)의 관계에 관한 것이다. 등나무 덩굴과 나무줄기가 서로 의지하여 서 있듯이 유구와 무구는 서로 의지하여 성립된다는 말을 제시하고서 그 견해를 묻는데, 어떤 대답도 용납하지 않음으로써 분별심의 앞에 장벽을 세운 것이다.

유구와 무구가 서로 의지하여 성립한다는 말은 분명히 분별로써 이해할 수 있는 것이다. 유(有)는 '없는 것이 아닌 있는 것'이고, 무(無)는 '있는 것이 아닌 없는 것'이다. 즉, 무(無)가 아니면 유(有)의 뜻이 이루어질 수 없고, 유(有)가 아니면 무(無)의 뜻이 이루어질 수 없다. 유(有)라는 말은 무(無)라는 말에 의하여 그 뜻이 이루어지고, 무(無)라는 말도 유(有)라는 말에 의하여 그 뜻이 이루어진다. 유(有)와 무(無)는 서로 모순되는 정반대의 뜻을 가졌지만, 유와 무의 뜻이 성립하려면 서로 상대방에 의지하여야 된다. 그러므로 유(有)와 무(無)를 따로따로 보면 그 뜻이

정반대로 전혀 다르지만, 이 둘은 마치 동전의 앞뒷면처럼 서로 떨어질 수 없다. 유(有)와 무(無)는 둘이면서 둘이 아닌 것이다. 이러한 이치는 어렵지 않게 이해할 수 있지만, 이러한 이치는 분별에서 이해한 것이므로 이것이 원오가 요구하는 답은 아니다. 그러므로 원오는 대혜가 무엇을 말하려고 하기만 하면 바로 입을 막아 버린 것이다.

앞서 담당문준이 세운 장벽이 잠잘 때와 깨어 있을 때라고 하는 경험되는 사실(事實)에서 분별을 차단하는 장벽이었다면, 이번에 원오가 세운 장벽은 유(有)와 무(無)라고 분별되는 개념(概念)의 이치(理致)에서 분별을 차단하는 장벽이다. 분별되는 언구를 말하면서 분별이 없으려면, 반드시 불이법문인 본래면목이 드러나야 한다. 아직 그렇지 못하면 역시 어떻게 손쓸 수 없는 장벽이 앞을 가로막고 있을 뿐이다. 이 장벽 앞에서 대혜는 "이 도리는 마치 강아지가 뜨거운 기름 솥을 보고 있는 것과 같아서 핥고 싶어도 핥을 수가 없고, 버리고 싶어도 버릴 수가 없습니다."라고 말할 수밖에 없었던 것이다.

(4) 두 번째 깨달음

① 오조법연의 대답

하루는 노스님에게 물었다.
"스님께서 그때 오조산(五祖山)에서 오조(五祖) 스님에게 이 이야기를 질문하셨던 적이 있다고 들었습니다. 오조 스님은 어떻게 답하셨습니까?"
스님은 말씀하지 않으려 하셨다. 내가 말씀드렸다.

"스님, 그때 혼자서 질문하신 것이 아니고 대중 앞에서 질문하셨을 터인데, 지금 다시 말씀하신다고 무슨 거리낄 일이 있겠습니까?"

노스님께서 이에 말씀하셨다.

"내가 '있다는 구절과 없다는 구절이 마치 등나무가 나뭇가지에 기대어 있는 것과 같을 때에는 어떻습니까?' 하고 물으니, 오조께서 말씀하셨다. '말해도 말이 되지 않고, 그려도 그림이 되지 않는다.' 내가 다시 물었다. '문득 나무가 넘어져 등나무가 말라죽을 때에는 어떻습니까?' 오조께서 말씀하셨다. '서로 뒤따른다.'"

② 대혜종고의 깨달음

나는 그 말을 듣자마자 곧 알아차리고 말했다.
"제가 알았습니다."

③ 두 번째 깨달음에 대한 대혜종고의 소감

"제가 알았습니다."
"노스님께서는 이에 연달아 몇몇 까다롭고 난해한 공안을 말씀하셨는데, 나는 두 번 세 번 끊어 버리고, 마치 태평하여 일 없는 때에 길에 들어서 곧장 가는 것과 같이 다시는 막힘이 없었다."

④ 두 번째 깨달음에 대한 원오극근의 평가

"내가 너를 속일 수 없음을 이제 비로소 알겠구나."

"뒤에 문득 맹렬히 반성하여 계책과 지견(知見)과 현묘(玄妙)를 모조리 벗어났기 때문에 그에게 말했다. '이것이 바로 선(禪)에 잘 참(參)하는 것이다.' 곧 앞으로 기세좋게 뛰어나가며 빠짐없이 하나하나 송곳으로 찌르니, 비로소 드넓고 크게 통달하였다. 나는 사람 얻은 것을 기쁘게 여기는 것이 아니라, 다만 이 정법안장(正法眼藏)을 꿰뚫어 본 사람이 있어서 임제(臨濟)의 정종(正宗)을 일으킬 수 있음을 기뻐하였다. 이윽고 많은 사람들 속에서 법좌를 나누게 하여 대중을 가르치게 한 지 오래되었다."

⑤ 해설

유구무구(有句無句)의 장벽 앞에서 손가락 하나도 꼼짝할 수 없었던 대혜는 마침내 원오에게 그 스승인 오조법연의 가르침을 들려 달라고 요청한다. 원오는 처음에는 거절하다가 마지못해 오조의 말을 전해 준다.

"있다는 구절과 없다는 구절이 마치 등나무가 나뭇가지에 기대어 있는 것과 같을 때에는 어떻습니까?"라는 질문에 대한 오조의 답은 "말해도 말이 되지 않고, 그려도 그림이 되지 않는다."이고, "문득 나무가 넘어져 등나무가 말라죽을 때에는 어떻습니까?"라는 질문에 대한 오조의 답은 "서로 뒤따른다."(서로 뒤쫓아간다. 함께 간다.)이다.

여기에서 대혜는 문득 눈앞의 장벽이 사라져 버리고 "제가 알았습니다."라고 외쳤다. 이 깨달음에 대하여 대혜는 스스로 술회하기를 "나는 그 말을 듣자마자 곧 이해(理解)하고서 말했다. '제가 알았습니다.'"(老漢纔聞舉, 便理會得, 乃曰 : '某會也.')라고 하였는데, 이 말은 앞서 첫 번째 깨달음에 대하여 스스로 술회한 "이 말을 듣자 문득 앞뒤의 시간이 끊어 졌다. 비유하자면 마치 한 타래 엉킨 실뭉치를 칼로써 한 번에 몽땅 잘라 버린 것과 같았다."와는 그 내용이 다르다.

앞에서는 모든 분별되는 경계가 사라져 버린 고요하고 텅 빈 곳으로 들어간 체험을 말하였다면, 지금은 분명히 분별하고 있으면서도 분별이 없음을 자각한 말이다. 분별하고 있으면서 분별이 없는 체험이다. 둘인데 둘이 아닌 체험이다. 앞서는 의식이 사라져 고요하게 된 체험이라면, 지금은 의식이 활발히 살아 있는데 의식이 없는 체험이다. 앞서 모든 분별이 사라져 버린 고요함과는 달리 지금은 분별하는 곳에서 분별이 없는 체험이므로 즉각 알았다고 말한 것이다. 분별하면서도 분별이 없다.

분별을 하는데 분별이 없고, 마음이 이전처럼 온갖 작용을 하는데 마음이라는 물건이 없다. 이것을 불이중도(不二中道)라고 할 수 있을 것이다. 이 불이중도는 의식 속에서 명확히 나타나므로, 의식이 끊어져 사라진 것 같은 앞서의 체험과는 다르다. 그러므로 "알았다."라고 말했지만, 그렇다고 분별로 사유(思惟)하고 이해했다는 말은 아니다. 이것은 분별심과 본래면목이 하나임을 확인하는 체험이라고 할 수 있다. 이법(二法)인 분별심과 불이법(不二法)인 본래면목이 하나이면, 분별하면서도 분별이 없고 분별이 없으면서도 분별한다.

분별하여도 분별이 없고, 분별 없이 분별하므로 일상생활에서 걸림 없이 자유자재(自由自在)하고 원융무애(圓融無礙)하다. 머물 본래면목이 따로 없고, 피해야 할 분별망상이 따로 없다. 분별하는 일 하나하나가 그대로 본래면목이다. 이것이 불이중도로 표현되는 불법(佛法)이다. 그렇기 때문에 원오는 "정법안장(正法眼藏)을 꿰뚫어 본 사람이 있어서 임제(臨濟)의 정종(正宗)을 일으킬 수 있음을 기뻐하였다."라고 한 것이다.

필자의 공부 경험을 보거나 도반들의 경험을 보더라도 일반적으로 첫 번째 깨달음의 경험은 지금까지 막막하고 깜깜하게 앞을 가로막고 있었던 장벽이 일순간 사라져 버리고 모든 것이 싹 없어져 버린 것 같은 느낌이 든다. 마치 온몸을 얽어매고 있던 수많은 오랏줄들이 문득 모두 끊어져 버린 것 같은 기분이다. 지금까지 조금도 벗어날 수 없는 분별심 속에서 불안하고 어둡고 막막하고 괴롭고 힘들던 일들이 모두 사라져 버리고, 텅 빈 허공처럼 깨끗하고 아무런 문제가 없고 너무나 편안하고 마치 새로운 생명을 얻은 듯하고 비로소 자기의 참된 고향으로 돌아온 듯이 안락하다. 그러나 아무런 일 없이 홀로 있으면 이런 즐거움 속에 있지만, 사람을 만나거나 어떤 일을 분별하고 판단하여야 하는 경우에는 여전히 이전에 분별하던 버릇에 사로잡혀 있다. 원인도 모르게 갑갑했던 번뇌는 사라졌지만, 분별심을 조복(調伏)시킨 것은 아니어서 분별할 일이 생기면 여전히 분별심에 끌려다닌다.

비록 이전과는 전혀 달라졌고 매우 편안하긴 하지만, 이런 불편함이 남아 있기 때문에 다시 분발하여 공부하게 된다. 또다시 어찌하지 못하고 손쓸 수 없는 장벽에 가로막혀 있다가 문득 안과 밖의 경계가 사라지고, 마음과 세계의 경계가 사라지고, 주관과 객관의 경계가 사라지고, 사람과 사물의 경계가 사라지고, 있음과 없음의 경계가 사라지고, 모든 차별이 사라져서 둘 아닌 하나가 된다. 이 하나는 어떤 한 물건도 아니지만, 또 모든 물건이 곧 이 하나이다. 흐르는 시간 속에서 시간이 없고, 삶도 없고 죽음도 없다. 여전히 온갖 인연들을 만나면서 살지만, 하나의 인연도 없다. 언제 어디서나 눈앞의 세계가 모두 진실하지만, 진실한 물건은 하나도 없다. 늘 드러나는 이것을 일러 본래면목(本來面

目)이라 한다.

본래면목이 앞에 드러나면 모든 이름과 모습이 전부 본래면목일 뿐이니, 유를 세워도 유가 본래면목이고, 무를 세워도 무가 본래면목이다. 온갖 차별되는 언구(言句)들을 마음대로 분별하면서도 어떤 언구에도 속아서 구속되지 않는다. 대혜가 "노스님께서는 이에 연달아 몇몇 까다롭고 난해한 공안을 말씀하셨는데, 나는 두 번 세 번 끊어 버리고, 마치 태평하여 일 없는 때에 길에 들어서 곧장 가는 것과 같이 다시는 막힘이 없었다."라고 말한 것이 이것이고, 원오가 "내가 너를 속일 수 없음을 이제 비로소 알겠구나."라고 한 것이 바로 이것이다.

(5) 남아 있던 장벽

① 앙굴마라와 임산부 공안(公案)

세존께서 앙굴마라를 시켜 바루를 들고 어떤 장자(長者)의 집으로 찾아가도록 하셨다. 그 집 부인이 마침 산고(産苦)를 겪고 있었는데, 장자가 말했다.

"고오타마의 제자시여! 당신은 위대한 성자이시니 마땅히 어떤 법을 가지고 산고의 어려움을 면하게 해 주시겠습니까?"

앙굴마라는 말했다.

"저는 금방 입도(入道)하였으니 아직 이 법을 알지 못합니다. 제가 돌아가 세존께 여쭈어 보고 다시 돌아와 알려 드리겠습니다."

앙굴마라가 돌아와 부처님께 그 일을 말씀드리니, 부처님께서 앙굴마라에게 말씀하셨다.

"너는 속히 가서 이렇게 말하거라. '나는 성인의 법을 따른 이래로 아직 살생(殺生)을 한 적이 없다.'"

앙굴마라는 곧 부처님의 말씀을 받들어 그 집으로 가서 그대로 말했다. 그 부인은 그 말을 듣더니 곧 산고의 어려움에서 벗어났다.

② 이 공안에 대한 뒷날 대혜의 언급

"여기에서 방망이를 휘두르고 고함을 지르고 선상(禪床)을 뒤집어엎고 경전의 가르침을 인용하고 이치와 사실을 설명하고 부싯돌과 번개를 치듯이 함으로써, 한밤중에 오골계(烏骨鷄)367)를 붙잡을 수 있을까?"

③ 담당문준의 방편

"앙굴마라가 '저는 금방 입도(入道)하였으니 아직 이 법을 알지 못합니다. 제가 돌아가 세존께 여쭈어 보고 다시 돌아와 알려 드리겠습니다.'라고 말했는데, 앙굴마라가 부처님 계신 곳에 도착하기도 전에 그 부인이 아이를 낳았다면 어쩔 거냐? 또 부처님께서 '나는 성인의 법을 따른 이래로 아직 살생(殺生)을 한 적이 없다.'고 하셨는데, 앙굴마라가 이 말씀을 가지고 그 장자의 집에 도착하기도 전에 이미 아이를 낳았다면 어쩔 거냐?"

---

367) 오계(烏鷄) : 오골계(烏骨鷄). 털이 온통 새까만 닭.

④ 해설

비록 유구무구(有句無句)의 방편을 통하여 깨달아 불이중도(不二中道)에 들어갔지만, 오래 전부터 의문 속에 남아 있었던 하나의 공안(公案)은 여전히 풀리지 않고 남아 있었다. 한 번의 깨달음으로 문득 불이중도에 들어오지만, 불이중도에 익숙해지는 것은 오랜 시간이 걸린다. 대혜가 『능엄경』에 나오는 구절인 "이(理)라면 문득 깨닫고 깨달음과 더불어 사라지지만, 사(事)는 문득 제거되지 않고 차례차례 사라진다."368)를 인용하여 말했듯이, 한 번의 깨달음으로 문득 본래면목이 드러나지만, 본래면목이 익숙한 일상이 되어 온갖 인연에서 세밀하고도 밝게 본래면목을 보는 일은 오랜 시간이 걸린다. 이 공안과 담당의 방편은 대혜에게 여전히 명쾌하게 풀리지 않고 남아 있었던 것이다.

(6) 세 번째 깨달음

① 화엄경의 무생법인(無生法忍) 설법 열람

"불자(佛子)여! 보살이 이 인(忍)을 성취하면 즉시 보살의 제8부동지(不動地)에 들어가 심행보살(深行菩薩)이 되어, 알기도 어렵고, 차별도 없고, 모든 모습을 벗어나고, 모든 생각을 벗어나고, 모든 집착을 벗어나, 헤아릴 수도 없고 끝도 없게 되니, 모든 성문(聲聞)이나 벽지불(辟支佛)은 미칠 수가 없게 되고, 모든 시끄러운 다툼을 벗어나 적멸(寂滅)이 앞에

---

368) 『수능엄경』 제10권에 나오는 말. 『대혜법어』 '18. 묘심거사(妙心居士)에게 보임'에서 인용.

나타난다. 비유하면, 비구(比丘)가 신통(神通)을 다 갖추고서 마음의 자재(自在)를 얻고 차례를 밟아 멸진정(滅盡定)에 들어가게 되면 모든 움직이는 마음과 기억과 생각과 분별이 전부 멈추어 사라지듯이, 이 보살도 마찬가지로 부동지(不動地)에 머물면 모든 공용(功用)하는 행위를 버리고 공용 없는 법을 얻어 신구의(身口意)의 삼업(三業)을 생각하고 행하는 일이 모두 쉬어지고 보행(報行)에 머문다. 비유하면, 어떤 사람이 꿈속에서 큰 강물 속에 떨어져서 그 강을 건너기 위해 큰 용맹을 내고 큰 방편을 베풀었는데, 이 큰 용맹과 베푼 방편 덕분에 곧 꿈에서 깨어나지만 깨어난 뒤에는 행한 일이 모두 쉬어지는 것과 같다. 보살도 역시 그러하여, 중생이 사류(四流) 속에 떨어져 있음을 보고는 구해 내기 위해 큰 용맹을 내고 큰 정진(精進)을 일으키는데, 용맹과 정진 덕분에 이 부동지에 도달하고, 이곳에 도달한 뒤에는 모든 공용(功用)이 모조리 쉬어지고, 이행(二行)[369]과 상행(相行)[370]이 모두 나타나지 않는다. 이 보살에게는 보살의 마음도 부처의 마음도 깨달음의 마음도 열반의 마음도 오히려 나타나지 않는데, 하물며 세간(世間)의 마음이 나타나겠느냐?"

② 대혜종고의 깨달음

"여기에 이르자 문득 장애가 사라지고, 담당 스님께서 나에게 말씀해 주셨던 방편이 문득 앞에 드러났으니, 비로소 참된 선지식이 나를 속이지 않았음을 알았던 것이다."

---

369) 이행(二行) : 번뇌장(煩惱障)과 소지장(所知障)의 둘이 나타나 행해지는 것.
370) 상행(相行) : 신구의(身口意) 삼업(三業)의 모습을 가진 행위.

③ 세 번째 깨달음에 대한 대혜종고의 소감

"참된 금강권(金剛圈)이란 바로 장식(藏識)임이 밝혀져야 비로소 벗어날 수 있다."

④ 해설

『화엄경』에서 무생법인(無生法忍)을 말하는 구절을 읽다가 문득 장애가 사라지고 모든 것이 납득되었다. 그리하여 앙굴마라와 임산부 공안과 담당의 방편이 모두 소화되었다.

뒤에 그에 대하여 대혜는 소감을 말하기를 "참된 금강권(金剛圈)이란 바로 장식(藏識)임이 밝혀져야 비로소 벗어날 수 있다."고 하였다. 금강(金剛)은 결코 부서지지 않는 가장 견고한 것이고 권(圈)은 울타리를 나타내는 말이니, 금강권은 결코 부서지지 않는 울타리나 장벽을 뜻한다. 금강권은 아직 깨닫지 못한 사람이 가로막혀 있는 장벽을 가리키는 말이고, 아직 해탈하지 못한 사람이 갇혀 있는 감옥을 가리키는 말이다. 장식이란 곧 제8아뢰야식으로서 결코 없어지거나 잃어버릴 수 없는 중생의 근본 심식(心識)인 마음을 가리킨다. 장식이 바다라면, 우리가 경험하는 모든 의식은 바다에서 일어나는 물결과 같다. 아무리 다양한 물결이 일어나고 사라져도 바다는 언제나 변함이 없다. 장식은 평소에 드러나는 마음 자체를 가리키는 말이다.

그러므로 대혜의 말은 아직 깨닫지 못한 이가 갇혀 있는, 결코 벗어날 수 없는 감옥이 바로 우리의 마음이라는 뜻이다. 영원히 부서지지 않는 감옥은 바로 평소 자신의 마음임이 밝혀져야 비로소 영원한 감옥으로부터 벗어나 자유롭게 된다. 다시 말하면, 망상(妄想)이 곧 실상(實相)이요, 중생의 마음이 곧 부처의 마음이요, 얽매인 마음이 곧 해탈한 마음이라는 말이다. 마음은 하나뿐이어서 중생도 아니고 부처도 아니며, 더러운 것도 아니고 깨끗한 것도 아니고, 얽매여 있지도 않고 해탈한 것도 아니고, 미혹함도 아니고 깨달음도 아닌데, 우리 자신이 스스로 어리석게 부처와 중생을 나누고 더러움과 깨끗함을 나누고 미혹함과 깨달음을 나누어 하나를 버리고 하나를 취하려고 하는 것이다.

필자는 『화엄경』의 문장 가운데 마지막 구절인 "이 보살에게는 보살의 마음도, 부처의 마음도, 깨달음의 마음도, 열반의 마음도 오히려 나타나지 않는데, 하물며 세간(世間)의 마음이 나타나겠느냐?"에 주목한다. 이 세 번째 깨달음에서 대혜가 성취한 것도 '마음이 없다.'라는 말로 요약할 수 있다. 마음이라는 것이 따로 없고 앞에 나타나는 삼라만상 하나하나가 곧 마음이다. 마음이라는 물건이 따로 있는 것이 아니라 색깔을 보면 색깔이 마음이고, 소리를 들으면 소리가 마음이고, 생각하면 생각이 마음이고, 느끼면 느낌이 마음이다. 우리 주위를 가로막고 있는 온갖 경계가 바로 마음 자체이다. 말하자면 사람이 감옥이고 감옥이 사람이니, 사람은 감옥 속으로 들어올 수도 없고 감옥을 벗어날 수도 없다. 얻을 법(法)도 없고 버릴 비법(非法)도 없는 것이다. 완전한 불이법(不二法)이다.

이 책의 부록에서 더 자세히 소개하겠지만, 필자의 경험도 이와 유사하다. 처음에는 스승의 말 한 마디에 문득 모든 장애가 사라지고 편안하고 고요한 곳에 이르렀는데, 분별하는 곳에서는 편안하고 고요한 곳과 시끄러운 분별이 서로 달라서 여전히 불편했다. 두 번째 경험에서 스승의 설법을 듣다가 문득 마치 우주가 수축되어 한 점이 되었다가 그

한 점마저 사라지고 온통 둘이 없는 것 같았는데, 그때부터 생각하는 사람과 생각이 둘이 아니었다. 세 번째 경험에서는 마음이 사라졌다. 마음이 사라지니 경계도 함께 사라져서, 경계가 따로 있지 않고 마음이 따로 있지 않았다. 모든 경계가 그대로 생생한 마음이고, 일상생활에서 경험하는 하나하나의 경계 이외에 다른 것을 찾을 일이 없어졌다. 여기에서 대혜의 깨달음에 대한 해설 역시 필자의 이러한 경험에 근거하여 해설할 수밖에 없음을 말해 둔다.

(7) 깨달음은 어떻게 발생하는가?

대혜의 경우를 보나 필자의 경험으로 보나 선(禪)에서의 깨달음은 깨닫고자 하는 뜻을 세운 공부인이 가르침을 듣고서 도리어 어떻게도 손을 쓸 수 없는 장벽에 가로막히고 함정에 빠져 있는 곳에서 발생한다. 그러므로 언제나 스승은 제자 앞에 가르침의 이름으로 제자가 이해할 수 없고 처리할 수 없는 장벽을 세운다. 제자가 스승을 믿는다면, 이 장벽을 무시하거나 대수롭지 않게 여기지를 않고 끝까지 장벽 앞에서 버티면서 탈출구를 찾을 것이다.

가르침이라는 이름으로 시설된 장벽과 함정 속에서 포기하지 않고 끝까지 버티는 제자에게는 깨달음이라는 일이 갑자기 일어나는 것이다. 그러나 생각으로 이해하려고만 하거나 스승의 가르침을 믿지 않고 대수롭지 않게 여기는 제자에게는 장벽이나 함정이 별 효과를 발휘하지 못할 것이고 깨달음도 일어나지 않을 것이다. 이처럼 깨달음이 어떻게 일어나는지 그 과정이나 절차를 자세히 말할 수는 없지만, 어떤 조건에서 깨달음이 발생하는지는 말할 수 있다.

제3장

대혜의 가르침

대혜가 공부인들에게 해주는 말이나 자신의 공부를 드러내는 말들을 발췌하여, 살펴보기 편리하게 몇 개의 주제로 나누어 분류하였다. 대혜어록 전체를 일목요연하게 보는 효과가 있을 것이다.

1. 깨달아야 한다

대혜가 가장 강조하는 것은 무엇보다도 진실로 깨달아야 한다는 것이다. 도리를 잘 이해하거나 공안을 잘 해설하거나 좌선을 잘 행하는 것은 아무 쓸모가 없다. 반드시 참으로 깨달아야 번뇌망상에서 벗어나고 분별심이 사라져 삶과 죽음의 문제가 해결된다. 선은 곧 깨달음이니, 깨달음이 없는 어떤 수행도 쓸모가 없다. 반드시 깨달아야만 자신의 모든 문제가 해결되는 것이다.

(1) 반드시 깨달아야 한다

① 오직 깨달음뿐이다

"꼭 생사(生死)와 맞서 싸우려고 한다면 반드시 이 칠통(漆桶)을 부수어야 합니다."[371]

---

371) 『대혜보각선사서』 제30권. 61. 장사인(張舍人) 장원(狀元)에 대한 답서.

"바야흐로 이 하나의 인연은 전할 수도 없고 배울 수도 없음을 믿었으니, 모름지기 스스로 증명(證明)하고 스스로 깨달아야 하며 스스로 긍정하고 스스로 쉬어야 비로소 투철할 것입니다."372)

"모름지기 자기 스스로 보고 스스로 깨달아야, 저절로 옛사람의 말에 휘둘리지 않고 오히려 옛사람의 말을 휘두를 수 있습니다."373)

"만약 재빨리 이해하고자 한다면, 모름지기 이 한 생각이 폭삭 부서져야 합니다. 그때에야 비로소 생사를 밝힌 것이며 바야흐로 깨달아 들어갔다고 말할 수 있습니다."374)

"종횡으로 막힘 없이 말한다 해도 소용이 없으며, 마음을 목석(木石)같이 하더라도 소용이 없고, 모름지기 자기의 생사심(生死心)375)이 부서

---

372) 『대혜보각선사서』 제25권. 9. 이참정(李參政) 한로(漢老)에 대한 답서(1).
373) 『대혜보각선사서』 제26권. 15. 부추밀(富樞密) 계신(季申)에 대한 답서(3).
374) 『대혜보각선사서』 제26권. 13. 부추밀(富樞密) 계신(季申)에 대한 답서(1).
375) 생사심(生死心) : 분별과 차별 속에서 취하고 버리고 조작하는 중생의 분별심(分別心). 『사가어록(四家語錄)』「강서마조도일선사어록(江西馬祖道一禪師語錄)」에서 말하기를, "도(道)는 닦을 필요가 없으니, 단지 오염되지만 말라. 무엇이 오염인가? 생사심(生死心)이 있기만 하면 조작하고 쫓아다니니, 이들이 모두 오염이다. 만약 곧장 도를 깨닫고자 한다면, 평상심(平常心)이 곧 도이다. 무엇을 일러 평상심이라 하는가? 조작이 없고, 옳고 그름을 따짐이 없고, 취하고 버림이 없고, 단절(斷絶)과 항상(恒常)이 없고, 범부와 성인이 없는 것이다."(道不用修, 但莫汚染. 何爲汚染? 但有生死心, 造作趣向, 皆是汚染. 若欲直會其道, 平常心是道. 何謂平常心? 無造作, 無是非, 無取捨, 無斷常, 無凡無聖.)라고 하였다. 그러므로 생사심(生死心)은 평상심(平常心)과 상대되는 말이니, 조작하고, 옳고 그름을 따지고, 취하고 버림이 있고, 단절과 항상이 있고, 범부와 성인의 차별이 있는 것이 곧 생사심(生死心)이다. 『선문요략(禪門要略)』에서는 "앞의 아홉이 세간심(世間心)이요, 생사심(生死心)이며, 뒤의 하나가 출세간심(出世間心)이요, 열반심(涅槃心)이요, 성인심(聖人心)이요, 해탈심(解脫心)이다."(前九是世間心, 是生死心, 後一

져야 합니다. 만약 생사심이 부서졌다면, 다시 무엇하러 마음을 맑게 하고 생각을 안정시킨다는 말을 할 것이며, 무슨 종횡으로 막힘 없는 말을 할 것이며, 무슨 불경(佛經)과 외도(外道)의 경전을 말하겠습니까?"376)

"우리 선종(禪宗)에서는 초보자냐 오래 공부한 사람이냐를 따지지 않으며, 또한 고참이나 선배를 귀하게 여기지도 않습니다. 만약 참된 고요함을 바란다면, 반드시 생사심(生死心)이 부서져야 합니다. 애써 공부할 필요 없이 생사심만 부서지면 저절로 고요해집니다."377)

"'법은 볼 수도, 들을 수도, 느낄 수도, 알 수도 없다. 만약 보고 듣고 느끼고 아는 것을 수행한다면, 이것은 곧 보고 듣고 느끼고 아는 것이지 법을 구하는 것이 아니다.'378) 보고 듣고 느끼고 아는 것을 벗어나 다시 무엇을 일러 법이라 하는가? 여기에 이르면 마치 사람이 물을 마셔서 그 차고 따뜻함을 스스로 아는 것과 같다. 다만 직접 증험(證驗)하고 직접 깨달아야만 비로소 알 수 있는 것이다. 만약 참으로 증험하고 깨달은 사람이라면, 털끝 하나만 집어 들어도 온 세계가 일시에 분명해진다."379)

"암두가 말했습니다. '뒷날 큰 가르침을 펼치고자 한다면, 반드시 하나하나 자기의 가슴에서 흘러나와 하늘을 뒤덮고 땅을 뒤덮어야 비로

是出世心、是涅槃心、是聖人心、是解脫心.)라고 하였다.
376) 『대혜보각선사서』 제27권. 22. 유보학(劉寶學) 언수(彦修)에 대한 답서.
377) 『대혜보각선사서』 제26권. 15. 부추밀(富樞密) 계신(季申)에 대한 답서(3).
378) 『유마힐소설경』 「불사의품(不思議品)」 제6,에 나오는 구절.
379) 『대혜보각선사보설』 제17권. 12. 전계의가 청한 보설.

소 대장부가 하는 일인 것이다.' 암두의 이 말은 설봉의 근기(根器)를 밝혀 주었을 뿐만 아니라, 이 도(道)를 배우는 자들에게는 영원한 본보기가 될 만합니다. …… 이 일은 총명하고 영리함에 좌우되지도 않고 또한 둔하고 배운 것 없음에 좌우되지도 않습니다. 진실을 말하자면, 다만 단번에 확 깨닫는 것을 표준으로 삼을 뿐입니다. 이 소식을 얻기만 하면, 말을 할 때마다 참됨을 떠나 서 있는 곳이 없고, 서 있는 곳이 곧 참됩니다. 이른바 가슴에서 흘러나와 하늘을 뒤덮고 땅을 뒤덮는다는 것은 바로 이와 같을 뿐이고, 말을 하여 기특함을 구하는 것이 아닙니다."380)

② 깨달아야 통한다

"자기가 깨달은 곳, 자기가 안락한 곳, 자기가 힘을 얻은 곳은 타인이 알 수 없고, 타인에게 집어내 보여 줄 수 없습니다. 오직 이미 깨달았고 이미 안락하고 이미 힘을 얻은 자라야 비로소 한 번 보고는 곧 말없이 서로 통합니다."381)

"스스로 증험(證驗)하고 스스로 얻으며 스스로 믿고 스스로 깨달은 곳은 오로지 이미 증험했고 얻었고 믿었고 깨달은 사람이라야 바야흐로 말없이 서로 들어맞습니다. 아직 증험하지 못했고 얻지 못했고 믿지 못했고 깨닫지 못한 사람이라면 스스로도 믿지 못할 뿐만 아니라 남에게

---

380) 『대혜보각선사법어』 제22권. 22. 증기의(曾機宜)에게 보임.
381) 『대혜보각선사법어』 제22권. 18. 묘심거사(妙心居士)에게 보임.

이와 같은 경계가 있음도 믿지 못합니다."382)

"오직 직접 깨닫고 직접 밝힌 사람이라야 언설(言說)에 의지하지 않고, 저절로 말없이 계합(契合)할 따름입니다. 계합한 곳에서도 의식적으로 주의를 기울여 조정하지 않고, 마치 물이 물로 들어가듯 하고, 금으로 금을 넓히듯 하고, 하나를 말하면 셋을 밝힐 만큼 눈이 밝습니다. 이러한 곳에 이르러야 비로소 언설의 모습을 떠남을 말하고, 문자의 모습을 떠남을 말하고, 마음에 나타난 인연의 모습을 떠남을 말합니다. 억지로 그렇게 하는 것이 아니라, 법이 그렇기 때문입니다."383)

③ 깨달을 뿐 말할 것은 없다

"선(禪)에는 문자(文字)가 없으니, 모름지기 깨달아야 되는 것이다."384)

"솜씨를 내보일 필요는 없습니다. 반드시 우지끈 꺾어지고 뚝 끊어져야, 비로소 생사(生死)에 맞설 수 있습니다. 솜씨를 자랑하여서야 어떻게 끝날 기약이 있겠습니까?"385)

"모름지기 스스로 믿고 스스로 깨달아야 합니다. 말할 수 있는 것은

---

382) 『대혜보각선사서』 제27권. 27. 장제형(張提刑) 양숙(暘叔)에 대한 답서.
383) 『대혜보각선사법어』 제19권. 2. 동봉거사(東峰居士)에게 보임.
384) 『대혜보각선사보설』 제16권. 8. 부경간이 청한 보설.
385) 『대혜보각선사보설』 제14권. 3. 황덕용이 청한 보설.

결국 믿고 의지할 것이 못됩니다. 스스로 볼 수 있고 스스로 깨달을 수 있습니다. 스스로 믿어서 깨달음에 이르러 말할 수도 없고 형용할 수도 없는 것은 도리어 괜찮습니다만, 오직 두려운 것은 말할 수 있는 듯하고 형용할 수도 있는 듯하면서도 도리어 보지 못하고 깨닫지 못하는 것입니다. 부처님은 이런 사람을 가리켜 말하길, 증상만인(增上慢人)이라 하고, 또 반야를 비방하는 사람이라고도 하고, 또 크게 망령되게 말하는 사람이라고도 하고, 또 부처의 지혜를 끊는 사람이라고도 하셨으니, 이런 사람은 1,000분의 부처님이 세상에 나와도 참회할 수 없습니다."[386]

(2) 깨달음은 어떻게 일어나는가?

① 알 수 없는 곳에서 생각이 뚝 끊어진다

"다만 알지 못하는 곳에서 깨달아야 합니다."[387]

"문득 헤아림이 미치지 못하는 곳에서 이 한 생각이 부서진다면 곧 삼세(三世)를 깨닫는 곳입니다."[388]

"그대들이 진실하게 공부하려고 한다면, 다만 모든 것을 놓아 버리고, 마치 완전히 죽은 사람처럼 아무것도 알지 못하고 아무것도 이해하지 못해야 한다. 알지도 못하고 이해하지도 못하는 곳에서 문득 이 한 생각

---

[386] 『대혜보각선사서』 제28권. 36. 왕장원(汪狀元) 성석(聖錫)에 대한 답서(1).
[387] 『대혜보각선사법어』 제20권. 8. 확연거사(廓然居士)에게 보임.
[388] 『대혜보각선사서』 제27권. 28. 왕내한(汪內翰) 언장(彦章)에 대한 답서(1).

이 부서지게 되면, 부처님도 그대들을 어찌하지 못할 것이다."389)

"만약 아직 이와 같지 못하다면, 우선 잠시 이렇게 총명하게 도리를 말하는 것을 한쪽으로 밀쳐놓고, 도리어 더듬어 찾지 못하는 곳, 맛이 없는 곳에서, 한 번 더듬어 찾아보고 애걸해 보십시오. 더듬어 찾고 또 더듬어 찾고, 애걸하고 또 애걸하다가, 문득 맛이 없는 곳에서 혀가 잘 돌아가지 않고, 더듬어 찾지 못하는 곳에서 잡을 곳을 잃어버리면, 비로소 조주(趙州) 노인이 말한 '출가(出家)하기 이전에는 깨달음에 부림을 당했는데, 출가한 뒤에는 깨달음을 부린다.'를 알게 될 것입니다."390)

"아직 이와 같지 못하다면, 마땅히 순간순간 자기의 발밑391)으로 물러나 자세히 끝까지 찾아보아야 합니다. 내가 잘 아는 타인의 좋음과 나쁨과 장점과 단점은 평범한 것인가? 성스러운 것인가? 있는 것인가? 없는 것인가? 찾아보고 또 찾아보아서 찾아볼 만한 것이 없는 곳에 이르러 마치 쥐가 쇠뿔 속으로 들어간 것과 같다가 문득 슬그머니 마음이 사라지면, 여기가 바로 자신이 완전히 손을 놓고 집으로 돌아가 편안히 앉을 곳입니다."392)

"이 일을 반드시 끝내고자 한다면, 마땅히 지금까지의 총명함, 도리를 말함, 문자언어로 기억해 둠, 심의식(心意識) 안에서 두루 헤아림 등

---

389) 『대혜보각선사보설(大慧普覺禪師普說)』 제13권. 1. 설봉(雪峰)에서 보리회(菩提會) 만들 때의 보설.
390) 『대혜보각선사법어』 제19권. 2. 동봉거사(東峰居士)에게 보임.
391) 각근하(脚跟下) : =각하(脚下). 발밑. 본바탕. 본래면목.
392) 『대혜보각선사법어』 제21권. 12. 악수(鄂守) 웅사부(熊祠部)에게 보임.

을 다른 세계로 날려 버리고, 털끝만큼도 마음속에 놓아두지 말고 깨끗이 쓸어버린 뒤에, 심의식으로 생각할 수 없는 곳에서 한 걸음 나아가 보십시오. 만약 한 걸음 나아간다면, 곧 선재동자(善財童子)가 보현(普賢)의 털구멍 세계 속에서 한 걸음 나아가 말할 수 없이 많은 부처님의 세계와 티끌처럼 많은 세계를 지나가는 것393)과 같습니다."394)

"피할 수 없는 곳을 딱 마주치면, 절대로 마음을 일으키고 생각을 움직여 점검(點檢)하려는 생각을 해서는 안 됩니다. 잘 기억하십시오. 회피할 수 없을 때에 다시 마음으로 헤아리지 마십시오. 마음으로 헤아리지 않을 때에 모든 것은 그 자리에 있으니, 이해가 날카로울 필요도 없고 이해가 무딜 필요도 없습니다. 날카롭고 무딘 일과도 전혀 상관이 없고, 고요하고 시끄러운 일과도 전혀 상관이 없습니다. 회피할 수 없을 바로 그때에 문득 가로막고 있던 장애가 사라져 버리면, 자기도 모르게 손뼉을 치며 크게 웃을 것입니다. 부디 명심하시기 바랍니다."395)

"만약 곧장 쉬고자 하신다면, 마땅히 앞서 맛을 보았던 곳에는 전혀 상관치 말고, 도리어 더듬어 찾을 것이 없고 맛이 없는 곳으로 가서, 한 번 마음을 쏟아 보십시오. 만약 마음을 쏟을 수도 없고 더듬어 찾을 수도 없어서 더욱더 붙잡을 것이 없음을 느꼈다면, 이치의 길과 뜻의 길로는 심의식(心·意識)396)이 전혀 가지 않아서 마치 흙·나무·기와조

---

393) 『화엄경』(80권) 제80권 「입법계품」 제39-21에 나오는 내용.
394) 『대혜보각선사법어』 제22권. 18. 묘심거사(妙心居士)에게 보임.
395) 『대혜보각선사서』 제26권. 18. 진소경(陳少卿) 계임(季任)에 대한 답서(2).
396) 심의식(心·意識) : 심(心)은 범어 질다(質多)의 번역, 모여서 발생한다는(集起) 뜻. 의(意)는 범어 말나(末那)의 번역, 헤아려 생각한다는(思量) 뜻. 식(識)은 범어 비야남(毘若南)

각·돌멩이와 같을 것입니다. 이때에 공(空)에 떨어질까 봐 두려워하지 마십시오. 이곳이 바로 자신이 목숨을 버릴[397] 곳입니다. 부디 소홀히 하지 마십시오."[398]

"혹은 스스로 경전의 말씀을 보거나 혹은 남이 말해 주고 가리켜 주는 것으로 말미암아 맛과 즐거움을 얻은 곳을 일시(一時)에 놓아 버리십시오. 여전히 전혀 알지 못하고 전혀 이해하지 못하여, 마치 세 살 먹은 어린아이처럼 성식(性識)[399]은 있으나 아직 드러나지 않았다면, 도리어 요긴한 곳을 찾는 한 생각을 일으키기 이전에서 살펴보십시오. 살펴보고 또 살펴보아서, 더욱더 붙잡을 것이 없고 마음이 더욱더 불편함을 느낄 때에, 놓아서 늦추면 안 됩니다. 여기가 곧 온갖 성인의 머리를 꺾어 버릴[400] 곳입니다."[401]

② 한 번 깨달으면 다 깨닫는다

"한 번 마침에 모두를 마치는 것이며, 한 번 깨달음에 모두를 깨닫는 것이며, 한 번 증득(證得)함에 모두를 증득하는 것입니다. 마치 한 타래

의 번역. 분별하여 알아차린다는(了別) 뜻. 분별심(分別心)을 말함.
397) 방신명(放身命) : 자기 목숨에 대한 집착을 놓고 삶과 죽음에 자재하게 되다. 속박에서 벗어나 자유로운 몸이 되다.
398) 『대혜보각선사서』 제29권. 41. 왕교수(王敎授) 대수(大受)에 대한 답서.
399) 성식(性識) : 근성(根性)과 심식(心識). 심의식(心意識)과 같은 말.
400) 좌단천성정녕(坐斷千聖頂顆) : 수많은 성인(聖人)들의 머리를 꺾다. 자유자재한 깨달음을 가리킨다. 좌단(坐斷)은 좌단(挫斷), 좌단(剉斷)이라고도 쓰며, '꺾다, 꺾어 끊다, 쪼개다, 거꾸러뜨리다'는 뜻.
401) 『대혜보각선사서(大慧普覺禪師書)』 제29권. 44. 이랑중(李郞中) 사표(似表)에 대한 답서.

의 실을 끊음에 한 번 끊으면 한꺼번에 끊어지는 것처럼, 가없는 법문을 증득함에도 단계란 없습니다."402)

"부처의 경계는 모습 있는 바깥 경계가 아닙니다. 부처는 곧 스스로 깨달은 성스러운 지혜의 경계입니다. 꼭 이 경계를 알고자 한다면, 수행하여 깨달아 얻는다는 단계에 의지하지 말고, 의식(意識) 아래에 애초부터 있었던 더러운 객진번뇌(客塵煩惱)를 깨끗이 없애야 합니다. 허공처럼 드넓고 텅 비어서 의식 속의 모든 집착을 멀리 여의어 헛되고 거짓되고 진실하지 않고 허망한 생각 역시 허공과 같아지면, 애써 행할 필요 없는 묘한 마음이 향하는 곳에는 저절로 가로막는 장애가 없습니다."403)

③ 방편을 버리고 스스로 깨달아야 한다

"경전의 가르침과 옛 스님이 도(道)에 들어간 인연에서 방편(方便)을 버리고 스스로 깨달아 들어간다면, 또한 조화 절충이나 배치할 필요 없이 저절로 달을 보고 손가락은 잊습니다."404)

---

402) 『대혜보각선사서』 제27권. 22. 유보학(劉寶學) 언수(彦修)에 대한 답서.
403) 『대혜보각선사법어』 제19권. 1. 청정거사(淸淨居士)에게 보임.
404) 『대혜보각선사법어』 제23권. 23. 중증거사(中證居士)에게 보임.

(3) 깨달으면 어떤가?

① 저절로 늘 깨달아 있다

"자신의 일상생활 24시간 속에서 마치 수은(水銀)이 땅에 떨어져 큰 웅덩이에서는 큰 원이 되고 작은 웅덩이에서는 작은 원이 되듯, 배치할 필요도 없고, 조작에 의지하지도 않고, 저절로 활발하게 눈앞에 늘 드러나 있습니다. 바로 이러한 때가 되면, 비로소 일숙각(一宿覺)405)이 말한 '한 법도 보지 않으면 여래이니, 바야흐로 관자재(觀自在)라고 말할 만하다.'406)에 계합할 수 있습니다."407)

"만약 여기에서 그의 본래 모습을 알아차린다면, 비로소 가는 것도 선(禪)이고, 앉는 것도 선이고, 말하고 침묵하고 움직이고 고요함에 스스로 태연하다고 말할 수 있을 것입니다."408)

② 걸림 없이 자재하다

"이렇게 되면, 어떤 때에는 한 줄기 풀409)을 집어서 장육금신(丈六金

---

405) 일숙각(一宿覺) : 영가현각(永嘉玄覺; 665-713). 중국 당대(唐代) 스님. 좌계현랑(左谿玄朗)의 권고로 무주현책(婺州玄策)과 함께 조계의 육조혜능(六祖慧能)을 찾아가 문답하여 인가를 받았고, 그 날 혜능의 권고로 하룻밤 묵었는데, 이 때문에 일숙각(一宿覺)이라는 별명을 얻었다.
406) 『경덕전등록』 제30권에 나오는 '영가진각대사증도가(永嘉眞覺大師證道歌)'의 한 구절.
407) 『대혜보각선사법어』 제19권. 2. 동봉거사(東峰居士)에게 보임.
408) 『대혜보각선사법어』 제21권. 12. 악수(鄂守) 웅사부(熊祠部)에게 보임.
409) 풀 : 번뇌망상.

身)⁴¹⁰⁾을 만들고, 어떤 때에는 장육금신을 가지고 다시 한 줄기 풀을 만드는 묘용(妙用)이 있습니다. 건립하는 것도 나에게 달려 있고, 쓸어버리는 것도 나에게 있고, 도리(道理)를 말하는 것도 나에게 있고, 도리를 말하지 않는 것도 나에게 있으니, 내가 법왕이 되어서 법에서 자재(自在)합니다. 말을 하면 여러 가지가 있는 것 같으나, 말을 하지 않으면 여러 가지가 없습니다. 이와 같이 자재하게 되면, 어디에 가든 스스로 만족하지 않을 수 있겠습니까?"⁴¹¹⁾

"어떤 때에는 한 줄기 풀을 집어 장육금신(丈六金身)을 만들고, 어떤 때에는 장육금신을 다시 한 줄기 풀로 만들면서,⁴¹²⁾ 여러 가지로 변화하여 모든 법을 이루기도 하고 모든 법을 부수기도 하며, 뒤죽박죽 자유롭게 하여도 모두 이 밝힐 것 없는 마음을 벗어나지 않습니다. 바로 이러한 때에는 여래선(如來禪)도 아니고, 조사선(祖師禪)도 아니고, 심성선(心性禪)도 아니고, 묵조선(默照禪)도 아니고, 방할선(棒喝禪)도 아니고, 적멸선(寂滅禪)도 아니고, 과두선(過頭禪)⁴¹³⁾도 아니고, 교외별전(敎外別傳)의 선(禪)도 아니고, 오가종파(五家宗派)⁴¹⁴⁾의 선도 아니고, 묘희(妙喜)⁴¹⁵⁾ 노인네가 제멋대로 말하는 선도 아닙니다. 이미 이러한 선이 아

---

410) 장육금신(丈六金身) : 일장(一丈) 육척(六尺)이라는 뜻으로 보통 석가모니의 신장(身長). 장육금신은 불신(佛身)이라는 말이니, 불법(佛法)을 가리킨다.
411) 『대혜보각선사법어』 제19권. 2. 동봉거사(東峰居士)에게 보임.
412) 분별과 분별 없음을 자유자재하게 쓰는 말. 분별과 분별 없음에 걸림 없다는 말.
413) 과두선(過頭禪) : 과두(過頭)는 '지나치다' '도를 넘다'는 뜻. 지나치게 과장하여 말하거나 나타내는 선(禪).
414) 오가종파(五家宗派) : 당대(唐代)에 성립된 선종(禪宗)의 다섯 종파. 위앙종(潙仰宗), 운문종(雲門宗), 조동종(曹洞宗), 임제종(臨濟宗), 법안종(法眼宗).
415) 묘희(妙喜) : 대혜종고의 호(號).

니라면, 결국 무엇일까요? 여기에 이르러 다른 사람은 이해할 수 없다고 말하지 마십시오. 저 역시 스스로 이해할 수 있는 것은 없습니다. 진여도인이 스스로 살펴보길 바랍니다."[416]

"부처는 중생의 세계 속에서 일을 마친 사람이고, 중생은 부처의 세계 속에서 일을 마치지 못한 사람입니다. 한결같고자 한다면 다만 부처와 중생을 한꺼번에 놓아 버리십시오. 그러면 일을 마침도 없고 마치지 못함도 없습니다. 그러므로 옛 스님이 말했습니다. '다만 일 위에서 일 없음에 통달할 뿐, 색깔을 보고 소리를 들음에 눈을 감고 귀를 막을 필요는 없다.'"[417]

③ 마음도 없고 법도 없다

"진실로 이 마음에 통한다면, 안으로 밝혀 내는 사람이 있음을 보지 못하고, 밖으로 밝혀지는 법이 있음을 보지 못합니다."[418]

"안으로 찾아볼 줄 아는 마음을 보지 못하고 밖으로 찾아볼 경계를 보지 못하여, 벌거벗은 듯이 깨끗하고 물로 씻은 듯이 말끔하여 붙잡을 만한 것이 없다면, 마치 물 위에 조롱박을 띄워 놓고 건드리는 사람이 없는 듯 늘 걸림이 없어 속박할 수도 없고 얽어맬 수도 없고 밀면 곧 움직이고 손을 대면 곧 돌아갑니다. 이와 같이 자재하고, 이와 같이 문

---

416) 『대혜보각선사법어』 제20권. 6. 진여도인(眞如道人)에게 보임.
417) 『대혜보각선사법어』 제19권. 4. 묘증거사(妙證居士)에게 보임.
418) 『대혜보각선사법어』 제20권. 8. 확연거사(廓然居士)에게 보임.

득 벗어나고, 이와 같이 신령스럽고 성스럽다면, 온갖 성인과 같은 길을 가지 않고, 납승(衲僧)과 서로 의지하지 않으며, 곧장 부처와 조사에게 명령하지만 부처와 조사가 그에게 명령할 수는 없습니다."[419]

④ 차별세계가 곧 평등법계이다

"선(禪)은 고요한 곳에 있지도 않고, 시끄러운 곳에 있지도 않고, 생각하여 분별하는 곳에 있지도 않고, 일상생활에서 인연에 응하는 곳에 있지도 않습니다. 비록 그러하지만, 고요한 곳·시끄러운 곳·생각하여 분별하는 곳·일상생활에서 인연에 응하는 곳을 결코 내버려서는 안 됩니다. 문득 눈이 열리면, 전부 자기 집 속의 일입니다."[420]

"만약 참으로 단번에 확 깨달으면, 단지 이 빽빽한 망상의 숲이 곧 향기로운 전단나무의 숲이고, 단지 이 더럽고 혼탁한 것이 곧 깨끗하게 해탈하여 조작이 없는 묘한 본바탕입니다. 이 본바탕은 본래 더러움이 없고, 더럽게 만들지도 못합니다. 분별이 생기지 않아 텅 비고 밝고 스스로 비추는 것이 곧 이 조그마한 도리입니다."[421]

"만일 어리석음이니 깨달음이니 하는 견해가 없고, 향한다느니 등진다느니 하는 이해가 끊어지면, 이 마음은 뚜렷이 밝기가 밝은 해와 같고, 이 본성은 넓기가 허공과 같고, 당사자의 발아래에서 빛을 내어 땅

---

419) 『대혜보각선사법어』 제21권. 15. 묘정거사(妙淨居士)에게 보임.
420) 『대혜보각선사법어』 제19권. 4. 묘증거사(妙證居士)에게 보임.
421) 『대혜보각선사법어』 제23권. 30. 묘명거사(妙明居士)에게 보임.

을 움직이고 온 우주를 두루 비추니, 이 빛을 보는 자는 모두 무생법인 (無生法忍)422)을 깨닫는다. 이러한 때에 이르면 저절로 이 마음과 이 본성에 말없이 들어맞아서, 비로소 예전에 본래 어리석음이 없었고 지금 본래 깨달음이 없으며, 깨달음이 곧 어리석음이고 어리석음이 곧 깨달음이며, 향함이 곧 등짐이고 등짐이 곧 향함이며, 본성이 곧 마음이고 마음이 곧 본성이며, 부처가 곧 마귀이고 마귀가 곧 부처여서, 한결같이 깨끗하고 평등하며, 평등한 것과 불평등한 것이 따로 없고 모두가 내 마음이 본래 가지고 있는 몫이고 다른 술수(術數)에 의한 것이 아님을 알게 된다."423)

⑤ 문득 깨달으나 점차 익숙해진다

"지난날 하신 말씀에 '이(理)라면 문득 깨달으니 깨달음을 타고서 모두가 녹아 버리지만, 사(事)는 문득 없어지지 않고 점차점차 없어진다.'424)고 하셨는데, 가고·머물고·앉고·누움에 이것을 절대 잊어서는 안 됩니다."425)

"옷 입고 밥 먹고 손자를 안고 함께 놀아 주는 것들이 하나하나 옛날

---

422) 무생법인(無生法忍) : 불생법인(不生法忍), 불기법인(不起法忍)이라고도 함. 『유마경(維摩經)』 중권(中卷) 「입불이법문품(入不二法門品)」 제9에 "생멸(生滅)은 이법(二法)이지만, 법(法)은 본래 생하지 않는 것이어서 지금 멸하지도 않습니다. 이러한 무생법인(無生法忍)을 얻는 것이 바로 불이법문(不二法門)에 들어가는 것입니다."(生滅爲二, 法本不生今則無滅. 得此無生法忍, 是爲入不二法門.)라 하고 있다.
423) 『대혜보각선사법어』 제24권. 34. 묘도선인(妙道禪人)에게 보임.
424) 『수능엄경』 제10권에 나오는 구절.
425) 『대혜보각선사서』 제25권. 9. 이참정(李參政) 한로(漢老)에 대한 답서(1).

과 같으나 이미 끄달리거나 막히는 정이 없고, 또한 기특하다는 생각도 하지 않으며, 오래된 습관과 장애도 조금씩 가벼워집니다."426)

"제가 스스로 경험한 것이 셋이 있으니, 첫째는 일을 함에는 막히거나 순조롭거나에 상관없이 인연을 따라 응하되 마음속에 남겨 두지 않음이요, 둘째는 오래되어서 두터운 습기를 버리거나 물리치지 않아도 저절로 가볍고 작아짐이요, 셋째는 옛사람의 공안(公案)이 전에는 막막하였는데 요사이 다시 살펴보니 이것이 본래 어두운 것이 아니었습니다."427)

⑥ 깨달음을 점검하는 말

"인연 따라 비워 가서 뜻대로 자유롭습니까? 가고 · 머물고 · 앉고 · 눕고 하는 행동거지에서 잡다하고 피곤한 번뇌에 굴복하지는 않습니까? 잠과 깸의 양쪽에서 한결같을 수 있습니까? 이전처럼 생활하는 곳에서 원래의 모습을 바꾸지는 않았습니까? 생사심(生死心)을 이어 가지는 않습니까?"428)

"편안한 곳에서 여유있게 비우고 마음대로 자재(自在)하게 지내면서 여러 가지 마(魔)에게 휘둘리지는 않습니까? 일상생활의 여러 가지 행위 속에서 '개에게는 불성이 없다.'라는 화두(話頭)가 한결같습니까? 움

---

426) 『대혜보각선사서』 제25권. 9. 이참정(李參政) 한로(漢老)에 대한 답서(1).
427) 『대혜보각선사서』 제25권. 10. 이참정(李參政) 한로(漢老)가 묻는 편지(2).
428) 『대혜보각선사서』 제25권. 11. 이참정(李參政) 한로(漢老)에 대한 답서(2).

직임과 고요함의 양쪽에서 분별치 않을 수 있습니까? 꿈꿀 때와 깨어 있을 때가 같습니까? 이치[이(理)]와 사실[사(事)]이 일치합니까? 마음과 경계가 모두 한결같습니까?"[429]

(4) 잘못된 깨달음을 피하라

① 견해를 내면 시비분별에 떨어진다

"오직 직접 밝히고 직접 깨달아야 비로소 끝나는 것입니다. 일언반구(一言半句)라도 있기만 하면 기특하다는 견해를 내거나, 현묘하다는 견해를 내거나, 비밀하다는 견해를 내지만, 전해 줄 수 있다고 하면 곧 바른 법이 아닙니다. 바른 법은 전해 줄 수 없고, 오직 내가 깨닫고 그대가 깨달아 눈과 눈이 서로 마주하여 마음에서 마음으로 전함으로써 부처님과 조사(祖師)의 지혜를 끊어짐 없이 이은 뒤에야, 자기의 마음으로 미루어 나머지로 나아가 사물의 모범이 되는 것입니다. 그러므로 달마가 말한 '내가 원래 이 땅에 와서, 법을 전하여 어리석은 중생을 구제하였네. 하나의 꽃에 다섯 꽃잎이 열리니, 열매가 저절로 맺힌다.'[430]는 것이 바로 이것입니다. 이른바 전한다는 법은 곧 마음법입니다. 마음법에는 전할 만한 모양이 없으니, 앞서 말한 '내가 깨닫고 그대가 깨닫는다.'는 것이 바로 이것입니다. 만약 피차가 깨닫지 못하고 마음 밖에서 깨달음을 취한다면, 전해 줄 수 있는 현묘하고 기특한 종지(宗旨)가 있을 것입니다. 이렇게 되면 곧 나는 알지만 그대는 알지 못한다는 경박

---

429) 『대혜보각선사서』 제27권. 22. 유보학(劉寶學) 연수(彥修)에 대한 답서.
430) 『경덕전등록』 제3권 '제28조 보리달마(第二十八祖菩提達磨)'에 나오는 게송.

한 생각을 내는 일이 있어서, 아견(我見)을 키우게 될 것이니, 이들이 바로 여래께서 말씀하신 불쌍한 자입니다."431)

② 버리지도 말고 취하지도 말라

"선(禪)은 고요한 곳에 있지도 않고, 시끄러운 곳에 있지도 않고, 생각하여 분별하는 곳에 있지도 않고, 일상생활에서 인연에 응하는 곳에 있지도 않습니다. 비록 그러하지만, 고요한 곳·시끄러운 곳·생각하여 분별하는 곳·일상생활에서 인연에 응하는 곳을 결코 내버려서는 안 됩니다. 문득 눈이 열리면, 전부 자기 집 속의 일입니다."432)

③ 편안한 곳에 빠져 있지 말라

"문득 몸과 마음이 편안하고 고요해지면 반드시 노력해야 하지, 곧장 편안한 곳에 빠져 있어서는 안 됩니다. 경(經)의 가르침에서는 그것을 일러 해탈의 깊은 구덩이는 두려워해야 할 곳이라고 하였습니다. 반드시 물 위에 떠 있는 조롱박처럼 빙글빙글 자유자재하여 구속받지 않고, 깨끗함에도 들어가고 더러움에도 들어가면서 가로막히지도 않고 빠져들지도 않아야, 비로소 납승(衲僧)의 문하(門下)에 조금 가까울 몫이 있을 것입니다. 만약 다만 울지 않는 어린아이를 안고 있는 듯이 해야, 무슨 소용이 있겠습니까?"433)

---

431) 『대혜보각선사법어』 제19권. 2. 동봉거사(東峰居士)에게 보임.
432) 『대혜보각선사법어』 제19권. 4. 묘증거사(妙證居士)에게 보임.
433) 『대혜보각선사법어』 제20권. 7. 공혜도인(空慧道人)에게 보임.

④ 남이 알아주기를 바라지 말라

"지금 사람들은 있는 듯 없는 듯 하여, 혹시 사가(師家)의 말에서 보리 속에 보릿가루가 있고 밥은 쌀로 짓는다는 정도를 알아차리면, 곧 보리 속과 쌀 속에서 이해하려고 하여, 반드시 자기가 이런 도리를 얻었음을 사가가 알아주기를 바라고, 사가가 알아주지 않을까 봐 겁을 내기도 한다. 이와 같은 무리들은 다만 남이 가리키는 자질구레한 일을 알아차릴 뿐이니, 마조의 한마디 말을 듣고 곧장 그 깨달은 것조차 잊어버린 양좌주처럼 되고자 하더라도, 역시 어렵지 않겠느냐? 양좌주는 강철 덩어리로 이루어지고 무쇠를 녹여 부어 만들어진 사람이었기에, 온통 딱 들어맞아서 곧 불교의 방편설(方便說)이라는 현묘한 소굴에서 벗어나 즉시 앞뒤의 시간이 끊어지고, 깨달을 만한 한 법도 없고 도리(道理)를 깨닫는 것도 아님을 깨달았던 것이다."[434]

⑤ 따로 얻을 것은 없다

"다만 범속(凡俗)한 정식(情識)을 없애면 될 뿐, 따로 성스러운 지해(知解)[435]는 없습니다."[436]

"다시 다른 특별한 도리(道理)가 있습니까? 만약 다시 다른 것이 있다면, 도리어 일찍이 풀려 버리지 않은 것과 같습니다. 다만 부처 될 줄만

---

434) 『대혜보각선사법어』 제24권. 39. 도명강주(道明講主)에게 보임.
435) 지해(知解) : 분별하여 알음알이로 이해하는 것.
436) 『대혜보각선사서』 제25권. 11. 이참정(李叅政) 한로(漢老)에 대한 답서(2).

알면 그만이지, 부처가 말할 줄 모를까 봐 근심하지는 마십시오."437)

"그 밖에 옛사람들의 여러 가지 다양한 말들도 일절 진실하다고 여겨서는 안 되고, 또한 헛되다고 여겨서도 안 됩니다. 오랫동안 순수하게 익어 가다 보면, 저절로 자기의 본래 마음과 말없이 하나가 될 것이니, 뛰어나고 특별한 것을 따로 찾을 필요는 없습니다."438)

"평소에 헤아리고 비교하여 짜 맞추는 것도 의식(意識)이며, 삶과 죽음을 따라 흘러가는 것도 의식이며, 두려워하고 당황하는 것도 의식인데, 오늘날 공부하는 사람들은 이 병을 알지 못하고, 다만 의식 속에서 떴다 가라앉았다 하고 있으니, 교(敎)에서 이른바 '의식은 따라다니면서 지혜를 따라가지는 않는다.'439)란 말이 바로 이것입니다. 이 까닭에 본지풍광(本地風光)과 본래면목(本來面目)에 어두운 것입니다. 만약 한꺼번에 정식을 놓아 버리고 전혀 사량하거나 헤아리지 않을 수 있어서, 문득 발을 헛디뎌 코440)를 밟는다면, 이 의식이 곧 진공묘지(眞空妙智)441)

---

437) 『대혜보각선사서』 제25권. 9. 이참정(李叅政) 한로(漢老)에 대한 답서(1).
438) 『대혜보각선사서』 제25권. 9. 이참정(李叅政) 한로(漢老)에 대한 답서(1).
439) 『대방광불화엄경』 제34권 「십지품(十地品)」 제26-1에 나오는 금강장보살(金剛藏菩薩)의 게송 가운데 한 구절.
440) 코 : 비공(鼻孔)은 글자 그대로는 콧구멍이라는 뜻이지만, 콧구멍을 포함한 코 전체를 가리키는 말이다. 파비(把鼻)라는 말이 손잡이를 붙잡는다는 뜻이듯이 코는 손잡이를 뜻하거나, 혹은 비조(鼻祖)라고 하듯이 근원이나 시초를 가리킨다. 선승들의 어록에서 비공(鼻孔)이라는 말은 근원이나 시초라는 뜻으로서 우리의 본래면목을 가리킨다. 예컨대, 『경덕전등록』에 나오는 "부모가 아직 낳지 않았을 때 코는 어디에 있는가?(父母未生時鼻孔在什麼處)" 혹은 "납승이라면 모름지기 바로 납승의 코를 밝혀 내야 한다.(衲僧直須明取衲僧鼻孔)" 등의 말에서 코(鼻孔)는 본래면목을 가리킨다.
441) 진공묘지(眞空妙智) : 진공묘유(眞空妙有)인 지혜. 진공묘유(眞空妙有)란 본래 유식(唯識)에서 말하는 3성(性)의 하나인 원성실성(圓成實性)에 갖추어져 있는 공(空)과 유(有)

이고 다시 얻을 다른 지혜는 없습니다. 만약 따로 얻을 것이 있고 따로 깨달을 것이 있다면, 이것은 도리어 옳지 못합니다. 마치 사람이 어리석을 때에는 동쪽을 일컬어 서쪽이라 하다가 깨달음에 이르러서는 서쪽이 그대로 동쪽일 뿐 따로 동쪽이 없는 것과 같습니다."[442]

⑥ 일부러 하는 일이 아니다

"옛날부터 도를 얻은 사람은 자기를 먼저 충족한 뒤에, 자기의 마음에 비추어 나머지를 헤아립니다. 시시각각 사물을 응대함에 마치 밝은 거울이 받침대에 자리 잡고 있는 것 같고, 밝은 구슬이 손바닥에 있는 것 같아서, 오랑캐가 오면 오랑캐가 나타나고 한인(漢人)이 오면 한인이 나타나지만, 일부러 하는 일이 아닙니다. 만약 일부러 한다면, 남에게 줄 진실한 법(法)이 있게 될 것입니다. 공(公)이 대법(大法)에 밝기를 바라고 시시각각 막힘 없기를 바란다면, 단지 예전처럼 하시되 남에게 물을 필요는 없습니다. 오래오래 지나면 저절로 머리를 끄덕이게 될 것입니다."[443]

⑦ 생각함도 아니고 잊어버림도 아니다

"깨달았을 때에는 적당히 배치할 수도 없고 생각으로 헤아릴 수도

의 두 가지 뜻. 원성실성인 진여(眞如)는 소승(小乘)에서 말하는 유에 대한 상대적 공이 아니고, 아집(我執)·법집(法執)을 여읜 곳에 나타나는 묘리(妙理)이므로 진공이라 하고, 또 그 자체는 생멸 변화가 없는 항상 불변하는 실재이므로 묘유라 한다. 본래면목이나 본분사와 같은 뜻.

442) 『대혜보각선사서(大慧普覺禪師書)』 제25권. 3. 증시랑(曾侍郎) 천유(天游)에 대한 답서(2).
443) 『대혜보각선사서』 제25권. 9. 이참정(李參政) 한로(漢老)에 대한 답서(1).

없고 사례를 끌어들여 입증할 수도 없습니다. 왜 그럴까요? 깨달은 곳은 배치함도 허용치 않으며, 헤아림도 허용치 않으며, 입증함도 허용치 않기 때문입니다. 가령 끌어들여 입증할 수 있고 생각으로 헤아릴 수 있고 적당히 배치할 수 있다면, 이것은 깨달은 것과는 전혀 상관이 없습니다. 다만 거침없이 흐르게 할 뿐, 선과 악을 모두 사량하지 말고, 생각하지도 말고 잊어버리지도[444] 마십시오. 생각하면 생각 따라 이리저리 흘러 다닐 것이고, 잊어버리면 깜깜하고 멍청한 것에 빠지게 됩니다. 생각하지도 않고 잊지도 않는다면, 선이 선이 아니요, 악이 악이 아닙니다. 만약 이와 같이 깨닫는다면, 생사(生死)의 마귀가 어느 곳에서 찾아내겠습니까?"[445]

(5) 깨달음의 모범적 사례

① 홍주수료

"예컨대 수료(水潦) 화상이 등나무를 캘 때에 마조에게 물었다.
'어떤 것이 조사께서 서쪽에서 오신 뜻입니까?'
마조가 말했다.
'가까이 오너라. 그대에게 말하겠다.'
수료가 가까이 오자마자, 마조는 수료의 가슴을 한 번 차서 넘어뜨렸

---

444) 착의(著意)와 망회(忘懷) : 주의를 쏟고 있거나 잊어버리고 있음. 이 둘은 양변에 떨어진 것으로서 바른 공부의 길이 아니다. 착의(著意)는 마음을 일으켜 붙잡고 있다는 기심관대(起心管帶)와 같은 뜻이다.
445) 『대혜보각선사서』 제27권. 28. 왕내한(汪內翰) 언장(彦章)에 대한 답서(1).

다. 수료가 문득 크게 깨닫고는 자기도 모르게 일어나서 껄껄 하고 크게 웃었다. 마조가 말했다.

'그대는 무슨 도리를 보았는가?'

수료가 말했다.

'온갖 법문과 헤아릴 수 없이 묘한 뜻을 다만 한 개 털끝에서 곧장 그 뿌리를 알아차렸습니다.'[446)]

이것이 교학(敎學)에서 말하는 '흐름에 들어가니 머무는 곳이 없고, 들어감이 사라지고 나니, 움직임과 고요함의 두 모습이 분명히 생기지 아니한다.'[447)]이다. 들어가자마자 곧 정해진 모습이 없어지고, 정해진 모습이 사라지고 나면 유위(有爲)에도 떨어지지 않고 무위(無爲)에도 떨어지지 않는다. 움직임과 고요함의 두 모습이 분명히 생기지 아니하면, 곧 관음(觀音)의 도리(道理)에 들어가는 문이다.

그는 깨닫고 나자 곧 자기의 창고를 열어서 자기의 보물을 가지고 나와 말하기를 '온갖 법문과 헤아릴 수 없이 묘한 뜻을 다만 한 개 털끝에서 곧장 그 뿌리를 알아차렸습니다.'라 하고는 다시 껄껄 하고 크게 웃었던 것이다. 마조는 그가 이미 이러한 경지에 도달한 것을 알고는 다시 그를 다그치지도 않았고 또 뒷말을 하지도 않았다. 뒷날 수료암(水潦菴)에 머물게 되자, 선객들이 찾아와 천여 명을 헤아렸다. 법을 드러낼 때면 언제나 마조에게 한 번 차인 일을 자랑하며 말하곤 했다.

'마조에게 한 번 차인 이래로 지금까지 웃음이 그치질 않는다.'

그가 어찌 일찍이 '산봉우리는 첩첩이 푸르고, 계곡물은 졸졸졸 흐른

---

446) 『마조어록』에 소개된 내용. 『경덕전등록』 제8권 '홍주수로화상(洪州水老和尙)'에는 좀 더 간략히 소개되어 있다.

447) 『수능엄경』 제6권 첫 부분에 나오는 구절.

다. 강 언덕 버드나무는 물안개를 머금고, 마당에 핀 꽃은 해를 보고 웃는구나. 앵무새는 높은 나무에서 지저귀고, 나비는 향기로운 풀숲에서 춤을 춘다.'는 따위의 말을 한 적이 있었겠는가? 그는 다만 '마조에게 한 번 차인 이래로 지금까지 웃음이 그치질 않는다.'고 말했을 뿐이다.[448)]

이것이 첫 번째 '흐름에 들어가니 머무는 곳이 없고, 움직임과 고요함의 두 모습이 분명히 생기지 아니한다.'는 모습이다."[449)]

② 동산수초

"또 보지 못했느냐? 운문(雲門)[450)]이 동산(洞山)[451)]에게 물었다.
'요즘 어느 곳을 떠나왔느냐?'
동산이 말했다.
'사도(査渡)를 떠나왔습니다.'
운문이 물었다.
'여름 안거는 어디에서 보냈느냐?'
동산이 말했다.
'호남의 보자사(報慈寺)에서 보냈습니다.'
운문이 물었다.
'언제 그곳을 떠났느냐?'

---

448) 선(禪)을 문학(文學)으로 만들어 종지(宗旨)를 시(詩)로써 읊는 일에 매달리는 당시의 풍토를 비판하고 있다. 선(禪)은 살아 있는 체험이고 삶 자체이지, 문학적 은유(隱喩)의 대상은 아니다. 깨달음에 충실하지 못하고 언어로 표현하는 일에 매진하는 잘못된 공부를 지적하고 있다.
449) 『대혜보각선사보설』 제17권. 10. 예시자 단칠이 청한 보설.
450) 운문문언(雲門文偃; 864-949).
451) 운문문언의 제자인 동산수초(洞山守初; 910-990).

동산이 말했다.

'8월 25일에 떠났습니다.'

운문이 말했다.

'그대는 방망이 3대쯤 맞아야겠구나.'

옛사람은 순박하여 사실 그대로 대답했던 것이니, 혼자 중얼거렸다.

'나는 이번에 실제로 사도(查渡)에서 돌아왔는데, 무슨 허물이 있기에 곧장 나에게 방망이 세 대를 때려야 한다고 하셨을까?'

대장부라면 모름지기 이 노인네처럼 이해하여야 한다. 다음 날이 되자 곧 가서 물었다.

'어제 스님에게 방망이 세 대를 용서받았지만, 허물이 어디에 있는지 모르겠습니다.'

운문이 말했다.

'밥통 같은 놈! 강서(江西)로 호남(湖南)으로 곧장 그렇게 가거라.'

동산은 문득 크게 깨달았는데, 다시는 통할 소식이 따로 없고, 또한 집어낼 도리도 없었고, 다만 절을 올릴 뿐이었다.[452]

이미 깨닫고 나자 곧장 자기의 창고를 열어서 자기의 보물을 가지고 나와 말했다.

'이후 사람이 없는 곳에서 한 초암(草菴)에 머물며 쌀 한 알도 모으지 않고 나물 한 뿌리도 심지 않고, 온 세상에서 찾아오는 자들을 접대하여 그들에게 박힌 못과 쐐기를 모조리 빼내 주고 기름때에 절은 모자와 악취 나는 옷을 벗겨 주어서, 그들을 씻은 듯이 깨끗하고 어엿한 납승(衲僧)이 되도록 해 주겠다. 이 어찌 멋지지 않은가?'

---

[452] 『경덕전등록』 제23권 '양주동산수초숭혜대사(襄州洞山守初崇慧大師)'에 이 이야기가 실려 있다.

운문이 말했다.

'너는 몸집도 야자나무처럼 커다란데, 이렇게 크게 입을 여는구나.'

이것이 두 번째 '흐름에 들어가니 머무는 곳이 없고, 움직임과 고요함의 두 모습이 분명히 생기지 아니한다.'는 모습이다."453)

③ 고산 안국사

"또 고산(鼓山)의 안국사(晏國師)454)는 설봉(雪峰)에서 여러 해 있었는데, 하루는 설봉이 그 인연이 무르익은 것을 보고서 문득 일어나 그를 붙들어 세우고는 물었다.

'무엇이냐?'

안국사는 개운하게 깨닫고는 다만 손을 들어 흔들 뿐이었다. 설봉이 물었다.

'네가 도리(道理)를 이루었느냐?'

안국사가 말했다.

'무슨 도리가 있겠습니까?'455)

뒷날 양대년(楊大年)456)이 『전등록』에 이 이야기를 수록하면서, 그것을 일러 '깨달은 마음도 없었다.'457)고 하였다.

이것이 세 번째 '흐름에 들어가니 머무는 곳이 없고, 움직임과 고요

---

453) 『대혜보각선사보설』 제17권. 10. 예시자 단칠이 청한 보설.
454) 고산신안(鼓山神晏; ?-943).
455) 『경덕전등록』 제18권 '복주고산흥성국사(福州鼓山興聖國師)'에 나오는 이야기.
456) 양대년(楊大年) : 974-1020. 양억(楊億).
457) 현존 『경덕전등록』에서는 동일한 부분에 '개운하게 깨달았다.(釋然了悟)'는 구절 뒤에 '또한 그 깨달은 마음도 잊었다.(亦忘其了心)'는 구절이 있다.

함의 두 모습이 분명히 생기지 아니한다.'는 모습이다."⁴⁵⁸⁾

④ 관계지한

"또 관계(灌溪)⁴⁵⁹⁾ 화상이 하루는 임제(臨濟)를 만나뵈었는데, 임제는 승상(繩床)에서 내려와 곧장 관계를 움켜잡았다. 관계가 곧 말했다.

'알겠습니다. 알겠습니다.'⁴⁶⁰⁾

이것이 네 번째 '흐름에 들어가니 머무는 곳이 없고, 움직임과 고요함의 두 모습이 분명히 생기지 아니한다.'는 모습이다. 이것은 남에게 말해 줄 수도 없고, 남에게 전해 줄 수도 없다."⁴⁶¹⁾

⑤ 몽산도명

"몽산(蒙山)의 도명(道明) 선사(禪師)가 노행자(盧行者)를 쫓아가 대유령(大庾嶺)에 이르러 의발(衣鉢)을 뺏으려고 하니, 노행자는 바위 위에 의발을 던져 두고 말했습니다.

'이 옷은 믿음을 나타내는 것이니 힘으로 다툴 수가 있겠는가? 당신 마음대로 가져가시오.'

도명이 옷을 집어 들려고 하였으나 옷은 움직이지 않았습니다. 이에 도명이 말했습니다.

---

458) 『대혜보각선사보설』 제17권. 10. 예시자 단칠이 청한 보설.
459) 관계지한(灌溪志閑; ?-895).
460) 현존 『경덕전등록』 제12권 '관계지한선사(灌谿志閑禪師)'
461) 『대혜보각선사보설』 제17권. 10. 예시자 단칠이 청한 보설.

'나는 법(法)을 구하러 온 것이지 의발 때문에 온 것이 아닙니다. 행자께서는 법을 열어 보여 주십시오.'

노행자가 말했습니다.

'좋다고도 생각하지 않고 나쁘다고도 생각하지 않는 바로 이러한 때에, 무엇이 스님의 본래면목(本來面目)입니까?'

도명이 즉시 크게 깨달으니 온몸에 진땀이 솟았습니다. 눈물을 흘리며 절을 하고 말했습니다.

'위로부터 내려온 은밀한 말과 은밀한 뜻 밖에 또다시 무슨 뜻이 있습니까?'

노행자가 말했습니다.

'내가 지금 그대에게 말하는 것은 은밀한 뜻이 아닙니다. 그대가 만약 자기의 면목(面目)을 되돌아본다면 은밀한 뜻은 도리어 그대에게 있습니다. 내가 만약 말한다면 은밀하지가 않은 것입니다.'"[462]

---

462) 『대혜보각선사서』 제25권. 9. 이참정(李參政) 한로(漢老)에 대한 답서(1).

2. 법을 보는 바른 눈

『대혜보각선사어록』을 보면 모든 곳에서 법을 보는 대혜의 안목이 나타나 있다. 여기에서는 그 가운데 몇 단락을 인용하여 대혜의 법안을 조금 소개하고자 한다. 따로 설명은 하지 않고 대혜의 말을 인용만 하였다. 편의상 내용에 따라 분류하여 제목을 붙였지만, 법을 보는 안목에 그런 여러 가지가 있다는 뜻은 아니다. 이 모든 말들은 다만 깨달은 자가 방편으로 하는 말일 뿐이니, 오로지 깨달은 사람만이 그 참된 뜻을 안다. 그러므로 아직 깨닫지 못한 사람이 다만 말만 이해하고 알았다고 하면 안 될 것이다.

(1) 주고 받을 법이 없다

"모든 부처님이 세상에 나오시고 조사가 서쪽에서 왔지만, 역시 전해 줄 수 있는 법은 하나도 없습니다. 왜 그럴까요? 전해 주고 전해 받는 것은 무명(無明)의 법이요, 유위(有爲)의 법이지, 지혜의 법도 아니고 무위(無爲)의 법도 아닙니다. 암두(巖頭) 스님이 말했습니다. '만약 진실한 법이라는 것으로써 사람을 얽어맨다면, 흙 한 줌을 받을 자격도 없을 것이다.'"463)

"모든 부처와 조사는 단 한 법(法)도 사람에 주지 않고, 다만 그 사람이 스스로 믿고 스스로 긍정하며 스스로 보고 스스로 깨닫기를 바랄 뿐입니다. 만약 단지 남의 입에서 나오는 말만을 취한다면, 아마도 그 사람을 잘못 알아차릴 것입니다. 이 일은 결단코 언설상(言說相)464)을 떠나 있으며 심연상(心緣相)465)을 떠나 있으며 문자상(文字相)466)을 떠나 있습니다."467)

"그러므로 경전에서 말한다. '법(法)은 볼 수도 들을 수도 느낄 수도 알 수도 없다. 만약 보고·듣고·느끼고·안다면, 이것은 보고·듣고·느끼고·아는 것일 뿐, 법을 찾는 것이 아니다.'468) 비유하자면, 어떤 사람이 (성(城) 안의 길에 서서) 묻기를 '성 안의 길은 어디로 가야 합니까?' 하였는데, 가리키며 답하기를 '여기로 갑니다.'라고 하였다고 하자. 묻는 사람이 그 말을 듣고서 곧장 간다고 하여도 벌써 굽어 버린 것이다. 이것을 어떻게 지견(知見)·이해(理解)·헤아림·얻고 잃음·현묘(玄妙)·옳고 그름 등의 마음을 가지고 배울 수 있겠는가?"469)

---

463) 『대혜보각선사법어』 제23권. 29. 태허거사(太虛居士)에게 보임.
464) 언설상(言說相) : 말로써 설명하여 그 모습을 드러내는 것. 말을 가지고 묘사하는 모습. 말을 통하여 모습을 설명하여 이해시키는 것.
465) 심연상(心緣相) : 마음에 반연(攀緣)하여 일어나는 각종 일들. 생각·느낌·감정·욕망 등 마음속에서 일어나는 일들.
466) 문자상(文字相) : 글자로써 묘사하거나 설명하여 나타내는 모습.
467) 『대혜보각선사서』 제28권. 34. 여사인(呂舍人) 거인(居仁)에 대한 답서(1).
468) 『유마힐소설경』「불사의품(不思議品)」제6에 나오는 구절.

"도는 마음을 깨닫는 것이지, 말을 전하는 것이 아닙니다. 요즈음에는 이 도를 배우는 자가 흔히 근본을 버리고 말단을 좇으며, 바른 것을 등지고 삿된 것에 뛰어들며, 기꺼이 자기의 발밑에서 마지막 진실을 찾지는 않고 덮어놓고 종사(宗師)가 말한 곳에 머물러 있으니, 비록 지극히 정밀하게 말할 수 있다고 하더라도 본분(本分)의 일과는 전혀 상관이 없습니다. 옛사람은 배우는 사람들이 헛것을 보고 진짜로 여기는 것을 보고서, 마지못해 방편(方便)을 시설하여 그들을 이끌어 그들이 스스로 자기의 본지풍광(本地風光)을 알고 자기의 본래면목(本來面目)을 밝게 보도록 하였을 뿐이니, 처음부터 사람에게 줄 참된 법이란 없는 것입니다."470)

"이로써 평가해 보면, 순원(舜元)은 일찍이 제가 있는 곳으로 와서 법어(法語)을 구한 적이 없고, 저는 원래 한 글자도 쓴 적이 없고, 겨울에는 춥고 여름에는 더운 것과, 밤에는 어둡고 낮에는 밝은 것과, 안과 밖과 중간과 동서남북이 원래 털끝만큼도 바뀌거나 많아지거나 적어진 적이 없습니다. 왜 그럴까요? 우리 선종(禪宗)에는 언구(言句)가 없고, 남에게 줄 한 법도 없습니다. 이미 남에게 줄 한 법도 없다면, 지금 쓰고 있는 글은 무슨 말입니까? 겨울에는 춥고 여름에는 더운 것과, 안과 밖과 중간은 또 무엇입니까? 동서남북이 일찍이 털끝만큼도 바뀐 적이 없는 것은 또 무엇입니까? 떽끼! 있음도 있을 수 없고, 없음도 있을 수 없고, 겨울에는 춥고 여름에는 더움도 있을 수 없고, 안과 밖과 중간도

---

469) 『대혜보각선사보설』 제13권. 1. 설봉(雪峰)에서 보리회(菩提會) 만들 때의 보설.
470) 『대혜보각선사법어』 제23권. 30. 묘명거사(妙明居士)에게 보임.

있을 수 없고, 이렇게 말하는 것도 있을 수 없고, 이런 말을 듣는 것도 있을 수 없고, 털끝 하나도 있을 수 없고, 순원(舜元)도 있을 수 없고, 저도 있을 수 없고, 있을 수 없음도 있을 수 없으니, 있을 수 없는 가운데 이렇게 있습니다."[471]

(2) 차별이 곧 평등이다

"만약 이와 같이 믿고, 이와 같이 이해하고, 이와 같이 닦고, 이와 같이 깨닫는다면, 삼세의 모든 부처님이 모두 그대들 자신이고, 여러분 모두가 곧 삼세의 모든 부처님이어서, 옛날도 없고 지금도 없이 동일한 해탈이다."[472]

"이와 같다면, 저산거사가 붓을 움직이거나 종이와 먹을 설치하기도 전에 이미 비로자나여래와 말할 수 없고 티끌같이 많은 세계의 모든 부처님과 보살의 드넓은 경계와 하나하나 평등하고 하나하나 차별이 없고, 81권[473]을 빠짐없이 준비하여 점차점차 두루 막힘 없이 통하고, 또 선재동자가 아직 문수를 만나 위없이 바르고 평등한 깨달음을 얻고자 하는 마음을 내기 이전과, 마음을 내어 모든 성(城)을 두루 돌아다니며 모든 선지식을 받들어 모시고 보현(普賢)의 모든 행원(行願)의 바다를 차례로 만족시키는 것과 차별이 없음을 알아야 한다. 이렇게 말한다면 어찌 이 법이 아니랴? 저산거사가 이미 이러하다면, 묘희[474] 노인네

---

471) 『대혜보각선사법어』 제21권. 16. 여기의(呂機宜)에게 보임.
472) 『대혜보각선사보설』 제17권. 11. 신감현의 여러 관원이 청한 보설.
473) 『화엄경』 81권은 80권의 오기(誤記)라고 여겨진다.

역시 이러하다. 묘희 노인네가 이미 이러하다면, 지금 앞에 있는 대중들 역시 이러하다. 지금 대중들이 이러하다면, 삼라만상과 산하대지(山河大地) 역시 이러하다. 이른바 하나하나의 티끌이 이러하고, 순간순간이 이러하고, 하나하나의 법이 이러하다. 한 개 법이 이미 이러하다면, 모든 법 역시 이러하다. 한 개 티끌이 이미 이러하다면, 모든 티끌 역시 이러하다. 모든 티끌이 이미 이러하다면, 이 순간을 벗어나지도 않고, 이 티끌을 부수지도 않고, 숨을 들이쉴 때에 오온 십팔계에 머물지 않고, 숨을 내쉴 때에 온갖 인연에 관계하지 않고, 언제나 이렇게 경전을 읽으니, 백(百) 천(千) 만(萬) 억(億) 권이라 하더라도 또한 어찌 피로하랴?"[475]

(3) 테두리가 없다

"여기에서는 세간의 총명함과 말재주가 한 점도 쓸모 없으니, 이러한 경지에 도달하여야 비로소 몸을 놓고 목숨을 버리는 곳인 것입니다. 이러한 경지는 모름지기 자신이 직접 확인하고 직접 깨달아야 합니다. 그 까닭에 『화엄경』에서 말했습니다. '여래의 궁전(宮殿)은 가장자리가 없지만, 깨달은 자는 저절로 그 속에 있다.'[476] 이것은 예부터 모든 성인들의 대해탈법문(大解脫法門)이니, 가장자리도 없고, 크기도 없고, 얻을 것도 없고, 잃을 것도 없고, 침묵할 것도 없고, 말할 것도 없고, 갈

---

474) 묘희(妙喜)는 대혜종고의 호(號).
475) 『대혜보각선사보설』제15권. 7. 유시랑이 청한 보설.
476) 『대방광불화엄경』(80권 화엄경) 제5권 「세주묘엄품(世主妙嚴品)」 제1-5에 있는 게송의 구절.

것도 없고, 올 것도 없고, 하나하나의 티끌이 그렇고, 하나하나의 국토가 그렇고, 순간순간이 그렇고, 하나하나의 삼라만상이 그렇습니다. 다만 중생의 근성(根性)이 좁고 못났기 때문에 삼교(三教)의 성인들의 경계에 이르지 못하고 이것을 구분하고 저것을 구분하는 것입니다."[477]

(4) 하나하나 위에서 밝다

"경전에서는 이렇게 말했습니다. '마음의 생사(生死)를 끊고, 마음의 빽빽한 수풀을 베고, 마음의 더럽고 탁함을 씻고, 마음의 집착을 풀고, 집착한 곳에서 마음이 굴러가도록 한다.'[478] 굴러가는 바로 그때에 또한 굴러가는 도리(道理)도 없다면, 저절로 하나하나 위에서 밝고 사물사물 위에서 드러나, 매일 인연을 만나는 곳이 깨끗하든 더럽든 좋든 싫든 순조롭든 거슬리든, 마치 진주 구슬이 쟁반 위에서 구르는 것과 같아서 억지로 굴리지 않아도 저절로 구르는 것과 같습니다."[479]

"부처님께서 다시 말씀하셨습니다. '하나의 법·하나의 일·하나의 몸·하나의 국토·하나의 중생에게서 여래를 보아서는 안 되고, 마땅히 모든 곳에서 두루 여래를 보아야 한다.'[480] 불(佛)이란 깨달음[각(覺)]이라는 뜻이니, 모든 곳에서 언제나 두루 깨어 있기 때문입니다. 두루 본다고 하는 것은, 자기의 본원(本源) 자성(自性)인 천진(天眞)한 부처가

---

477) 『대혜보각선사보설』 제17권. 12. 전계의가 청한 보설.
478) 80권 화엄인 『대방광불화엄경』 제63권 「입법계품(入法界品)」 제39-4에 나오는 구절.
479) 『대혜보각선사서』 제30권. 62. 탕승상(湯丞相) 진지(進之)에 대한 답서.
480) 『화엄경』(80권 화엄) 제50권 「여래출현품(如來出現品)」 제37-1에 나오는 구절.

하나의 시간 · 하나의 장소 · 하나의 법 · 하나의 일 · 하나의 몸 · 하나의 국토 · 하나의 중생세계 속에서 두루하지 않음이 없음을 보기 때문입니다. 중생은 이것에 어둡기 때문에 삼계(三界)를 윤회하며 여러 가지 고통을 받습니다. 모든 부처님은 이것을 깨달아 모든 있음의 바다[481]를 뛰어넘어 뛰어나고 묘한 약을 받는 것입니다."[482]

(5) 취함도 버림도 없다

"선(禪)은 고요한 곳에 있지도 않고, 시끄러운 곳에 있지도 않고, 생각하여 분별하는 곳에 있지도 않고, 일상생활에서 인연에 응하는 곳에 있지도 않습니다. 비록 그러하지만, 고요한 곳 · 시끄러운 곳 · 생각하여 분별하는 곳 · 일상생활에서 인연에 응하는 곳을 결코 내버려서는 안 됩니다. 문득 눈이 열리면, 전부 자기 집 속의 일입니다."[483]

"이 마음은 과거 · 현재 · 미래의 모든 부처와 한 몸으로서 둘이 아닙니다. 만약 둘이라면 법(法)은 평등하지 못한 것입니다. 그러므로 가르침을 주고 마음을 전하는 것이 단지 허망할 뿐이며, 진실을 찾을수록 더욱더 어긋나게 됩니다. 다만 하나로서 둘 아닌 마음은 결코 날카로움과 둔함, 취하고 버림의 속에 있지 않음을 알기만 하면, 곧 달을 보고 손가락은 잊어서 바로 한칼에 끝장을 낼 것입니다. 그러나 만약 다시 머뭇거리며 의심하여 앞을 생각하고 뒤를 계산한다면, 빈주먹의 손가

---

481) 제유해(諸有海) : 삼유(三有) 또는 이십오유(二十五有)를 바다에 비유한 것.
482) 『대혜보각선사법어』 제19권. 1. 청정거사(淸淨居士)에게 보임.
483) 『대혜보각선사법어』 제19권. 4. 묘증거사(妙證居士)에게 보임.

락 위에서 진실이라는 알음알이를 낼 것이고, 주관이니 객관이니 하는 속에서 헛되이 조작해 낼 것이며, 오온(五蘊)과 십팔계(十八界) 속에 망령되이 사로잡혀서 끝마칠 때가 없을 것입니다."484)

(6) 모자람도 남음도 없다

"이 일은 푸른 하늘에 빛나는 태양과 같아서, 밝고 깨끗하고, 변하지도 않고 움직이지도 않고, 줄어들지도 않고 늘어나지도 않으며, 모든 사람 각자의 일상생활 속 인연에 응하는 곳 하나하나 위에서 밝고, 사물사물 위에서 드러나며, 붙잡아도 얻어지지 않고, 버려도 늘 있으며, 드넓게 확 트여 막힘이 없고, 또렷하면서도 공허(空虛)하며, 마치 물 위에 조롱박을 띄워 놓은 듯이 구속할 수도 없고 얽어맬 수도 없습니다. 예부터 덕 있는 선비가 이것을 얻으면, 삶과 죽음의 바다 속에서 출몰하면서 모든 것을 수용(受用)하여 모자람도 없고 남음도 없어서 삶과 죽음이라는 티끌 같은 번뇌의 모습을 보지 못하니, 마치 전단(栴檀)나무를 쪼개면 하나하나의 조각들이 모두 전단나무인 것과 같습니다."485)

(7) 세간이 곧 출세간이다

"'세간에 들어가면 출세간이 따로 남아 있지 않습니다.'486) 세간법이

---

484) 『대혜보각선사서』 제26권. 17. 진소경 계임에 대한 답서(1).
485) 『대혜보각선사법어』 제21권. 13. 서제형(徐提刑)에게 보임.
486) 『고존숙어록』 제40권 「운봉열선사차주법륜어록(雲峰悅禪師次住法輪語錄)」에 나오는 구절.

곧 불법(佛法)이요, 불법이 곧 세간법입니다. 부자(父子)는 천성(天性)이 하나입니다. 그러므로 자식이 죽었는데도 아버지가 번뇌하지 않고 사량하지 않을 수가 있겠으며, 아버지가 죽었는데도 자식이 번뇌하지 않고 사량하지 않을 수가 있겠습니까? 만약 억지로 멈추고 막아서 울고 싶을 때에 울지 않고 사량하고 싶을 때에 사량하지 않는다면, 이것은 일부러 천리(天理)에 거스르고 천성(天性)을 소멸시키려 하는 것으로서, 마치 목소리를 더 높여서 소리를 죽이고자 하거나 기름을 끼얹어서 불을 끄고자 하는 것처럼 무모한 짓일 뿐입니다. 번뇌할 바로 그때도 전혀 다른 일이 아닙니다. 그러므로 다른 일이라는 생각을 하지 마십시오. 영가현각(永嘉玄覺) 스님은 말했습니다. '무명(無明)의 실성(實性)이 곧 불성(佛性)이고, 허깨비 같이 텅 빈 몸이 곧 법신(法身)이다.'[487] 이것은 진실한 말이지 결코 사람을 속이는 헛된 말이 아닙니다. 이와 같이 볼 수 있다면, 사량하고자 하거나 번뇌하고자 하여도 그렇게 할 수 없습니다. 이렇게 보는 것을 일러 바로 본다고 하고, 이와 달리 보는 것을 일러 잘못 본다고 합니다."[488]

(8) 분별이 없으면 모두 법이다

"만일 어리석음이니 깨달음이니 하는 견해가 없고, 향한다느니 등진다느니 하는 이해가 끊어지면, 이 마음은 뚜렷이 밝기가 밝은 해와 같고, 이 본성은 넓기가 허공과 같고, 당사자의 발 아래에서 빛을 내어 땅을 움직이고 온 우주를 두루 비추니, 이 빛을 보는 자는 모두 무생법인

---

487) 『증도가(證道歌)』의 구절.
488) 『대혜보각선사서』 제27권. 30. 왕내한 언장에 대한 답서(3).

(無生法忍)을 깨닫는다. 이러한 때에 이르면 저절로 이 마음과 이 본성에 말없이 들어맞아서, 비로소 예전에 본래 어리석음이 없었고 지금 본래 깨달음이 없으며, 깨달음이 곧 어리석음이고 어리석음이 곧 깨달음이며, 향함이 곧 등짐이고 등짐이 곧 향함이며, 본성이 곧 마음이고 마음이 곧 본성이며, 부처가 곧 마귀이고 마귀가 곧 부처여서, 한결같이 깨끗하고 평등하며, 평등한 것과 불평등한 것이 따로 없고 모두가 내 마음이 본래 가지고 있는 몫이고 다른 술수(術數)에 의한 것이 아님을 알게 된다."489)

"앞뒤의 시간이 끊어지면, 마음속 알음알이의 길은 저절로 끊어집니다. 만약 마음속 알음알이의 길이 끊어지면, 어떤 일을 말하더라도 모두가 이 법(法)입니다. 이 법이 이미 분명하면, 이 분명한 곳이 바로 불가사의한 대해탈의 경계입니다. 다만 이 대해탈의 경계도 역시 불가사의하고, 이 경계가 이미 불가사의하다면, 온갖 비유도 역시 불가사의하며, 여러 가지 일들도 역시 불가사의하며, 이 불가사의한 것도 역시 불가사의하여, 지금 이 말도 붙일 곳이 없으며, 이 붙일 곳 없는 것도 역시 불가사의합니다. 이와 같이 펼쳐 나아가 마지막까지 따져 가면, 사실이든 진리든 비유든 경계든 마치 고리가 끝이 없듯이 시작하는 곳도 없고 끝나는 곳도 없이 모두가 불가사의한 법입니다."490)

---

489) 『대혜보각선사법어』 제24권. 34. 묘도선인(妙道禪人)에게 보임.
490) 『대혜보각선사서』 제27권. 27. 장제형(張提刑) 양숙(暘叔)에 대한 답서.

(9) 모두가 자기의 일이다

"만약 단번에 확 깨달으면, 유학(儒學)이 곧 불학(佛學)이고 불학이 곧 유학이며, 승(僧)이 곧 속(俗)이고 속이 곧 승이며, 범(凡)이 곧 성(聖)이고 성이 곧 범이며, 내가 곧 그대이고 그대가 곧 나이며, 하늘이 곧 땅이고 땅이 곧 하늘이며, 물결이 곧 물이고 물이 곧 물결이니, 우유와 제호를 섞어서 한 맛을 이루고 술병과 그릇과 비녀와 팔찌를 녹여서 하나의 금을 이룸이 나에게 있고 남에게 있지 않습니다. 이러한 경지에 이르면 내가 모든 것을 지휘하니, 이른바 내가 바로 법왕(法王)입니다. 법(法)에서 자재(自在)하니 얻고 · 잃고 · 옳고 · 그름에서 어찌 거리낌과 장애가 있겠습니까? 억지로 그렇게 하는 것이 아니라 법(法)이 본래 그렇기 때문입니다."[491]

"백 년의 세월이 다만 한 찰나에 있으니, 찰나에 깨달으면 위와 같은 말들도 모두 진실한 뜻이 아닙니다. 그러나 깨닫고 나면 진실이라고 여기는 것도 나에게 있고 진실이 아니라고 여기는 것도 나에게 있어서, 마치 물 위에 떠 있는 조롱박이 움직이는 사람이 없어도 늘 걸림이 없어서 닿기만 하면 바로 움직이고 누르면 바로 빙글빙글 도는 것과도 같습니다. 억지로 그렇게 하는 것이 아니라, 법(法)이 그와 같기 때문입니다."[492]

---

491) 『대혜보각선사서』 제28권. 36. 왕장원(汪狀元) 성석(聖錫)에 대한 답서(1).
492) 『대혜보각선사서』 제28권. 37. 왕장원(汪狀元) 성석(聖錫)에 대한 답서(2).

(10) 깨달으면 깨달음이 없다

"깨닫는 때에는 또한 정해진 때가 없으며, 또 사람들을 놀라게 하지도 않으며, 즉시 고요해져서 저절로 부처도 의심하지 않고 조사(祖師)도 의심하지 않고, 삶도 의심하지 않고 죽음도 의심하지 않을 것입니다. 의심하지 않는 곳에 이르는 것이 바로 부처의 지위(地位)입니다. 부처의 지위에서는 본래 의심도 없고, 깨달음도 없고, 어리석음도 없고, 삶도 없고, 죽음도 없고, 유(有)도 없고, 무(無)도 없고, 열반도 없고, 반야도 없고, 부처도 없고, 중생도 없고, 이렇게 말하는 자도 없고, 이 말 역시 받아들이지 않고, 받아들이지 않는 자도 없고, 받아들이지 않음을 아는 자도 없고, 받아들이지 않는다고 이렇게 말하는 자도 없습니다."[493]

(11) 옛날 그 사람일 뿐이다

"헛되다고 한다면, 업(業)을 지을 때에도 헛되고, 과보(果報)를 받을 때에도 헛되고, 깨달을 때에도 헛되고, 어리석게 전도(顚倒)될 때에도 헛되고, 과거 · 현재 · 미래가 모두 헛됩니다. 오늘 잘못되었음을 알았다면, 헛됨을 약으로 삼아 다시 헛된 병을 치료해야 합니다. 병이 나아 약을 치우면, 여전히 다만 옛날 그 사람일 뿐입니다. 만약 다른 사람이 있고 다른 법(法)이 있다면, 이것은 삿된 외도(外道)의 견해입니다."[494]

---

493) 『대혜보각선사서』 제28권. 35. 여사인(呂舍人) 거인(居仁)에 대한 답서(2).
494) 『대혜보각선사서』 제25권. 2. 증시랑(曾侍郞) 천유(天游)에 대한 답서(1).

(12) 망상이 곧 실상이다

"만약 한꺼번에 의식을 놓아 버리고 전혀 사량하거나 헤아리지 않을 수 있어서, 문득 발을 헛디뎌 코를 밟는다면, 이 의식이 곧 진공묘지(眞空妙智)이고 다시 얻을 다른 지혜는 없습니다. 만약 따로 얻을 것이 있고 따로 깨달을 것이 있다면, 이것은 도리어 옳지 못합니다. 마치 사람이 어리석을 때에는 동쪽을 일컬어 서쪽이라 하다가 깨달음에 이르러서는 서쪽이 그대로 동쪽일 뿐 따로 동쪽이 없는 것과 같습니다."[495]

(13) 쓸 마음이 없다

"이 도리(道理)는 매우 가까이 있습니다. 멀다 하여도 자기 눈 속을 벗어나지 않습니다. 눈을 열면 바로 보고 눈을 감아도 없어지거나 모자라지 않으며, 입을 열면 바로 말하고 입을 다물어도 스스로 이루어져 있습니다. 그러나 마음을 일으키고 생각을 움직여서 계합하려 한다면, 벌써 십만 팔천 리나 어긋나 버립니다. 그대가 쓸 마음이 진실로 없는 곳, 여기가 가장 수월한 곳입니다."[496]

---

495) 『대혜보각선사서』 제25권. 3. 증시랑(曾侍郎) 천유(天游)에 대한 답서(2).
496) 『대혜보각선사서』 제27권. 24. 유통판(劉通判) 언충(彦沖)에 대한 답서(2).

3. 공부인에게 주는 도움말

(1) 깨달음을 본보기로 삼아라

"도(道)를 배우는 데에 다른 방법은 없으니, 깨달음을 본보기로 삼아야 합니다."[497]

"스스로 깨닫고 스스로 얻은 곳은 집어내어서 남에게 보여 줄 수 없습니다. 오로지 직접 깨닫고 직접 얻어야 조금이라도 눈앞에 드러내어 서로 곧장 말없이 통할 것입니다."[498]

공부를 하는 목적은 깨달음을 얻는 것이다. 공부인은 당연히 깨달음을 모범으로 삼고 공부해야 한다.

---

497) 『대혜보각선사법어』 제20권. 6. 진여도인(眞如道人)에게 보임.
498) 『대혜보각선사서』 제29권. 55. 루추밀(樓樞密) 중훈(仲暈)에 대한 답서(2).

(2) 믿음이 깨달음의 뿌리다

"이미 믿음의 뿌리가 있으면 이것이 곧 깨달음의 바탕이 되고, 문득 현재에 드러나 행해지면 곧 위없이 바르고 평등한 깨달음을 얻는다."[499]

"이 도(道)를 배우려 하면 모름지기 결정적인 믿음을 갖추고서 순조로울 때나 어려울 때나 마음이 흔들리지 않아야만 비로소 진전이 있습니다. 부처님께서 말씀하셨습니다.[500] '믿음이 있으면 번뇌의 뿌리를 영원히 없앨 수 있고, 믿음이 있으면 부처의 공덕으로 오로지 나아갈 수 있고, 믿음이 있으면 경계에 집착함이 없고, 모든 어려움을 멀리 벗어나 수월함을 얻는다.' 또 말씀하셨습니다. '믿음이 있으면 온갖 마귀의 길에서 벗어나, 위없는 해탈의 길을 드러낼 수 있다.' 이러한 말씀은 경전 가운데 분명히 있는 문장입니다. 부처님께서 어찌 사람들을 속이겠습니까? 만약 반은 밝고 반은 어둡고 반은 믿고 반은 믿지 못한다면, 경계에 접촉하고 인연을 만남에 마음에 의혹(疑惑)이 일어나 곧 경계에 마음이 집착하니, 이 도에서 결정적으로 의심이 없어지지도 못하고, 번뇌의 뿌리를 소멸하지도 못하고, 모든 어려움에서 멀리 벗어나지도 못합니다. 온갖 어려움이란, 결정적인 믿음이 없기 때문에 자기의 음마(陰魔)[501]에게 휘둘리는 것입니다."[502]

---

499) 『대혜보각선사보설』 제16권. 8. 부경간이 청한 보설.
500) 아래의 두 구절은 『화엄경(80권)』 제14권 「현수품(賢首品)」 제12-1에 나오는 게송의 구절.
501) 음마(陰魔) : 온마(蘊魔). 오음(五陰) 즉 오온(五蘊)이 화합하여 이룬 몸은 여러 가지 고통을 낸다는 의미로 마(魔)라 함. 번뇌의 원인인 오온(五蘊)을 가리킴.
502) 『대혜보각선사법어』 제20권. 5. 무상거사(無相居士)에게 보임.

불법(佛法)을 공부하여 깨달음을 얻으려면, 당연히 불법이 깨달음으로 이끄는 바른 가르침이라는 믿음이 있어야 한다. 깨달음을 얻었을 때에야 더 이상 믿음이 필요 없겠지만, 아직 깨달음을 얻지 못하여 어둠 속을 헤매고 있을 때에는 오로지 불법에 대한 믿음에 의지하여 공부할 수밖에 없는 것이다. 깨달음이나 깨달음으로 이르는 공부에 대하여 분별심으로 이해할 수 있는 이치가 있는 것이 아니므로, 더욱더 믿음에 의지하여 공부할 수밖에 없는 것이다. 이 공부는 캄캄한 어둠 속에서 다만 믿음에 의지하여 나아가는 일이다.

(3) 결정적인 뜻이 있어야 한다

"이미 이러한 믿음을 갖추고서 이 한 수를 이해하고자 한다면, 먼저 모름지기 결정적인 뜻을 세우고, 경계를 대하고 인연을 만남에 순조롭거나 거스를 경우에도 물샐틈없이 지키면서 주인 노릇하며 여러 가지 삿된 말을 듣지 말아야 합니다."[503]

"다만 결정적인 믿음과 결정적인 뜻이 없는 것이 두려울 따름입니다. 결정적인 믿음이 없다면 물러나는 마음이 생기고, 결정적인 뜻이 없다면 배워도 철두철미한 곳에 이르지 못합니다."[504]

"이미 이 도를 끝까지 깨닫고자 하는 마음이 있다면, 결정적인 뜻을 갖추어야 합니다. 크게 쉬고 크게 해탈한 곳에 이르지 않고는, 이 생명

---

503) 『대혜보각선사법어』 제23권. 30. 묘명거사(妙明居士)에게 보임.
504) 『대혜보각선사법어』 제24권. 31. 성기의(成機宜)에게 보임.

이 끝날 때까지 물러나거나 포기하지 않겠다고 맹서해야 합니다. 불법에는 오래도록 얻기 어려운 많은 것이 없습니다. 사람이 사는 세간의 번뇌에 둘러싸인 일들은 끝이 없어서, 한 겹을 떼어 내면 또 한 겹이 다가와 마치 쇠사슬같이 끊임없이 이어집니다. 뜻이 확고하지 못하다면, 흔히 기꺼이 그 일들과 동무가 되어 자기도 모르는 사이에 그 일들에게 계속 붙잡혀 끌려다닙니다. 오직 당사자에게 오랜 원력(願力)이 있어야, 비로소 생각으로 헤아리는 일에서 기꺼이 물러날 것입니다."505)

불법을 공부한다고 하여 쉽사리 깨달음이 얻어지는 것이 아니다. 오랫동안 공부하여도 깨달음은 여전히 오리무중(五里霧中)이고, 아무것도 알 수 없고 어떻게 해야 할지도 모르는 입장에서 오로지 믿음에 의지하여 공부해야 하니, 이 공부를 끝까지 포기하지 않고 마침내 끝을 보겠다는 견고한 의지가 없다면 이 공부는 할 수가 없다. 어떤 경우에는 공부가 제자리걸음을 하고 있는 것 같기도 하고, 도리어 퇴보하고 있는 것 같기도 하여 결코 이룰 수 없을 것 같은 좌절감을 맛볼 수도 있다. 그러므로 공부의 끝을 보겠다는 견고한 발심이 필요하다.

(4) 눈 밝은 종사에게 의지하라

"삼가 여러분께 권하노니, 눈 밝은 종사(宗師)를 만나기가 매우 어려움을 알고, 만일 이미 만났다면, 마치 하나의 수미산(須彌山)에 의지한 듯 하여야 한다. 곧장 한 발 물러나 나와 남이라는 수많은 분별과 무명

---

505) 『대혜보각선사법어』 제23권. 24. 서제형(徐提刑)에게 보임.

(無明)의 어리석음과, 이제까지 책을 보고 배우고 기억한 것들을 내려놓아서 한쪽으로 밀쳐놓되, 억지로 주인 노릇하려고 하지는 말아야 한다. 뒷날 염라대왕이 마귀를 내쫓을 때에는 이렇게 억지로 주인 노릇하는 자를 즉시 내쫓을 것이다."506)

이 공부는 자신의 판단과 이해에 따라 자신이 어떻게 행해야 하는지를 결정하여 공부해 나아갈 수 있는 것이 아니다. 만약 자신의 판단에 따라 자신이 행동을 결정하여 나아간다면, 이것은 전적으로 자신의 분별심에 의지하여 분별심의 명령에 따라 행하는 것이므로 절대로 깨달음에 이를 수 없다. 자신의 분별력에 의지하지 못하므로, 결국 이 법을 깨달아 통달한 스승에게 의지하여 공부할 수밖에 없는 것이다. 어떤 스승을 만나 그 스승이 참으로 법에 통달하였다는 믿음이 생기면, 그때부터는 자신을 버리고 오로지 깨달음을 위하여 그 스승을 믿고 의지해야 한다. 스승을 바라볼 때에는 언제나 그분이 얻은 깨달음만 바라보고, 그분이 가지고 있는 세속적인 측면은 보지 말아야 한다. 깨달음 속에 있는 사람이 세속적인 가치판단에 얽매일 필요는 없기 때문이다.

(5) 알 수 없는 곳에서 깨닫는다

"그대들이 진실하게 공부하려고 한다면, 다만 모든 것을 놓아 버리고, 마치 완전히 죽은 사람처럼 아무것도 알지 못하고 아무것도 이해하지 못해야 한다. 알지도 못하고 이해하지도 못하는 곳에서 문득 이 한 생각

---

506) 『대혜보각선사보설』 제13권. 1. 설봉에서 보리회 만들 때의 보설.

이 부서지게 되면, 부처님도 그대들을 어찌하지 못할 것이다."[507]

"세간의 일을 배움에는 마음을 쓰지 않으면 배움이 이루어지지 않습니다. 그러나 세간을 떠난 법을 배움에는 그대가 마음을 쓰는 일이 없어야 합니다. 마음을 써 추구하려고 하기만 하면, 천리만리 멀어져서 아무 관계가 없게 됩니다."[508]

"세간의 법을 배우는 것은 분명하게 이해할 필요가 있습니다만, 출세간의 법을 배우는 것은 도리어 전혀 이해할 수 없어야 비로소 다가갈 자격이 있습니다. 이미 이해하지 못하는데, 다시 어떻게 나아갈까요? 다만 이렇게 탐구하여 밝히십시오. 부처는 중생의 세계 속에서 일을 마친 사람이고, 중생은 부처의 세계 속에서 일을 마치지 못한 사람입니다. 한결같고자 한다면 다만 부처와 중생을 한꺼번에 놓아 버리십시오. 그러면 일을 마침도 없고 마치지 못함도 없습니다. 그러므로 옛 스님이 말했습니다. '다만 일 위에서 일 없음에 통달할 뿐, 색깔을 보고 소리를 들음에 눈을 감고 귀를 막을 필요는 없다.'[509]"[510]

"이 일은 마음을 가지고 구할 수도 없고, 마음을 버리고 얻을 수도 없고, 언어로써 도달할 수도 없고, 침묵으로써 통할 수도 없습니다. 이 4구절에서 마음 쓸 곳이 없어야 비로소 이 소식(消息)을 일깨울 수 있습

---

507) 『대혜보각선사보설』 제13권. 1. 설봉에서 보리회 만들 때의 보설.
508) 『대혜보각선사법어』 제19권. 3. 지통거사에게 보임.
509) 『고존숙어록』 제46권 「저주낭야산각화상록」에 나오는 구절.
510) 『대혜보각선사법어』 제19권. 4. 묘증거사에게 보임.

니다. 부처님께서 말씀하신 세간과 출세간의 공덕(功德) 가운데 무심(無心)의 공덕만 한 것이 없으니, 무심의 공덕이 가장 커서 헤아릴 수조차 없습니다."511)

"이른바 공부라는 것은 세간의 잡다한 일들을 사량(思量)하는 마음을 '똥 닦는 막대기' 위에 돌려 놓고 정식(情識)이 활동하지 않게 하여, 마치 흙이나 나무로 만든 인형과 같게 만드는 것입니다. 캄캄하여 붙잡고 의지할 만한 것이 없음을 느낄 때가 바로 좋은 소식입니다. 이러한 때에는 공(空)에 떨어질까 봐 두려워하지 말 것이며, 앞뒤를 헤아려서 언제 깨달을 수 있을까 하고 생각하지도 마십시오. 만약 이런 마음을 가진다면 곧 삿된 길에 떨어지게 됩니다."512)

깨달음은 마음에서 저절로 발생한다. 깨달음은 의식적으로 노력하여 만들어 내는 것이 아니다. 깨달음은 분별심과 욕심과 의식적인 노력이 멈춘 곳에서 저절로 일어난다. 마치 함정에 빠진 짐승이 어떻게도 함정에서 벗어날 수 없는 것처럼, 어떻게도 할 수 없는 절망 속에서 좌절할 때에 저절로 모든 분별망상이 쉬어지고 깨달음이 발생한다. 그러므로 깨달음은 짙은 안개 속에 있는 것처럼 아무것도 알 수 없을 때에 문득 발생한다.

---

511) 『대혜보각선사법어』 제22권. 21. 장태위에게 보임.
512) 『대혜보각선사서』 제28권. 34. 여사인 거인에 대한 답서(1).

(6) 깨달음을 기다리지 말라

"의도적으로 깨달음을 기다리지도 말고, 또 언제 깨달을지를 헤아리지도 마십시오."[513]

"공(公)께서는 한번 이와 같이 공부해 보십시오. 오래오래 계속하다 보면 저절로 빈틈없이 들어맞을 것입니다. 그러나 만약 의도적으로 깨달음을 기다리거나 일부러 쉬기를 기다리면, 지금부터 시작하여 미륵(彌勒)이 내려올 때까지 기다린다 하더라도 깨달을 수 없을 것이고 쉴 수 없을 것이며, 오히려 어리석음과 번뇌만 더할 뿐입니다."[514]

"대개 깨달음을 취하고 쉼을 찾는 마음을 없애지 않으면, 도리어 이러한 마음이 장애가 됩니다. 이런 마음이 쉬어져야만 비로소 어렵지도 않고 쉽지도 않음을 알게 되고, 또 종사가 전해 주는 것도 아님을 알게 됩니다. 깨닫지 못하여 어리석다고 여기는 것이 큰 잘못이며, 어리석음을 쥐고서 깨달음을 기다리면 이 잘못이 더욱 크게 됩니다. 무슨 까닭일까요? 깨어 있지 못하기 때문에 어리석은 것입니다. 어리석음을 쥐고서 깨달음을 기다리는 것이 곧 깨어 있지 못한 가운데 더욱 깨어 있지 못한 것이고, 어리석은 가운데 더욱 어리석은 것입니다."[515]

지금은 깨닫지 못했으니 앞으로 깨달을 것이라고 기대하게 되면, 벌써

---

513) 『대혜보각선사법어』 제20권. 11. 나지현에게 보임.
514) 『대혜보각선사서』 제25권. 3. 증시랑 천유에 대한 답서(2).
515) 『대혜보각선사법어』 제19권. 3. 지통거사에게 보임.

지금과 앞을 구분하고 깨달음과 깨닫지 못함을 분별하는 것이니 곧 이법(二法)이요, 분별심이다. 깨달음에는 과거·현재·미래라는 시간이 없으며, 깨달음과 깨닫지 못함의 차별도 없다. 깨달음을 기다리는 순간 이미 이법(二法)이니, 불이중도(不二中道)인 깨달음은 없다. 단지 진실이 무엇인가 하고 진실에 목이 마를 뿐, 결과에는 관심을 두지 말아야 한다.

(7) 빚을 갚지 못한 사람 같아야 한다

"또 마치 백만 관(貫)의 빚을 진 사람이 돌려줄 돈은 한 푼 없는데 빚쟁이가 문 앞을 지키고 있어서 걱정되고 두렵지만, 천 번을 생각하고 만 번을 헤아려도 돌려줄 길이 없는 것과 같아야 합니다. 만약 늘 이런 마음을 가지고 있다면, 나아갈 몫이 있을 것입니다."[516]

"대장부가 결단코 이 하나의 대사인연(大事因緣)을 끝내고자 한다면, 먼저 체면을 확실히 내던져 버리고, 정신을 바짝 차려서 인정(人情)에 따르지 말고, 자기가 평소에 의심하던 곳을 염두에 두고서, 늘 마치 남에게 백만 꾸러미의 엽전을 빚져서 재촉을 받아도 갚을 물건이 없는 것과 같이 하여 치욕을 당할까 봐 겁을 내면, 급할 일이 없는데도 급하고, 바쁠 일이 없는데도 바쁘고, 큰일이 없는데도 커다란 이 하나의 일에서 바야흐로 나아갈 몫이 있게 됩니다."[517]

깨달음을 의식적으로 노력하여 얻을 수는 없으나, 스스로 깨달아야

---

516) 『대혜보각선사법어』 제23권. 30. 묘명거사에게 보임.
517) 『대혜보각선사법어』 제21권. 13. 서제형에게 보임.

한다는 절박한 부담은 가지고 있어야 한다. 깨달음을 얻어야 하는 상황으로 내몰려야 한다는 말이다. 함정에 빠진 짐승은 그곳을 빠져나가지 못하면 죽음을 맞이할 것이라는 절박함에 내몰려 있듯이, 이번 생에 깨닫지 못하면 다시 윤회하여 어디로 흘러갈지 모른다는 두려움도 있어야 한다. 공부하는 사람이 아직 깨닫지 못했다면, 스스로를 채찍질하지 않아도 저절로 기한이 넘었는데도 아직 빚을 갚지 못한 사람처럼 부담을 가질 수밖에 없다.

(8) 신속한 효과를 찾지 말라

"첫째로 명심할 것은, 마음을 일으키고 생각을 움직여서 속으로 욕심을 내어 조급해 하며 급하게 깨달음을 찾아서는 안 된다는 것입니다. 이러한 생각을 하자마자 바로 이 생각이 길목을 꽉 틀어막아서 영원히 깨달음을 얻을 수 없게 됩니다. 조사(祖師)께서 말씀하셨습니다. '붙잡고서 정도를 지나치게 되면 반드시 삿된 길로 들어가고, 자연스레 놓아두면 본바탕에는 가고 머묾이 없다.'[518] 이것은 곧 조사께서 사람을 위하여 정성껏 털어놓으신 말씀입니다."[519]

"이미 결정적인 뜻이 있다면 얻어서 손에 넣는 것은 저절로 때가 있으니, 다시 언제 얻을지에는 상관하지 마십시오. 노승은 늘 납자들에게 말합니다. '나의 선(禪)에 참여하고자 한다면, 모름지기 일생 동안 매달려도 처리할 수 없다는 마음가짐이어야 한다.' 만약 신속한 효과를 찾

---

518) 삼조승찬(三祖僧璨)의 『신심명(信心銘)』의 한 구절.
519) 『대혜보각선사서』 제29권. 49. 황지현 자여에 대한 답서.

으려 한다면, 분명 잘못될 것입니다. 왜 그럴까요? 단지 본래 남에게 줄 법이 없기 때문이니, 단지 남에게 길을 가리키는 사람 노릇을 할 뿐입니다. 옛 스님이 말했습니다. '얻는 것이 있다면 이것은 들여우520)의 울음소리이고, 얻을 것이 없다면 이것은 사자의 울부짖음이다.'521)"522)

신속한 효과를 바라는 사람은 쉽사리 깨달음을 얻으려는 사람이다. 이런 사람은 공부를 가볍게 보는 사람이고, 참된 믿음이 없는 사람이고, 견고한 발심이 없는 사람이다. 이런 사람은 약간의 어려움이 있으면 쉽게 공부를 포기할 사람이다. 무엇보다도 이런 사람은 불법에 대한 믿음과 깨달음에 대한 믿음이 없는 사람이다.

(9) 애써 구하지 말라

"이 일을 만약 털끝만큼이라도 애써 노력하여 증명하려고 한다면, 마치 사람이 손으로 허공을 붙잡아 어루만지려 하는 것과 같아서, 다만 스스로 더욱 피로할 뿐입니다. 인연에 응할 때에는 다만 응하기만 하고, 고요히 앉고 싶으면 다만 고요히 앉을 뿐이로되, 앉을 때에 앉는 것에 집착하여 구경(究竟)으로 여겨서는 안 됩니다."523)

"다만 평소에 애쓰는 것을 일삼으려 하지 마십시오. 이 문중(門中)에

---

520) 야간(野干) : 들여우. 터무니없는 사람. 엉터리.
521) 『경덕전등록』 제5권 '서경광택사혜충국사'에 나오는 구절.
522) 『대혜보각선사법어』 제22권. 22. 증기의에게 보임.
523) 『대혜보각선사서』 제26권. 18. 진소경 계임에 대한 답서(2).

서는 애쓰는 것을 용납하지 않습니다. 노승은 늘 사람들에게 이런 말을 합니다. '힘을 얻는 것이 곧 힘을 더는 것이고, 힘을 더는 것이 곧 힘을 얻는 것이다.' 만약 한순간이라도 바라는 마음을 내어 깨달아 들어갈 곳을 찾는다면, 마치 사람이 자기 집 속에 앉아서 도리어 남에게 물어서 자기가 사는 곳을 찾는 것과 다를 바 없습니다."[524]

노력하여 이루는 것은 모두 유위법(有爲法)이며 조작된 것이다. 깨달음은 노력하여 이루는 일이 아니고, 이 공부는 조작하여 성취하는 것이 아니다. 다만 믿음으로 가르침을 듣는 것이고, 가르침을 듣다가 문득 깨달음이 찾아오는 것이다.

(10) 힘들지 않은 곳에서 공부하라

"일상생활의 잡다한 번뇌 속에서 점차 수월해지는 것을 조금이라도 느낄 때가 바로 본인이 힘을 얻는 곳이며, 바로 본인이 부처가 되고 조사가 되는 곳이며, 바로 본인이 지옥을 바꾸어 천당으로 만드는 곳이며, 바로 본인이 편안히 앉는 곳이며, 바로 본인이 생사(生死)를 벗어나는 곳입니다."[525]

"일상생활 속에서 힘들지 않음을 느낄 때가 곧 이 도를 배움에 힘을 얻는 곳입니다. 힘을 얻는 곳에서 무한히 힘들지 않으며, 힘들지 않은 곳에서 다시 무한한 힘을 얻습니다. 이 도리는 남에게 말해 줄 수도 없

---

[524] 『대혜보각선사서』 제29권. 49. 황지현 자여에 대한 답서.
[525] 『대혜보각선사서』 제27권. 27. 장제형 양숙에 대한 답서.

고, 남에게 보여 줄 수도 없습니다. 힘들지 않은 것과 힘을 얻는 것은 마치 사람이 물을 마셔서 그 차가움과 따스함을 스스로 아는 것과 같습니다. 저는 일생 동안 다만 힘들지 않은 곳을 사람들에게 가리켜 주었을 뿐, 수수께끼[526]를 붙잡고 이리저리 헤아리도록 만들지는 않았습니다."[527]

애써 노력하지 않고 다만 진실에 관심을 두는 것이 공부이다. 애써 노력하지 않으므로 이 공부는 힘이 들지 않는다. 어떤 목표를 정해 두고 그 목표를 향하여 달려간다면 힘이 들겠지만, 목표가 무엇인지도 모르고 어디로 달려가야 할지도 모르는 것이 이 공부이므로 힘이 들 이유가 없다. 힘들여 분별할 이치도 없고, 힘들여 실천할 수행도 없다.

(11) 방편의 말을 멋대로 이해하지 말라

"이 일에는 사람의 정식(情識)으로 이해할 수 있는 것이 없어서 전해 줄 수가 없으니, 모름지기 스스로 깨달아야만 비로소 나아갈 곳이 있습니다. 만약 다른 사람의 말을 따라서 판단한다면, 영원히 쉴 날이 없을 것입니다."[528]

---

526) 미자(謎子) : 수수께끼. 여기에서 수수께끼는 곧 공안(公案)을 가리킨다. 대혜가 가르치는 간화선(看話禪)은 수수께끼 같은 공안을 제시하여 그 뜻을 헤아리도록 하는 것이 아니라, 화두(話頭)를 제시하여 생각으로 헤아림이 끊어지는 곳에서 문득 깨달음이 나타나도록 가르치는 선(禪)이다.
527)『대혜보각선사법어』제23권. 30. 묘명거사에게 보임.
528)『대혜보각선사서』제26권. 20. 허사리 수원에 대한 답서(1).

"옛사람이 내리신 가르침의 말씀을 제멋대로 마구 파고들어서는 안됩니다. 예컨대 마조대사에게 남악회양 스님이 설법(說法)하시길 '비유컨대 소가 수레를 끌고 있는데 수레가 움직이지 않으면 수레를 때려야 옳은가, 소를 때려야 옳은가?'529)라고 하였는데, 마조 스님은 그 말을 듣고는 즉시 돌아갈 곳을 알았습니다. 이 몇 구절의 말을 가지고 여러 곳에서 얼마나 말이 많습니까? 법(法)이 천둥 같고 번개 같고 구름 같고 비 같은 것임을 이해하지 못하고, 이름과 언구(言句)를 잘못 알고서 말을 따라 이해합니다. 주봉(舟峯)에게 준 편지의 말미에 있는 제멋대로 풀이한 주석(註釋)을 보십시오. 제가 읽어 보고는 저도 모르게 배를 잡고 웃었습니다. 여래선(如來禪)이니 조사선(祖師禪)이니 하고 말하는 자들도, 한 장의 소장(訴狀)으로 같은 죄목을 붙여 함께 처리해야 합니다."530)

불교 경전과 선어록의 모든 말은 전부 어리석은 중생을 깨달음으로

---

529) 『사가어록』,『마조록』에 나오는 내용인데, 다음과 같다 : 마조도일(馬祖道一)은 당(唐)나라 개원(開元) 년간(年間)에 형악(衡嶽)의 전법원(傳法院)에서 선정(禪定)을 익히다가 회양(懷讓) 화상을 만났다. 회양은 도일이 진리를 담을 만한 그릇이 됨을 알아보고는 물었다. "스님은 좌선(坐禪)하여 무엇을 하려고 하시오?" 도일이 말했다. "부처가 되려고 합니다." 회양은 이에 벽돌 한 개를 가져와 그 암자 앞에서 갈기 시작했다. 이것을 보고 도일이 물었다. "벽돌을 갈아서 무엇을 하려 하십니까?" "갈아서 거울을 만들려 하오." "벽돌을 간다고 어떻게 거울이 되겠습니까?" "벽돌을 갈아 거울이 되지 못한다면, 좌선하여 어떻게 부처가 되겠는가?" 이에 도일이 물었다. "그러면 어떻게 해야 합니까?" "소수레가 가지 않는다면 수레를 때려야 하겠는가, 소를 때려야 하겠는가?" 도일이 대답이 없자, 회양이 다시 말했다. "그대는 좌선을 배우고자 하는가, 좌불(坐佛)을 배우고자 하는가? 만약 좌선을 배우고자 한다면 선(禪)은 앉거나 눕는 것이 아니며, 좌불을 배우고자 한다면 부처는 정해진 모습이 아니다. 머묾 없는 법에서는 취하거나 버리지 말아야 한다. 그대가 좌불을 따른다면 곧 부처를 죽이는 것이니, 만약 앉은 모습에 집착한다면 그 이치에 통하지 못하기 때문이다." 도일은 회양의 가르침을 들으니 마치 제호(醍醐)를 마신 듯이 시원하였다.
530) 『대혜보각선사서』 제26권. 12. 강급사 소명에 대한 답서.

이끌기 위하여 임시 방편으로 만들어진 말이므로, 나타나 있는 문자 그대로의 뜻을 중생의 분별심으로 이해하여 참으로 그런 일이 있다고 여겨서는 안 된다. 부처와 조사가 왜 그런 방편의 말씀을 하였는지는 본인이 깨달아서 부처와 조사의 자리에 발을 디뎌야 알 수 있다. 깨닫기 이전에 중생의 분별심을 가지고 부처와 조사의 말씀을 이해한다면, 그것은 완전히 제멋대로 오해하는 것이다. 그러므로 아직 깨닫지도 못했으면서 방편의 말을 제멋대로 이해하면 안 된다.

(12) 헤아려서 점검하려 하지 말라

"피할 수 없는 곳을 딱 마주치면, 절대로 마음을 일으키고 생각을 움직여 점검(點檢)하려는 생각을 해서는 안 됩니다. 잘 기억하십시오. 회피할 수 없을 때에 다시 마음으로 헤아리지 마십시오. 마음으로 헤아리지 않을 때에 모든 것은 그 자리에 있으니, 이해가 날카로울 필요도 없고 이해가 무딜 필요도 없습니다. 날카롭고 무딘 일과도 전혀 상관이 없고, 고요하고 시끄러운 일과도 전혀 상관이 없습니다. 회피할 수 없을 바로 그때에 문득 가로막고 있던 장애가 사라져 버리면, 자기도 모르게 손뼉을 치며 크게 웃을 것입니다. 부디 명심하시기 바랍니다."[531]

"원컨대, 공(公)께서는 다만 믿을 수 있는 곳에서 살펴보며 찾기를 오래 하면 저절로 뚫고 벗어날 것입니다. 그러나 무엇보다도 중요한 것은 일부러 안배(安排)하여 뚫고 벗어날 곳을 찾아서는 안 된다는 것입니다.

---

531) 『대혜보각선사서』 제26권. 18. 진소경 계임에 대한 답서(2).

만약에 일부러 한다면 실패합니다. 석가 노인이 또 말씀하셨습니다. '깨달음의 길은 생각으로 헤아리지 못한다. 누가 깨달음을 생각으로 헤아릴 수 있겠는가?'[532]"[533]

조사나 선지식의 말을 듣고서 이해할 수 없는 곳을 만나면 억지로 생각으로 헤아려 이해하려고 하지 말아야 한다. 진실은 분별심으로 헤아려 이해할 수 없는 곳에서 저절로 나타난다. 깨달음은 언제나 불가사의(不可思議)한 것이다. 분별심으로 헤아려 이해하는 것은 모두 중생의 분별망상 속의 일이다. 깨달음이 어떤 것인지, 어떻게 깨달음에 이르는지, 어떻게 공부해야 하는지, 법이 어떤 것인지 등 깨달음과 공부에 관한 모든 것들은 깨달음이 찾아오면 저절로 밝혀지는 사실이므로, 깨닫기도 전에 미리 자신의 분별심으로 억지로 헤아리면 안 된다.

(13) 근본을 얻을 뿐 말단을 근심하지 말라

"오로지 근본을 얻을 뿐, 말단을 근심하지는 마십시오. 오로지 부처 되는 것을 알면 될 뿐, 부처가 말할 줄 모를까 걱정하지는 마십시오."[534]

"도는 마음을 깨닫는 것이지, 말을 전하는 것이 아닙니다. 요즈음에는 이 도를 배우는 자가 흔히 근본을 버리고 말단을 좇으며, 바른 것을 등지고 삿된 것에 뛰어들며, 기꺼이 자기의 발밑에서 마지막 진실을 찾지

---

532) 『대방광불화엄경』(80권 화엄) 제23권 「도솔궁중게찬품」 제24에 나오는 구절.
533) 『대혜보각선사서』 제29권. 56. 조태위 공현에 대한 답서.
534) 『대혜보각선사서』 제27권. 22. 유보학 연수에 대한 답서.

는 않고 오로지 종사(宗師)가 말한 곳에 머물러 있으니, 비록 지극히 정밀하게 말할 수 있다고 하더라도 본분(本分)의 일과는 전혀 상관이 없습니다. 옛사람은 배우는 사람들이 헛것을 보고 진짜로 여기는 것을 보고서, 마지못해 방편(方便)을 시설하여 그들을 이끌어 그들이 스스로 자기의 본지풍광(本地風光)을 알고 자기의 본래면목(本來面目)을 밝게 보도록 하였을 뿐이니, 처음부터 사람에게 줄 참된 법이란 없는 것입니다."535)

불교 공부와 선 공부의 근본은 깨달음이다. 다만 깨달음만 얻으면 저절로 모든 비밀은 풀어지고 의심과 갈등은 사라진다. 올바른 깨달음만 얻으면 모든 일은 저절로 올바르게 된다.

(14) 익숙한 곳을 낯설게 한다

"모름지기 설은 곳은 익게 하고 익은 곳은 설게 하여야, 비로소 이 일과 조금이나마 들어맞을 것입니다."536)

"중생 세계의 일은 배울 필요가 없습니다. 아득한 옛날부터 익숙해졌고, 인생살이 역시 익숙하여 저절로 곁가지를 골라내고 그 근원과 만나니, 반드시 옆으로 밀쳐 두어야 합니다. 그러나 출세간(出世間)의 반야심(般若心)을 배우는 일은 아득한 옛날부터 등지고 있었으므로, 선지식의 말을 조금 듣는다고 하여 저절로 이해되지는 않습니다. 모름지기 결정적인 뜻을 세워 반야심과 어울리고, 결코 둘이 되지 말아야 합니다. 반

---
535) 『대혜보각선사법어』 제23권. 30. 묘명거사에게 보임.
536) 『대혜보각선사서』 제27권. 22. 유보학 연수에 대한 답서.

야심에 깊이 들어간다면 중생사를 애써 물리치지 않아도, 온갖 삿된 마귀와 외도(外道)가 저절로 달아나고 항복할 것입니다. 낯선 곳은 익숙해지고 익숙한 곳은 낯설게 하는 일이 바로 이것입니다."[537]

불교 공부와 선 공부를 한 마디로 말하면, 어리석은 중생의 마음이 깨달은 부처의 마음으로 바뀌는 것이다. 중생의 마음은 분별망상에 의지하는 마음이고, 부처의 마음은 분별망상에서 벗어날 뿐 따로 의지하는 곳이 없다. 분별망상에 의지하면 망상에 사로잡혀서 어둡고 어리석고 갈등과 번뇌 속에 있고, 분별망상에서 벗어나면 망상에서 벗어나 밝고 지혜롭고 갈등과 번뇌가 없다. 분별망상에 머물러 의지하여 집착하던 마음이 분별망상에서 벗어나 어디에도 의지하지 않고 머물지 않고 집착하지 않고 자유자재하고 밝은 마음이 되어 가는 것이 바로 공부이다.

(15) 깨달은 뒤의 공부

"만약 다시 초조하게 구하러 다니며 쉬지 못한다면, 이는 옳은 일이 아닙니다. 지난날에는 공이 크게 기뻐함을 보았기 때문에 감히 말해 주지 않았으니, 지적하는 말이 무시당할까 봐 염려스러웠기 때문입니다. 이제 공의 기쁨도 이미 가라앉았으므로 감히 가리켜 보겠습니다. 이 일은 결코 경솔히 해서는 안 되고, 반드시 얻기 어렵다는 생각을 해야 합니다. 흔히 근기가 날카롭고 지혜가 뛰어난 사람이 힘들지 않게 얻고서는 드디어 경솔한 마음을 내어 곧 수행(修行)하지 않음으로써, 쉽사

---

537) 『대혜보각선사서』 제25권. 7. 증시랑 천유에 대한 답서(6).

리 눈앞의 경계에 끄달려 주인공 노릇을 하지 못하게 됩니다. 그리하여 날이 가고 달이 갈수록 헤매 다니며 돌아오지 못하면, 도(道)의 힘이 업(業)의 힘을 이기지 못하여 마구니가 기회를 얻게 됩니다. 결정적으로 마구니에게 사로잡혀 버리면, 목숨이 떨어질 때가 되어도 역시 힘을 얻지 못합니다. 반드시 기억해 두십시오. 지난날 하신 말씀에 '이(理)라면 문득 깨달으니 깨달음을 타고서 모두가 녹아 버리지만, 사(事)는 문득 없어지지는 않고 점차점차 없어진다.'538)고 하셨는데, 가고 · 머물고 · 앉고 · 누움에 이것을 절대 잊어서는 안 됩니다. 그 밖에 옛사람들의 여러 가지 다양한 말들도 일절 진실하다고 여겨서는 안 되고, 또한 헛되다고 여겨서도 안 됩니다. 오랫 동안 순수하게 익어 가다 보면, 저절로 자기의 본래 마음과 말없이 하나가 될 것이니, 뛰어나고 특별한 것을 따로 찾을 필요는 없습니다."539)

분별이 꽉 막혀 꼼짝할 수 없는 곳에서 문득 깨닫게 되면, 곧장 둘이 없고 머물 곳이 없고 할 일이 없어져서 편안해지니 여기가 바로 분별망상에서 벗어난 곳이다. 그러나 아직 생각하고 헤아리면서도 생각과 헤아림에서 벗어난 입장은 아니다. 아직은 생각하고 헤아리면 이전처럼 생각과 헤아림에 구속을 받는다. 분별망상에서 벗어난 곳에 점차 익숙해지면, 드디어 생각하면서도 생각에서 자유롭고 분별하면서도 분별에서 자유로워 온갖 시끄러운 분별 속에서도 전혀 둘이 없이 완전히 불이(不二)가 되며, 한 순간 한 순간 하나하나의 일에서 다만 이 하나가 밝게

---

538) 『수능엄경』 제10권에 나오는 구절.
539) 『대혜보각선사서』 제25권. 9. 이참정 한로에 대한 답서(1).

된다. 그러므로 문득 분별망상에서 벗어나는 깨달음이 있더라도 다시 분별하고 헤아리는 이전의 습관에 따라가지 말고 분별망상에서 벗어난 곳에 익숙해지도록 해야 한다. 문득 깨달은 뒤에 아직은 낯선 깨달은 곳에 익숙해지는 시간이 필요하다. 이것이 깨달은 뒤의 공부이다.

(16) 공부의 점검

"인연 따라 비워 가서 뜻대로 자유롭습니까? 가고·머물고·앉고·눕고 하는 행동거지에서 잡다하고 피곤한 번뇌에 굴복하지는 않습니까? 잠과 깸의 양쪽에서 한결같을 수 있습니까? 이전처럼 생활하는 곳에서 원래의 모습을 바꾸지는 않았습니까? 생사심(生死心)을 이어 가지는 않습니까?"540)

"밤낮으로 쉼 없이 행동하는 때에 반드시 딱 들어맞을 수 있습니까? 잠잘 때와 깨어 있는 두 때에 한결같을 수 있습니까?"541)

대혜가 깨달음을 얻었는지 어떤지를 살필 때에 묻는 이 질문은 깨달은 사람이라면 자신이 깨달은 자리에서 저절로 확인되고 이해되는 말들이다. 아직 깨닫지 못한 사람이라면 이 말들이 무슨 뜻인지 이해하지 못하거나, 제멋대로 억지로 오해할 것이다. 대혜가 학인의 공부를 점검하기 위하여 한 이 말을 통하여, 공부하는 사람이라면 누구나 자신의 공부를 점검해 볼 수 있을 것이다.

---

540) 『대혜보각선사서』 제25권. 11. 이참정 한로에 대한 답서(2).
541) 『대혜보각선사서』 제26권. 14. 부추밀 계신에 대한 답서(2).

(17) 생사심(生死心)이 끊어져야 깨달음이다

"만약 오로지 마음을 잊어버리거나 마음을 꽉 붙잡고 있기만 하고 생사심(生死心)이 부서지지 않으면, 오온(五蘊)의 마(魔)가 그 틈을 이용하여 허공을 붙잡아 두 쪽으로 갈라놓게 됨을 면치 못할 것입니다. 그리하면 고요한 때에는 한없이 즐겁다가도 시끄러운 때에는 한없이 괴롭습니다."[542]

"문자를 찾고 과거의 사례를 끌어와 증명하거나 제멋대로 추측하고 헤아려서 주석(註釋)하고 해설하는 일은 절대로 하지 마십시오. 비록 그렇게 주석하고 해설한 것이 분명하며 설명에 귀결점이 갖추어져 있다고 하더라도 모두가 귀신집의 살림살이일 뿐입니다. 궁금한 심정이 부서지지 않으면 삶과 죽음이 뒤엉켜 시끄럽지만, 궁금한 심정이 부서지면 생사심(生死心)이 끊어집니다. 생사심이 끊어지면 부처라는 견해(見解)와 법이라는 견해가 없어집니다. 부처라는 견해와 법이라는 견해도 오히려 없는데, 하물며 다시 중생이라는 견해와 번뇌라는 견해를 일으키겠습니까?"[543]

대혜는 깨달음이란 어떤 이치를 밝게 이해하는 것도 아니고, 사실을 잘 분별하고 판단하는 능력도 아니고, 어떤 신통을 얻는 것도 아니고, 말을 잘하는 것도 아니고, 다만 생사심(生死心)이 끊어지는 것이라고 한

---

542) 『대혜보각선사서』 제27권. 23. 유통판 언충에 대한 답서(1).
543) 『대혜보각선사서』 제28권. 33. 여랑중 융례에 대한 답서.

다. 단지 생사심만 끊어지면 깨달음이라는 것이다. 깨달음에서는 생사심이 끊어질 뿐, 다른 일은 없다. 그러면 생사심(生死心)이 무엇인가?

『사가어록(四家語錄)』「강서마조도일선사어록(江西馬祖道一禪師語錄)」에서 말하기를, "도(道)는 닦을 필요가 없으니, 단지 오염되지만 말라. 무엇이 오염인가? 생사심(生死心)이 있기만 하면 조작하고 쫓아다니니, 이들이 모두 오염이다. 만약 곧장 도를 깨닫고자 한다면, 평상심(平常心)이 곧 도이다. 무엇을 일러 평상심이라 하는가? 조작이 없고, 옳고 그름을 따짐이 없고, 취하고 버림이 없고, 단절(斷絕)과 항상(恒常)이 없고, 범부와 성인이 없는 것이다."라고 하였다. 그러므로 생사심(生死心)은 평상심(平常心)과 상대되는 말이니, 조작하고, 옳고 그름을 따지고, 취하고 버림이 있고, 단절과 항상이 있고, 범부와 성인의 차별이 있는 것이 곧 생사심(生死心)이다. 또『선문요략(禪門要略)』에서는 "앞의 아홉이 세간심(世間心)이요, 생사심(生死心)이며, 뒤의 하나가 출세간심(出世間心)이요, 열반심(涅槃心)이요, 성인심(聖人心)이요, 해탈심(解脫心)이다."라고 하였으니, 생사심은 부처의 열반심이나 해탈심과는 반대되는 중생의 마음이다.

그러므로 생사심은 아직 깨닫지 못한 어리석은 중생의 마음이다. 자신이 아직 어리석게 헤매고 있는지, 아니면 깨달아서 모든 어리석음이 끝났는지는 공부하는 사람 스스로가 잘 안다. 아직 불만족스럽고 의문스럽고 갈등과 번뇌와 집착이 사라지지 않았는데도 어찌 깨달음을 얻어 모든 일이 끝났다고 할 수 있겠는가? 남에게 공부와 깨달음에 대하여 잘 말하고 설명할 수 있고 온갖 경전과 공안의 말을 잘 설명할 수 있다고 하더라도, 자신이 스스로 아직 불만족스럽고 해결해야 할 일이 남아 있다면 아직 생사심에서 완전히 벗어난 것이 아니다. 그러므로 공부인은 생각을 가지고 스스로를 속이지 말고, 완전히 모든 일이 끝나서 저절로 아무런 일이 없을 때까지 철저하게 공부해야 하는 것이다. 깨달음은 남에게 보이기 위한 공부가 아니라, 오로지 스스로가 완전히 자유로워지는 공부이다.

4. 방편을 오해하지 말라

(1) 방편이란 무엇인가?

　방편(方便)은 '접근하다' '도달하다' '수단'이라는 뜻인 범어 upāya의 번역인데, 방(方)은 방법(方法), 편(便)은 편리(便利)라는 뜻이니 '편리한 방법'이라는 뜻이다. 방편은 깨달음에 도달하도록 돕는 편리한 방법, 수단을 뜻한다. 비록 목적인 깨달음을 얻기 위한 편리한 방법이긴 하나 목적인 깨달음과는 차별이 되므로, 깨달음을 진실(眞實)이라고 하는 것에 반하여 방편은 가짜로 만들어 사용하는 수단이라는 뜻으로 권가(權假)라고 한다. 방편은 중생의 병을 치료하는 약이라고 비유하기도 한다. 중생에게는 분별망상이라는 병이 있어서 이로 말미암아 번뇌에서 벗어나지 못하는데, 분별망상의 병이 치유되면 곧 깨달음이다. 방편이란 분별망상의 병을 치료하는 약이다. 병이 치료되면 약이 필요없듯이 분별망상에서 벗어나 깨달으면 방편은 필요치 않다.
　방편이 어떻게 깨달음으로 이끄는 역할을 하는가? 앞서도 살펴보았듯이 불교와 선에서 깨달음으로 이끄는 기본적인 방편은, 우리의 분별심을 가로막고 분별심을 함정에 빠뜨려서 우리가 분별심에 의지할 수 없도록 만드는 것이다. 이법(二法)인 분별심에 의지할 수 없으면, 출구는 불이법(不二法)인 깨달음뿐이다. 양쪽을 부정하여 중도로 이끄는 팔불중도(八不中道)의 가르침이나, 사구부정(四句否定)이나, 죽비자화(竹篦子話) 등이 모두 그러한 방편이다. 이법인 분별언어를 사용하되 불이법을 가리키는 것이 곧 방편의 말이다. 분별언어를 사용하되 분별을 넘어선 불이법을 가리키는 것이 방편의 말이다. 그러므로 분별언어를 분별언어의 개념 그대로만 이해한다면, 이것은 이법을 넘어서지 못한 것이므로 방편의 역할을 할 수 없다. 부처님과 조사의 가르침을 문자 그대로만 이해한다면, 여전히 분별일 뿐 깨달음은 없는 것이다. 독성을 가진 약을 가지고 병을 치료하듯이, 분별언어를 가지고 분별이라는 병을 치료하는 것이 방편의 말이다.

따라서 불교와 선에서 말하는 모든 가르침은 깨달음을 얻어 불이법의 눈을 갖추어야 이해할 수 있는 것이다. 불교와 선에서 하는 모든 말은 깨달음을 얻지 못한 자가 분별심을 가지고서 이해할 수 있는 말이 아니다. 분별심으로 이해할 수 없는 말이라는 사실이 바로 불교와 선에서 하는 모든 말이 방편인 이유이다. 경전의 말이나 선사의 말을 보거나 듣고서, 단지 세속의 일을 이해하는 동일한 분별심으로 그 말들을 이해한다면 무슨 깨달음이 있겠는가? 불교와 선의 말이 세속의 일을 이해하는 그 분별심으로는 결코 이해할 수 없는 말이라는 사실이 바로 우리의 분별심을 좌절시키는 방편인 것이다. 깨달음이란 세속의 분별심이 좌절되어 힘을 잃어버릴 때에 문득 일어나기 때문이다.

그러므로 불교와 선에서 방편의 말을 접했을 때에 공부하는 사람은 세속의 분별심으로 그 말을 이해하려고 하면 안 된다. 세속의 분별심으로 이해할 수 없는 깨달음의 법을 말하고 있는데, 세속의 분별심으로 그 말을 이해한다면 그것은 이해가 아니라 오해(誤解)인 것이다. 그렇게 오해하여 하는 말을 일러 희론(戱論)이라고 한다. 분별심에서 나오는 희론을 적멸(寂滅)시키는 것이 중도(中道)요, 깨달음이다. 그러므로 "마음을 가지고 분별하고 헤아리기만 하면, 자기 마음에 드러나는 것들이 모두 꿈이다."544)라고 하였고, 또 "여래는 온갖 비유로써 여러 가지 일들을 설명하지만, 이 법을 설명할 수 있는 비유는 없다. 왜냐하면 이 법은 마음으로 아는 길이 끊어져서 생각으로 헤아리거나 말하지 못하기 때문이다."545)라고 하였고, 또 "이 법은 사량분별(思量分別)로 이해할 수 있는 것이 아니다."546)라고 하였고, 또 "모든 경계에서 의지함도 없고 머묾도 없고 분별도 없이, 법계가 광대하게 펼쳐져 있음을 밝게 보고, 모든 세간과 모든 법이 평등하여 둘이 없음을 깨닫는다."547)라고 하였으니, 사량분별하는 마음으로 부처님의 말씀을 이해한다면 부처님의 말씀이 모두 중생의 말이 될 것이다.

모든 방편의 말은 다만 중생의 분별심을 넘어선 깨달음의 말이니 사량분별하는 마음으로써 이해할 수 없다. 사량분별로써 이해할 수 없기 때문에 모든 방편의 말은 사량분별을 벗어나 깨달음으로 이끄는 방편이 되는 것이다. 마음의 물이 사량분별의 물길을 따라 흐르지 못하게 사량분별의 물길을 막는 것이 방편이다. 이법(二法)인 사량분별의 물길이 막히면, 마음의 물은 저절로 불이(不二)인 깨달음의 물길로 흘러가게 된다.

---

544) 『대정신수대장경』 제85권에 수록된 『소실육문(小室六門)』의 「제4문안심법문(第四門安心法門)」에 나오는 구절.
545) 『화엄경』(80권 화엄) 제52권 「여래출현품」 37-3에 나오는 구절.
546) 『묘법연화경』 「방편품」에 나오는 구절.
547) 『화엄경』(80권 화엄) 제31권 「십회향품」 25-9에 나오는 구절.

그러므로 방편의 말을 사량분별로 이해하면 잘못 이해하는 것이다.

(2) 모든 가르침은 방편이다

"부처님이 말씀하신 일대장교(一大藏敎)의 가르침은 크게는 3천 가지 비유와 작게는 8백 가지 비유가, 다만 정해진 범위를 말씀하신 문자(文字)일 뿐입니다. 만약 여래에게 진실로 이러한 일이 있다고 한다면, 불법승(佛法僧)을 비방하는 짓입니다."[548]

"'집으로 돌아오면 저절로 길은 묻지 않고, 참된 달을 보았으면 저절로 손가락은 보지 않습니다.' 부처님께서 일대장교(一大藏敎)를 말씀하심에 큰 비유가 삼천이요, 작은 비유가 팔백이며, 돈점(頓漸)[549]과 편원(偏圓)[550]과 권실(權實)[551]과 반만(半滿)[552]이 이 도리 아님이 없습니다. 정명(淨名)[553]이 말했습니다. '뜻에 의지하고 말에 의지하지 않으며, 요의경(了義經)[554]에 의지하고 불료의경(不了義經)에 의지하지 않는다.'[555] 부처님께서는 다만 말에 의지하여 뜻으로 들어가라고 말씀하셨고, 뜻

---

548) 『대혜보각선사법어』 제20권. 8. 확연거사에게 보임.
549) 돈점(頓漸) : 돈교(頓敎)와 점교(漸敎).
550) 편원(偏圓) : 편교(偏敎)와 원교(圓敎).
551) 권실(權實) : 방편(方便)과 실법(實法).
552) 반만(半滿) : 반자교(半字敎)와 만자교(滿字敎).
553) 정명(淨名) : 유마힐(維摩詰).
554) 요의경(了義經) : 궁극적 진리를 분명하게 말한 경전. 대승에서 보면 소승은 다 불료의경(不了義經)이다. 또한 대승경전과 소승경전 각각에서도 그 가운데 요의와 불료의를 나눈다. 의(義)는 의리(義理) 즉 도리(道理)로서 경전에서 가르치려는 불법(佛法)을 가리킨다.
555) 『유마힐소설경』 「법공양품(法供養品)」 제13에 나오는 구절. 경전에는 두 구절 사이에 다음 구절이 들어 있다 : "지혜에 의지하고 지식에 의지하지 않는다."(依於智不依識)

에 의지하여 말로 들어가라고 말씀하시지는 않았습니다. 선가(禪家)의 천차만별한 여러 말들 역시 이와 같습니다."556)

불교는 깨달음을 가르치는 것이니, 모든 불교의 말씀은 깨달음을 가르치는 방편의 말씀이다. 깨달음은 밖에서 주어지는 것이 아니고 자신에게 본래 있는 진여자성(眞如自性)이 드러나는 것이다. 마치 건강이란 밖에서 주어지는 것이 아니고, 병이 치유되면 스스로 건강해지는 것과 같다. 중생에게는 분별망상이라는 병이 있는데 부처님이 처방하신 방편이라는 약을 써서 분별망상의 병을 치료하면 중생은 본래 중생이 아니다. 그러므로 경전에 있는 모든 부처님의 가르침과, 어록에 있는 모든 조사들과 선사들의 가르침이 전부 방편이다. 불교를 말하고 선(禪)을 말하는 모든 말이 방편인 것이다. 모든 말씀이 중생의 병을 치료하기 위한 약인 것이다. 중생과 부처, 미혹과 깨달음, 가르침과 공부, 번뇌와 해탈, 색(色)과 공(空) 등 모든 이름과 모든 말씀이 전부 방편이다. 물론 지금의 이 말도 방편이다. 모든 말씀이 방편이니, 어떤 말도 진실은 아니다. 달을 보았으면 손가락은 잊듯이, 깨달으면 말씀은 잊어버린다. 모든 말씀은 단지 방편일 뿐이다.

(3) 방편을 진실이라 여기지 말라

경전과 어록에 있는 모든 부처님의 말씀과 조사의 말씀은 단지 방편일 뿐이다. 방편의 말씀은 분별된 개념으로 이루어져 있지만, 그 말씀

---

556) 『대혜보각선사법어』 제20권. 6. 진여도인에게 보임.

이 가리키는 것은 분별을 벗어난 불이중도(不二中道)의 깨달음이다. 방편의 말씀은 분별로써 이해되는 이법(二法)이지만, 방편이 가리키는 목표는 분별되지 않는 불이법(不二法)이다. 방편의 말씀이 깨달음으로 이끄는 방편인 이유는 깨달음에 장애가 되는 사량분별의 길을 가로막아서 사량분별의 길로 마음이 가지 못하게 하기 때문이다. 마음이 사량분별의 길로 가지 않으면 저절로 깨달음의 길이 열린다. 그러므로 방편의 말씀을 이법(二法)인 사량분별로써 이해한다면, 그 말씀은 깨달음으로 이끄는 방편이 되는 것이 아니라 도리어 중생의 분별심만 더욱 심화시킬 뿐이며, 부처님의 말씀이 도리어 중생의 망상을 더해 주는 마구니의 말이 되어 버린다.

  공부하는 사람은 이 점을 대단히 조심해야 한다. 모든 부처님과 조사의 말씀은 다만 우리 자신에게서 깨달음이 발생하도록 유도하는 방편일 뿐이다. 모든 부처님과 조사의 말씀은 다만 우리의 분별심을 가로막아 죽이기 위해 방편으로 시설된 장벽일 뿐이다. 이 방편의 장벽 앞에서 분별심이 죽어 버려야 함에도 불구하고 도리어 분별심으로 이 방편을 사량하고 이해한다면, 약이 도리어 병을 악화시키는 독이 되듯이 분별심을 죽이려는 방편이 도리어 분별심을 더욱 견고하게 만드는 부작용을 일으킨다. 이처럼 모든 삿된 선(禪)과 잘못된 공부는 방편인 문자언어를 분별심으로만 이해하고 참된 깨달음이 없기 때문에 발생한다. 그러므로 중생의 분별심으로 부처님의 말씀을 이해한다면 부처님의 말씀이 모두 악마의 말이 된다고 하는 것이다. 방편의 말씀인 문자언어를 분별심으로 이해하는 잘못에 대하여 대혜는 많은 곳에서 지적하고 있다. 그 설명이 매우 상세하므로 잘 읽어 보면 올바른 공부에 많은 도움이 될 것이다.

특히 요즈음은 과학의 개념과 이론을 이용하여 불교의 가르침을 해석하여 그 타당성을 찾으려고 하는 사람들이 많은데, 이런 사람들은 과학을 개념과 논리로 이해하듯이 불교의 방편인 말씀도 개념과 논리로 이해하려는 사람들이다. 공(空)이니 색(色)이니 하는 말을 개념과 논리로 이해하는 것이 바로 이법(二法)이니, 이렇게 이해한다면 벌써 분별망상에 떨어진 것이다. 모든 불교 경전의 말씀과 조사의 말씀은 어떤 개념과 이론을 세우는 것이 아니라, 다만 사량분별의 길을 가로막아 깨달음을 발생시키려는 방편일 뿐임을 알아야 한다. 불교는 어떤 이론을 주장하는 것이 결코 아니다. 다만 우리의 분별망상이라는 병을 치료하여 깨달음을 얻게 하려는 약일 뿐이다. 약이란 병이 있을 때에 그 병을 치료하는 역할을 할 뿐이고, 병이 없으면 약도 필요 없는 것이다. 불교는 어떤 불멸의 진리를 주장하는 것이 아니다. 불교는 우리의 허망한 분별망상의 병을 치료하는 약일 뿐이다. 연기법(緣起法)이니 불이중도(不二中道)니 하는 등의 모든 불교의 문자언어는 다만 우리의 분별심을 가로막아 깨달음의 길을 열어 주려고 임시로 만들어진 방편일 뿐임을 잊어서는 안 된다.

"부처님의 가르침을 보고 읽는 것 역시 마찬가지여서, 마땅히 달을 보고 손가락은 잊어야 하며, 말을 따라 이해하면 안 됩니다. 옛 스님이 말했습니다. '부처님이 모든 법을 말씀하신 것은 모든 마음을 제도(濟度)하기 위함이다. 나에게는 아무런 마음이 없으니 모든 법이 무슨 소용이 있으랴?'"[557]

---

[557] 『대혜보각선사법어』 제19권. 1. 청정거사에게 보임.

"위와 같이 말하는 것은 곧 한때의 병에 따라 약을 준 것일 뿐입니다. 만약 진실로 법이 그렇다고 이해한다면, 도리어 옳지 않습니다. 옛 사람이 말했습니다. '달을 보았다면 손가락은 그만 보고, 집으로 돌아갔으면 길을 묻지 말라.'558)"559)

"어리석으니 깨달으니 취하니 버리니 하기 때문에 어쩔 수 없이 도리(道理)를 약간 말했지만, 이는 아직 묘함에 이르지 못한 이를 위한 방편의 말일 뿐이고, 그 진실한 본바탕에는 어떤 것도 없습니다. 그러므로 공(公)께서는 다만 이렇게 마음을 쓸 뿐, 일상 24시간 속에서 생사(生死)와 불도(佛道)가 있다고도 집착하지 말고 생사와 불도를 없음으로 돌리지도 마십시오."560)

"나의 이 말도 헛되이 베푸는 것인데, 참으로 세상에서 귀중하게 여기는 제호(醍醐)의 뛰어난 맛이라 한다면, 이런 사람들에게는 도리어 독약(毒藥)이 될 것이다."561)

"부처님의 경계는 곧 자기 마음의 현량(現量)562)이요, 변동하지 않는

---

558) 『경덕전등록』 제30권 「단하화상완주음」에 나오는 구절.
559) 『대혜보각선사법어』 제20권. 6. 진여도인에게 보임.
560) 『대혜보각선사서』 제26권. 15. 부추밀 계신에 대한 답서(3).
561) 『대혜보각선사법어』 제24권. 37. 묘전선인에게 보임.
562) 현량(現量) : 인명(因明) 3량인 현량(現量) · 비량(比量) · 비량(非量)의 하나. 심식(心識) 3량의 하나. 비판하고 분별함을 떠나서 경계의 사상(事象)을 그대로 각지(覺知)하는 것. 예를 들면, 맑은 거울이 어떤 형상이든 그대로 비치듯, 꽃은 꽃으로 보고, 노래는 노래로 듣고, 냄새는 냄새로 맡고, 매운 것은 매운 대로 맛보고, 굳은 것은 굳은 대로 느껴서, 조금도 분별하고 미루어 구하는 생각이 없는 것.

본바탕입니다. 부처님[佛]이라는 한 글자도 자기 마음의 본바탕 위에는 역시 붙일 곳이 없습니다. 이 한 글자를 빌어서 깨달을 뿐입니다."563)

"이미 머물 곳이 없다면, 부처도 환상(幻想)이고, 법도 환상이고, 삼계(三界)·이십오유(二十五有)·십이처(十二處)·십팔계(十八界)가 텅 비었습니다. 이러한 곳에 이르면 부처라는 한 글자에도 머물 곳이 없습니다. 부처라는 한 글자에도 오히려 머물 곳이 없는데, 진여(眞如)니 불성(佛性)이니 보리(菩提)니 열반(涅槃)이니 하는 것들은 어디에 있겠습니까? 그러므로 부대사(傅大士)가 말했습니다. '사람이 단견(斷見)을 낼까 봐 염려되어, 방편으로 우선 헛된 이름을 세운 것이다.'564) 도를 배우는 사람이 이것을 알지 못하면, 한결같이 옛사람이 도에 들어간 인연(因緣) 위에서 현묘함을 찾고 기특함을 찾고 이해(理解)하려 하면서, 달을 보고 손가락을 잊는 일이나 곧장 한칼에 두 동강 내는 일을 할 수 없게 됩니다. 이것이 바로 영가(永嘉)565)가 말한 '빈주먹의 손가락 위에서 진실로 무엇이 있다는 견해를 내고, 육근(六根)과 육경(六境)의 경계 속에서 헛되이 괴상한 짓을 한다.'566)는 것입니다. 이들은 오온(五蘊)·십이처(十二處)·십팔계(十八界)·이십오유(二十五有)의 티끌번뇌 속에 망령되이 스스로 사로잡혀 있으니, 여래가 말씀하신 불쌍한 사람입니다."567)

"옛사람은 그대들이 길을 잃은 것을 보고서 마지못해 그대들을 위하

---

563) 『대혜보각선사법어』 제22권. 21. 장태위에게 보임.
564) 『양조부대사송금강경』 '여리실견분 제5'의 미륵송(彌勒頌)에 나오는 구절.
565) 영가현각(永嘉玄覺; 665-713).
566) 『경덕전등록』 제30권 「영가진각대사증도가」에 나오는 구절.
567) 『대혜보각선사법어』 제21권. 13. 서제형에게 보임.

여 길을 가리키는 주인 노릇을 했을 뿐이니, 역시 전해 줄 만한 선도(禪道)나 불법(佛法)은 없습니다. 전해 줄 것이 있다고 말하기만 하면, 곧 삿된 법입니다. 왜 그럴까요? 보지도 못했습니까? 『금강경』에서 말했습니다. '만약 여래에게 말할 만한 법이 있다고 한다면, 부처를 비방하는 것이니, 이 사람은 내가 말한 뜻을 이해하지 못한 것이다.'[568] 또 말했습니다. '법도 오히려 버려야만 하는데, 하물며 법이 아닌 것이랴?'[569] 진실하게 말하면, 진여불성(眞如佛性)을 말하고 보리열반(菩提涅槃)을 말하고 이(理)를 말하고 사(事)를 말하고 사(邪)를 말하고 정(正)을 말하는 것은 모두 법이 아닙니다. 그런데 어찌 다시 전해 줄 수 있는 현묘(玄妙)함이 있다고 말할 수 있겠습니까? 보지도 못했습니까? 옛 스님이 말했습니다. '도를 배운다고 말하면, 벌써 방편으로 이끄는 말일 뿐이다.'[570]"[571]

"대개 이 마음과 이 본성이라는 꿈과 환상을 깨닫지 못하기 때문에, 허망하게 두 종류의 이름을 세우고는 향하거나 등지거나 어리석거나 깨닫는 것을 실제로 여기고, 이 마음과 이 본성이 참되다고 아는 것이다. 이들은 참되다 하건 참되지 않다 하건, 허망하다 하건 허망하지 않다 하건, 세간이라 하건 출세간이라 하건, 이 모두는 다만 임시로 만들어 놓은 말일 뿐임을 전혀 모른다. 그러므로 유마가 말했다. '법(法)은 볼 수도 들을 수도 느낄 수도 알 수도 없다. 만약 보고 · 듣고 · 느끼고 · 안다면, 이것은 보고 · 듣고 · 느끼고 · 아는 것일 뿐, 법을 찾는 것

---

568) 『금강경』 제29 위의적정분(威儀寂靜分)에 나오는 구절.
569) 『금강경』 제6 정신희유분(正信希有分)에 나오는 구절.
570) 『사가어록』 제4권 「전심법요」에 나오는 구절.
571) 『대혜보각선사법어』 제22권. 18. 묘심거사에게 보임.

이 아니다.'572) 또 옛 스님이 말했다. '자기의 마음을 취하여 궁극이라고 여긴다면, 반드시 다른 물건과 다른 사람이 상대가 될 것이다.'"573)

"이러한 때에 이르면 저절로 이 마음과 이 본성에 말없이 들어맞아서, 비로소 예전에 본래 어리석음이 없었고 지금 본래 깨달음이 없으며, 깨달음이 곧 어리석음이고 어리석음이 곧 깨달음이며, 향함이 곧 등짐이고 등짐이 곧 향함이며, 본성이 곧 마음이고 마음이 곧 본성이며, 부처가 곧 마귀이고 마귀가 곧 부처여서, 한결같이 깨끗하고 평등하며, 평등한 것과 불평등한 것이 따로 없고 모두가 내 마음이 본래 가지고 있는 몫이고 다른 술수(術數)에 의한 것이 아님을 알게 된다. 이미 이와 같지만, 또한 마지못해 이렇게 말하는 것이니, 곧장 이것을 진실하다고 여겨서는 안 된다. 만약 진실하다고 여긴다면, 또한 방편을 알아보지 못하고 죽은 말을 굳게 믿으니, 허망함을 더욱 불리고 더욱 어리석고 혼란스럽게 되어 깨달을 기약이 없게 된다."574)

"달마가 이조(二祖) 혜가에게 말했습니다. '너는 다만 밖으로 모든 인연을 쉬고 안으로 마음에 헐떡임이 없어서 마음이 담벼락과 같아야 도(道)에 들어갈 수 있다.'575) 오늘날 사람들은 이 말을 듣자마자 곧장 처

---

572) 『유마힐소설경』 「불사의품」 제6에 나오는 구절.
573) 『대혜보각선사법어』 제24권. 34. 묘도선인에게 보임.
574) 『대혜보각선사법어』 제24권. 34. 묘도선인에게 보임.
575) 『경덕전등록』 제3권. 제28조 보리달마(第二十八祖菩提達磨)에 작은 글씨로 주(註)되어 있는 내용이 다음과 같다 : 별기(別記)에서 말한다. "달마 스님이 처음 소림사(少林寺)에서 9년간 머물다가 2조에게 설법(說法)하여 다만 가르치기를 '밖으로 온갖 인연을 쉬고 안으로 마음에 헐떡임이 없어서, 마음이 담벼락과 같아야 도에 들어갈 만하다.'라고 하였다. 혜가(慧可)는 여러 번 심성(心性)의 이치를 설명하였으나, 도에는 계합하지 못하고

리하기를, 미련하게 앎이 없는 곳에서 단단히 스스로를 꼼짝 못하게 눌러 막아서 마음을 담벼락과 같게 하려고 합니다만, 이것은 바로 조사께서 말씀하신 '잘못 알아차린 것이니, 어찌 방편을 이해한 것이랴?'576)라는 것입니다. 암두(巖頭)가 말했습니다. '이렇자마자 곧 이렇지 않으니, 옳은 말도 잘라 버리고 그른 말도 잘라 버려라.' 이것이 바로 밖으로 모든 인연을 쉬고 안으로 마음에 헐떡임이 없는 모습이니, 비록 아직 문득 꺾어 버리고 확 부수어 버리지는 못하더라도 말에 끄달리지는 않을 것입니다. 달을 보았으면 손가락 보는 것은 그만두고, 집으로 돌아갔으면 길 묻는 것을 그만두어야 합니다."577)

방편을 진실이라 여긴다는 말은 무슨 뜻인가? 방편의 말이 나타내는 뜻을 실제로 있는 일이고 육식(六識)으로 분별되는 경계라고 여긴다는

있었다. 달마는 다만 그것이 아니라고 저지할 뿐, 생각 없는 마음의 바탕을 말해 주지는 않았다. 혜가가 말했다. '저는 이미 모든 인연을 쉬었습니다.' 달마가 물었다. '단멸을 이룬 것은 아니냐?' '단멸을 이루지 않았습니다.' '어떻게 확인하였기에 단멸이 아니라고 하느냐?' '또렷이 늘 알고 있는 까닭에 말로는 할 수가 없습니다.' 이에 달마가 말했다. '이것이 바로 모든 부처님이 전하신 마음의 바탕이니 다시 의심하지는 말라.'"

576) 지상(智常)이란 승려가 육조혜능(六祖慧能)에게 전하기를 북종(北宗)의 대통신수(大通神秀)가 가르치기를 "너의 본성(本性)은 허공과 같다. 자성(自性)을 돌이켜 보면 한 물건도 볼 수 없으니, 이를 일러 정견(正見)이라 한다. 한 물건도 알 수 없으니, 이를 일러 진지(眞知)라 한다. 푸르고 누렇고 길고 짧고 하는 차별이 없다. 다만 본원(本源)이 깨끗함을 보아 깨달음의 바탕이 두루 밝으면 곧 견성성불(見性成佛)이라고 부른다."라고 한다고 하자, 이에 대하여 육조가 말한 게송에 있는 구절이다. 육조의 게송은 다음과 같다. "한 법도 보지 않고 볼 것이 없다고 하면, 마치 뜬구름이 태양을 가리는 것과 같다./ 한 법도 알지 못해 앎이 비었다고 하면, 도리어 허공 속에 번개가 생기는 것과 같다./ 이러한 지견(知見)이 문득 일어나면, 잘못 알아차린 것이니 어찌 방편을 이해한 것이랴?/ 그대가 일으킨 한 생각이 잘못임을 스스로 안다면, 자기의 신령스러운 빛이 늘 드러나리라."(『경덕전등록』제5권, 신주지상선사.)
577) 『대혜보각선사서』제30권. 61. 장사인 장원에 대한 답서.

뜻이다. 예컨대, 『반야심경』에서 '색즉시공공즉시색(色卽示空空卽示色)'이라는 구절을 이해하기를, 색(色)을 물질이라고 분별하고 공(空)을 허공이라고 분별하여 물질과 허공이 어떤 이유로 동일하다고 이해하는 것이 바로 방편을 진실이라고 여기는 것이다. 또, 진여(眞如)라고 하면 참되고 변함없는 무엇이 있다고 분별하고, 반야(般若)라고 하면 어떤 지혜를 얻는다고 분별하고, 적멸(寂滅)이라고 하면 고요히 사라져서 아무것도 없다고 분별하고, 해탈(解脫)이라고 하면 번뇌로부터 벗어나 번뇌 밖에 있다고 분별한다. 또, 위에서 보았듯이 "너는 다만 밖으로 모든 인연을 쉬고 안으로 마음에 헐떡임이 없어서 마음이 담벼락과 같아야 도(道)에 들어갈 수 있다."라는 말을 문자 그대로 분별하여 '미련하게 앎이 없는 곳에서 단단히 스스로를 꼼짝 못하게 눌러 막아서 마음을 담벼락과 같게 하려고' 하고, "또렷이 늘 알고 있는 까닭에 말할 수는 없습니다."라는 말을 문자 그대로 이해하여 '늘 신령스럽게 알고 있으면서 어둡지 않다.'[영지불매(靈知不昧)]라고 한다.

　이렇게 방편의 말을 분별하여 실제로 그런 일이 있다고 이해하는 것이 바로 방편을 진실이라고 여기는 것이다. 이런 사람은 "절벽에 매달려 손을 놓아 버리고, 스스로 기꺼이 받아들이면, 죽었다가 다시 살아난 것과 같아서, 그대를 속일 수가 없을 것이다."[578)라는 말을 들으면, 실제로 절벽에 매달려 손을 놓고 떨어져 죽을 어리석은 사람이다. 이름을 들으면 그 이름이 가리키는 경계가 있다고 분별하는 것이 바로 중생의 망상이다. 중생은 어떤 말을 들으면 곧장 분별하여 말하기를 "참으로 그런 일이 있느냐?"라고 묻는다. 말을 들으면 곧장 "있는가? 없는

---

578) 『경덕전등록』 제20권에 나오는 소주 영광원 진선사의 상당법어.

가?" 하는 이분법에 떨어져 버리는 것이다. 중생이 말하는 '있다'는 말은 '육식(六識) 속에 나타나 분별된다.'는 뜻이다. 즉 중생은 무슨 말을 들으면 언제나 그런 일이 실제로 보고·듣고·느끼고·알 수 있는 일이냐 하고 분별하는 것이다.

그러므로 『유마경』에서는 "법(法)은 볼 수도 들을 수도 느낄 수도 알 수도 없다. 만약 보고·듣고·느끼고·안다면, 이것은 보고·듣고·느끼고·아는 것일 뿐, 법을 찾는 것이 아니다."579)라고 말한 것이고, 『금강경』에서는 "만약 여래에게 말할 만한 법이 있다고 한다면, 부처를 비방하는 것이니, 이 사람은 내가 말한 뜻을 이해하지 못한 것이다."580)라고 말하고 또 "법도 오히려 버려야만 하는데, 하물며 법이 아닌 것이랴?"581)라고 말한 것이다. 이런 말들은 중생이 있다거나 없다고 분별하고 얻는다거나 잃는다고 분별하는 어리석음을 제도하기 위한 방편의 말이다.

중생의 병은 분별에만 머무는 이법(二法)의 병이다. 부처님의 방편은 중생의 분별하는 병을 치료하는 약이다. 부처님의 가르침인 방편의 말을 듣고서 분별하는 병이 치유되어 불이법(不二法)에 들어오면, 이제는 병이 없으니 약도 필요없다. 분별망상의 병이 치유되면, 망상과 실상의 차별이 없고, 중생과 부처의 차별이 없고, 미혹과 깨달음의 차별이 없고, 방편과 진실의 차별이 없고, 이법(二法)과 불이법(不二法)의 차별이 없다. 그러니 또 무슨 말이 필요하겠는가? 오직 스스로 깨달아 분별망상의 병이 치유되면 그만인 것이다.

---

579) 『유마힐소설경』 「불사의품(不思議品)」 제6에 나오는 구절.
580) 『금강경』 제29 위의적정분(威儀寂靜分)에 나오는 구절.
581) 『금강경』 제6 정신희유분(正信希有分)에 나오는 구절.

(4) 방편을 버리고 깨닫는다

손가락은 버리고 달을 보고 뗏목은 버리고 저 언덕에 올라가듯이, 방편을 버리고 깨달아야 한다. 방편이란 오로지 깨달음을 위한 수단으로 만들어진 것이니, 깨달음이 없는 방편은 있을 수 없다. 그러므로 공부하는 사람은 방편에 관심을 두지 말고 오로지 깨달음에만 관심을 두어야 한다. 사실을 말하면, 깨닫고 난 뒤에야 방편이 어떤 것인가를 참으로 알 수 있다. 깨닫기 전에는 분별심으로만 방편을 보기 때문에 방편을 제대로 볼 수 없다. 깨닫고 난 뒤에 분별망상을 벗어난 눈으로 방편을 보아야 왜 그러한 방편이 만들어졌는지를 알 수 있다. 대혜는 방편을 버리고 깨달음에 들어가야 함을 많은 곳에서 자세히 말하고 있다. 이러한 말은 공부하는 사람이 안목을 갖추는 데에 매우 도움이 되므로 자세히 살펴보는 것이 좋다.

"보내 주신 편지에, '밖으로 모든 반연을 쉬고 안으로 마음에 헐떡임이 없어야 도(道)에 들어갈 수 있다고 하는 말은 방편문(方便門)이니, 방편문에 의지하여 도에 들어가면 옳지만 방편을 지켜서 놓지 아니하면 곧 병이 된다.'라고 하시니, 진실로 말씀하신 그대로입니다. 저는 이것을 읽고 뛸 듯이 기뻤습니다. 요즈음 여러 곳의 칠통(漆桶)[582] 같은 무리들이 방편을 버리지 못하고 진실한 법(法)으로 삼아 사람들에게 가리키

---

582) 칠통(漆桶) : 칠통(漆桶)은 가구에 칠하는 새까만 옻나무의 진액을 넣은 통. 아주 까맣고, 또는 아주 캄캄하여 아무것도 알 수 없다라는 뜻. ① 불법에 대해 아무것도 모르는 안목(眼目) 없는 승려를 매도하는 말. 무안자(無眼者). 바보 같은 사람. ② 타파칠통(打破漆桶)이라고 할 때에 칠통(漆桶)은 앞을 가로막은 은산철벽(銀山鐵壁)이나 사방을 가로막은 금강권(金剛圈)과 같은 말. 의단(疑團)과도 같은 말.

는 바람에 사람의 눈을 적잖이 어둡게 만듭니다."583)

"무릇 경전(經典)과 옛 스님이 도에 들어간 인연을 볼 때에는 마땅히 달을 보고 손가락은 잊어야 하고, 절대로 언어 속에 발이 빠져서는 안 됩니다. 만약 언어 위에서 현묘함을 찾고 언어 속에서 기특한 귀결점을 구하는 공부를 한다면, 방편을 잃게 됩니다."584)

"부처란 중생에게 필요한 약(藥)이니, 중생의 병이 치유되면 약도 필요 없습니다. 만약 병이 치유되었는데도 약을 가지고 있다면, 부처의 경계에는 들어가지만 마구니의 경계에는 들어가지 못하니, 그 병은 중생의 병을 아직 치유하지 못한 것과 같습니다. 병이 치료되었으면 약은 버려야 하듯이, 부처와 마구니를 모두 쓸어버려야만 비로소 이 대사인연(大事因緣)에 조금이나마 맞아떨어지게 될 것입니다."585)

"옛사람께서 부득이하여, 당신들 배우는 사람들이 분별하여 아는 견해는 많으나 도(道)를 등지고서 언어에 오염되는 것을 보시고, 이 까닭에 분별이라는 약으로써 당신들의 분별이라는 병을 치료하여, 당신들의 마음이 안락하게 분별 없는 경계에 이르도록 하신 것입니다. 그런데 이제 도리어 분별인 언어를 기특하게 여긴다면, 약에 집착하여 병이 되는 것이니, 참으로 가련하지 않겠습니까! 옛 스님이 말했습니다. '부처는 중생의 약(藥)이니, 중생에게 병이 있으면 이 약을 쓴다. 중생에게

---

583) 『대혜보각선사서』 제25권. 6. 증시랑 천유에 대한 답서(5).
584) 『대혜보각선사법어』 제22권. 19. 영녕군부인에게 보임.
585) 『대혜보각선사법어』 제19권. 1. 청정거사에게 보임.

병이 없는데도 이 약을 쓰면 약이 도리어 병이 되는데, 어떤 병보다도 더 심한 병이 된다.'"586)

"그러므로 모든 부처님께서 중생이 아득히 흘러가는 것을 불쌍히 여기신 까닭에 부처님이라는 글자를 빌려서 깨닫게 하신 것입니다. 깨닫고 나면 부처님이라는 한 글자 역시 쓸 곳이 없습니다. 부처님은 중생의 약(藥)이니, 중생의 병이 나으면 부처님이라는 약은 쓸모가 없습니다. 무릇 경전과 옛 스님이 깨달으신 인연을 볼 때에는 마땅히 이렇게 배워야 합니다."587)

"여래는 불쌍한 중생을 위하여 말씀하셨지만, 옛사람588)에게는 무릇 한 마디나 반 마디의 말이 있기라도 하면, 한 개 금강권(金剛圈)과 율극봉(栗棘蓬)을 시설하여 그대들이 뚫고 벗어나게 하고 그대들이 삼키게 하고자 하였다. 만약 영리하고 뛰어난 사람이 정식(情識)의 티끌을 벗어나고 이성(理性)을 초월한다면, 금강권과 율극봉이 무엇이겠는가? 원숭이의 살림살이를 가지고 노는 것이요, 귀신의 음식물을 살펴보는 짓이다."589)

"경전의 가르침과 옛 스님이 도(道)에 들어간 인연에서 방편(方便)을 버리고 스스로 깨달아 들어간다면, 또한 조화 절충이나 배치할 필요 없이 저절로 달을 보고 손가락은 잊습니다."590)

---

586) 『대혜보각선사법어』 제19권. 3. 지통거사에게 보임.
587) 『대혜보각선사법어』 제22권. 21. 장태위에게 보임.
588) 여기서 옛사람은 선종(禪宗)의 사가(師家)를 가리킨다.
589) 『대혜보각선사보설』 제16권. 9. 열 선인이 청한 보설.
590) 『대혜보각선사법어』 제23권. 23. 중증거사에게 보임.

방편의 말을 듣고 그 뜻을 이해하는 것이 아니라, 방편의 말을 듣고서 문득 분별망상이 끊어지면서 방편의 말을 잊어버리고 불이중도에 들어가는 것이 깨달음이다. 이처럼 방편의 말을 듣고서 방편의 말을 잊어버리고 문득 분별에서 벗어나 깨달음에 들어가는 것이 방편이 제 역할을 다하는 경우이다. 이러한 때에 방편은 분별심을 죽이는 약의 역할을 제대로 해낸 것이다. 마치 약을 먹고서 문득 병이 나으면 병도 약도 모두 잊어버리고 오직 건강을 즐기는 것과 같이, 방편의 말을 듣고서 문득 분별의 병이 사라져 버리고 깨달으면 분별의 병도, 방편의 약도 다 잊고서 다만 깨달음을 즐길 뿐이다.

(5) 오매일여라는 방편

오늘날 한국 선불교에서 가장 많은 오해를 불러일으키는 방편의 말 가운데 하나가 바로 오매일여(寤寐一如)라는 말이다. 여기에서는 오매일여가 어떤 방편인지를 살펴보아서 오매일여라는 방편의 약이 잘못 쓰이는 것을 방지하고자 한다.

① 오매일여라는 방편과 오해

『대혜서(大慧書)』에 보면 이참정이 깨달은 뒤에 자신의 심경에 어떤 변화가 있는지를 토로하는 편지를 보내자, 여기에 대한 답서에서 대혜는 이렇게 이참정의 깨달음을 점검하고 있다.

"요사이 인연 따라 비워 가서 뜻대로 자유롭습니까? 가고 · 머물고 ·

앉고·눕고 하는 행동거지에서 잡다하고 피곤한 번뇌에 굴복하지는 않습니까? 잠과 깸의 양쪽에서 한결같을 수 있습니까? 이전처럼 생활하는 곳에서 원래의 모습을 바꾸지는 않았습니까? 생사심(生死心)을 이어가지는 않습니까?"591)

대혜의 이 말은, 참으로 깨달은 사람이라면 "뜻대로 자유로운가?" "번뇌에 굴복하지 않는가?" "깨어 있는 때와 잠잘 때에 한결같은가?" "원래의 모습을 바꾸지 않았는가?" "생사심이 사라졌는가?"라고 묻는 질문에 "그렇다."라고 대답할 만한 근거가 자기 자신에게서 확인되어야 한다는 것이다. 즉 이들 질문은 참된 깨달음을 얻었는지 아닌지를 점검하는 방편이다. 이 질문들 가운데 "깨어 있는 때와 잠잘 때에 한결같은가?"라는 오매일여(寤寐一如)592)라는 말은 대혜를 참된 깨달음으로 이끈 방편이었다.『대혜선사연보(大慧禪師年譜)』의 '1114년(26세) 정화 4년 갑오(甲午)'에 다음의 내용이 나온다.

---

591) 『대혜보각선사서』 제25권. 11. 이참정 한로에 대한 답서(2).
592) 오매일여라는 문구의 출전은『수능엄경(首楞嚴經)』제 10권의 첫 부분에 나오는 오매항일(寤寐恒一)이라는 구절이다. 이 문단을 소개하면 다음과 같다. "아난(阿難)아, 저 선남자는 삼매(三昧)를 닦아서 상온(想蘊)이 다 소멸한 자이다. 이 사람은 평상시에 꿈과 생각이 소멸하여 자나깨나 늘 한결같다. 깨달음은 밝고 텅 비고 고요하여 마치 맑게 갠 하늘과 같아서, 다시는 거친 육진경계(六塵境界)의 그림자가 없다. 세간의 모든 산하대지(山河大地)를 보면 마치 거울에 밝게 비추인 듯하여, 다가와도 달라붙지 않고 지나가도 흔적이 없다. 헛되이 비추고 반응하는 오래된 습기(習氣)가 전혀 없고, 오직 하나의 맑고 참됨이 있을 뿐인데, 생겨나고 사라지는 뿌리가 원래 이것에서 나타난다."(阿難, 彼善男子 修三摩提 想陰盡者. 是人平常 夢想銷滅 寤寐恒一. 覺明虛靜 猶如晴空, 無復麤重 前塵影事. 觀諸世間 大地河山 如鏡鑑明, 來無所粘 過無蹤跡. 虛受照應 了罔陳習, 惟一精眞. 生滅根元 從此披露.)

다시 어느날 담당(湛堂)이 물었다.

"고상좌(杲上座), 나의 여기의 선(禪)을 너는 일시에 이해하여, 너에게 설법(說法)을 시켜도 너는 설법을 해내고, 너에게 염고(拈古)593) · 송고(頌古)594) · 소참(小參)595) · 보설(普說)596)을 시켜도 너는 모두 해낸다. 그렇지 않은 일이 단지 하나 있으니, 너는 알겠느냐?"

대혜가 말했다.

"무슨 일입니까? 저는 알지 못하겠습니다."

담당이 말했다.

"흠! 너는 이 하나를 풀지 못하고 있다. 내가 방장 속에서 너에게 말할 때에는 곧 선(禪)이 있다가도 방장을 나오자마자 곧 없어져 버리고,

---

593) 염고(拈古) : 고칙공안(古則公案)에 나타난 말이나 행위에 대해 자신의 견해를 피력한 것이다.

594) 송고(頌古) : 선종(禪宗)에서 불조(佛祖)들이 문답(問答) 상량(商量)한 이야기들인 고칙(古則)에 관한 자신의 느낌이나 견해를 운문체(韻文體)의 게송으로 표시한 것. 송고(頌古)의 기원은 설두중현(雪竇重顯; 980-1052)이 『경덕전등록(景德傳燈錄)』을 중심으로 고칙(古則) 100여 가지를 뽑아 여기에 송고(頌古)를 지어 붙여 '설두송고(雪竇頌古)'라 한 것인데, 나중에 다시 원오극근(圜悟克勤; 1063-1135)이 여기에 수시(垂示) · 착어(著語) · 평창(評唱)을 붙여 '벽암집(碧巖集)'이라 이름 붙였다. '벽암집(碧巖集)'은 지금 『벽암록(碧巖錄)』이라는 책으로 널리 알려져 있다. 이 송고와 염고(拈古)를 집대성한 것으로는 고려 진각혜심(眞覺慧諶)이 엮은 『선문염송(禪門拈頌)』 30권이 있다.

595) 소참(小參) : 참(參)은 대중을 모아 법을 설하는 것. 정식의 설법(上堂)에 대하여, 해가 저물 때 장소를 정하지 않고, 혹은 임시로 침당(寢堂) · 법당 · 방장(住持)의 거실에서 법좌(法座)에 올라 설법하는 것. 수시수처(隨時水處)에 주지가 설법하는 것. 원래는 침당에서 약식으로 행해지는 주지의 설법 및 그에 수반되는 문답상량(問答商量)이었음. 그러나 남송(南宋)때가 되면서 의식적, 정기적인 것으로 되었음. 대참(大參)의 반대.

596) 보설(普說) : 선문(禪門)에서 쓰는 말로 널리 정법을 설하여 사람들에게 보인다는 뜻이다. 한 사람 한 사람에 대하여 개별적으로 설(說)하는 입실(入室)과 상대적인 말이다. 다수의 승중(僧衆)을 일당(一堂)에 모아 행하는 설법을 말한다. 상당(上堂)과는 달리 필요에 응하여 수시로 행하는 약식의 설법이다. 법의(法衣)를 따로 착용하지도 않고 상당설법의 형식을 다 갖추지도 않는다.

깨어서 생각할 때에는 곧 선이 있다가도 잠이 들자마자 곧 없어져 버린다. 만약 이와 같다면, 어떻게 생사(生死)와 맞설 수 있겠느냐?"

대혜가 말했다.

"바로 제가 의심하던 것입니다."

대혜는 스승인 담당문준(湛堂文準)의 문하에서 아직 참된 깨달음을 얻지는 못하고 있었지만, 설법(說法)도 잘하고 염고(拈古)·송고(頌古)·소참(小參)·보설(普說)도 곧잘 할 만큼 선(禪)을 잘 이해하고 있었다. 담당은 이러한 대혜를 참된 깨달음으로 이끌기 위하여 오매일여라는 방편을 사용하였다. 대혜가 비록 설법도 잘하고 여러 가지 선을 나름 잘 이해하고는 있었지만, 오매일여라는 말을 스스로에게서 증명할 수는 없었던 것이다. 담당이 말하기를 "내가 방장 속에서 너에게 말할 때에는 곧 선(禪)이 있다가도 방장을 나오자마자 곧 없어져 버리고, 깨어서 생각할 때에는 곧 선이 있다가도 잠이 들자마자 곧 없어져 버린다."고 하였는데, 대혜는 여기에서 벽에 부딪힌 것이다. 선이라면 때와 장소를 막론하고 변함없이 여여(如如)해야 할 것인데, 말을 하고 생각을 할 때에는 선이 있다가도 침묵하거나 잠들어 생각이 없을 때는 선이 없다면 이것은 여여하지 못한 것이고 아직 깨닫지 못한 것이다. 그리하여 대혜는 담당이 세상을 떠나면서 한 권유에 따라 다시 원오극근(圓悟克勤)을 찾아가 자신이 해결하지 못한 문제를 해결하게 되는 것이다.

이처럼 "내가 방장 속에서 너에게 말할 때에는 곧 선(禪)이 있다가도 방장을 나오자마자 곧 없어져 버리고, 깨어서 생각할 때에는 곧 선이 있다가도 잠이 들자마자 곧 없어져 버린다."라는 담당의 말은 대혜가 아직 극복하지 못한 벽이었다. 선을 잘 이해하고 있다고 자부하는 대혜를 이처럼 극복할 수 없는 벽에 부딪히게 만드는 것이 바로 담당의 방편이었다. 이러한 벽에 부딪힌 대혜는 다시 공부하여 깨달아야 함을 절감하게 된다. 분별의식(分別意識)으로는 이해할 수 없고 납득할 수 없는 하나의 벽을 만드는 것이 바로 담당의 참된 방편이었다. 분별심으로 헤아릴 수 없는 이러한 벽을 시설함으로써, 이 벽 앞에서 분별심은 힘을 잃어버리고 마침내 분별심이 아닌 깨달음이 나타나도록 하는 것이 불교와 선의 방편이다. 참된 방편은 이처럼 분별심을 가로막아서 분별심이 아닌 참된 깨달음이 드러나도록 만드는 것이다.

참으로 깨달은 사람만이 담당의 말이 무슨 뜻인지 바르게 안다. 깨달음을 얻지 못한 사람이 분별심으로 제멋대로 사량하고 이해한다면, 이것은 이해가 아니라 오해이다. 깨어 있을 때와 잠잘 때에 한결같다는 말의 뜻을 오해하는 사람들은 대개 세 무리가 있다.

한 무리는 한결같다고 할 만한 무엇이 있어서 깨어 있을 때에도 그것이 변함없고 또렷이 의식되고 있으며, 잠잘 때에도 변함없이 또렷이 의식이 되어서 결코 끊어지는 일이 없다고 주장하는 사람들이다. 대개 화두를 공부하는 사람들이 이러한 오해에 잘 떨어진다. 그들은 화두를 의식 속에서 끊임없이 기억하여 놓지 않는 것으로 공부를 삼는데, 하루 종일 깨어 있는 동안 고요히 앉아 있을 때에든 시끄럽게 움직일 때에든 한 순간도 의식에서 화두를 놓지 않고 기억하는 것을 일러 동정일여(動靜一如)라고 하고, 잠자면서 꿈속에서도 화두를 의식하고 기억하여 놓지 않는 것을 몽중일여(夢中一如)라고 하고, 심지어 꿈도 없는 깊은 숙면 속에서도 화두를 기억하여 놓지 않는다고 하여 숙면일여(熟眠一如)라고 하면서 이런 것을 일러 오매일여(寤寐一如)라고 한다. 이들은 방편의 말을 진실이라고 오해하는 사람들이며, 단상이변(斷常二邊)에서 상변(常邊)

쪽으로 치우친 외도들이다.

다른 한 무리는 늘 정신을 바짝 차려 경계에 끄달리지 않고 주인공 노릇하는 것을 공부로 삼아, 깨어 있을 때에 모든 일을 자신의 의지대로 행하는 것처럼 잠자면서도 역시 경계에 끄달리지 않고 주인공 노릇하면서 모든 일을 자신의 의지대로 행하려고 하는 사람들이다. 불교를 공부하는 사람들 가운데 많은 이들이 경계에 끄달리지 않는 자기 자신을 확립하는 것이 곧 마음공부라고 여기고, 경계를 물리쳐야 할 삿된 망상이라고 여기기 때문에 이런 생각을 한다. 이들은 불교에서 아공법공(我空法空)을 말하는 것을 모르고, 주인공이라고 부를 만한 자신이 있다고 여기고서 그것에 집착하는 사람들이다. 주인공이라고 부를 만한 것이 없는데, 주인공이라는 상(相)을 만들어 집착하니 아상(我相)[597]에 집착하는 사람들이다.

또 다른 한 무리는 말하기를, 우리의 마음은 허공과 같고 의식은 햇빛과 같은데 해가 떠올라 햇빛이 허공 속에 빛나 삼라만상을 밝게 비출 때에도 허공은 밝은 적이 없고 해가 져서 삼라만상이 어둠 속에 묻혀도 허공은 어두운 적이 없는 것처럼, 깨어 있을 때에 의식이 밝아도 마음은 밝은 적이 없고 잠잘 때에 의식이 어두워도 마음은 어두운 적이 없이 언제나 변함이 없다고 한다. 이 말은 그럴듯한 말로써 방편으로 사용될 만한 말이지만, 진실로 이치가 그렇다고 이해한다면 역시 분별심으로 헤아려 이해한 것이지 깨달음은 아니다. 이러한 이치를 이해하는 것으로 오매일여를 알았다고 한다면, 오매일여가 어떻게 깨달음으로 이끄는 방편이 될 수 있겠는가?

---

597) 아상(我相) : '나'라는 생각. '나'라는 개념.

오매일여가 어떻게 깨달음으로 이끄는 방편이 되는가를 대혜종고의 경우와 고봉원묘(高峰原妙)의 경우를 보면 잘 알 수 있다.

② 오매일여와 대혜의 깨달음

담당문준이 오매일여라는 벽으로 대혜를 가로막았지만 대혜는 담당의 문하에서 깨닫지는 못했다. 담당이 세상을 떠난 뒤에 담당의 당부에 따라 대혜는 원오극근을 찾아가서 자신의 고민을 털어놓았다. 이때의 일을 대혜는 『대혜보각선사서』 제29권의 '향시랑(向侍郞) 백공(伯恭)에 대한 답서'에서 이렇게 말하고 있다.

"보내신 편지의 질문을 보니 바로 제가 36세 때에 의심했었던 것이 더군요.[598] 읽어 보니 자신도 모르게 가려운 곳을 긁는 것 같았습니다. 저 역시 일찍이 이 문제를 가지고 원오(圜悟) 선사(先師)[599]에게 물었습니다. 이에 대하여 원오 선사는 다만 손으로 가리키며 말씀하셨습니다. '그만, 그만하고, 망상을 쉬어라. 망상을 쉬어라.'
제가 다시 말했습니다.
'제가 아직 잠이 들기 전에는 부처님이 칭찬하신 것에 의지하여 행하고 부처님이 비난하신 것을 감히 범하지 않으며, 이전에 스님들[600]에

---

598) 대혜(大慧)가 36세였던 때는 송(宋) 휘종(徽宗) 선화(宣和) 6년(1124)으로서, 대혜가 왕태재(王太宰)의 사암(私庵)에 머물 때이다.
599) 선사(先師) : 돌아가신 스승을 가리키니, 이 편지는 원오극근이 입적한 뒤에 씌어진 것이다.
600) 이전에 의지했던 여러 스승들이란 보봉(寶峯)의 담당문준(湛堂文準)을 비롯하여 청량덕홍(淸涼德洪) 등 여러 스님들을 가리킨다.

게 의지하고 또 스스로 공부하여 얻은 자질구레한 것들은 또렷하게 깨어 있을 때에는 전부 마음대로 쓸 수 있습니다. 그러나 침상에서 잠이 들락말락할 때에 벌써 주재(主宰)하지 못하고, 꿈에 황금이나 보물을 보면 꿈속에서 기뻐함이 한이 없고, 꿈에 사람이 칼이나 몽둥이로 해치려 하거나 여러 가지 나쁜 경계를 만나면 꿈속에서 두려워하며 어쩔 줄 모릅니다. 스스로 생각해 보면 이 몸은 오히려 멀쩡하게 있는데도 단지 잠 속에서 벌써 주재할 수 없으니, 하물며 죽음에 임하여 육체를 구성하는 지수화풍(地水火風)이 흩어지며 여러 고통이 걷잡을 수 없이 다가올 때에 어떻게 경계에 휘둘리지 않을 수 있겠습니까? 여기에 이르면 바야흐로 마음이 허둥지둥 바빠집니다.'

원오 선사께서는 이 말을 듣고 다시 말씀하셨습니다.

'네가 말하는 여러 가지 망상들이 끊어질 때에, 너는 저절로 깨어 있을 때와 잠잘 때가 늘 하나인 곳에 도달할 것이다.'

처음 이 말을 들었을 때에는 믿지 않고 매양 말하였습니다.

'내가 스스로 돌이켜 보면, 깨어 있음과 잠들어 있음이 분명히 둘인데, 어떻게 감히 입을 크게 벌려 선(禪)을 말하겠는가? 다만 부처님께서 말씀하신 깨어 있음과 잠들어 있음이 늘 하나라는 말이 망령된 말이라면 나의 이 병을 없앨 필요가 없겠지만, 부처님의 말씀이 진실로 사람을 속이지 않는다면 이것은 곧 나 스스로가 아직 깨닫지 못한 것이다.'"

깨어 있을 때에는 계율을 지키고 부처님의 가르침을 실천하며 익히고 배운 일들을 마음대로 주재(主宰)할 수 있는데, 채 잠이 들기도 전에 벌써 이러한 것들이 마음대로 되지 않고 꿈속에서는 전혀 마음대로 주재할 수 없고 오로지 경계에 끄달리니, 깨어 있을 때와 잠잘 때가 한결같지 못하고 둘이 되어 버리는 것이 바로 대혜의 앞에 가로막힌 장벽이었고 대혜의 고민이었다. 대혜가 이런 고민을 토로하면서 가르침을 청할 때마다 원오는 다른 말은 하지 않고 다만 "망상을 쉬어라."고 하고서 "네가 말하는 여러 가지 망상들이 끊어질 때에, 너는 저절로 깨어 있을 때와 잠잘 때가 늘 하나인 곳에 도달할 것이다."라고 하였다.

깨어 있을 때에는 자신이 주인공이 되어 경계에 부림을 당하지 않는데, 잠들면 주인공 노릇을 하지 못하고 경계에 부림을 당하는 것으로 고민하는 대혜에 대한 원오의 가르침은 그러한 여러 가지 망상이 끊어져야 한다는 것이었다. 대혜가 당면하고 있는 실질적인 고민이 원오에게는 다만 망상일 뿐인 것이다. 그러나 대혜로서는 이러한 실질적인 고민이 망상이라는 말이 전혀 이해되지 않았다. 왜 그럴까? 대혜는 아직 망상에서 벗어난 깨달음을 맛보지 못했기 때문에 온갖 망상들이 진실한 사실로 보이는 것이다. 대혜는 아직 아무런 분별경계가 없는 불이법문(不二法門)에 들어가지 못했기 때문에 모든 것들이 이법(二法) 속에서 분별되고 차별되었던 것이다. 잠자면서도 깨어 있을 때와 같은 주인공 노릇을 할 수 없는 것이 문제가 아니라, 망상이 사라진 깨달음을 얻지 못한 것이 문제인 것이다. 대혜가 어떻게 이 문제에서 벗어나는지를 '향시랑(向侍郎) 백공(伯恭)에 대한 답서'의 이어지는 글에서 보자.

"뒤에 원오(圜悟) 선사(先師)께서 '모든 부처님이 나타나는 곳에 따뜻한 바람이 남쪽으로부터 불어온다.'라고 하시는 말씀을 듣고서 홀연 가슴에 걸려 있던 것이 내려갔습니다. 그리하여 비로소 부처님의 말씀이 진실한 말이며, 있는 그대로의 말이며, 속이지 않는 말이며, 망령되지 않은 말이며, 사람을 속이지 않는 참으로 커다란 자비로서, 몸을 가루로 만들어 목숨을 버리더라도 갚을 수 없음을 알았습니다. 가슴에 걸려 있던 것이 없어지고 나서야, 비로소 꿈꿀 때가 바로 깨어 있는 때이며 깨어 있는 때가 바로 꿈꾸는 때라는 것을 알았으며, 비로소 부처님이 말씀하신 깨어 있는 때와 잠잘 때가 늘 하나라는 것을 저절로 알았습니다. 이러한 도리는 집어내어 남에게 보여 줄 수도 없고, 남에게 말해 줄 수도 없습니다. 마치 꿈속의 경계와 같아서 취할 수도 없고 버릴 수도 없습니다."

원오가 "모든 부처님이 나타나는 곳에 따뜻한 바람이 남쪽으로부터 불어온다."라고 말하는 것을 듣고서 홀연 가슴에 걸려 있던 것이 내려갔다고 하였는데, 『대혜보각선사보설』 제17권의 '예시자 단칠이 청한 보설'에 여기에 대한 좀더 자세한 이야기가 나온다.

"뒤에 서울[601]의 천녕사(天寧寺)에서 노스님[602]께서 상당(上堂)하여 설법하시는 것을 들었는데, 어떤 승려가 운문(雲門)에게 묻기를 '어떤 것이 모든 부처님이 나타나는 곳입니까?' 하자, 운문이 '동산(東山)이 물 위로 간다.'고 한 것을 언급하고는 말씀하시길, '만약 나라면 그렇지 않다. 어떤 것이 모든 부처님이 나타나는 곳이냐? 따뜻한 바람이 남쪽에서 불어오니, 전각(殿閣)이 조금 시원하구나.'라고 하셨다. 나는 이 말을 듣자 문득 앞뒤의 시간이 끊어졌다. 비유하자면 마치 한 타래 엉킨 실뭉치를 칼로써 한 번에 몽땅 잘라 버린 것과 같았다."

---

601) 북송(北宋)의 서울인 동경(東京), 즉 개봉(開封).
602) 노스님 : 원오극근(圜悟克勤).

원오의 말을 듣는 순간 마치 엉클어진 실타래를 칼로써 단번에 싹둑 잘라 버리듯이 대혜의 가슴에 걸려 있던 장벽이 사라져 버린 것이다. 이것이 이른바 말을 듣고서 문득 깨닫는다고 하는 언하변오(言下便悟)이다. 이렇게 깨닫고 나니 꿈속에서도 주인공 노릇을 할 수 있게 된 것이 아니라, 다만 깨어 있을 때에는 주인공 노릇하는데 꿈속에서는 왜 주인공 노릇을 하지 못하는가 하였던 고민이 사라져 버린 것이다. 깨어 있을 때에는 주인공 노릇하는데 꿈속에서는 왜 주인공 노릇을 하지 못하는가 하였던 이 고민이 바로 허망한 망상분별의 경계였던 것이다. 이제야 대혜는 원오가 "네가 말하는 여러 가지 망상들이 끊어질 때에, 너는 저절로 깨어 있을 때와 잠잘 때가 늘 하나인 곳에 도달할 것이다."라고 하였던 말을 이해하게 된 것이다. 그리하여 대혜는 이렇게 말할 수 있게 되었다.

"보내 주신 편지에서 '깨달음과 깨닫지 못함이 동일하고, 꿈꾸는 때와 깨어 있을 때가 하나이다.'라는 한 개 인연(因緣)을 말씀하셨군요. 부처님께서는 '그대가 인연(因緣)을 상대하는 마음603)으로 법(法)을 들으면, 이 법도 인연(因緣)일 뿐이다.'604)라고 하셨습니다. '지인(至人)605)은 꿈이 없다.'라고 말하는데, 여기서 '없다'는 말은 '있다 없다'라고 할 때의 '없다'가 아니라, 꿈과 꿈 아님이 하나일 뿐이라는 말입니다."606)

---

603) 연심(緣心) : 대상경계에 반연(攀緣)하는 마음이니, 곧 경계와 접촉하여 경계를 분별하는 마음. 연려심(緣慮心), 분별심(分別心)과 같음.
604) 『수능엄경』 제2권에 나오는 설법의 한 구절.
605) 지인(至人) : 진리를 깨친 사람을 가리키며, 본래 『장자(莊子)』에 나오는 말.
606) 『대혜보각선사서』 제29권. 46. 향시랑 백공에 대한 답서.

『수능엄경』에서 "그대가 인연(因緣)을 상대하는 마음으로 법(法)을 들으면, 이 법도 인연(因緣)일 뿐이다."라고 하였는데, 인연을 상대하는 마음이란 곧 분별심이다. 분별심으로 분별을 벗어난 부처님의 법을 들으면, 분별을 벗어난 부처님의 법 역시 분별로 이해된다는 것이다. 오직 분별심을 벗어나 불이(不二)의 깨달음 속에 들어와야만 비로소 분별을 떠난 부처님의 법을 알 수 있다. 그러므로 깨어 있을 때에 주인공 노릇하듯이 잠잘 때에도 동일하게 주인공 노릇하는 것이 진실한 불법(佛法)이 아니라, 깨어 있을 때에 주인공 노릇하는 것과 잠잘 때에 주인공 노릇하지 못하는 것이 둘이 아님이 진실한 불법(佛法)이다. 있다거나 없다는 것이 불법이 아니라, 있다와 없다가 둘이 아님이 불법이다. 우주는 오직 색(色)이라거나 우주는 오직 공(空)이라는 것이 불법이 아니라, 색이 곧 공이고 공이 곧 색이라는 것이 바로 불법이다. 망상분별에서 해탈하여 불이법문에 들어오는 것이 깨달음이다. 깨닫고 나면 꿈속에서도 마음대로 주재(主宰)하는 주인공이 되는 것이 아니라, 주재하는 깨어 있을 때와 주재하지 못하는 잠잘 때가 둘이 아닌 불이(不二)가 되는 것이 깨달음이다. 깨달은 뒤에 대혜가 꿈과 깸을 어떻게 말하는지 살펴보자.

"도리어 세간(世間)을 살펴보면 오히려 꿈속의 일과 같습니다. 경전 가운데 본래 분명한 글이 있습니다. '오직 꿈일 뿐이니 곧 전적으로 망상(妄想)이다. 그러나 중생은 거꾸로 뒤바뀌어 매일 대하는 눈앞의 경계를 실제(實際)라 여기고, 이 모든 것들이 꿈인 줄은 전혀 알지 못한다.'[607] 그 가운데에서 다시 허망한 분별을 내어, 헤아리는 마음이 생각에 얽매

---

607) 어느 경전의 구절인지 출처를 알 수 없다. 『대반야경』에 "모든 것은 꿈과 같고 환상과 같다."(一切如夢乃至如化)는 취지의 구절들이 많이 등장한다.

인 의식(意識)이 어지럽게 일어나는 것을 참된 꿈으로 여기고 있으니, 이것이 바로 꿈속에서 꿈을 말하는 것이며 거꾸로 된 가운데 다시 거꾸로 되는 것임을 전혀 모르는 짓입니다. 그러므로 부처님은608) 큰 자비와 간절한 노파심으로 모든 법계를 전부 안립(安立)609)해 놓은 바다 속의 티끌 속으로 두루 들어가, 하나하나의 티끌 속에서 몽자재법문(夢自在法門)을 가지고 세계가 늘어서 있는 바다 속의 티끌 수만큼 많은 중생이 삿된 선정(禪定)에 머물러 있는 것을 일깨워 반드시 깨달음을 얻을 곳610)으로 들어가게 합니다. 이것을 또한 거꾸로 된 중생들에게 두루 보여 주어, 눈앞에 실제로 있는 경계를 안립(安立)된 바다로 여겨서 꿈과 꿈 아님이 모두 환상임을 깨닫도록 하는 것입니다. 그러므로 모든 꿈이 곧 실제이고 모든 실제가 곧 꿈이어서 취할 수도 없고 버릴 수도 없습니다. 지인(至人)에게는 꿈이 없다는 뜻은 이와 같을 뿐입니다."611)

---

608) 이하 몽자재(夢自在)로써 법문(法門)을 드러내 보인다는 것은 실차난타(實叉難陀)가 번역한 『대방광불화엄경』 제6권 「여래현상품(如來現相品)」 제2에 나오는 내용을 소개한 것이다. 이 부분의 경(經)의 문장은 다음과 같다 : "이 모든 보살은 모든 법계가 전부 안립(安立)되어 있는 바다 속의 티끌 속으로 모두 잘 들어간다. 그 하나하나의 티끌 속에는 전부 십불(十佛) 세계의 티끌 수만큼의 모든 넓은 국토가 있는데, 하나하나의 국토 속에는 모두 삼세(三世)의 모든 부처님이 계신다. 이 모든 보살들이 두루 찾아가 직접 뵙고 공양을 올리니, 생각생각 속에서 몽자재(夢自在)를 가지고 법문을 드러내 보이셔서 세계가 늘어서 있는 바다 속의 티끌 수 같은 중생들을 깨우치신다."
609) 안립(安立) : '벌여서 세워 놓았다'는 뜻. 본래 모습과 이름이 없어서 분별할 수 없는 법을 하나하나 분별하여 세워 놓았다는 뜻.
610) 정정취(正定聚) : 3정취의 하나. 불교에서 사람의 성질을 세 종류로 분류한 가운데 반드시 성불하기로 결정된 근기의 부류를 정정취라 한다. 삼정취(三定聚)란 사람의 성질을 셋으로 나눈 것으로서, ① 정정취(正定聚)는 항상 진전하여 결단코 성불할 종류이고, ② 사정취(邪定聚)는 성불할 만한 소질이 없어 더욱 타락하여 가는 종류이고, ③ 부정취(不定聚)는 연(緣)이 있으면 성불할 수 있고 연이 없으면 헤맬 부류로서 향상과 타락이 정해지지 않은 종류이다.

모든 것들이 다만 꿈과 같은 환상인데도, 중생은 도리어 매일 대하는 눈앞의 경계를 실제라고 여기고서 다시 허망한 분별을 내어 잠잘 때에 의식(意識)이 어지럽게 일어나는 것을 참된 꿈으로 여기고 있으니, 이 것은 꿈속에서 다시 꿈을 말하는 것이다. 꿈과 꿈 아님이 모두 환상임을 깨달으면, 모든 꿈이 곧 실제이고 모든 실제가 곧 꿈이어서 취할 수도 없고 버릴 수도 없다. 이러한 깨달음이 바로 오매일여(寤寐一如)인 것이다. 처음에 대혜는 깨어 있는 것을 실제라고 여기고 꿈을 허망하다고 여겨서 꿈속에서도 실제를 구현하려고 하였는데, 그것이 바로 대혜가 부딪힌 오매일여라는 방편의 장벽이었다. 이 장벽 앞에서 빠져나갈 길을 찾지 못하고 막혀 있던 대혜가 원오의 한 마디 말을 듣고서 문득 깨달아서 이러한 온갖 망상을 쉬어 버린 것이다. 깨닫고 보니 깨어 있을 때가 실제가 아니고 꿈꿀 때가 꿈이 아니어서, 깨어 있을 때와 꿈꿀 때가 둘이 아닌 것이다. 이것이 바로 망상의 병을 망상의 약으로 치료하는 장면이고, 오매일여라는 방편의 약이 효과를 발휘하는 장면이다.

③ 오매일여와 고봉의 깨달음

임제종 양기파로서 대혜보다 후배인 고봉원묘(高峰原妙; 1238-1295)도 자신의 어록인 『고봉화상선요(高峰和尙禪要)』의 '통앙산노화상의사서(通仰山老和尙疑嗣書)'에서 대혜와 비슷한 경험을 말하고 있다. 이 편지는 스승인 앙산화상에게 고봉원묘가 자신의 공부를 고백하는 글이다. 그 주요한 부분을 참고로 한번 살펴본다.

---

611) 『대혜보각선사서』 제29권. 46. 향시랑 백공에 대한 답서.

"을축년(乙丑年)에 이르러 노화상(老和尙)께서 도량에서 괘패(掛牌)612)를 할 때에 다시 곁에서 따라다니며 시중을 들게 되었는데, 천녕(天寧)으로 가는 도중에 저에게 질문하셨습니다.

'하루 중 떠들썩할613) 때에 주인공이 되느냐?'

제가 답했습니다.

'주인공이 됩니다.'

화상이 다시 물었습니다.

'잘 때에 꿈속에서 주인공이 되느냐?'

제가 답했습니다.

'주인공이 됩니다.'

화상이 다시 물었습니다.

'잠이 들어 꿈도 없고 생각도 없고 보이는 것도 없고 들리는 것도 없을 때에 주인공은 어디에 있느냐?'

여기에 이르자 곧장 대답할 말이 없었고, 펼칠 도리가 없었습니다. 화상께서 다시 부탁하였습니다.

'오늘 이후로 너는 불교를 배우지도 말고614) 법을 배우지도 말고 옛날과 오늘을 따져 보지도 말아라. 다만 배고프면 밥 먹고 피곤하면 잠자되, 잠에서 깨자마자 다시 정신을 차리고615) 살펴보아라. 내가 한잠

---

612) 괘패(掛牌) : 행지(行持)의 내용, 배역명, 전달 사항 등을 쓴 패를 거는 것. 예를 들면, 차수출반(叉手出班), 합장귀위(合掌歸位) 등의 패는 불전(佛殿)의 좌우 기둥에, 승적패(僧籍牌)는 법당 바닥에, 능엄보회향패(楞嚴普廻向牌)는 불전 대들보 위에 거는 것 등을 말한다.
613) 호호(浩浩) : 시끄럽게 떠드는 모습. 왁자지껄한 모습. 떠들썩한 모습.
614) 불요(不要) : ① -할 필요 없다. =불수(不須), 불필(不必). ② -하지 말라. 그만두라.
615) 두수정신(抖擻精神) : 정신을 차리다.

자면616) 주인공은 결국 어디에 자리를 잡고 편안히 있는가?'617)

비록 믿음을 가지고 이 말씀을 좇아 지켰지만, 자질이 아둔하여 볼수록 밝히기가 어려워지니 어찌하겠습니까? 이윽고 용수사(龍鬚寺)로 갈 때에 곧 스스로 맹서(盟誓)하였습니다.

'일생을 내버리고 한낱 바보가 되더라도 반드시 이 하나618)를 명백히 보고야 말 것이다.'

5년이 지나 하루는 암자에서 잠을 자다가 깨어 바로 이 일을 의심하고 있었습니다. 그때 문득 함께 자던 도우(道友)가 밀어낸 목침(木枕)이 땅에 떨어져 소리를 냈는데, 갑자기 의심 덩어리가 부서지면서 마치 그물 속에서 뛰쳐나온 듯하였습니다. 이전에 의심했던 부처님과 조사의 난해한 공안(公案)과 고금의 여러 가지 인연들을 상기해 보니, 흡사 사주(泗州)에서 대성(大聖)을 보는619) 것과 같았습니다. 멀리 나온 나그네가 고향으로 돌아가니, 원래 다만 옛날 그 사람이어서 옛날의 행동거지를 고치지 않았습니다. 이로부터 나라가 안정되고 천하가 태평하여서

---

616) 일교(一覺) : ① 잠에서 깨다. ② 한숨 자다. 한잠.(수일교(睡一覺)는 한잠 자다는 뜻) 여기에선 문맥으로 보아 ②번의 뜻으로 번역하였다.
617) 안신입명(安身立命) : 몸을 편안히 하고 목숨을 보존하다. 근심 없이 편안히 살다. 안심입명(安心立命)이라고도 한다. 심신(心身)을 천명(天命)에 맡기고 편안히 하는 것.
618) 일착자(一著子) : ① (바둑에서) 한 수 두다. ② 손을 한 번 쓰다. 한 번 행동하다.
619) 사주인견대성(泗州人見大聖) : 사주(泗州) 사람이 대성을 본다는 말. 대성(大聖)은 승가대사(僧伽大師)를 가리킨다. 사주 사람이 대성을 본다는 말의 뜻은 온갖 재난에서 벗어난다 혹은 장애가 사라지고 평화로워진다는 것이다. 이 말은 승가대사를 숭배하는 승가신앙(僧伽信仰)과 관련이 있다. 승가대사는 사후에 관음보살(觀音菩薩)의 화현으로 여겨져서 수많은 설화가 생겨나는데, 질병을 퇴치하거나 홍수를 물러가게 하거나, 적의 침입을 저지하거나 하는 등으로 현세의 사람들을 재난으로부터 구원하는 일을 하였다. 승가대사는 우리나라에서는 약사보살(藥師菩薩)로 여겨지기도 하였다. 여기에 대한 자세한 논의는 부록에 있는 '사주인견대성의 뜻에 관하여'를 참조하기 바람.

한 순간 아무 하는 일이 없는데도 온 세계가 거꾸러졌습니다.⁶²⁰⁾"⁶²¹⁾

시끄러운 때에도 주인공이 되고 꿈을 꿀 때에도 주인공이 된다고 하니, 드디어 꿈도 없는 깊은 잠 속에서 주인공은 어디에 있느냐고 따져서 물었다. 주인공이 된다는 것은 앞서 대혜가 말했듯이, 앞에 나타나는 경계에 끄달리지 않고 자기 마음대로 자유롭게 판단하고 자기 마음대로 자유롭게 행동한다는 말이다. 즉, 주인공이 된다는 것은 분별력과 자유의지를 마음대로 행한다는 말이다. 생각도 없고 의식이 깨어 있지도 않은 숙면(熟眠) 속에서는 주인공의 존재조차 알 수 없다. 그러므로 당연히 할 말이 있을 수가 없다. 이처럼 이해할 수 없고 말할 수 없는 경계를 앞에다 놓아서 그 마음을 가로막아 버리는 것이 바로 방편이다.

이 장벽에 가로막혀 5년을 보낸 어느날 자다가 일어나 다시 이 생각을 하는데, 옆의 동료가 떨어뜨린 목침의 소리에 문득 이 장벽이 사라져 버렸다. 마치 그물 속에 묶여 있다가 빠져나온 듯이 시원하였다. 이전에 의심하고 있었던 난해한 공안들과 옛 스님들의 여러 가지 일화를 다시 상기해 보니, 마치 사주(泗州)에서 대성(大聖)을 본 것과 같았다. 사

---

620) 좌단(坐斷) : =좌단(挫斷), 좌단(到斷). 꺾다. 꺾어 끊다. 쪼개다. 거꾸러뜨리다.
621) 至乙丑年, 老和尙在道場, 作掛牌時, 又會依附隨侍, 赴天寧中間, 因被詰問 : '日間浩浩時, 還作得主麽?' 答云 : '作得主.' 又問 : '睡夢中作得主麽?' 答云 : '作得主.' 又問 : '正睡着時, 無夢無想, 無見無聞, 主在甚麽處?' 到者裏, 直得無言可對, 無理可伸. 和尙卻囑云 : '從今日去, 也不要你學佛學法, 也不要你窮古窮今. 但只飢來喫飯, 困來打眠, 纔眠覺來, 卻抖擻精神. 我者一覺, 主人公畢竟在甚處安身立命?' 雖信得及, 遵守此語, 奈資質遲鈍, 轉見難明? 遂有龍鬚之行, 卽自誓云 : '拚一生做箇癡獃漢, 定要見者一着子明白.' 經及五年, 一日寓庵宿, 睡覺正疑此事. 忽同宿道友推枕子墮地作聲, 驀然打破疑團, 如在網羅中跳出. 追憶日前所疑, 佛祖[言*肴]訛公案, 古今差別因緣, 恰如泗州見大聖, 遠客還故鄉, 元來只是舊時人, 不改舊時行履處. 自此安邦定國, 天下太平, 一念無爲, 十方坐斷.

주 사람이 대성을 본다는 말의 뜻은 온갖 재난에서 벗어난다는 것이며, 장애가 사라지고 평화로워진다는 것이다. 지금까지 난해하여 극복하지 못하는 장애물이었던 공안이 더 이상 어려운 장애물이 아니라는 뜻이고, 또 장애물이 사라지고 문제가 없어져서 편안해졌다는 뜻이다.

고향을 떠나 멀리 떠돌던 사람이 다시 고향으로 돌아가니 이전과 달라진 것이 없는 본래 그 사람이라는 말은, 깨닫기 전에는 중생과 부처가 다른 줄로 알고 부처를 찾아 길을 떠났는데, 깨닫고 나니 본래 중생이 바로 부처라는 것이다. 깨닫기 전에는 깨달음의 세계가 따로 있고 세속의 세계가 따로 있는 줄 알고서 깨달음을 찾았는데, 깨닫고 보니 본래 세속 그대로가 바로 깨달음의 세계이다. 깨닫기 전에는 일상의 삶이 모두 허망한 사바세계였는데, 깨닫고 보니 일상의 삶 그대로가 불세계이다. 『대혜보각선사서』의 '증시랑(曾侍郞) 천유(天游)에 대한 답서(1)'에서 대혜가 말하길, "헛되다고 한다면, 업(業)을 지을 때에도 헛되고, 과보(果報)를 받을 때에도 헛되고, 깨달을 때에도 헛되고, 어리석게 전도(顚倒)될 때에도 헛되고, 과거·현재·미래가 모두 헛됩니다. 오늘 잘못되었음을 알았다면, 헛됨을 약으로 삼아 다시 헛된 병을 치료해야 합니다. 병이 나아 약을 치우면, 여전히 다만 옛날 그 사람일 뿐입니다. 만약 다른 사람이 있고 다른 법(法)이 있다면, 이것은 삿된 외도(外道)의 견해입니다."라고 한 말과 같다.

이처럼 목침이 땅에 떨어지는 소리에 문득 깨달으니, 지금까지 앞을 가로막고 있었던, 숙면 속에서 주인공이 어디에 있는가 하는 방편도 사라져 버리고 없었던 것이다. 망상분별이 부서지면서 그 망상분별을 부수려고 설치한 방편도 사라진다. 병이 나으면서 약도 내버리는 것이다. 애초 고봉이 가지고 있었던 망상분별의 병은 무엇인가? 주인공이라는 무엇이 있다고 여긴 것이다. 주인공이라는 무엇이 참으로 있다면, 세계 속의 온갖 차별되는 일들 역시 모두 참으로 있을 것이니, 어디에 불이(不二)의 법계(法界)가 있겠으며, 법도 얻을 수 없고 비법(非法)도 얻을 수 없다는 말이나 아공법공(我空法空)이라는 말이 어떻게 옳겠는가? 분별망상에서 벗어나지 못한 어리석은 사람이라면 방편을 오해하여, 시끄러운 곳에서 주인공이 되고, 꿈속에서 주인공이 되고, 꿈도 없는 숙면 속에서 주인공이 되는 것으로 이해하여 주인공이라는 이름에 꽉 집착할 것이다. 그러나 참으로 깨달으면 주인공이라는 물건이 따로 분별될 수 없다. 집착이 없고 시끄러운 곳, 꿈속, 꿈도 없는 숙면이 차별되지 않고 둘이 아니다. 주인공이 있다면 어찌 아상(我相)이 없다고 하겠으며, 어찌 법계(法界)가 평등하다고 하겠는가?

(6) 좌선이라는 방편

① 좌선을 참된 공부라고 여기지 말라

대혜는 묵조선(默照禪)이 삿된 선이라고 강력하게 비판하였는데, 그 이유 가운데 하나가 묵조선이 고요히 앉아 쉬는 좌선(坐禪)을 참된 공부로 여겼기 때문이었다. 앞서 제1장에서 살펴보았듯이 좌선(坐禪)은 육조(六祖) 문하의 조사선(祖師禪)에서는 참된 공부가 아니었다. 좌선에 대한 비판은 육조가 좌선하면서 마음을 살펴보는 것을 공부로 삼는 북종(北宗)의 잘못을 분명한 이치로써 지적하였고, 남악회양이 벽돌을 바위에 갈아서 좌선에 몰두하는 마조를 일깨운 가르침에 확실히 나타나 있다. 대혜의 시대에는 묵조선이 좌선에 몰두하면서 좌선을 공부로 삼고 있었는데, 대혜는 그것을 검은 산 아래 귀신굴 속의 살림살이라고 강하게 비난한 것이다.

"한결같이 눈을 감고는 죽은 사람처럼 앉아서 '고요히 앉는다'[정좌(靜坐)]느니 '마음을 본다'[관심(觀心)]느니 '묵묵히 비춘다'[묵조(默照)]느니 하고 말하면서, 다시 이러한 삿된 견해로써 무식하고 어리석은 사람들을 꼬드겨 말하기를 '하루 고요하게 지내면 곧 하루 공부를 한 것이다.'라고 합니다. 안타깝습니다! 이들 모두가 귀신 집안의 살림살이인 줄 전혀 모르고 있습니다."[622]

"불법(佛法)과 선(禪)이 문자언어(文字言語) 위에 있지 않다고 여기고서, 곧장 모든 것을 옆으로 밀쳐놓고 차려져 있는 죽과 밥을 게걸스레 먹고서, 검은 산[623] 아래의 귀신굴 속에 꼼짝하지 않고 앉아서, 묵묵히 늘 비춘다고 하고, 또 완전히 죽은 사람과 같다고 하고, 또 부모가 낳기 이전의 일이라 하고, 또 공겁이전(空劫已前)[624]의 일이라 하고, 또 위음나반(威音那畔)[625]의 소식이라 합니다. 앉고 또 앉아서 엉덩이에 굳은살이 박혔는데도 전혀 움직이려 하지 않고, 공부가 차츰차츰 순수하게 익어

---

622) 『대혜보각선사법어』 제20권. 6. 진여도인에게 보임.
623) 검은 산 : 흑산(黑山)은 캄캄한 무명(無明)을 가리킨다.
624) 공겁이전(空劫已前) : 위음왕불 이전과 같음. 위음왕불은 공겁(空劫) 때에 맨 처음 성불한 부처인데, 『조정사원(祖庭事苑)』에는 위음왕 이전은 실제이지(實際理地)를 밝힌 것이고, 위음왕 이후는 불사문중(佛事門中)을 밝힌 것이라 하였다. 결국 위음왕 이전 혹은 공겁 이전은 본유(本有)의 본래면목(本來面目)을 가리킨다.
625) 위음나반(威音那畔) : 위음왕불 저쪽. 일체의 분별이 나오기 이전의 소식을 뜻하는데, '본래면목(本來面目)'이나 '위음왕이전(威音王已前)' '부모미생전(父母未生前)' 등과 같은 말이다. 위음(威音)은 위음왕불(威音王佛)을 가리킨다.

간다고 하고, 다시 수많은 쓸데없는 말들과 수다스러운 말들을 하나하나 도리를 지어 값을 따져서 한 번 전해 주고는 그것을 종지(宗旨)라고 부르나, 마음속은 여전히 새까맣게 어둡습니다."626)

"덮어놓고 오로지 텅 비고 고요하고 우둔하게 앎이 없는 것을 위음나반(威音那畔) 공겁이전(空劫已前)의 일이라고 합니다. 매일 두 끼의 밥을 게걸스레 먹고는 어떤 일도 이해하지 못하고 줄곧 입을 꽉 다물고 앉아 있으면서, 그것을 일러 쉬고 또 쉰다고 합니다."627)

② 좌선은 한때의 방편일 뿐이다

그러나 대혜가 좌선을 전혀 금지한 것은 아니었다. 다만 시끄럽게 온갖 세간의 일에 끄달리는 사람들의 마음을 안정시켜 이 공부로 돌리도록 하는 하나의 일시적인 방편으로 좌선을 인정하였다.

"도를 배우는 사람이 하루 24시간 내내 심의식(心意識)이 늘 고요하여 일이 없기를 바란다면, 모름지기 고요히 앉아 마음이 방일(放逸)628) 하지 않도록 하고 몸이 동요하지 않도록 해야 합니다. 이렇게 오래도록 익혀 가면 저절로 몸과 마음이 편안히 안정되어 도(道)로 나아갈 수 있을 것입니다. 이와 같은 적정바라밀(寂靜波羅蜜)은 중생의 산란하고 허

---

626) 『대혜보각선사법어』 제19권. 2. 동봉거사에게 보임.
627) 『대혜보각선사법어』 제21권. 16. 여기의에게 보임.
628) 방일(放逸) : 해야 할 착한 일이나 방지해야 할 악한 일을 뜻에 두지 않고, 방탕하고 함부로 하는 것.

망한 느낌을 안정시킬 뿐입니다. 만약 고요한 곳을 붙잡고 마지막이라고 여긴다면, 묵조(默照)의 삿된 선에 사로잡힐 것입니다."[629]

"저도 평소에 사람들에게 조용한 곳에서 좌선(坐禪)하며 공부하라고 시키지 않는 것은 아닙니다. 그러나 이것은 병에 따라 약을 쓰는 것일 뿐, 사람에게 이와 같이 가리켜 줄 것은 진실로 없습니다."[630]

조용한 곳에서 좌선하는 것은 중생의 산란하고 허망한 느낌을 안정시킬 뿐인 방편이라는 것이다. 좌선은 중생의 산란하고 들뜬 병을 안정시키는 일시적인 약일 뿐이다. 좌선하지 않고도 산란하고 들뜨지 않는다면, 좌선이라는 방편은 필요가 없다. 좌선하지 않고도 산란하고 들뜬 병이 치유된다면, 좌선이라는 약은 필요가 없는 것이다. 만약 고요히 앉는 것에 무슨 진실이 있다고 여겨서 반드시 고요히 앉아야 한다고 주장한다면, 그것은 삿된 견해이다. 장좌불와(長坐不臥)에 몰두하는 수행자를 바른 길로 인도한 이야기를 대혜는 인용하고 있다.

"옛날에 바수반두[631]가 늘 한 끼만을 먹고 눕지도 않고 육시(六時)[632]에 예불(禮佛)하며 깨끗하고 욕심이 없어서 대중의 귀의를 받았는데, 20조 사야다(闍夜多) 존자가 그를 제도하고자 하여 그를 따르는 무리들에게 물었습니다.

---

629) 『대혜보각선사법어』 제19권. 1. 청정거사에게 보임.
630) 『대혜보각선사서』 제25권. 4. 증시랑 천유에 대한 답서(3).
631) 바수반두(Vasubandhu) : 인도 28조사 가운데 제21번 조사(祖師)이다.
632) 육시(六時) : 하루를 낮 3시 · 밤 3시로 구분. 합하여 6시. 아침(晨朝) · 낮(日中) · 해질녘(日沒) · 초저녁(初夜) · 밤중(中夜) · 새벽(後夜).

'이렇게 두루 두타행(頭陀行)633)을 실천하고 범행(梵行)634)을 잘 닦아서 불도(佛道)를 얻을 수 있을까?'

그 무리들이 말했습니다.

'우리 스승님의 정진(精進)이 이와 같은데 무슨 까닭에 얻지 못하겠습니까?'

사야다 존자가 말했습니다.

'너희 스승은 도(道)와는 멀리 떨어져 있다. 설사 고행(苦行)을 무수한 세월 동안 행하더라도 모두가 헛됨과 망령됨의 뿌리가 될 뿐이다.'

그러자 그 무리들이 분을 이기지 못하여 모두 안색을 바꾸고 성난 목소리로 사야다 존자에게 말했습니다.

'존자께서는 어떤 덕을 쌓았기에 우리 스승을 나무라십니까?'

사야다 존자가 말했습니다.

'나는 도를 찾지도 않지만 또한 전도(顚倒)되지도 않는다. 나는 부처를 예경하지도 않지만 또한 업신여기지도 않는다. 나는 장좌불와(長坐不臥)하지도 않지만 또한 게으르지도 않다. 나는 하루에 한 끼 먹는 것은 아니지만 또한 이것저것 마구 먹지도 않는다. 나는 족함을 알지도 못하지만 또한 탐욕스럽지도 않다. 마음에 바라는 바가 없는 것을 일컬어 도(道)라고 한다.'

바수반두가 이 말을 듣고서 무루지(無漏智)635)를 일으키니,636) 이른

---

633) 두타행(頭陀行) : 무소유와 청빈을 행하는 수행. 의·식·주에 탐착하지 않으며, 청정하게 불도를 수행하는 것.
634) 범행(梵行) : 범(brahmacara)은 청정(淸淨)·적정(寂靜)의 뜻, 맑고 깨끗한 행실. 정행(淨行)과 같음.
635) 무루지(無漏智) : 진리를 깨닫고 모든 번뇌의 허물을 여읜 청정한 지혜.
636) 『경덕전등록』 제2권 '제20조 사야다'에 나오는 내용.

바 '먼저 선정(禪定)으로써 움직이고 다음에 지혜(智慧)로써 뽑아 낸다.'637)고 하는 것입니다.

제멋대로 말하는 엉터리 장로의 무리가 남에게 고요히 앉아서 부처 되기를 기다리라고 가르치니, 이 어찌 헛됨과 망령됨의 뿌리가 아니겠습니까? 또 말하기를 '고요한 곳에서는 잃지 않지만 시끄러운 곳에서는 잃는다.'고 하니, 이 어찌 세간상(世間相)을 부수어 실상(實相)을 찾는 것이 아니겠습니까? 만약 이와 같이 수행한다면 어떻게 우두법융이 말한 '이제 말한 마음 없음은 마음 있음과 다르지 않다.'는 것과 들어맞을 수 있겠습니까?

청컨대 공께서는 여기에서 합당함을 잘 살펴 헤아려 보십시오. 바수반두도 처음에는 장좌불와(長坐不臥)하면 성불(成佛)할 수 있다고 오해했다가, 사야다 존자에게 지적을 받자마자 곧 말을 듣고서 돌아갈 곳을 알아차리고 무루지를 내었으니, 과연 좋은 말은 채찍의 그림자만 보고도 달리는 것과 같습니다.

중생에게는 광란(狂亂)이 병이므로 부처님이 적정바라밀(寂靜波羅蜜)638)이라는 약으로써 그것을 치료하는 것입니다. 병이 사라졌는데도 약을 그대로 쓴다면, 그러한 병은 더 큰 병입니다. 하나는 집어 들고 하나는 내려놓으니 어느 때에 끝마치겠습니까? 삶과 죽음의 문제가 다가오면 고요함과 시끄러움이라는 양쪽은 전혀 쓸모가 없습니다.

시끄러운 곳에서는 잃는 것이 많고 고요한 곳에서는 잃는 것이 적다고 말하지 마십시오. 도리어 적음과 많음 · 얻음과 잃음 · 고요함과 시

---

637) 『대반열반경』 제31권 「사자후보살품」 제11-5에 나오는 구절.
638) 적정바라밀(寂靜波羅蜜) : 대승 육바라밀(六波羅蜜) 가운데 선나바라밀(禪那波羅蜜)을 가리킨다. 마음을 고요하게 안정시켜 통일한다는 뜻이다.

끄러움을 한꺼번에 묶어서 다른 곳으로 보내 버리고, 일상생활 속에서 많음도 아니고 적음도 아니며 고요함도 아니고 시끄러움도 아니며 얻음도 아니고 잃음도 아닌 바로 그곳에서 '무엇인가?' 하고 잠시 자신에게 일깨워 보십시오."639)

③ 해설

좌선의 문제에 관해서는 앞서 '제1장 선이란 무엇인가'에서 자세히 살펴보았듯이, 육조혜능 문하의 남종돈교(南宗頓敎)에서는 좌선을 수행으로 삼지 않는다. 아니, 남종돈교에서는 단지 불이법인 견성(見性)을 말할 뿐이고, 좌선이든 무엇이든 어떤 종류의 수행도 말하지 않는다. 육조혜능은 돈오돈수(頓悟頓修)이고 점수(漸修)는 없다고 말했고, 영가현각은 단번에 벗어나 곧장 여래의 지위에 들어간다고 말했고, 마조도일은 도는 닦을 것이 없고 다만 오염되지 않으면 될 뿐이라고 말했다. 단도직입(單刀直入)으로 곧장 불이법문으로 들어갈 뿐, 어떤 수단이나 절차도 거치지 않는 것이 남종돈교(南宗頓敎)요, 남종선(南宗禪)이다.

오늘날에도 참선(參禪)한다고 하면 으레 좌선(坐禪)하는 것으로 여겨 오로지 좌선에만 의지하여 공부하려는 사람들이 많다. 이들은 본래 선이 어떤 것인지 전혀 알지 못하면서, 육조와 그 문하의 가르침에 대해서도 전혀 알려고 하지 않고, 무조건 앉아서 수행해야 공부가 된다고 여긴다. 이들은 선지식의 가르침을 단순히 언어문자일 뿐이라고 여기고, 실제 수행을 해야 한다고 하면서 앉아 있는 것으로써 실제 수행으

---

639) 『대혜보각선사서』 제27권. 23. 유통판 언충에 대한 답서(1).

로 삼는다. 이들에게 육조나 마조나 백장 등 기라성 같은 여러 선지식들이 한마디 말을 듣고서 문득 깨달은 이야기를 해 주면, 이들은 말하기를 그러한 선지식들은 전생에 수행한 공덕으로 그렇게 쉽사리 깨닫는 것이니 우리 같은 사람은 그렇지 못하다고 한다. 이처럼 스스로를 못난 하근기로 여기면서 깨달음을 얻겠다고 공부를 한다니, 참으로 안타까운 일이다. 우리 선문(禪門)에서는 선지식을 믿고 그 가르침을 받지 않고서 깨달은 경우는 없다. 언구(言句)를 의심하지 않는 것이 커다란 병이라는 말도 듣지 못했는가? 선은 그런 것이 아니라고 하면서 마음자리를 곧장 가리켜 주어도, 이들은 좌선에 의지하는 버릇을 쉽게 버리지 못하는 경우가 대부분이니, 잘못된 수행을 익히면 종이에 기름이 밴 것처럼 빠져나오기가 힘들다는 옛 선지식의 말씀이 바로 이런 경우라고 할 것이다.

5. 잘못된 공부와 삿된 선(禪)

삿됨이란 참된 깨달음이 없다는 뜻이고, 잘못된 공부란 참된 깨달음으로 이끌지 못하는 공부라는 말이다. 올바르게 공부하여 참된 깨달음을 얻기 위해서는 잘못된 공부와 삿된 깨달음을 경계(警戒)할 필요가 있다. 『대혜어록』의 여러 곳에서 대혜는 당시에 행해지던 여러 가지 잘못된 공부와 삿된 선을 자세히 언급하고 있다. 이와 같은 잘못된 공부와 삿된 선에 대한 경계는 오늘날에 공부하는 사람들에게도 꼭 필요한 것이다. 대혜가 언급한 잘못된 공부와 삿된 선을 정리하여 소개한다.

(1) 깨달음이 없으면 삿되다

"조사께서 서쪽에서 오신 것은 다만 밝게 깨달은 사람이 되신 것일 뿐, 사람에게 전해 줄 선(禪)이나 도(道)는 없다. 만약 전해 줄 선이나 도가 있다면, 각자는 부모에게 전하고 육친(六親) 권속에게 전하여 주어라. 이미 전할 수 없다면, 모름지기 자기 스스로 깨달아야 하는 것이다. 그대들이 마음으로 깨달음을 찾으면, 벌써 어긋났다. 그러니 어찌 여러 가지 지식으로 갖가지로 이해하고, 제멋대로 생각하여 어지럽게 짜 맞추겠는가?"[640]

"선(禪)에 무슨 병이라 할 것이 있는가? 선이 두통을 앓은 적도 없고, 다리가 아팠던 적도 없고, 귀가 먹은 적도 없고, 눈이 먼 적도 없다. 다만 선에 참여하는[641] 사람들의 참여에 차이가 있고, 깨달음에 차이가 있고, 마음을 씀에 차이가 있고, 스승을 의지함에 차이가 있다. 이러한 차이 때문에 일러 병이라 하는 것이지, 선에 병이 있다는 말은 옳지 않다.

'무엇이 부처입니까?' '마음이 곧 부처이다.' 무슨 병이 있는가? '개에게도 불성이 있습니까?' '없다.' 무슨 병이 있는가? '죽비라고 부르면 저촉되고, 죽비라고 부르지 않으면 어긋난다.' 무슨 병이 있는가? '무엇이 부처입니까?' '삼베가 서 근이다.' 무슨 병이 있는가? '무엇이 부처입니까?' '똥 닦는 막대기다.' 무슨 병이 있는가?

그대들이 뚫고 벗어나지 못하고서, 도리(道理)를 만들어 뚫어내려고 한다면, 즉시 천리만리로 벌어져서 아무 관계가 없다. 마음을 내어 그것에 도달하려 하고, 마음을 내어 그것을 사량하려 하고, 말을 꺼내는 곳에서 이해하고, 부싯돌 불꽃이나 번갯불처럼 번쩍 스치는 곳에서 알아차리고 하는 이것들이 바야흐로 병인 것이다."[642]

선은 곧 깨달음이다. 깨달으면 그뿐, 깨달음에 어떤 지식이나 격식

---

640) 『대혜보각선사보설』 제13권. 2. 정광대사가 청한 보설.
641) 참선(參禪)이란, 선에 참여(參與)하는 것이고, 선에 동참(同參)하는 것이다. 동참한다는 것은 참여하여 함께 한다, 혹은 하나가 된다는 뜻이다.
642) 『대혜보각선사보설』 제14권. 4. 진국태부인이 청한 보설.

이나 도리 같은 것은 없다. 깨달으면 깨달음이라 할 무엇도 없고, 어떤 도리도 없고, 얻는 지식도 없고, 할 말도 없다. 깨달으면 저절로 모든 장애가 사라져서 어디에도 의지할 필요가 없이 자유롭다. 깨달으면 저절로 모든 경우에 깨달음이 실현되어 깨달음과 깨달음 아님의 차별이 없다.

만약 깨닫지 못하고서 도를 말하고 선을 말한다면, 그것은 단지 보고 들은 지식을 말하는 것이거나, 보고 들은 지식에 근거하여 나름으로 어떤 도리나 격식을 세워서 그렇게 행동하는 것이거나, 어떤 체험을 하고서 그 체험한 곳에 머물러 있는 것일 것이다. 삿된 선이나 선병이란 바로 이와 같이 깨달음이 없으면서 지식으로 알고 있는 것을 선으로 삼거나, 보고 들은 지식에 근거하여 나름의 격식이나 도리를 세워 그것에 근거하여 행동하는 것을 선이라 하거나, 우연히 체험하여 얻은 어떤 정신적 경계에 머물러서 그것을 선이라고 하는 경우이다.

(2) 지식으로 이해하면 삿되다

"만약 안락한 곳을 아직 얻지 못했다면, 한결같이 지견(知見)을 찾고 이해(理解)하여 알려고 할 것이지만, 이러한 잡다한 독(毒)이 마음속으로 들어오기만 하면, 마치 밀가루에 기름이 밴 것처럼 영원히 빼낼 수 없을 것이다. 비록 빼낼 수 있다 하더라도, 역시 처리하는 데 힘이 들 것이다. 이 일은 마치 푸른 하늘의 밝은 태양과 같아서 원래 장애가 없는데, 도리어 이러한 사소한 독(毒)에 가로막히는 까닭에 법(法)에 자재(自在)하지 못한 것이다."[643]

① 두피선(肚皮禪)

많이 보고 듣고 기억한 선어록(禪語錄)과 불교 경서(經書)를 바탕으로 고칙공안(古則公案)을 생각으로 헤아리고 해석하는 것을 가리켜서 대혜는 두피선(肚皮禪)이라고 한다.

"지금 사람들은 각자 '나는 죽음이 두려워 참선(參禪)을 한다.'고 말하며, 참(參)하고 또 참하여 날이 가고 달이 가면, 분별망상[644] 속에 푹 빠져서, 다만 한바탕 쓸데없는 말을 지껄이는 솜씨를 얻어서, 자기가 서 있는 곳에 약간의 시끄러움을 더할 뿐이니, 도리어 선원(禪院)에 들어오기 이전에 여러 가지 일이 없는 것만 못하다. 이것은 대개 처음에 한 번 어긋나서는 좋은 사람을 만나지 못하고 번갈아 답습하는 바람에 이와 같은 지경에 이른 것이다. 요즈음의 불법(佛法)은 애처롭게도 마(魔)는 강하고 법(法)은 약하다. 선객(禪客)들은 모두들 하나씩의 두피선(肚皮禪)을 가지고, 이르는 곳마다 마치 풀밭에서 풀 알아내기 시합[645]을 하는 것 같으니, 나귀해가 되어야 쉴 것인가?"[646]

---

643) 『대혜보각선사보설』 제17권. 10. 예시자 단칠이 청한 보설.
644) 분별망상 : 갈등(葛藤)은 칡과 등넝쿨이 얽혀 있다는 뜻이지만, 선(禪)에서는 분별망상(分別妄想), 망상번뇌(妄想煩惱), 혹은 분별(分別)된 개념(概念)인 언어문자(言語文字)를 가리킴.
645) 투백초(鬪百草) : 단오날에 행하던 놀이. 풀밭을 밟으며 온갖 풀들을 잘 가려내기 시합을 하는 것.
646) 『대혜보각선사보설』 제13권. 2. 정광대사가 청한 보설.
나귀해 : 여년(驢年). 12지(支)로써 년(年)을 나타내는데, 12지(支)를 나타내는 동물 가운데 나귀가 없으니 나귀해 역시 없다. 나귀해는 영원히 오지 않는 시간이나 상황을 나타내는 말.

두피(肚皮)란 뱃가죽이란 뜻이지만, 두피리(肚皮裏)와 마찬가지로 뱃속을 뜻하고, 뱃속은 곧 마음속을 가리킨다. 『선관책진(禪關策進)』 '앙산고매우선사시중(仰山古梅友禪師示衆)'에 다음의 말이 있다.

"좌복 위에 앉기만 하면 바로 잠이 들고, 눈을 뜨기만 하면 시끄럽게 생각에 잠기고, 좌복에서 내려오면 삼삼오오 모여서 머리를 맞대고 크고 작은 온갖 이야기를 소곤거리며, 마음속[두피(肚皮)] 가득히 기억해 둔 어록(語錄)과 경서(經書)를 뽑내며 풀어낸다. 이렇게 마음을 쓰다가, 죽음이 다가오면 아무 소용이 없는 것이다."647)

또 『속간고존숙어요(續刊古尊宿語要)』 제4집 「송원악선사어(松源岳禪師語)」 '보설(普說)'에 다음의 말이 있다.

"지금의 형제들은 흔히 옛사람의 공안(公案)을 마음으로 생각하고 이해하여, 뱃속[두피(肚皮)]에다 가득 집어넣어 놓고는, 사람을 만나면 쏟아 내는 것으로 일생의 공부로 삼지만, 자세히 살펴보면 그대들이 매우 어리석은 것이니, 죽음이 다가오면 그대 스스로를 속이게 될 것이다."648)

---

647) 若纔上蒲團, 便打瞌睡, 開得眼來, 胡思亂想, 轉身下地, 三三兩兩, 交頭接耳, 大語細話, 記取一肚皮語錄經書, 逞能舌辨. 如此用心, 臘月三十日到來, 總用不著.
648) 而今兄弟, 多以古人公案心思意解, 築取一肚皮, 逢人撒出來, 以當平生參學, 子細觀來, 你也好癡, 臘月三十日, 賺你去在.

② 구고자선(口鼓子禪)

"사대부들은 이 일의 끝을 보고자 하면서도 애초 그 참됨에 뿌리박지를 않고, 다만 옛사람의 공안(公案) 위에서 지식과 이해를 구하려 합니다. 비록 그렇게 하여 일대장교(一大藏敎)를 남김없이 알고 모조리 이해했다고 하여도, 섣달 그믐날 죽음이 찾아올 때에는 하나도 쓸모가 없습니다."[649]

"단지 선(禪) 하나를 나는 알고자 하고 이해하고자 하나 본래 삿됨과 바름을 구별하는 눈이 없다고 하다가, 문득 한 사람 제멋대로 말하는 선객(禪客)을 만나 그가 여우처럼 알랑거리며 마치 서너 집 사는 시골에서 군대의 암호를 전하듯이[650] 입에서 귀로 전해 준다면, 그것을 일러 과두선(過頭禪)[651]이라 하고, 또 구고자선(口鼓子禪)이라고도 합니다. 저 옛사람들이 남긴 찌꺼기[652]를 하나하나 차례대로 서로 점검하는데, 한마디씩 주고받다가 마지막에 내가 한마디라도 더 많이 할 때에는 곧 내가 이겨서 선(禪)을 얻었다고 하면서 결코 물러서려 하지 않으며, 삶과 죽음의 일을 염두에 두고서 기꺼이 스스로를 의심하려 들지 않고, 즐겨 남을 의심합니다."[653]

---

649) 『대혜보각선사법어』 제21권. 13. 서제형에게 보임.
650) 여삼가촌리전구령(如三家村裏傳口令) : 서너 집 사는 시골에서 군대의 암호를 전하는 것처럼, 비밀로 할 것도 없는 것을 비밀스럽게 전해 주다. 구령(口令)은 군대의 암호(暗號).
651) 과두선(過頭禪) : 과두(過頭)는 '지나치다, 도를 넘다'는 뜻. 과두화(過頭話)는 도가 지나친 말, 허풍을 떠는 말. 지나치게 부풀려 허풍을 떨며 도리와 이치를 말하는 것을 선으로 삼고 있는 잘못된 선. 엉터리 선을 가리킴.
652) 고칙공안(古則公案)을 말함.
653) 『대혜보각선사법어』 제21권. 13. 서제형에게 보임.

고자(鼓子)는 북이라는 말이다. 대혜가 말하는 구고자선(口鼓子禪)이
란 북치는 것처럼 시끄럽게 입을 놀려 옛 공안을 한 마디씩 서로 주고
받으며 하나하나 따지고 점검하는 행위를 선이라고 하는 무리를 비판
한 말이다.『감산노인몽유집(憨山老人夢遊集)』제17권 '답담복지(答談復之)'
에 "만약 요즈음의 구고자선(口鼓子禪)을 본받아서 다만 시끄럽게 말하
기만 하고 실제(實際)를 추구하지 않는다면, 어찌 자기의 신령함을 저버
리는 것이 아니랴?"[654]라는 구절이 있고, 또『여산연종보감염불정행(廬
山蓮宗寶鑑念佛正行)』제6권 '정업도량(淨業道場)'에 "다시 인도말과 중국말
로써 걸핏하면 이것은 옳고 저것은 틀렸다고 하고, 불경(佛經)과 밀전(密
傳)을 망령되이 이해하여 가르침을 거짓되게 하고, 입을 북치듯이 놀려
서 문자를 논하고, 나를 따지고 남을 따지고 높음을 말하고 낮음을 말
한다."[655]라는 구절이 있다.

이 구고자선은 곧 공안(公案)을 거각(舉覺)하여 상량(商量)하는 것을 선
으로 삼는 것이니, 이른바 공안거량선(公案舉量禪)이라고 할 수 있다. 거
각(舉覺)이란 공안을 언급하는 것이고, 상량(商量)이란 그 공안의 값어치
를 따지는 것이다. 공안을 내놓고 그 값어치를 따져 서로 한 마디씩 주
고받고 하다가 마지막에 한 마디하여 상대의 입을 막아 버리면 자신이
더 뛰어나다고 여기는 것이다. 대혜 당시의 선승들이나 선객들 사이에
이런 일들이 성행했던 모양으로, 대혜는 이에 대하여 많이 언급하고 비
판하고 있다. 여기에 대해선 아래에 따로 공안거량선이라는 항목을 두
어 좀더 자세히 살펴볼 것이다.

---

654) 若效當世口鼓子禪, 但資說鈴, 不究實際, 豈不孤負己靈哉?
655) 更又胡言漢語動輒是此非他, 妄解佛經密傳僞敎, 打口鼓子弄葛藤頭, 爭我爭人論高
論下.

③ 지식인의 병폐

글을 읽고 세속의 학문에 능통한 지식인들은 자신이 가진 지식에 기대어 모든 것을 처리하려는 습관 때문에 참된 깨달음을 얻기가 어렵다는 것을 대혜는 누차에 걸쳐 말하고 있다.

"조대가(措大家)[656]는 일생을 낡은 종이를 파고들면서 이 일을 알고자 하여 온갖 책들을 두루 섭렵하고 고담준론(高談峻論)을 일삼습니다. 공자(孔子)는 어떠니, 맹자(孟子)는 어떠니, 장자(莊子)는 어떠니, 주역(周易)은 어떠니, 고금(古今)의 치세(治世)와 난세(亂世)는 어떠니 하면서, 이 보잘것없는 말에 부림을 당하여 뒤죽박죽이 되어 버립니다. 제자백가(諸子百家)의 가르침을 남이 말하는 한 글자라도 듣기만 하면 곧 한 권을 모두 기억해 내어서는 하나라도 모르는 것이 있으면 부끄러워하지만, 자기 집안의 일을 질문받으면 아는 자가 한 사람도 없으니, '종일 남의 돈을 헤아리지만 자기에게는 반푼의 돈도 없다.'[657]고 할 만합니다. 공

---

656) 조대가(措大家) : 조대(措大)라고도 하는데, 조대란 '큰 일을 처리하다'란 뜻이니 조대가(措大家)는 '큰 일을 처리할 수 있는 사람'이란 뜻이 된다. 이 말의 유래를 보면, 한무제(漢武帝)가 반고(班固)에게 명하여 한나라의 역사를 쓰게 했는데, 반고는 이 저작을 완성하지 못하고 죽었고, 그 뒤 반고의 딸인 조수(曹守)의 처(妻)가 문장에 능하고 배운 것이 많다는 사실을 알고 무제(武帝)가 그 딸에게 명하여 아버지의 작업을 완성하도록 하고는 그 딸을 일러 '큰 일을 할 만한 사람' 즉 조대가(措大家)라 하였다. 그 뒤로 문장에 능하고 배운 것이 많은 사대부(士大夫)를 조대 혹은 조대가라 일컬었다. 조대가에 이처럼 긍정적인 뜻이 있지만, 한편으로는 '생각만 크고 실제 행동은 따르지 못하는 사람' 혹은 '글만 읽고 세상 경험이 없는 서생(書生)'을 조롱하거나 스스로 겸손의 뜻으로 사용하기도 한다.
657) 『화엄경(華嚴經)』에 다음의 구절이 나온다 : "마치 사람이 남의 보물을 헤아리면서 자기에게는 반푼의 돈도 없는 것처럼, 법을 수행하지 않고 많이 듣기만 하는 것 역시 이와 같다."(如人數他寶, 自無半錢分, 於法不修行, 多聞亦如是.)『대방광불화엄경』제13권 「보살문명품」제10.)

연히 세상에 나와서 한평생을 살고 이 물 새는 가죽 부대[658]를 벗어 버릴 때에는, 천당으로 올라갈지도 알지 못하고 지옥으로 떨어질지도 알지 못하고, 그 업(業)의 힘을 따라서 육도(六道)로 흘러들어가는 것 역시 전혀 알지 못하면서도, 다른 사람 집안의 일에 대해서는 작거나 크거나 모르는 것이 없습니다."[659]

"사대부들은 도를 배우더라도 대개 확실히 이해하지 않습니다. 입으로 도를 논하고 마음으로 도를 생각하는 것을 없애 버리면 곧 아득하여 어찌할 바를 모릅니다. 어찌할 수 없는 이곳이 바로 좋은 곳임을 믿지 않고, 다만 마음속에서 생각으로 헤아려 도달하려 하며 입 속에서 분명하게 말하려고 할 뿐, 그것이 잘못인 줄은 전혀 알지 못합니다. 부처님께서 말씀하셨습니다. '여래는 온갖 비유로써 여러 가지 일들을 설명하지만, 이 법을 설명할 수 있는 비유는 없다. 왜냐하면, 이 법은 마음으로 아는 길이 끊어져서 생각으로 헤아리거나 말하지 못하기 때문이다.'[660] 사량분별이 도(道)를 가로막는 것이 분명함을 참으로 알아야 합니다."[661]

---

658) 각루자(殼漏子) : 또는 가루자(可漏子). 4대(大)가 화합한 색신(色身). 각(殼)은 껍질, 누(漏)는 새어 나오는 오물, 자(子)는 어조사. 육신(肉身)은 그 속에 온갖 오물을 담고 다니는 가죽 부대라는 뜻.
659) 『대혜보각선사서』 제28권. 33. 여랑중 융례에 대한 답서.
660) 『대방광불화엄경』 제52권 「여래출현품」 37-3에 나오는 구절.
661) 『대혜보각선사서』 제27권. 27. 장제형 양숙에 대한 답서.

(3) 양쪽에 머물면 삿되다

깨달음은 중도(中道)이고 불이법(不二法)이다. 그러므로 분별된 양변에 머물면 이법(二法)이니 깨달음이 아니다.

① 있음과 없음의 양쪽

"영가(永嘉) 스님이 말했습니다.
'사람도 없고 부처도 없다. 삼천대천세계는 바다의 물거품이요, 모든 성인과 현인은 번개가 치는 것과 같다.'662)
이 노인이 만약 이러한 곳에 도달하지 못했다면, 어떻게 이러한 말을 할 수 있겠습니까? 이 말을 잘못 이해하는 사람들이 매우 많습니다. 근원을 철저히 통달하지 못하면 말에 의지하여 이해함을 벗어나지 못하여, 곧장 모든 것이 전혀 없다고 말하며 인과(因果)도 없다 하고 모든 부처와 조사가 말씀하신 가르침을 전부 허망하다고 여깁니다. 이런 자를 가리켜 속이는 사람이라고 합니다. 이 병을 없애지 못하면, 곧 아득하고 어두워서 재앙을 불러들일 것입니다.
부처님께서 말씀하셨습니다.
'허망하게 떠다니는 마음이 쉽사리 여러 가지 교묘한 견해를 낸다.'663)
있음에 집착하지 않으면 곧 없음에 집착하고, 있음과 없음 둘에 집착하지 않으면 곧 있음과 없음의 사이에서 사량하고 헤아리며, 설사 이

---
662) 영가현각의 『증도가(證道歌)』 가운데 한 구절.
663) 『대방광원각수다라요의경(大方廣圓覺修多羅了義經)』에 나오는 구절.

병을 알아차린다 하더라도 반드시 있지도 않고 없지도 않은 곳에 머물러 있습니다. 그러므로 옛 성인이 사구(四句)[664]를 떠나고 백비(百非)[665]도 끊어 버리고 곧바로 한칼에 두 동강을 내어, 다시는 뒤도 생각하지 말고 앞도 생각하지 않고 온갖 성인(聖人)의 머리[666]를 끊어 버리라고 입이 아프도록 신신당부한 것입니다.

사구(四句)는 유(有), 무(無), 유도 아니고 무도 아님, 유이기도 하고 무이기도 함입니다. 만약 이 사구(四句)를 꿰뚫으면, 일체의 모든 법(法)이 진실로 있다고 말하는 것을 듣고 나 역시 그를 따라 더불어 있다고 말하더라도 이 진실로 있음에 가로막히지 않으며, 일체의 모든 법(法)이 진실로 없다는 말을 듣고 나 역시 그를 따라 더불어 없다고 말하더라도 세간이 텅 비어서 아무것도 없는 것이 아니며, 일체의 모든 법이 있기도 하고 없기도 하다는 말을 듣고서 나 역시 그를 따라 더불어 있기도 하고 없기도 하다고 말하더라도 헛된 말이 아니며, 일체의 모든 법이 있는 것도 아니고 없는 것도 아니라는 말을 듣고서 나 역시 그를 따라 더불어 있는 것도 아니고 없는 것도 아니라고 말하더라도 앞뒤가 어긋나는 것이 아닙니다.

유마거사가 말했습니다.

'외도(外道)인 육사(六師)가 떨어진 곳에 그대 역시 따라서 떨어지는 것이 옳다.'[667]"[668]

---

664) 사구(四句) : 분별이 나타나는 4가지 형태. ① A이다, ② A가 아니다, ③ A이기도 하고 A가 아니기도 하다, ④ A도 아니고 A 아닌 것도 아니다. 분별은 기본적으로 이 4가지 형태를 따라 이루어진다. 그러므로 사구(四句)란 곧 분별을 가리킨다.
665) 백비(百非) : 사구(四句)에 과거·현재·미래의 시간 등을 적용하여 더욱 세분하게 분별한 것. 온갖 종류의 분별을 가리키는 말이다.
666) 정녕(頂顁) : 정수리와 이마. 고인(古人)이나 불조(佛祖)의 진면목(眞面目)을 비유함.

불법(佛法)을 보는 올바른 눈은 유(有)와 무(無)의 양쪽과 그것을 더 확장한 (1) 유(有), (2) 무(無), (3) 유도 아니고 무도 아님, (4) 유이기도 하고 무이기도 함이라는 사구(四句)를 벗어난다는 것은 불교의 교리에서 원래 언급되고 있는 것이다. 사구에서 벗어난 눈을 가진다는 것은 곧 깨달음을 얻어 중도에 있다는 말이다. 사구의 형식으로 분별하여 보면 법을 볼 수 없다.

② 말과 침묵의 양쪽

"오늘날 도를 배우는 사람에게는 승속(僧俗)을 막론하고 모두 두 가지 큰 병이 있습니다. 하나는 말과 문자를 많이 배워서 말과 문자 속에서 기특한 생각을 내는 것입니다. 또 하나는 달을 보고 손가락을 잊는 일을 하지 못하고, 말과 문자에서 깨달아 들어가려 하다가, 불법(佛法)과 선도(禪道)가 말과 문자 위에 있지 않다는 말을 듣고는 곧 말과 문자를 모조리 쓸어버리고, 한결같이 눈을 감고는 죽은 사람처럼 앉아서 '고요히 앉는다'[정좌(靜坐)]느니 '마음을 본다'[관심(觀心)]느니 '묵묵히 비춘다'[묵조(黙照)]느니 하고 말하면서, 다시 이러한 삿된 견해로써 무식하고 어리석은 사람들을 꼬드겨 말하기를 '하루 고요하게 지내면 곧 하루 공부를 한 것이다.'라고 합니다. 안타깝습니다! 이들 모두가 귀신 집안의 살림살이인 줄 전혀 모르고 있습니다. 이 두 가지 큰 병에서 벗어나야, 비로소 배움에 참여할 몫이 있습니다. 경(經)에서 말했습니다.

---

667) 『유마힐소설경』 「제자품(弟子品)」에 나오는 내용.
668) 『대혜보각선사서』 제27권. 27. 장제형 양숙에 대한 답서.

'중생이 하는 말에 집착하지 말지니
모두가 유위의 허망한 일이로다.
비록 언어의 길에 의지하지 않더라도
또한 말 없음에 집착하지도 말아야 한다.'669)"670)

"말과 침묵이라는 두 가지 병을 없애지 못하면 반드시 도에 장애물이 됨을 알아야 합니다. 이것을 알아야 비로소 수행하여 나아갈 몫이 있습니다. 무엇보다도 조심할 것은, 아는 것을 붙잡고 일로 삼고서 다시는 묘한 깨달음을 찾지 않으면서, 그가 모르는 것을 나는 안다거나 그가 이해하지 못하는 것을 나는 이해한다고 해서는 안 된다는 것입니다. 아견(我見)의 그물 속에 떨어져서 아상(我相)에게 부림을 당하여 아직 만족스럽지 못한데도 만족스럽다는 생각을 낸다면, 이 병은 더욱 무겁습니다."671)

"요즈음 총림에서는 삿된 법이 마구 일어나 중생의 눈을 어둡게 하는 일이 헤아릴 수 없이 많습니다. 만약 옛사람의 공안(公案)을 말하여 제시(提示)하지 않는다면, 곧 눈먼 사람이 손에서 지팡이를 놓쳐 버리는 것과 같아서 한 걸음도 떼놓지 못합니다. 옛 스님이 도에 들어간 인연을 각 문파별로 분류하고는 말하기를 '이들 몇몇 칙(則)672)은 도안(道眼) 인연이고, 이들 몇몇 칙은 소리와 색을 벗어난 인연이고, 이들 몇몇 칙

---

669) 『화엄경』(80권) 제24권 「십회향품」 제25-2의 게송에 나오는 구절.
670) 『대혜보각선사법어』 제20권. 6. 진여도인에게 보임.
671) 『대혜보각선사법어』 제20권. 6. 진여도인에게 보임.
672) 칙(則) : 고칙공안(古則公案)을 헤아릴 때에 사용하는 단위. 칙(則)은 고칙(古則)으로서 공안(公案)과 같음.

은 정식(情識)을 잊는 인연이다.'라고 하면서, 빠짐없이 차례차례 고칙(古則)을 따라가며 따지고 헤아려서 값을 매겨 말합니다.

비록 이러한 병통을 알아차린 자가 있어도, 불법(佛法)과 선(禪)이 문자언어(文字言語) 위에 있지 않다고 여기고서, 곧장 모든 것을 옆으로 밀쳐놓고 차려져 있는 죽과 밥을 게걸스레 먹고서, 검은 산 아래의 귀신굴 속에 꼼짝하지 않고 앉아서, 묵묵히 늘 비춘다고 하고, 또 완전히 죽은 사람과 같다고 하고, 또 부모가 낳기 이전의 일이라 하고, 또 공겁(空劫) 이전의 일이라 하고, 또 위음나반(威音那畔)의 소식이라 합니다. 앉고 또 앉아서 엉덩이에 굳은살이 박혔는데도 전혀 움직이려 하지 않고, 공부가 차츰차츰 순수하게 익어 간다고 하고, 다시 수많은 쓸데없는 말들과 수다스러운 말들을 하나하나 도리를 지어 값을 따져서 한 번 전해주고는 그것을 종지(宗旨)라고 부르나, 마음속은 여전히 새까맣게 어둡습니다."673)

말에 의지하거나 침묵에 의지하여 격식을 세우는 두 가지 병이 당시 선을 공부하는 사람들 사이에 가장 널리 퍼진 병이었다. 말에 의지하는 사람들은 말과 문자를 많이 배워서 말과 문자 속에서 기특한 생각을 내는 자들인데, 곧 고칙공안(古則公案)을 거각상량(擧覺商量)하면서 그 문자언어의 뜻을 헤아리고 따지는 공안거량(公案擧量)을 선이라고 여기는 자들이다. 침묵에 의지하는 사람들은 한결같이 눈을 감고는 죽은 사람처럼 앉아서 "고요히 앉아 마음을 보며 묵묵히 비춘다."라고 말하고, 또 "하루 고요하게 지내면 곧 하루 공부를 한 것이다."라고 말하는 자들인

---

673) 『대혜보각선사법어』 제19권. 2. 동봉거사에게 보임.

데, 곧 묵조선(默照禪)을 하는 사람들이다. 이처럼 공안을 거론하면서 그 값어치를 따지는 공안거량선(公案擧量禪)과 묵묵히 앉아 고요히 마음을 비춘다는 묵조선이라는 두 가지가 바로 말에 집착하거나 침묵에 집착한 두 가지 삿된 선이다. 말에 떨어진 공안거량선과 침묵에 떨어진 묵조선은 대혜가 두 개의 주요한 삿된 선이라고 지목하여 많이 비판하였으므로, 아래에 따로 항목을 두어 좀더 상세히 살펴본다.

③ 관대와 망회의 양쪽

"님께서 얻으신 것은 이미 한쪽 구석에 머물러 있는 것이 아니니, 생각컨대 일상생활 속에서 일부러 마음을 일으켜 꽉 붙잡고 있거나[기심관대(起心管帶)] 일부러 마음을 죽여 잊어버릴[고심망회(枯心忘懷)] 필요는 없습니다."674)

"공부는 급히 해서는 안 되니, 급히 하려 하면 조급히 서두르게 됩니다. 또 공부는 늦추어서도 안 되니, 늦추면 어두워서 걱정하게 됩니다. 잊어버리거나[망회(忘懷)] 주의를 기울이거나[착의(著意)] 모두 잘못입니다."675)

"당신의 형 보학공(寶學公)은 애초에 마음을 일으켜 꽉 붙잡고 있거나[관대(管帶)] 마음을 죽여 잊어버리는[망회(忘懷)] 일을 알지 못했습니다. 손

---

674) 『대혜보각선사서』 제27권. 22. 유보학 언수에 대한 답서.
675) 『대혜보각선사서』 제29권. 55. 루추밀 중훈에 대한 답서(2).

길 닿는 대로 코를 더듬어 보고는, 비록 아직 제방(諸方)의 삿됨과 바름을 모두 알지는 못해도 기본이 견실하여져서 삿된 독이 침범하지 못하니, 마음을 잊어버리거나[망회] 마음을 꽉 붙잡고 있는[관대] 일에도 물론 침범당하지 않습니다. 만약 오로지 마음을 잊어버리거나[망회] 마음을 꽉 붙잡고 있기만[관대] 하고 생사심(生死心)이 부서지지 않으면, 오온(五蘊)의 마(魔)가 그 틈을 이용하여 허공을 붙잡아 두 쪽으로 갈라놓게 됨을 면치 못할 것입니다. 그리하면 고요한 때에는 한없이 즐겁다가도 시끄러운 때에는 한없이 괴롭습니다."676)

"가령 끌어들여 입증할 수 있고 생각으로 헤아릴 수 있고 적당히 배치할 수 있다면, 이것은 깨달은 것과는 전혀 상관이 없습니다. 다만 거침없이 흐르게 할 뿐, 선과 악을 모두 사량하지 말고, 생각하지도[착의(著意)] 말고 잊어버리지도[망회(忘懷)] 마십시오. 생각하면[착의] 생각 따라 이리저리 흘러 다닐 것이고, 잊어버리면[망회] 깜깜하고 멍청한 것에 빠지게 됩니다. 생각하지도[착의] 않고 잊지도[망회] 않는다면, 선이 선이 아니요, 악이 악이 아닙니다. 만약 이와 같이 깨닫는다면, 생사(生死)의 마귀가 어느 곳에서 찾아내겠습니까?"677)

망회(忘懷)는 고심망회(枯心忘懷)이니 마음을 말려 죽이고 생각을 잊는다는 것이다. 관대(管帶)는 장심관대(將心管帶)이니 의도적으로678) 가지고 놓지 않는다는 것이다. 고심망회는 마음이 없다는 쪽에 머문 것이고, 기

---

676) 『대혜보각선사서』 제27권. 23. 유통판 언충에 대한 답서(1).
677) 『대혜보각선사서』 제27권. 28. 왕내한 언장에 대한 답서(1).
678) 장심(將心) : 일부러. 고의로. 마음먹고. 의도적으로. 존심(存心)과 같음

심관대는 마음이 있다는 쪽에 머문 것이다. 마음을 붙잡고 놓지 않거나 마음을 놓아 버려 싹 잊어버리고 텅텅 비우는 것은 모두 유무(有無) 양변에 치우친 삿된 공부이다. 선을 공부하는 사람이 이 양쪽에 떨어지는 경우는 흔히 볼 수 있다. 관대(管帶)는 착의(著意)라고도 하는데, 착의는 마음을 붙잡고 있다는 말이다. 마음이라는 물건을 붙잡고서 움직일 때나 고요할 때나 깨어 있을 때나 잠잘 때나 놓지 않는 것을 공부로 삼고 있는 사람이 곧 장심관대하는 사람이다. 입을 다물고 묵묵히 침묵하면서 눈을 감고 아무런 생각도 일으키지 않으면서 관조한다고 하는 묵조선이 곧 고심망회하는 사람이다. 이 둘은 모두 양쪽에 치우친 삿된 선이다. 전통적으로 선 공부에서는 도거(掉擧)와 혼침(昏沈)을 피하라고 가르치는데, 관대는 도거와 같고 망회는 혼침과 같다고 할 수 있다.

④ 도거와 혼침의 양쪽

"요즘은 선객들뿐만 아니라 사대부들도 총명하고 영리하여 아주 많은 책들을 두루 섭렵한 사람들이지만, 각자에게는 두 종류의 병이 있다. 만약 주의를 기울이지 않으면 곧 잊어버리게 되는데, 잊어버리면 검은 산 아래 귀신굴 속에 떨어질 것이다. 교학에서는 그것을 일러 혼침(昏沈)이라고 한다. 주의를 기울인다면 심식(心識)이 어지러이 날게 되는데, 한 생각이 또 한 생각으로 연결되고, 앞생각이 아직 그치지 않았는데도 뒷생각이 잇달아 일어난다. 교학에서는 이것을 일러 도거(掉擧)라고 한다. 이들은 사람들의 발밑에 혼침하지도 않고 도거하지도 않는 한 개 대사인연(大事因緣)이 있어서, 하늘이 두루 뒤덮는 것 같고, 땅이 두루 떠받치고 있는 것 같은데, 세계가 아직 있기 이전에 먼저 이 한 개

대사인연이 있는 줄을 알지 못한다. 세계가 부서질 때에도 이 한 개 대사인연은 털끝 하나도 움직인 적이 없다."679)

마음을 일으키고 주의를 기울여 생각이 끊이지 않고 이어지는 것을 일러 도거(掉擧)라 하고, 모든 것을 몽땅 잊어버리고 캄캄한 어둠 속에 머무는 것을 일러 혼침(昏沈)이라 한다. 도거는 장심관대(將心管帶)와 비슷하고, 혼침은 고심망회(枯心忘懷)와 비슷하다. 이들은 모두 취하고 버리는 쪽에 머물러 있으니 삿되다.

⑤ 시끄러움과 고요함의 양쪽

"제멋대로 말하는 엉터리 장로의 무리가 님에게 고요히 앉아서 부처되기를 기다리라고 가르치니, 이 어찌 헛됨과 망령됨의 뿌리가 아니겠습니까? 또 말하기를 '고요한 곳에서는 잃지 않지만 시끄러운 곳에서는 잃는다.'고 하니, 이 어찌 세간상(世間相)을 부수어 실상(實相)을 찾는 것이 아니겠습니까? 만약 이와 같이 수행한다면 어떻게 우두법융이 말한 '이제 말한 마음 없음은 마음 있음과 다르지 않다.'는 것과 들어맞을 수 있겠습니까? 청컨대 공께서는 여기에서 합당함을 잘 살펴 헤아려 보십시오. 바수반두도 처음에는 장좌불와(長坐不臥)하면 성불(成佛)할 수 있다고 오해했다가, 사야다 존자에게 지적을 받자마자 곧 말을 듣고서 돌아갈 곳을 알아차리고 무루지를 내었으니, 과연 좋은 말은 채찍의 그림자만 보고도 달리는 것과 같습니다. 중생에게는 광란(狂亂)이 병이므

---

679) 『대혜보각선사보설』 제17권. 12. 전계의가 청한 보설.

로 부처님이 적정바라밀(寂靜波羅蜜)680)이라는 약으로써 그것을 치료하는 것입니다. 병이 사라졌는데도 약을 그대로 쓴다면, 그러한 병은 더 큰 병입니다. 하나는 집어들고 하나는 내려놓으니 어느 때에 끝마치겠습니까? 삶과 죽음의 문제가 다가오면 고요함과 시끄러움이라는 양쪽은 전혀 쓸모가 없습니다. 시끄러운 곳에서는 잃는 것이 많고 고요한 곳에서는 잃는 것이 적다고 말하지 마십시오."681)

말과 침묵의 양쪽에 떨어지면 삿된 것처럼, 시끄러움과 고요함의 양쪽에 머물러도 역시 삿된 공부이다. 참된 고요함이란 시끄러움의 반대인 고요함이 아니라, 고요함과 시끄러움이라는 분별에서 벗어난 불이중도(不二中道)이다.

⑥ 단상이견(斷常二見)

"요즘 도를 배우는 사람들은 흔히 자기 마음을 믿지 아니하고, 자기 마음을 깨닫지 아니하고, 자기 마음의 밝고 묘함을 누리지 아니하고, 자기 마음의 안락한 해탈을 얻지 아니하고, 마음 밖에 망령되이 선(禪)의 길이 있다고 여겨서 망령되이 기특한 일을 세우고 망령되이 취하고 버린다. 그러므로 비록 수행하더라도 외도(外道)와 이승(二乘)682)의 선적단견(禪寂斷見)683)의 경계에 떨어져 버린다. 이른바 수행에서는 단견(斷

---

680) 적정바라밀(寂靜波羅蜜) : 대승 육바라밀(六波羅蜜) 가운데 선나바라밀(禪那波羅蜜)을 가리킨다. 마음을 고요하게 안정시켜 통일한다는 뜻이다.
681) 『대혜보각선사서』 제27권. 23. 유통판 언충에 대한 답서(1).
682) 이승(二乘) : 성문승(聲聞乘)·연각승(緣覺乘). 소승(小乘)을 가리킴.
683) 선적단견(禪寂斷見) : 모든 견해를 끊어 버리고 오로지 고요한 선정(禪定)에 들어 있는 것.

見)과 상견(常見)이라는 구덩이에 떨어지는 것이 두려운 것이다. 단견(斷見)은 자기 마음의 본래 묘하고 밝은 본성을 끊어 없애 버리고 오로지 마음 밖에서 공(空)에 집착하고 선적(禪寂)에 머무는 것이요, 상견(常見)은 일체법이 공(空)임을 깨닫지 못하고 세간의 온갖 유위법(有爲法)에 집착하여 그것을 궁극으로 삼는 것이다.'[684] 삿된 스승의 무리는 사대부들에게 마음을 거두고 고요히 앉아서 어떤 일에도 관여하지 말고 쉬고 또 쉬라고 가르칩니다. 그러나 이것이 어찌 일부러 마음을 쉬려는 것이 아니겠으며, 일부러 마음을 비우려는 것이 아니겠으며, 일부러 마음을 쓰려는 것이 아니겠습니까? 만약 이와 같이 수행한다면, 어떻게 외도와 이승의 선적단견(禪寂斷見) 경계에 떨어지지 않겠으며, 어떻게 자기 마음의 밝고 묘함을 드러내어 완전한 안락과 있는 그대로의 깨끗한 해탈과 변화하는 묘함을 누릴 수 있겠습니까?"[685]

단견(斷見)은 자기 마음의 본래 묘하고 밝은 본성을 끊어 없애 버리고 오로지 마음 밖에서 공(空)에 집착하고 선적(禪寂)에 머무는 것이요, 상견(常見)은 일체법이 공(空)임을 깨닫지 못하고 세간의 온갖 유위법(有爲法)에 집착하여 그것을 궁극으로 삼는 것이다. 단상이견(斷常二見)에 떨어지는 까닭은 자기 마음을 믿지 아니하고, 자기 마음을 깨닫지 아니하고, 자기 마음의 밝고 묘함을 누리지 아니하고, 자기 마음의 안락한 해탈을 얻지 아니하고, 마음 밖에 망령되이 선(禪)의 길이 있다고 여겨서 망령되이 기특한 일을 세우고 망령되이 취하고 버리기 때문이다. 모든

---

684) 운암진정(雲庵眞淨)의 말이라고 인용되어 있다.
685) 『대혜보각선사서』 제26권. 17. 진소경 계임에 대한 답서(1).

삿됨이란 결국 자기 마음에서 깨달아 해탈하지 못하고, 따로 선(禪)과 깨달음이라는 격식을 세우기 때문이다.

(4) 머물 곳이 있으면 삿되다

불법(佛法)은 무주법(無住法)이라고 하듯이 머물 곳이 없다. 어떤 곳에 마음이 머물러 있다면 그것은 분별된 곳에 머무는 것이므로 삿되다. 대개는 공(空)이니 반야(般若)니 해탈이니 하는 방편의 말을 오해하여 그런 무엇이 있다고 여겨서 그곳에 머물려고 하는 까닭에 이런 삿됨이 있다.

① 고요한 곳에 머묾

"노승은 평소 진정(眞淨)[686] 스님의 이 말씀을 좋아한다. '지금 사람들은 흔히 몸과 마음이 적멸하여 앞뒤의 시간이 끊어지고 쉬고 또 쉬어서 한 순간이 만년(萬年)과 같고 옛 무덤 속의 향로(香爐)와 같이 썰렁하게 되어야 곧 구경(究竟)이라고 여긴다. 그러나 이들은 도리어 이 뛰어나고 묘한 경계에 가로막혀서 자기의 바른 지견(知見)이 나타나지 못하고 신통(神通)한 밝음이 드러나지 못함을 전혀 알지 못한다.'"[687]

"쉬고 또 쉬어서 한순간이 곧 만년(萬年)이고 앞뒤의 시간이 끊어진다 하니, 지금 방방곡곡에서 이러한 경지에 도달한 자가 몇이나 될까? 저것을 일러 뛰어나고 묘한 경계라고 한다. 옛날 보봉(寶峯)에 광도자(廣道

---

686) 진정극문(眞淨克文; 1025-1102).
687) 『대혜보각선사보설』 제17권. 10. 예시자 단칠이 청한 보설.

耆)란 사람이 있었는데, 그가 바로 이런 사람이었다. 하나의 몸뚱아리도 전혀 이해하지 못하였고 세간의 일이 있는 줄도 전혀 알지 못하였으니, 세간의 온갖 번뇌가 그를 어둡게 만들지 못했다. 비록 그러했지만, 도리어 이 뛰어나고 묘한 경계가 그의 도안(道眼)[688]을 가로막아 버렸던 것이다. 한 생각도 일어나지 않고 앞뒤의 시간이 끊어진 곳에 도달하면 바로 존숙(尊宿)의 가르침이 필요함을 알아야 한다."[689]

"문득 몸과 마음이 편안하고 고요해지면 반드시 노력해야 하지, 곧장 편안한 곳에 빠져 있어서는 안 됩니다. 경(經)의 가르침에서는 그것을 일러 해탈의 깊은 구덩이는 두려워해야 할 곳이라고 하였습니다. 반드시 물 위에 떠 있는 조롱박처럼 빙글빙글 자유자재하여 구속받지 않고, 깨끗함에도 들어가고 더러움에도 들어가면서 가로막히지도 않고 빠져들지도 않아야, 비로소 납승(衲僧)의 문하(門下)에 조금 가까울 뿐이 있을 것입니다. 만약 다만 울지 않는 어린아이를 안고 있는 듯이 해서야, 무슨 소용이 있겠습니까?"[690]

"만약 아직 그렇지 못하다면, 오로지 공(空)에만 빠진다든지 고요함으로만 나아가는 짓은 절대로 하지 마십시오. 옛사람은 이것을 일컬어 검은 산 아래 귀신집[691]의 살림살이라고 했습니다. 만약 이렇게 한다

---

688) 도안(道眼) : 대도(大道)를 보는 안목. 제법실상의 도리를 바르게 파악하는 능력.
689) 『대혜보각선사보설』 제17권. 10. 예시자 단칠이 청한 보설.
690) 『대혜보각선사법어』 제20권. 7. 공혜도인에게 보임.
691) 흑산하귀굴(黑山下鬼窟) : 검은 산 아래의 귀신 소굴. 까마득히 정식(情識)을 잊고 아득한 어둠 속에 빠져 있는 것을 삼매(三昧)니 적멸(寂滅)이니 하고 부르며 공부라고 착각하는 것. 정식(情識)이 활동하지 않는 공적(空寂)에 빠진 묵조선자(黙照禪者)가 머무는 곳.

면 아무리 오래 하여도 뚫고 벗어날 기약이 없을 것입니다. 지난번 보내 준 편지를 보고서 님께서 필시 정승삼매(靜勝三昧)[692]에 탐착하고 있을 것이라 여겼었는데, 직각공(直閣公)에게 물어보니 과연 예상했던 바와 같더군요. 대개 세상에서 산전수전 다 겪은 사람은 오래도록 번다하고 피곤한 세간의 일에 집착해 있다가 문득 누구에게 고요한 곳에서 공부하라는 가르침을 받고서 잠깐이라도 가슴속에 일이 없어지면, 곧 이것을 마지막 안락한 곳이라 여기지만, 이것이 돌로 풀을 잠시 눌러 놓은 것과 같음을 전혀 알지 못합니다. 비록 잠시 소식이 끊어짐을 느끼겠지만, 뿌리는 여전히 남아 있으니 어찌하겠습니까? 이래서야 적멸(寂滅)[693]을 철저히 얻을 때가 있겠습니까? 참된 적멸을 실현하고자 한다면, 반드시 활활 타오르는 생멸(生滅) 속에서 문득 한번 뛰쳐나와야 합니다. 그래야 털끝만큼도 움직이지 않고서 긴 강을 저어서 곧장 제호(醍醐)를 만들고, 대지를 변화시켜 황금으로 만들며, 때에 따라 놓고 붙잡고 죽이고 살림에 자유로워, 자기와 남을 이롭게 함에 베풀지 못할 일이 없을 것입니다."[694]

"편지에 말씀하시길, '초보자가 잠시 고요히 앉으니 공부가 저절로 좋아진다.'라고 하시고 또 말씀하시길, '감히 고요하다는 견해를 망령되이 짓지 않는다.'라고 하시니, 이는 부처님의 '어떤 사람이 스스로 귀를 막고 큰 소리를 지르면서 다른 사람도 듣지 않기를 바라는 것과 같다.'[695]라는 말씀처럼 참으로 스스로 어려운 장애를 만드는 일일 뿐입니다.

---

692) 정승삼매(靜勝三昧) : 고요함을 뛰어난 공부라 여겨 고요함에 빠져 있는 것.
693) 적멸(寂滅) : 열반(涅槃).
694) 『대혜보각선사서』 제26권. 14. 부추밀 계신에 대한 답서(2).

만약 생사심(生死心)이 부서지지 않으면, 일상 24시간의 한 순간 한 순간이 어둡고 어리석어서 마치 혼이 흩어지지 않은 시체와 마찬가지입니다. 그러니 다시 무슨 부질없는 공부를 하여 고요함을 이해하고 시끄러움을 이해하겠습니까? …… 우리 선종(禪宗)에서는 초보자냐 오래 공부한 사람이냐를 따지지 않으며, 또한 고참이나 선배를 귀하게 여기지도 않습니다. 만약 참된 고요함을 바란다면, 반드시 생사심(生死心)이 부서져야 합니다. 애써 공부할 필요 없이 생사심만 부서지면 저절로 고요해집니다. 옛 성현이 말씀하신 고요함이라는 방편은 바로 이렇게 되는 것을 가리키는 것입니다만, 제멋대로 옳게 여기는 말세의 삿된 스승들이 옛 성현께서 방편으로 하신 말씀을 이해하지 못할 뿐입니다."[696]

선 공부를 잘못하여 만날 수 있는 경계 가운데 고요함이라는 경계가 있다. 이 경계를 만나면, 마치 몸과 마음이 적멸하여 앞뒤의 시간이 끊어지고 쉬고 또 쉬어서 한 순간이 만년(萬年)과 같고 옛 무덤 속의 향로(香爐)와 같이 썰렁해지는 것 같으며, 몸뚱아리가 있는 줄도 전혀 알지 못하고 세간의 일이 있는 줄도 전혀 알지 못하니, 세간의 온갖 번뇌가 괴롭히지 못하는 것 같다. 보통 이러한 경계를 만나면 수행인은 이것을 해탈이라고 여기고 이것을 궁극의 경지라고 여겨서 여기에 집착한다. 그러나 사실은 도리어 이러한 뛰어나고 묘한 경계에 가로막혀서 자기의 바른 지견(知見)이 나타나지 못하고, 자기의 신통(神通)한 밝음이 드러나지 못하고, 이 뛰어나고 묘한 경계가 그의 도안(道眼)을 가로막아 버리는 것이다. 이러한 경계는 참된 깨달음도 아니고 참된 해탈도 아니

---

695) 『수능엄경』 제6권에 나오는 구절.
696) 『대혜보각선사서』 제26권. 14. 부추밀 계신에 대한 답서(3).

다. 이것은 마치 돌로 풀을 잠시 눌러 놓은 것과 같아서, 겉으로는 번뇌가 사라진 것처럼 보이지만 참된 해탈이 아니다. 도리어 이러한 뛰어나고 묘한 경계에 사로잡히면, 이 묘하고 뛰어난 경계가 곧 번뇌가 된다. 그러므로 해탈의 깊은 구덩이는 두려워해야 할 곳이라고 하는 것이다.

참된 고요함을 바란다면, 반드시 활활 타오르는 생사심(生死心)이 부서져야 한다. 애써 공부할 필요 없이 생사심만 부서지면 저절로 고요해진다. 생사심이란 아직 깨닫지 못하고 해탈하지 못한 중생심(衆生心)을 말한다. 생사심이 부서져야 한다는 것은 참으로 깨달아 참으로 해탈해야 한다는 말이다. 참으로 깨달아 참으로 해탈하면 마음이라고 할 것이 없어서 저절로 마치 물 위에 떠 있는 조롱박이 빙글빙글 자유자재하듯이 어떠한 장애도 없고 구속도 없다. 시끄러움에도 머물지 않고 고요함에도 머물지 않고, 해탈에도 머물지 않고 깨달음에도 머물지 않는다.

② 적멸한 곳에 머묾

"사량분별이 도(道)를 가로막는 것이 분명함을 참으로 알아야 합니다. 그러므로 말했습니다. '보살이 머무는 것은 불가사의(不可思議)하나, 그 가운데 사의(思議)함이 끝이 없다. 이 불가사의한 곳에 들어가면 사의(思議)함과 사의(思議)하지 않음이 모두 적멸한다.'[697] 그러나 또한 적멸한 곳에 머물러서도 안 됩니다. 만약 적멸한 곳에 머무른다면, 법계(法界)의 테두리에 갇히게 되니, 교(敎)에서 법진번뇌(法塵煩惱)[698]라고

---

697) 『대방광불화엄경』 제30권 「십회향품」 25-8에 나오는 게송의 구절.
698) 법진번뇌(法塵煩惱) : 법을 경계로 삼아 집착하여 법이 도리어 번뇌가 되는 것. 법에 집착하는 것. 얻을 법이 따로 있다고 여겨서 법에 집착하면 법이 도리어 번뇌가 된다.

부르는 것이 바로 그것입니다."[699]

생각 있음과 생각 없음이 모두 적멸한 것이 깨달음이다. 생각 있음과 생각 없음이 모두 적멸하니, 생각을 자유롭게 하는데도 생각이 전혀 없고 생각이 전혀 없으면서도 생각을 자유롭게 한다. 깨달음을 표현할 때에는 이렇게 말할 수 있다. 그러나 이런 말은 역시 하나의 방편으로 하는 말일 뿐이니, 이러한 견해를 가지고 이러한 곳에 머문다고 하면 이것은 다시 깨달음이라는 격식을 세우는 것이고 참된 깨달음은 아니다. 깨달음이라는 격식이 세워지면 깨달음이 도리어 번뇌가 된다.

③ 쾌활한 곳에 머묾

"몇 년 전에 어떤 허거사(許居士)란 분이 깨달음으로 들어가는 출입구를 알아차리고는[700] 편지로 견해를 드러내 보내 오기를, '일상생활 속에서 텅 비고 확 트여서 마주할 한 물건도 없으니, 비로소 삼계(三界)의 만법(萬法)이 본래 모두 없다는 사실을 알고는 곧장 안락하고 쾌활하게 놓아 버렸습니다.'라고 하기에, 제가 게송을 지어서 그에게 보여 주었습니다.

'깨끗한 곳을 좋아하지 말지니,
 깨끗한 곳이 사람을 괴롭히느니라.

---

699) 『대혜보각선사서』 제27권. 27. 장제형 양숙에 대한 답서.
700) 깨달음으로 들어가는 출입구를 알아차렸다는 말은 아직 철저히 깨닫지 못하고 그저 입구를 알아본 정도의 체험을 가리킨다.

쾌활한 곳을 좋아하지 말지니
쾌활이 사람을 미치게 하느니라.
물이 그릇에 들어 있음에 그릇을 따라
모나고 둥글고 짧고 길게 됨과 같도다.
놓아 버림과 놓아 버리지 않음을
다시 자세히 헤아려 보아라.
삼계(三界)와 만법(萬法)은
어느 곳으로도 돌아가지 않느니라.
단지 곧장 안락하고 쾌활하기만 하다면
이 일은 크게 어긋난 것이라.
허거사(許居士)에게 알려 주노니
자신의 부모가 도리어 재앙이 되느니라.[701]
일천 성인의 안목(眼目)을 활짝 얻을지언정,
자꾸 액을 막으려고 빌지는 말아야 하느니라.'"[702]

깨달음은 쾌락이 아니다. 안락하고 쾌활함이란 의식 속에서 경험하는 하나의 경계일 뿐, 깨달음이 아니다. 깨달음은 정신적 쾌락을 얻는 것이 아니다.

---

701) 깨달은 곳에 집착하여 머물면 깨달음이 도리어 병이 되고, 안락함에 머물면 안락함이 도리어 병이 되고, 일 없는 곳에 머물면 일 없는 것이 도리어 병이 된다.
702) 『대혜보각선사서』 제29권. 50. 엄교수 자경에 대한 답서.

(5) 얻을 것이 있으면 삿되다

불법이니 마음이니 해탈이니 진여(眞如)니 하는 말들은 모두 방편의 말일 뿐, 그런 말이 가리키는 어떤 무엇이 있어서 그것을 얻거나 잃을 수는 없다. 취하거나 버릴 법이 있다면, 그것은 분별 속의 일일 뿐 참된 법은 아니다.

① 얻을 법이 있다

"오늘날 사람은 흔히 얻으려고 하는 마음을 가지고 도를 배우니, 이것은 망상이 없는 가운데 진짜 망상입니다."[703]

"종사(宗師)에게는 사람에게 줄 진실한 법이 없다는 것을 참으로 믿어야 한다. 대개 세간의 정교한 기예(技藝) 같은 것들은 견본이 있으면 곧 만들 수 있겠지만, 이 하나의 이해라면 모름지기 스스로 깨달아야 하며, 마음에서 얻고 손에서 응용해야 한다."[704]

"만약 신속한 효과를 찾으려 한다면, 분명 잘못될 것입니다. 왜 그럴까요? 단지 본래 남에게 줄 법이 없기 때문이니, 단지 남에게 길을 가리키는 사람 노릇을 할 뿐입니다. 옛 스님이 말했습니다. '얻는 것이 있다면 이것은 들여우의 울음소리이고, 얻을 것이 없다면 이것은 사자의 울부짖음이다.'[705]"[706]

---

[703] 『대혜보각선사서』 제28권. 40. 증종승 천은에 대한 답서.
[704] 『대혜보각선사보설』 제17권. 10. 예시자 단칠이 청한 보설.

"사대부들은 흔히 얻을 것이 있다는 마음으로 얻을 것 없는 법을 구합니다. 무엇을 일러 얻을 것이 있다는 마음이라 할까요? 총명하고 영리하여 생각으로 헤아리고 견주어 살펴보는 것이 바로 그것입니다. 무엇을 일러 얻을 것 없는 법이라 할까요? 생각으로 헤아릴 수 없고 견주어 살펴볼 수 없어서 총명함과 영리함이 붙을 곳이 없는 것이 바로 그것입니다."707)

"얻으려고 하는 마음을 앞에다 놓아둔 까닭에 옛사람이 곧장 지나간 길목에서 한칼에 두 동강을 내어 즉시 쉬지 못하는 것입니다. 이 병은 비단 사대부뿐만 아니라 오래 참선한 납자에게도 있습니다. 이들은 흔히 물러나 수고롭지 않은 곳708)에서 공부하려 하지 않고, 다만 총명한 의식으로 헤아려서 견주어 보고 생각하며 밖으로 치달려 구하는 것입니다. 그리하여 선지식이 총명한 의식과 사량분별의 바깥에서 본분(本分)의 가르침을 보여 주는 말을 문득 듣더라도 대개 눈앞에서 놓쳐 버리고는, 예부터 덕높은 스님이 사람들에게 준 진실한 법이 있었으니 조주의 '방하착(放下着)'과 운문의 '수미산(須彌山)' 같은 것들이 바로 그것이다, 하고 오해합니다."709)

---

705) 『경덕전등록』 제5권 '서경광택사혜충국사'에 나오는 구절.
706) 『대혜보각선사법어』 제22권. 22. 증기의에게 보임.
707) 『대혜보각선사법어』 제23권. 24. 서제형에게 보임.
708) 생력처(省力處) : 힘을 더는 곳, 수월한 곳, 수고롭지 않은 곳. 참선(參禪) 공부는 수월하고 수고롭지 않은 곳에서 공부해야 한다. 즉, 마음에 욕심을 내고 의도적이고 의식적이고 의욕적으로 허둥대며 무엇을 붙잡으려고 스스로를 몰아붙이는 것은 공부가 아니다.
709) 『대혜보각선사서』 제25권. 3. 증시랑 천유에 대한 답서(2).

"만약 한꺼번에 정식(情識)을 놓아 버리고 전혀 사량하거나 헤아리지 않을 수 있어서 문득 발을 헛디뎌 코[710]를 밟는다면, 이 정식이 곧 진공묘지(眞空妙智)[711]이고 다시 얻을 다른 지혜는 없습니다. 만약 따로 얻을 것이 있고 따로 깨달을 것이 있다면, 이것은 도리어 옳지 못합니다. 마치 사람이 어리석을 때에는 동쪽을 일컬어 서쪽이라 하다가 깨달음에 이르러서는 서쪽이 그대로 동쪽일 뿐 따로 동쪽이 없는 것과 같습니다."[712]

깨닫고 보면 지금의 이 마음 밖에 따로 얻을 법은 없다. 깨달으면 지금까지 분별망상인 줄 알고 있던 이 마음이 원래 불이중도의 실상이다. 본래 망상인 줄 알았던 이 마음이 곧 실상일 뿐, 따로 얻을 실상도 없고 따로 얻을 마음도 없다. 깨닫고 보면 마음에는 둘이 없으니, 본래 중생의 마음인 줄 알았던 이 마음이 바로 부처의 마음이다. 그러나 깨닫지 못하고 생각으로 헤아려 분별하면, 중생의 마음과 부처의 마음은 다르고, 버릴 망상이 있고 얻을 실상이 있으며, 전해 줄 법이 있다고 여기게 된다. 본래 얻을 것 없는 법을 얻을 것이 있다고 여기고 찾는다면, 아무리 오래 공부하여도 마침내 헛일이 될 뿐이다.

얻을 법이 있고, 얻을 깨달음이 있으며, 내버릴 망상이 있고, 없앨 번뇌가 있다고 여기는 이러한 견해에서 벗어나는 것은 쉽지가 않다. 바른 가르침을 듣고서 법을 보는 바른 눈을 갖추기 전에는 모든 사람들이 습관적으로 이런 견해를 당연하게 여기고 있다. 가치 없는 것을 버리고

---

710) 코 : 비공(鼻孔). 근원이나 시초라는 뜻으로서 본래면목을 가리킨다.
711) 진공묘지(眞空妙智) : 진공묘유(眞空妙有)인 지혜. 본래면목이나 본분사와 같은 뜻.
712) 『대혜보각선사서』 제25권. 3. 증시랑 천유에 대한 답서(2).

가치 있는 것을 취해야 한다는 견해는 우리가 세속을 살아오면서 익힌 가장 중요한 분별심이기 때문에, 우리는 이러한 견해가 법을 보는 눈을 가로막는다는 사실을 잘 알지 못한다. 부처님의 말씀이나 조사의 말씀을 듣고서 바른 견해를 갖추기 전에는 취하고 버리는 이런 잘못된 견해를 바로잡기가 힘들다. 이것은 이제 공부를 시작한 초보자는 말할 것도 없고, 문득 깨달음을 체험한 사람조차도 극복하기 힘든 삿된 견해이다. 참으로 바른 법을 체험하였다면 스스로 달리 얻을 것은 없다는 사실을 체득하겠지만, 달리 얻을 것이 없다고 하는 경전이나 조사의 말씀을 본다면 자신이 얻은 깨달음이 더욱더 쉽게 힘을 얻게 될 것이다.

② 무언가가 있다

"보지 못하였습니까? 운문(雲門) 대사가 말했습니다. '빛713)이 뚫고 벗어나지 못하는 데에는 두 가지 병이 있다. 모든 곳에서 밝지 못하여 앞에 사물이 있는 것이 그 하나요,714) 모든 법이 공(空)임을 뚫고 벗어나고도 은은(隱隱)한 듯하고 마치 한 개 사물이 있는 듯하다면 역시 빛이 뚫고 벗어나지 못한 것이다. 또 법신(法身)에도 두 가지 병이 있으니, 법신에 도달하여도 법(法)에 집착하여 잊지 못하고 자기(自己)라는 견해가 여전히 있어서 법신 곁에 머물러 있는 것이 그 하나요, 비록 법신을 뚫고 벗어나더라도 놓아주면 옳지 않으니 무슨 냄새가 있는가 하고 자

---

713) 광(光) : 마음에서 나오는 빛. 마음의 빛. 지혜의 빛.
714) 『경덕전등록』 제7권 '여산귀종사지상선사(廬山歸宗寺智常禪師)'의 상당설법(上堂說法)에 이런 구절이 있다 : "빛이 뚫고 지나가지 못하는 것은 단지 눈앞에 사물을 두고 있기 때문이다."(光不透脫, 只爲目前有物.)

세히 점검해 보아야 한다고 하면 이것도 병이다.'715)

　오늘날 진실한 법을 배우는 자들은 법신을 뚫고 지나가는 것을 지극한 일로 삼고 있지만, 운문(雲門)은 도리어 이것을 병으로 여기고 있으니, 법신을 뚫고 지나가면 마땅히 어떻게 해야 하는지를 알지 못하기 때문입니다. 여기에 이르면 마치 사람이 물을 마시면 그 차고 따뜻함을 스스로 알아서 다른 사람에게 물을 필요가 없는 것과 같습니다. 남에게 묻는다면 해로운 일이 됩니다. 그러므로 '진실로 의심 없는 곳에 도달한 사람은 마치 강철을 두들겨 만들고 무쇠를 부어서 이룬 것과 같다.'고 말했으니, 바로 이것입니다. 마치 사람이 밥을 배불리 먹을 때에 다시 남에게 자기가 배가 부른지 아닌지를 물을 필요가 없는 것과 같습니다."716)

　빛을 뚫고 벗어난다는 것은 곧 깨달음을 체험한다는 말이다. 깨달음을 체험하기 전에는 마음도 있는 것 같고, 육체도 있는 것 같고, 번뇌도 있는 것 같고, 해탈도 있는 것 같고, 색(色)도 있는 것 같고, 공(空)도 있는 것 같아서 모든 법이 차별 속에 있다. 설사 깨달음의 체험이 있다고 하더라도 공(空)을 얻었다거나 해탈을 얻었다거나 깨달음을 얻었다거나 하여 얻은 무엇이 있는 것 같다면, 여전히 분별에서 완전히 벗어나지 못한 것이다. 물론 자기가 있고 법이 있다면, 아직 분별 속에 있다. 설사 자기가 사라진 것 같고 법이 사라진 것 같아도 여전히 사라진 그곳에 머물러 있다면, 아직 분별 속에서 벗어나지 못한 것이다. 육체와

---

715) 『오등회원』 제15권 '소주운문산광봉원문언선사'에 상당법어로 나와 있다.
716) 『대혜보각선사서』 제29권. 50. 엄교수 자경에 대한 답서.

마음과 망상의 흔적이 허망한 것처럼, 공과 해탈과 깨달음의 흔적도 역시 허망하다. 뚜렷하든 희미하든 명백하든 그윽하든 무엇이 있다고 한다면, 그것은 단지 분별이요, 망상일 뿐인 것이다.

(6) 도리와 격식을 세우면 삿되다

대혜는 황덕용이 청한 보설에서 말하기를, "지금 여러 곳에서 삿된 스승의 무리들이 제각각 위없는 깨달음을 얻었다고 스스로 말하지만, 각자의 말은 이단(異端)으로서 호인(胡人)717)을 속이고 한인(漢人)718)에게 거짓말을 하는 것입니다. 이들은 옛사람이 도(道)에 들어간 인연(因緣)을 망령되이 파고듭니다."719)라고 말하고서 모두 아홉 가지의 삿된 선(禪)에 관하여 말하고 있다. 이들은 모두 불교의 경전(經典)이나 논서(論書)를 공부하고 조사(祖師)나 선사(禪師)들이 깨달음을 얻은 인연의 이야기와 그들의 가르침을 나름으로 이해하고 해석하여, 선과 깨달음에 관하여 어떤 도리나 격식을 세워서 그에 따라 행위하는 것을 선이라고 여기는 경우들을 지적한 것이다.

① 침묵이 본래면목이다

"어떤 사람은 말없이 침묵하는 것으로써 공겁이전(空劫已前)의 일로 삼아 사람들에게 그만두고 쉬라고 가르치는데, 쉬어서 흙·나무·기

---

717) 호인(胡人)은 석가모니 혹은 달마(達磨).
718) 한인(漢人)은 중국의 조사(祖師)와 선사(禪師), 나아가 불법을 배우는 모든 중국 사람.
719) 『대혜보각선사보설』 제14권. 3. 황덕용이 청한 보설.

와·돌과 같이 되라고 합니다. 또 사람들이 '검은 산 아래 귀신굴 속에 앉아 있다.'라고 말하는 것을 두려워하여, 뒤따라 곧 조사(祖師)의 말씀을 인용하여 증거(證據)하기를 '또렷하게 늘 알고 있는 까닭에 말로는 설명할 수가 없다.'[720]라고도 합니다. 쉬어서 흙·나무·기와·돌과 같이 될 때에는 캄캄하여 지각(知覺)이 없는 것이 아니라, 곧장 또렷하고 분명히 깨어 있어서, 가고·머물고·앉고·누움에 늘 지니고 있다고 합니다. 그리하여 다만 이와 같이 수행(修行)하여 오래오래 하면, 저절로 본래 마음에 계합한다고 합니다."[721]

말없이 침묵하는 것을 공겁이전의 일 즉 본래면목으로 삼아서 흙이나 돌처럼 침묵하며 쉬라고 한다. 침묵하며 쉴 때에는 캄캄하여 지각(知覺)이 없는 것이 아니라, 곧장 또렷하고 분명히 깨어 있어서, 가고·머물고·앉고·누움에 늘 지니고 있다고 한다. 그리하여 이와 같이 수행(修行)하여 오래오래 하면, 저절로 본래 마음에 계합한다고 한다. 이것은 곧 묵조선(默照禪)이다. 묵조선에 관해서 대혜는 여러 곳에서 그 삿됨을 강하게 비판하고 있으므로, 아래에 한 항목을 따로 하여 묵조선에 대한 대혜의 비판을 보다 상세히 다룰 것이다.

② 전광석화처럼 알아차린다

"어떤 사람은 정식(情識)과 경계(境界)를 벗어 버리고 고정된 형식을

---

720) 이조혜가(二祖慧可)의 말.
721) 『대혜보각선사보설』 제14권. 3. 황덕용이 청한 보설.

세우지 않는 것을 드나드는 문(門)으로 삼아, 옛사람의 공안(公案)을 말하기만 하면 벌써 알아차려 버립니다. 혹시 사가(師家)가 묻기를 '마음도 아니고, 부처도 아니고, 물건도 아니니, 그대가 어떻게 알겠는가?'라고 하면, 곧 말하기를 '스님께서는 활짝 깨어 있음을 꺼리지 마십시오.'라 하기도 하고, 혹은 '스님께서는 어디에 갔다 오셨습니까?'라 하기도 하고, 혹은 '화살 위에 다시 살촉을 더해선 안 됩니다.'라 하기도 하고, 혹은 '얼마나 많은 사람을 속였습니까?'라 하기도 하고, 혹은 '마음도 아니고, 부처도 아니고, 물건도 아니다.'라고 같은 말을 다시 한 번 말하기도 합니다. 저 옛사람들의 인연(因緣)을 물을 때마다 모두 말을 꺼내는 곳에서 바로 받아들이고, 부싯돌 불꽃이나 번갯불처럼 번쩍 스치는 곳에서 알아차리고, 말을 하면 바로 알아차립니다. 질문을 할 때마다 전혀 받아들이지 않고는, 깨끗이 벗어나 자재하며 큰 안락을 얻었다고 합니다."[722]

정식과 경계를 벗어나 고정된 형식을 세우지 않는다는 격식을 세워서, 말을 꺼내기만 하면 바로 받아들이고, 부싯돌 불꽃이나 번갯불처럼 번쩍 스치는 곳에서 알아차리며, 말을 하면 바로 알아차리고는 어떤 질문도 받아들이지 않고서, 깨끗이 벗어나 자재하며 큰 안락을 얻었다고 한다. 이러한 태도를 선으로 여기는 경향은 특히 대혜의 스승인 원오극근(圜悟克勤)의 문하에서 많이 있었는데, 대혜는 이런 사람들에 대해서도 강하게 비판하고 있다.

---

[722] 『대혜보각선사보설』제14권. 3. 황덕용이 청한 보설.

③ 삼계는 오직 마음이다

"어떤 사람은 삼계(三界)는 오직 마음이고 만법(萬法)은 오직 식(識)이라는 것을 앞장세워서, 어떤 한 부류의 옛사람이 비슷한 곳에서 증명(證明)한 것을 이끌어 와, 눈으로 보고 귀로 듣는 것을 힘을 얻는 곳으로 삼습니다. 통하여 들어간 곳이 있기만 하면, 사물을 보는 것을 말미암지 않고 깨달은 자는 아직 없었고, 소리를 듣는 것을 말미암지 않고 깨달은 자는 아직 없었다고 합니다. 방편을 펼치는 일이 있기만 하면, 옛사람의 비슷한 곳을 흉내 냅니다. 누가 묻는 말을 하기라도 하면, 오직 배우는 사람의 질문에만 꽉 달라붙어서 곧 답을 하고는, 그것을 일러 말을 듣자마자 무생법인(無生法忍)에 계합하였다고 하고, 꼭 복주(福州) 사람이 삼베를 짜는 것과 같아서, 틈 없이 이어져서 정식과 경계에 떨어지지 않는다고 합니다.

예컨대 어떤 승려가 고덕(古德)에게 질문한 '어떻게 해야 삼계(三界)에서 벗어납니까?'라는 물음 같은 경우에는, '삼계를 가지고 오면, 그대를 벗어나게 해 주겠다.'라고 말하거나, 혹은 '무엇을 일러 삼계라 하는가?'라고 말하기도 하고, 혹은 '이 스님의 물음을 알아차리면, 삼계에서 벗어나는 것도 어렵지 않다.'라고 하기도 합니다.

예컨대, 어떤 승려가 법안(法眼)에게 묻기를 '무엇이 조계(曹溪) 근원의 한 방울 물입니까?'라고 하자, 법안은 '이것이 조계 근원의 한 방울 물이다.'라고 답했으며, 혜초(慧超)가 법안에게 묻기를 '무엇이 부처입니까?' 하자, 법안이 '그대가 혜초이다.'라고 답했는데, 이와 같은 것들을 이끌어 와 증거로 삼아서, 온전히 옳게도 여기고 전혀 옳지 않다고 여기기도 합니다.

또 예컨대, 약산(藥山)의 이런 대화를 거론하기도 합니다. 약산이 밤중에 (등불도 켜지 않고) 시중(示衆)하여 말했다. '나에게 할 말이 한마디 있는데, 수소가 새끼를 낳으면 그대들에게 말해 주겠다.' 어떤 승려가 대중 앞으로 나와 말했다. '수소는 이미 새끼를 낳았는데, 스님께서 스스로 말씀하시지 않는군요.' 약산이 말했다. '등불을 켜라.' 그 승려는 곧 대중 속으로 돌아갔다. 뒷날 법등(法燈)이 말했다. '말해 보아라. 살아 있는 것은 수소인가? 암소인가?' 스스로 대답했다. '둘 다 살아 있다.' 따져 볼 때에는 역시 약산(藥山)이 말한 '나에게 할 말이 한마디 있는데, 수소가 새끼 낳는 것을 기다려서 말을 할 것이다.'를 '말을 듣자마자 무생법인에 계합한다.'고 이해하고는, 그 까닭에 그 승려가 눈치를 채고 곧 앞으로 나와 '수소는 이미 새끼를 낳았는데, 스님께서 스스로 말씀하시지 않는군요.'라고 말한 것은 곧장 틈 없이 이어져서 칼날을 드러내지 않았다고도 합니다. 법등(法燈)이 징(徵)[723]하여 말한 '말해 보아라. 살아 있는 것은 수소인가? 암소인가?'와 다시 스스로 대답한 '둘 다 살아 있다.'라는 말 역시 다만 '말을 듣자마자 무생법인에 계합한다'고 이해하여 말하기를 '그는 본래 수소와 암소를 물었다.'라고 하고, 스스로 대답한 '둘 다 살아 있다.'에는 다시 조금도 지나침이 없으니 부처의 눈으로도 엿볼 수가 없다고 합니다. 이러한 말들을 가지고 '과녁으로 과녁을 부수고 칼날을 드러내지는 않았으니 기력(氣力)을 허비하지는 않았다.'라고 이해하기도 합니다.

또 예컨대, 옛사람은 한 조각 돌덩이를 가리키며 학인(學人)에게 '이 한 조각 돌덩이가 마음 안에 있는가? 마음 밖에 있는가?'라고 물었는

---

723) 징(徵): 힐책하여 질문을 던지는 것을 말한다.

데, 학인이 답하기를 '마음 안에 있습니다.'라고 한 이야기가 있습니다. 여기에 대하여 고덕(古德)은 말하기를 '그대는 무엇이 그리도 급하여 마음속에 한 덩이 돌을 가지고 있는가?'라고 하였는데, 대중 가운데에는 따져서 말하기를 '안과 밖을 가지고 답한 것은 알맞지가 않다. 만약 안과 밖을 가지고 답한다면, 법에 모자람이나 남음이 있다.'라고 합니다. 또 말하기를 '매우 좋은 한 덩이 돌이로구나.'라 하기도 하고, 혹은 '한 개 질문을 철저히 알아차렸다.'라 하기도 하고, 혹은 '무엇을 일러 한 조각 돌덩어리라 하는가?'라 하기도 하고, 혹은 '예! 예!'라 하기도 하고, 혹은 '법당 앞에 있다.'고 하기도 하고, 혹은 '스님께서 가리켜 주셔서 감사합니다.'라 하기도 하고, 혹은 '스님은 차이를 알겠습니까?'라 하기도 하고, 혹은 '사람을 철저히 농락하는구나.'라고 하기도 합니다. 무릇 이와 같은 말에 답을 함에 단지 한 구절로써 덮어 싸고는, 틈 없이 면밀(綿密)하다고 하고, 조작(造作)하지 않는다고 합니다. 이와 같은 견해는 총림(叢林)에 매우 많습니다."[724]

 삼계(三界)는 오직 마음이고 만법(萬法)은 오직 식(識)이라는 것을 도리로 삼아, 깨닫는 사람은 누구나 사물을 보고서 깨닫고 소리를 듣고서 깨닫는다고 한다. 묻는 말을 하면 오직 질문에만 꽉 달라붙어서 곧 답을 하고는, 그것을 일러 말을 듣자마자 무생법인(無生法忍)에 계합하였다고 하고, 틈 없이 이어져서 정식과 경계에 떨어지지 않는다고 하고, 조작하지 않는다고 한다. 이들은 자신이 세운 도리에 사로잡혀서 옳다고 여기는 사람들이다.

---

[724] 『대혜보각선사보설』 제14권. 3. 황덕용이 청한 보설.

④ 눈을 부릅뜨고 보는 곳에서 알아차린다

"어떤 사람은 모든 언어(言語)는 전혀 관계 없는 일이라고 하면서, 화두를 말할 때에는 언제나 먼저 눈을 부릅뜨고 보아야만 하니, 마치 어린아이가 천조(天弔)725)를 앓다가 귀신(鬼神)을 보는 것과 같이 단지 눈을 부릅뜨고 노려보는 곳에서 알아차리기만 해야 한다고 합니다. 또 옛사람의 말을 잘못 인용하여 증거로 삼아 말합니다. '말하고서 돌아보지 않으면 곧장 어긋난다. 생각으로 헤아리려 한다면 어느 세월에 깨닫겠는가? 말할 때에는 반드시 눈으로 살펴보아야 한다.' 단지 옛사람의 말씀을 한 번 말해 주기만 하면, 말씀 위에 있지 않으니 '뜰 앞의 잣나무'·'발우를 씻어라'·'삼 서 근'과 같은 부류들은 만약 한 개를 통과할 때에는 나머지 것들도 항복할 것이니 다시는 힘을 들이지 않게 된다고 합니다. 이와 같은 부류는, 비유하면 부싯돌 불과 번갯불의 경우와 같아서, 다만 더욱 눈을 부릅뜨게 할 뿐인데도 역시 각자 스스로 말하기를 조사(祖師)의 요지(要旨)를 얻었다고 하지만, 저 옛사람을 비방하지 않는 것이 좋을 것입니다.

예컨대 '한 승려가 운문(雲門)에게 묻기를 "어떤 것이 법신(法身)을 뚫고 벗어난 구절(句節)입니까?" 하자, 운문은 "북두(北斗) 속에 몸을 숨겼다."고 말했는데, 그대는 어떻게 알고 있느냐?'고 하는 경우와 같습니다. 배우는 자가 곧 눈을 크게 부릅뜨고서 말합니다. '북두 속에 몸을 숨겼다.' 사가(師家)가 혹 방편으로 가로막기라도 하면, 배우는 자는 다

---

725) 천조(天弔) : 천조경풍(天弔驚風). 무엇에 놀라 고개를 젖히고 눈을 멀거니 떠서 하늘을 쳐다보며 아파도 울 줄도 모르는 경기(驚氣)와 비슷한 어린애의 병.

시 연거푸 몇 번 '북두 속에 몸을 숨겼다. 북두 속에 몸을 숨겼다.' 하고 외치고는, 이로써 확실히 붙잡아 주인이 되었다고 하고서 전환(轉換)을 받아들이지 않습니다.726) 사가(師家)는 어찌하지를 못하거나, 또는 확실하다고 여기면 비로소 그 뜻이 무엇인지를 묻고는 드디어 말하기를 '부처의 눈으로도 볼 수 없다.'라 하거나, 혹은 '머리를 들어 하늘 밖을 보아라.'고 합니다. 혹은 '무엇이 조사가 서쪽에서 온 뜻인가?' '뜰 앞의 잣나무다.'를 물으면, 곧 말하기를 '한 가지는 남쪽을 향하고, 한 가지는 북쪽을 향한다.'라 하거나, 혹은 '삼라만상의 주인이 되어 네 계절을 따라 시들지 않는다.'라 하기도 합니다.

이상은 모두 눈을 부릅뜨거나 말하여 일깨워 주는 곳에 머무는 것이며, 그런 뒤에 그럴듯한 말을 하고서 기특하다고 여기는 것입니다. 바보 같은 놈들입니다! 눈을 부릅뜰 때에 곧 선(禪)이 있는 것도 아니고, 눈을 부릅뜨지 않을 때에 곧 선이 없는 것도 아니며, 말하여 일깨울 때에 곧 선이 있는 것도 아니고, 말하여 일깨우지 않을 때에 곧 선이 없는 것도 아닙니다."727)

화두를 말할 때에는 언제나 언어에 전혀 관계하지 말고 단지 눈을 부릅뜨고 보아야만 하고, 눈을 부릅뜨고 노려보는 곳에서 알아차리기만 해야 한다고 한다. 이들은 부싯돌 불과 번갯불의 경우와 같아서, 다만 눈을 부릅뜨거나 말하는 곳에 머무는 것이며, 그런 뒤에 그럴듯한 말을 하고서 기특하다고 여기는 것이다. 그러나 눈을 부릅뜰 때에 선(禪)이 있

---

726) 자신의 견해에 머물러 진실한 변화를 수용하지 않는다.
727) 『대혜보각선사보설』 제14권. 3. 황덕용이 청한 보설.

는 것도 아니고, 눈을 부릅뜨지 않을 때에 선이 없는 것도 아니며, 말할 때에 선이 있는 것도 아니고, 말하지 않을 때에 선이 없는 것도 아니다.

⑤ 말도 옳고 침묵도 옳으니 둘이 없다

"어떤 사람은 나의 이와 같은 말을 듣고서, 곧 잘못 알아차리고는 말합니다. '말하여 일깨울 때에도 옳고, 말하여 일깨우지 않을 때에도 옳으니, 다시 두 가지가 없다.' 이와 같은 부류의 사람들은 다시는 구제(救濟)할 수가 없습니다."728)

불이법문(不二法門)을 생각으로 이해하여 그것을 모든 경우에 통하는 도리로 삼고서 다시는 깨달음을 얻으려 하지 않는 사람들이다.

⑥ 평상(平常)하고 무사(無事)하다

"어떤 사람은 전혀 알아차리지 못하고서, 불법(佛法)을 말하고 깨달은 곳을 말하자마자 곧 발광(發狂)을 하며 다시 옛사람의 말씀을 잘못 인용하여 말합니다. '본래 어리석은 사람도 깨달은 사람도 없으니, 오늘 끝내기만 하면 된다. 무릇 옛사람의 인연(因緣)729)을 일러 방편을 시설한다고 하고, 또 확고한 것을 세운다고도 하는데, 이들은 다만 불법(佛法)

---

728) 『대혜보각선사보설』 제14권. 3. 황덕용이 청한 보설.
729) 옛사람의 인연(因緣)이란 곧 어록(語錄)이나 전등록(傳燈錄)에 실려 있는 선사(禪師)들의 문답(問答)한 인연을 가리키니, 이런 문답들이 이미 대혜의 시대에는 화두(話頭) 혹은 공안(公案)으로 자리잡고 있었다.

을 따지지 않는 곳에 있는 것이다. 무릇 문답이 있기만 하면 하나하나 사실에 의거하여 응대하며, 평상시(平常時) 이외에 별다른 일이 없다. 하늘은 하늘이고, 땅은 땅이고, 노주(露柱)[730]는 나무고, 금강(金剛)[731]은 진흙으로 구워 만든 소상(塑像)이고, 배고프면 밥 먹고, 피곤하면 누워 자니, 다시 무슨 일이 있는가?' 진정(眞淨) 스님의 이런 말씀을 듣지도 못했는가? '일 없다고 이해하지를 말지니, 일 없는 것이 사람의 마음을 피곤하게 만든다.' 흔히 일 없음에 중독(中毒)된 자들은 도리어 이 말을 잘못이라고 여깁니다."[732]

평상시(平常時) 그대로가 곧 도(道)이니 달리 일이 없다는 것을 격식으로 삼아, 하늘은 하늘이고 땅은 땅이고 기둥은 나무이고, 배고프면 밥 먹고 피곤하면 누워 쉬면 그만이니, 다시 무슨 일이 있겠는가 한다. 질문을 하면 하나하나 눈앞에 보이는 사실을 가지고 응대하며 다시 다른 일은 없다고 한다. 그러나 이것은 평상하고 일 없는 것이 도라고 하는 견해에 머물러 있는 것이니, 조작이고 유위로서 진실이 아니다. 그러므로 진정극문(眞淨克文)은 "일 없다고 이해하지를 말지니, 일 없는 것이 사람의 마음을 피곤하게 만든다."라고 한 것이다.

---

730) 노주(露柱) : 법당이나 불전(佛殿)의 노출된 둥근 기둥을 가리킨다.
731) 금강(金剛) : 금강신(金剛神). 불교의 수호신으로 절 문의 양쪽에 안치해 놓은 한 쌍의 신장(神將)을 가리킨다. 손에 금강저(金剛杵)를 들고, 허리만 가린 채 억센 알몸을 드러내는 등 용맹한 형상(形相)을 나타낸다. 금강역사(金剛力士), 혹은 인왕(仁王)이라고도 한다.
732) 『대혜보각선사보설』 제14권. 3. 황덕용이 청한 보설.

⑦ 곧장 뚫고 벗어나 현묘하다

"어떤 사람은 옛사람의 공안(公案)에서, 이치로써 따져 볼 수 없는 곳에서 곧장 아무 상관이 없는 쪽으로 돌리는 한마디 말을 가지고 한꺼번에 대응해 넘기는 것을 보고서는 현묘(玄妙)하다고 여기고, 또 의미와 관계하지 않는다고 여기고, 또 그 자리에서 바로 뚫고 벗어난다고 여깁니다.

예컨대, '한 승려가 조주에게 물었다. "만 가지 법이 하나로 돌아가는데, 하나는 어디로 돌아갑니까?" 조주가 말했다. "내가 청주(靑州)에서 무명 적삼을 하나 만들었는데, 무게가 일곱 근이었다."'와 같은 부류는 매우 많은 사람들이 잘못 따져서 말합니다. '그 승려가 한 질문이 기특하여서 조주가 몸을 빼낼 길이 없으니, 곧 어떻게도 할 수가 없었다. "만 가지 법이 하나로 돌아간다."고 한다면, 하나가 다시 돌아갈 곳은 없다. 만약 돌아갈 곳이 있다면, 곧 진실한 법이 있게 된다. 그러므로 조주는 이것을 눈치채고 당장 묘한 작용을 하여 한꺼번에 대응해 넘긴 것이다. "내가 청주(靑州)에서 무명 적삼을 하나 만들었는데, 무게가 일곱 근이었다."라는 말은 꽤 기특하다.'

또 어떤 사람은 따져서 말합니다. '만 가지 법이 하나로 돌아가는데, 하나는 어디로 돌아가는가? 하나가 만약 돌아갈 곳이 없다면, 곧 공(空)에 떨어진 것이다. 그러므로 조주는 "내가 청주(靑州)에서 무명 적삼을 하나 만들었는데, 무게가 일곱 근이었다."라고 말했던 것이다. 조주의

---

733) 일전어(一轉語) : 그때그때의 상황에 따라 말을 자유자재하게 사용하여 선지(禪旨)를 가리키는 것. 심기(心機)를 바꾸어서(一轉) 깨닫게 하는 힘이 있는 말이라는 뜻이기도 하다.

이 일전어(一轉語)733)는 곧바로 기특하여서 유무(有無)의 분별에 떨어지지 않고 답하였으니, 매우 묘하다.'"734)

"만 가지 법이 하나로 돌아가는데, 하나는 어디로 돌아갑니까?"라는 질문에, "내가 청주(靑州)에서 무명 적삼을 하나 만들었는데, 무게가 일곱 근이었다."와 같은 말처럼, 옛 선사들이 이치로써 따질 수 없는 곳에서 곧장 상관없는 쪽으로 돌리는 한마디 말을 보고서는 현묘(玄妙)하다고 여기고, 의미와 관계하지 않는다고 여기고, 그 자리에서 바로 뚫고 벗어난다고 여기고서 말하기를, "조주는 이 한마디 말로써 곧장 유무(有無)의 분별에 떨어지지 않고 답하였으니 매우 묘하다."라고 한다. 그러나 이것은 공안(公案)을 이해하고 해석한 것이지 깨달음이 아니다.

⑧ 서 있는 곳이 곧 진실이다

"어떤 사람은 말하기를, 나의 이와 같은 말은 단지 사람들의 집착을 두려워하기 때문인데, 만약 집착하지 않는다면 곧 조사(祖師)의 마음이니 이 일에 집착하지 않을 수만 있으면 자유자재할 것이며 진실을 떠나서 서 있는 자리가 있지 않고 서 있는 자리가 곧 진실이니, 다시 무슨 일이 있겠는가, 라고 합니다.

그러나 누가 그에게 '부모가 아직 낳지 않았을 때, 무엇이 그대의 본래면목인가?' 하고 묻는다면, 그는 곧 '스님께 답변할 시자(侍者)가 없습니다.'라고 말하니, 업식(業識)을 가지고 본명원진(本命元辰)735)으로 삼는

---

734)『대혜보각선사보설』제14권. 3. 황덕용이 청한 보설.

것입니다. 이와 같은 무리들은 모두가 어리석게 미쳐서 밖으로만 달려 나가는 자들입니다."736)

만약 집착하지 않는다면 곧 조사(祖師)의 마음이며, 집착하지 않는다면 진실을 떠나서 서 있는 자리가 있지 않고 서 있는 자리가 곧 진실이라고 하는 도리를 세우고서, 이 도리에 의지하여 다시는 아무 일도 없다고 여기는 경우이다. 그러나 이런 도리는 역시 배운 바의 지식을 바탕으로 생각으로 헤아린 것일 뿐이다.

⑨ 교학(敎學)에 의지한다

"또 한 종류의 사람들은 스스로 눈이 밝지 못하여 자기의 선(禪)이 사람들에게 믿음을 얻지 못함에 학인(學人)을 가르칠 수 없음을 알고, 또 원래 교학(敎學)을 들은 적이 없으면서도 좌주(座主)737)의 자리로 돌아와 되지도 않는 장사를 하면서, 겨우 반 구절을 뛰어넘고서는 홀로 귀머거리 속인들에게 아첨합니다. 임제(臨濟) 스님께서는 '어떤 부류의 눈먼 중들은 교승(敎乘) 속에서 뜻으로 헤아리고 따져서 말뜻을 따라 견해를 이루어서는, 마치 똥덩어리를 입 속에 넣었다가 다른 사람들에게 토해 내듯이 한다.'738)라고 하셨으니, 정말 참을 수가 없습니다."739)

---

735) 본명원진(本命元辰) : 본명(本命)은 태어난 해의 간지(干支). 원진(元辰)은 사람의 운명을 좌우한다는 음양(陰陽)의 두 별. 선가(禪家)에서는 본명원진을 본래의 자기, 본성, 본래면목이라는 뜻으로 사용한다.
736) 『대혜보각선사보설』 제14권. 3. 황덕용이 청한 보설.
737) 좌주(座主) : 선가(禪家)에서 교학(敎學)을 강의하는 강사(講師)를 일컫는 말.
738) 『사가어록』 「임제록」의 '시중(示衆)'에 나오는 말.

선(禪)을 불교의 교리에 비추어 이해하여 여러 가지 견해를 만들어 주장하는 것을 가리킨다. 이것은 지식으로 이해하는 것을 선으로 삼는 사람들이다.

이런 여러 가지 삿된 선들의 문제는 결국 깨달음이 없다는 것이다. 깨달음이 없기 때문에 옛 조사와 선사들의 말씀을 나름으로 이해하여 선(禪)이라는 도리와 격식을 세우는 것이다. '장사인(張舍人) 장원(狀元)에 대한 답서'에서 대혜는 아래와 같이 이 문제를 지적하고 있다.

"요즈음 들어 선(禪)에 많은 종류가 있습니다. 어떤 사람은 묻고 답하고 하다가 마지막에 한 구절 더 말하는 것을 선으로 여기고, 어떤 사람은 옛사람이 도에 들어간 인연을 가지고 만나서 의견을 교환하며 말하기를 '여기는 헛되고 저기는 참되며, 이 말은 그윽하고 저 말은 묘하다.'라고 하며 혹은 대신 말하기도 하고 혹은 달리 말하기도 하는 것을 선으로 여기고, 어떤 사람은 눈으로 보고 귀로 듣는 것을 삼계유심(三界唯心)과 만법유식(萬法唯識) 위에서 적당히 끼워맞추는 것을 선으로 여기고, 어떤 사람은 말없이 검은 산 아래의 귀신굴 속에 눈을 꼭 감고 앉아서는 그것을 일러 위음왕(威音王) 나반(那畔)의 부모가 낳기 이전 소식이라 하며 또한 묵묵히 늘 비춘다고 하면서 이것을 선으로 여깁니다. 이와 같은 무리들은 묘한 깨달음을 구하지 않고, 깨달음을 두 번째에 떨어진 것으로 여기며, 깨달음을 사람을 속이거나 놀리는 것으로 여기며, 깨달음을 만들어 세우는 것으로 여깁니다. 이들은 스스로 깨달은 적이

---

739) 『대혜보각선사보설』 제14권. 3. 황덕용이 청한 보설.

없으니, 깨달음이 있다는 것을 믿지도 않습니다."740)

(7) 공안거량선(公案擧量禪)

① 공안(公案)을 거량(擧量)한다

"요즈음은 이 도가 쇠미합니다. 높은 자리에 앉아서 남의 스승 노릇 하는 자가 다만 옛사람의 공안(公案)을 칭찬하기도 하고 비난하기도 하고 밀실(密室)에서 전해 주기도 하는 것을 선(禪)으로 삼습니다."741)

"요즈음 총림에선 삿된 법이 마구 일어나 중생의 눈을 어둡게 하는 일이 헤아릴 수 없이 많습니다. 만약 옛사람의 공안(公案)을 말하여 제시(提示)하지 않는다면, 곧 눈먼 사람이 손에서 지팡이를 놓쳐 버리는 것과 같아서, 한 걸음도 떼놓지 못합니다. 옛 스님이 도에 들어간 인연을 각 문파별로 분류하고는 말하기를 '이들 몇몇 칙(則)은 도안(道眼) 인연이고, 이들 몇몇 칙은 소리와 색을 벗어난 인연이고, 이들 몇몇 칙은 정식(情識)을 잊는 인연이다.'라고 하면서, 빠짐없이 차례차례 고칙(古則)을 따라가며 따지고 헤아려서 값을 매겨 말합니다."742)

"사대부들은 이 일의 끝을 보고자 하면서도 애초 그 참됨에 뿌리박지를 않고, 다만 옛사람의 공안(公案) 위에서 지식과 이해를 구하려 합

---

740) 『대혜보각선사서』 제30권. 61. 장사인 장원에 대한 답서.
741) 『대혜보각선사법어』 제19권. 3. 지통거사에게 보임.
742) 『대혜보각선사법어』 제19권. 2. 동봉거사에게 보임.

니다. 비록 그렇게 하여 일대장교(一大藏敎)를 남김없이 알고 모조리 이해했다고 하여도, 섣달 그믐날 죽음이 찾아올 때에는 하나도 쓸모가 없습니다."743)

"요즈음의 불법은 애처롭게도 남의 스승 노릇하는 자가 먼저 기특하고 현묘한 것을 가슴에 쌓아 놓고서 차례차례 서로 따라서 이어받아 입에서 귀로 전해 주는 것으로 종지(宗旨)를 삼습니다. 이러한 무리는 삿된 독이 마음에 들어와 있으나, 치료할 수도 없습니다. 옛 스님은 이들을 일러 반야를 비방하는 사람이라 하였으니, 이런 사람들은 천 분의 부처가 세상에 나와도 참회할 수 없습니다."744)

"요즈음은 이 도가 쓸쓸하다. 스승과 제자가 서로를 믿지 않고, 모름지기 하나의 낡은 종이 조각 위에 쏟아 놓은, 약간의 쓸모도 없고 깨끗하지도 않은 더러운 말을 빌어서 배우는 자들에게 주면서 그것을 선회(禪會)745)라고 부른다. 애닯고도, 애닯도다! 우리의 도(道)가 죽었구나!"746)

앞에서 살펴보았듯이 대혜가 지적한 삿된 선 가운데에서도 가장 대표적인 것이 공안(公案)이라는 문자언어에 의지하여 공부하는 공안거량선과 침묵 속에서 묵묵히 관조하는 묵조선이다. 공안(公案)이란 본래 '공무(公務)에 관한 문안(文案)'이라는 뜻으로서 관청에서 결재(決裁)되

---

743) 『대혜보각선사법어』 제21권. 13. 서제형에게 보임.
744) 『대혜보각선사법어』 제23권. 30. 묘명거사에게 보임.
745) 선회자(禪會子) : 참선(參禪) 모임. 선(禪)을 공부하는 모임. 선회(禪會). 자(子)는 어조사.
746) 『대혜보각선사법어』 제24권. 33. 준박선인에게 보임.

는 안건(案件) 혹은 쟁송(爭訟) 중인 안건을 가리키는 말이지만, 선문(禪門)에서는 부처와 조사가 불법(佛法)과 선(禪)에 관하여 언급한 말을 뜻한다. 공안을 고칙공안(古則公案) 혹은 고칙(古則)이라고도 하듯이, 공안은 옛 경전에 나온 부처님의 말씀이나 조사나 선사들의 말씀 가운데 모범인 법칙(法則)으로 삼을 만한 말씀을 가리킨다. 역사적으로는 중국 송대(宋代)에 이르러『경덕전등록(景德傳燈錄)』같은 전등서(傳燈書)나 각 선사들의 어록(語錄)에 기록된 앞 시대 선승들의 말씀들을 탐구하는 것을 선 공부의 한 방편으로 삼게 되면서, 그 가운데 특히 모범으로 삼을 만한 말씀이나 대화를 모아 공안집(公案集)들이 만들어졌다. 대개 공안은 1,700개가 있다고 하는데 이는『경덕전등록』에 대화가 수록된 선승의 숫자가 1,701명이었던 것에서 유래한다. 최초의 공안집(公案集)은 운문종(雲門宗)의 설두중현(雪竇重顯; 980-1052)이 화두 100칙(則)을 모아 만든『설두송고(雪竇頌古)』이며, 여기에 원오극근(圜悟克勤; 1063-1135)이 다시 수시(垂示), 착어(著語), 평창(評唱) 등을 붙여서『벽암록(碧巖錄)』을 만들었다. 그 뒤에 무문혜개(無門慧開; 1183-1260)는 고칙공안 48칙을 모아 평창(評唱)과 송(頌)을 붙여『무문관(無門觀)』을 저술하였다.『벽암록』과『무문관』은 임제종(臨濟宗)의 대표적인 공안집이다. 한편 굉지정각(宏智正覺; 1091-1157)이 화두 100칙을 송(頌)한 것에 만송행수(萬松行秀; 1165-1246)가 평창을 붙여 간행한『종용록(從容錄)』은 조동종(曹洞宗)의 공안집이다.

공안을 거량(舉量)한다고 하는 것은 공안을 거각(舉覺)하여 상량(商量)한다는 말이다. 거각(舉覺)이란 공안을 인용하여 말한다는 뜻이고, 상량(商量)은 본래 시장에서 상품을 흥정할 때에 그 값어치를 서로 헤아려 따진다는 뜻이다. 그러므로 공안을 거량한다는 말은 공안을 제시하여 각자 그 공안의 값어치를 나름으로 헤아려 따진다는 뜻이다. 한 사람이 공안을 제시하여 그 공안의 값어치가 이렇다고 말하면, 듣고 있던 상대방도 자기 나름으로 그 공안의 값어치를 따져서 말한다. 이렇게 한 마디씩 서로 주고받으면서 긍정하기도 하고 부정하기도 하는 것을 선 공부로 삼는 것이 바로 공안거량선이다. 이들은 오로지 공안에만 의지하여 그 공안을 얼마나 현묘하고 깊이 있게 이해하는지, 얼마나 그럴듯한 도리로써 이해하는지를 추구하면서 이를 선 공부로 삼는 것이다.

"요즈음 들어 선(禪)에 많은 종류가 있습니다. 어떤 사람은 묻고 답하고 하다가 마지막에 한 구절 더 말하는 것을 선으로 여기고, 어떤 사람은 옛사람이 도에 들어간 인연을 가지고 만나서 의견을 교환하며 말하기를 '여기는 헛되고 저기는 참되며, 이 말은 그윽하고 저 말은 묘하다.'라고 하며 혹은 대신 말하기도 하고 혹은 달리 말하기도 하는 것을 선으로 여깁니다. …… 이와 같은 무리들은 묘한 깨달음을 구하지 않고, 깨달음을 두 번째에 떨어진 것으로 여기며, 깨달음을 사람을 속이거나 놀리는 것으로 여기며, 깨달음을 만들어 세우는 것으로 여깁니다. 이들은 스스로 깨달은 적이 없으니, 깨달음이 있다는 것을 믿지도 않습니다."[747]

공안거량선이 삿된 이유는 역시 참된 깨달음이 없기 때문이다. 공안을 제시하고 그 값어치를 따지는 일은 모두 분별의식(分別意識)의 일이니 깨달음과는 상관 없다. 아무리 그럴 듯이 이해한다고 하더라도 이해일 뿐인 것이다. 모든 공안에서 이치가 딱딱 들어맞게 이해한다고 하더

---

[747] 『대혜보각선사서』 제30권. 61. 장사인 장원에 대한 답서

라도 이는 모두 분별의식 속의 일이고 헤아림에 해당하는 일이니, 분별의식이 적멸한 깨달음과 해탈의 일은 아니다. 앞에서 살펴본 두피선(肚皮禪), 구고자선(口鼓子禪) 등 말에 떨어진 선과 각종 도리를 세우고 공안을 언급하는 선이 공안거량선에 해당한다.

② 공안에 대한 여러 가지 이해

"기억하건대, 이조(二祖)가 달마(達磨)에게 물었다.
'제자의 마음이 편치 못합니다. 스님께서 편안하게 만들어 주십시오.'
달마가 말했다.
'마음을 가지고 오면, 너를 편안하게 해 주겠다.'
이조가 잠시 묵묵히 있다가 말했다.
'안에서도 밖에서도 중간에서도 마음을 찾을 수 없습니다.'
달마가 말했다.
'너의 마음을 편안하게 해 주었구나.'
이조는 그때 즉시 쉬어 버렸다.
또 삼조(三祖)가 이조에게 물었다.
'제자의 몸이 풍양(風恙)[748]에 걸렸습니다. 스님께서 죄를 참회(懺悔)시켜 주십시오.'
이조가 말했다.
'죄를 가져오면, 그대를 참회시켜 주겠다.'
삼조가 잠시 묵묵히 있다가 말했다.

---

748) 풍양(風恙) : 중의학(中醫學)에서 바람의 삿된 기운을 맞아서 일어난다고 하는 여러 가지 질병.

'안에서도 밖에서도 중간에서도 죄를 찾을 수 없습니다.'

이조가 말했다.

'그대의 죄를 모두 참회시켜 주었구나.'

삼조는 그때 곧장 쉬어 버렸다.

이 두 칙(則)의 이야기를 총림에서 거론하는 사람이 삼대나 조 알갱이 마냥 많지만, 잘못 알고 있는 사람도 곡식 알갱이만큼이나 많다. 만약 ㉮심성(心性)[749]으로 이해하지 않으면 곧 ㉯현묘(玄妙)[750]로 이해하고, 현묘로 이해하지 않으면 곧 ㉰이사(理事)[751]로 이해하고, 이사로 이해하지 않으면 곧 ㉱직절(直截)[752]로 이해하고, 직절로 이해하지 않으면 곧 ㉲기특(奇特)[753]으로 이해하고, 기특으로 이해하지 않으면 곧 ㉳부싯돌을 치고 번개가 치는 곳[754]에서 이해하고, 부싯돌을 치고 번개가 치는 곳에서 이해하지 않으면 곧 ㉴일 없는 껍질 속[755]으로 도망가고, 일 없는 껍질 속으로 도망가지 않으면 곧 ㉵옛사람의 몇몇 공안(公案)을 말하고서 승당(僧堂)의 좌선하는 자리에서 두 눈을 감고 검은 산 아래의 귀신

---

749) 심성(心性) : 심성론(心性論)에서 일심(一心)을 성(性)과 상(相)으로 나누어 이해하는 것.

750) 현묘(玄妙) : 마음을 일러 진공묘유(眞空妙有)라고 하는 등의 이치로 이해하는 것.

751) 이사(理事) : 이(理)는 본질, 사(事)는 현상. 본질과 현상의 양 측면을 세워서 마음을 이해하는 것.

752) 직절(直截) : 직절은 '곧장', '단도직입적으로'라는 뜻. 곧장 단도직입적으로 마음을 깨달아 들어간다고 이해하는 것.

753) 기특(奇特) : 기특은 '기이하고 특별하다'는 뜻. 기이하고 특별한 경험을 통하여 마음을 깨닫는다고 이해하는 것.

754) 격석화섬전광(擊石火閃電光) : 일체의 분별과 헤아림을 용납하지 않고 부싯돌을 치고 번갯불이 번쩍이는 것처럼 지금 이 한 순간을 가리켜 선(禪)이라고 하는 것.

755) 무사갑리(無事甲裏) : 일 없는 상자 속. 일 없는 껍질 속. 참으로 깨달아 마음이 쉬어진 것이 아니라, 지금 있는 그대로가 전체요, 완전하여 더할 것도 뺄 것도 없다고 이치로 이해하고는, 이 이해 속에 머물러 있으면서 다시는 참된 깨달음을 찾지 않는 선병(禪病).

굴 속에 앉아서 생각으로 헤아리고 추측한다. 만약 이러한 일련의 도리(道理)를 행하여 이 일을 밝히려고 한다면, 정주(鄭州)로 가면서 조문(曹門)을 나서는 것[756]과 꼭 같아서 전혀 관계가 없을 것이다."[757]

심성(心性)·현묘(玄妙)·이사(理事)·직절(直截)·기특(奇特)·전광석화(電光石火)·무사(無事)·묵좌적조(黙坐寂照) 등 다양한 도리를 세워 그 도리에 맞추어 공안을 이해하는 것이다. 이 이외에도 위에서 살펴본 여러 가지 도리와 격식을 세운 삿된 선들처럼 다른 여러 가지 도리를 세워 공안을 해석할 수 있을 것이다. 그러나 어떤 도리를 세워서 이해하더라도 그것은 여전히 이해의 테두리를 벗어나지 못한 것이니, 참된 선도 아니고 참된 불법도 아니고 참된 깨달음도 아니다.

③ 공안에 대한 대혜의 입장

공안을 보는 대혜의 입장은 어떤 것인가? 대혜는 말하기를, 공안이란 경전의 문자나 조사의 말과 마찬가지로 범부중생의 분별망상을 치유하기 위하여 만들어진 약(藥)인 방편의 말이라고 한다. 이것은 당연한 말이다. 불법을 가르치는 모든 문자와 말씀은 전부 범부의 분별망상의 병을 치유하기 위하여 만들어진 방편인 약이다. 약을 이용하여 병을

---

756) 정주출조문(鄭州出曹門) : 정주망조문(鄭州望曹門)이라고도 한다. 너무 멀리 돌아간다, 혹은 아무 관계가 없다는 뜻. 조문(曹門)은 북송(北宋)의 서울인 개봉(開封)의 동문(東門)의 이름이고, 정주(鄭州)는 개봉의 서쪽 하남성(河南省)에 있는 도시다. 정주로 가려면 개봉의 서문(西門)을 나서야 하는데, 정주로 가는 사람이 동문인 조문(曹門)을 나서면 너무 돌아가거나 잘못 가는 것이다.
757) 『대혜보각선사보설』 제15권. 6. 부암주가 청한 보설.

치료하였으면, 약은 버려야 한다. 언제까지나 약에만 의지한다면, 약에 중독이 되니 도리어 약이 병이 된다. 공안에만 의지하여 선을 말한다면 이것은 약에만 의지하는 것이니 곧 중독이다. 공안은 한때의 병을 치유하는 약일 뿐이다. 병이 치유되었으면 약은 필요없는 것이다.

"이곳저곳에서 말하는 기이한 말과 현묘한 구절, 각 종사(宗師)의 주장, 밀실에서 전하는 옛사람의 공안(公案) 등과 같은 부류들을 좋아하지 마십시오. 이러한 잡다한 독(毒)을 장식(藏識)[758] 속에 주워 모으면, 세세생생토록 삶과 죽음의 언덕에서 빠져나오지 못하고, 비단 힘을 얻지 못할 뿐만 아니라, 일상생활 역시 이러한 장애에 막히니 도를 보는 눈이 밝아질 수 없습니다. 옛사람께서 부득이하여, 당신들 배우는 사람들이 분별하여 아는 견해는 많으나 도(道)를 등지고서 언어에 오염되는 것을 보시고, 이 까닭에 분별이라는 약으로써 당신들의 분별이라는 병을 치료하여, 당신들의 마음이 안락하게 분별 없는 경계에 이르도록 하신 것입니다. 그런데 이제 도리어 분별인 언어를 기특하게 여긴다면 약에 집착하여 병이 되는 것이니, 참으로 가련하지 않겠습니까!

옛 스님이 말했습니다. '부처는 중생의 약(藥)이니, 중생에게 병이 있으면 이 약을 쓴다. 중생에게 병이 없는데도 이 약을 쓰면, 약이 도리어 병이 되는데, 어떤 병보다도 더 심한 병이 된다.' 앞에서 말한 '잡다한 독을 장식 속에 주워 모으면 안 된다.'고 한 것 역시 이러한 말입니다. 일상생활의 번뇌 속에서 여러 가지 뜻과 같지 않은 일들이 곧 중생

---

[758] 장식(藏識) : 제8아뢰야식(阿賴耶識). 장식이라 함은 모든 법이 전개되는 데 있어서 의지할 바탕이 되는 근본 마음이란 의미다.

의 병이고, 한순간 돌이켜 비추는 것이 곧 부처라는 약입니다. 만약 부처에 대해서도 중생에 대해서도 곧장 분별을 내지 않으면, 병이 나아서 약이 필요 없는 것이니, 비로소 방거사(龐居士)가 말한 '일상생활의 일에 다름이 없고, 오직 나 스스로 내키는 대로 어울린다. 하나하나를 취하지도 버리지도 않고, 곳곳에서 어긋남이 없다.'에 계합할 것입니다."759)

공안이 어떻게 분별망상을 끊어 버리는 약이 되는가? 대혜는 이에 대하여 『대혜보각선사보설』 제16권의 '9. 열 선인이 청한 보설'에서 자세히 밝히고 있다. 대혜는 임제가 말한 '어떤 때에는 사람은 빼앗고 경계는 빼앗지 않으며, 어떤 때에는 경계는 빼앗고 사람은 빼앗지 않으며, 어떤 때에는 사람과 경계를 모두 빼앗고, 어떤 때에는 사람과 경계를 모두 빼앗지 않는다.'760)라는 말과 그에 관한 여러 사람들의 언급을 인용하고 다시 자신의 견해를 붙여서 말하고는 다음 날 여기에 대하여 이렇게 말했다.

"이것은 곧 금강왕보검(金剛王寶劍)이다. 내가 어제 말했던 것은, 지

---

759) 『대혜보각선사법어』 제19권. 3. 지통거사에게 보임.
760) 『임제록(臨濟錄)』에서 사료간(四料揀)이라는 이름으로 알려진 다음의 대화 : 임제가 저녁 설법에서 대중에게 말했다. "어떤 때는 사람은 빼앗으나 경계는 빼앗지 않고, 어떤 때는 경계는 빼앗으나 사람은 빼앗지 않으며, 어떤 때는 사람과 경계를 모두 빼앗고, 어떤 때는 사람과 경계를 모두 빼앗지 않는다." 그때 어떤 스님이 물었다. "어떤 것이 사람은 빼앗고 경계는 빼앗지 않는 것입니까?" "봄볕이 왕성함에 땅을 뒤덮은 비단 같고, 어린아이의 늘어뜨린 머리카락은 하얀 실타래 같구나." "어떤 것이 경계는 빼앗고 사람은 빼앗지 않는 것입니까?" "왕의 명령은 이미 천하에 두루 시행되었고, 장군은 국경 밖에서 전쟁을 멈추었도다." "어떤 것이 사람과 경계를 모두 빼앗는 것입니까?" "병주(幷州)와 분주(汾州)는 소식을 끊고 각기 따로 독립하여 있도다." "무엇이 사람과 경계를 모두 빼앗지 않는 것입니까?" "제왕은 보배 궁전에 오르고, 시골 노인은 태평가를 부르는구나."

네·독사·전갈 등 온갖 독 있는 것들을 하나의 항아리 속에 넣어 두고 그대들이 한번 그 속에 손을 넣어 독 없는 것을 하나 집어내 보라는 것이었다. 만약 집어낸다면 이 일에 조금은 상응(相應)한다고 하겠지만, 만약 집어내지 못한다면 당연히 그대들의 근성이 둔하고 옛날부터 지혜가 없기 때문이니, 나를 괴이쩍게 여겨서는 안 된다.

임제 스님이 그 당시 이 몇 마디의 쓸데없는 것들을 주절주절 말함에 자기의 면목(面目)이 드러나 있었지만, 그대들이 알아차리지 못한 것이다. 그대들이 만약 이 뜻을 알아차렸다면, '마음대로 살아온 30년, 단된장이 부족하지 않았다.'[761], '종루(鐘樓)에 올라가면 염찬(念讚)[762]하고, 법상(法床)에서 내려오면 야채 씨앗을 뿌린다.'[763] 등과 같은 부류의 말을 남에게 묻지 않고도 하나하나 스스로 그 귀결점을 알 것이다. 옛사람이 말씀한 방편이 어찌 쓸데없이 입을 연 것이겠는가? 모름지기 물렁물렁한 진흙 속에 가시가 있음[764]을 알아야 한다."

임제의 이른바 사료간(四料揀)이라는 공안을 두고서 대혜는 금강왕보

---

761) 『마조록(馬祖錄)』에 나오는 다음 이야기 : 회양(懷讓)은 도일(道一)이 강서(江西)에서 가르침을 펼친다는 소문을 듣고는 대중(大衆)에게 물었다. "도일이 대중에게 법(法)을 설하느냐?" 대중이 대답하였다. "이미 대중에게 법을 설하고 있습니다." "소식을 가져오는 사람을 한 사람도 보지 못하겠구나." 드디어 회양은 한 스님을 그곳에 보내어, 도일이 상당(上堂)할 때 '어떻습니까?' 하고 묻고 그의 대답을 듣고 오라고 시켰다. 그 스님이 회양이 시키는 대로 가서 물으니, 도일이 말했다. "마음대로 살아온 30년, 단된장이 부족하지 않았다." 그 스님이 돌아와 회양에게 그대로 말하니, 회양은 고개를 끄덕였다.
762) 염찬(念讚) : 염불(念佛)하고 찬불(讚佛)하다. 염불(念佛)은 부처님을 기억하는 것이고, 찬불(讚佛)은 부처님을 찬탄(讚嘆)하는 것이다.
763) 황룡혜남(黃龍慧南)의 말.
764) 난니리유자(爛泥裏有刺) : 물렁물렁한 진흙 속에 가시가 있다. 평범한 듯이 보이는 말 속에 정곡을 찌르는 뜻이 숨겨져 있다. 평범한 말인 줄 알고 헤아렸다간 바로 속는다.

검(金剛王寶劍)이라고도 말하고, 또 '지네·독사·전갈 등 온갖 독 있는 것들을 하나의 항아리 속에 넣어 두고 그대들이 한번 그 속에 손을 넣어 독 없는 것을 하나 집어내 보라는 것'이라고도 표현하였다. 대혜는 이 말을 통하여 공안이란 무엇인가를 잘 말하고 있다.

공안이란 금강왕보검이기도 하고, 지네·독사·전갈 등 온갖 독충들로 가득 찬 항아리이기도 하다. 『인천안목(人天眼目)』 제2권에서는 "금강왕보검이란 한 번 칼을 휘둘러 모든 정식의 이해를 사라지게 하는 것이다."765)라고 하였다. 온갖 독충들이란 무엇인가? 바로 정식(情識)으로 이해하는 것이다. 온갖 독충들이란 바로 분별로 헤아리고 이해하는 것이다. 온갖 이야기를 갖춘 공안들이 모두 온갖 독충들로 가득 찬 항아리이며, 공안에 대한 온갖 선사들의 말이 또한 온갖 독충들로 가득 찬 항아리이며, 부처님의 말씀으로 가득 찬 경전이 또한 온갖 독충들로 가득 찬 항아리이다. 공안은 온갖 독충들로 가득 찬 위험천만한 항아리이기도 하지만, 또한 그 온갖 위험한 독충들을 단번에 없애 버릴 수 있는 금강왕보검이기도 하다.

공안이 온갖 독충으로 가득 찬 항아리인지 온갖 독충을 단번에 없애 버릴 금강왕보검인지는 전적으로 자신의 안목에 달려 있고 자신의 깨달음에 달려 있다. 스스로 깨달아 금강왕보검을 쥐고 있다면 어떤 공안을 제시하고 어떤 독 항아리를 들이밀어도 남에게 물을 필요 없이 하나하나 스스로 그 귀결점을 알 것이다.

대혜는 『대혜보각선사보설』 제16권의 '9. 열 선인이 청한 보설'에서 임제의 사료간과 그 사료간에 대한 극부도자(克符道者)의 송(頌)에 대하

---

765) 金剛王寶劍者, 一刀揮盡一切情解.

여 한 구절마다 자신의 견해를 하나하나 말한다. 대혜가 이렇게 공안의 구절에 대하여 자신의 견해를 붙이는 것은 분명 공안거량선(公案擧量禪)을 행하는 것이다. 그러나 대혜가 진실로 말하고자 하는 것은 이러한 견해가 아니었다. 각 구절에 대하여 자신의 견해를 다 붙인 뒤에 마지막으로 대혜는 자신이 참으로 하고 싶은 말을 다음과 같이 하고 있다.

"이것이 아까 상좌가 가르침을 청했던 공안인데, 이것을 사료간이라고 일컫는다. 그대들이 만약 임제 스님의 뜻을 분명하게 이해하고자 한다면, 다만 그 당시 수시(垂示)했던 것을 보아라. 어떻게 보는가?
 나는 어떤 때에는 사람을 빼앗고 경계는 빼앗지 않으며, 어떤 때에는 경계를 빼앗고 사람은 빼앗지 않으며, 어떤 때에는 사람과 경계를 모두 빼앗으며, 어떤 때에는 사람과 경계를 모두 빼앗지 않는다. 이와 같으면 즉시 옳다.
 그대들이 만약 내가 어떤 때에는 사람을 빼앗고 경계는 빼앗지 않으며, 어떤 때에는 경계를 빼앗고 사람은 빼앗지 않으며, 어떤 때에는 사람과 경계를 모두 빼앗으며, 어떤 때에는 사람과 경계를 모두 빼앗지 않는다고 한다면, 즉시 옳지 않다.
 그러므로 오조(五祖) 노스님은 이렇게 말씀하셨다.
 '어떤 것이 조사가 서쪽에서 오신 뜻인가? 뜰 앞의 잣나무니라. 이렇게 알면, 곧 옳지 않다. 어떤 것이 조사가 서쪽에서 오신 뜻인가? 뜰 앞의 잣나무니라. 이렇게 알아야 비로소 옳다.'"

동일한 구절이 어찌하여 어떤 때에는 옳고 어떤 때에는 옳지 않은가? 옳고 옳지 않음은 말의 구절에 있지 않다. 오로지 자신의 안목에 달려 있고 자신의 깨달음에 달려 있다. 이 점을 대혜는 이어지는 말에서 다음과 같이 분명히 말하고 있다.

"여러분들은 알겠는가? 이러한 부류의 이야기를 여러분이 이해하지 못한다고도 하지 말고, 묘희(妙喜) 자신도 이해하지 못한다고도 하지 말라.

우리의 이 문중(門中)에는 이해할 수 있는 것도 없고 이해할 수 없는 것도 없다.[766] 마치 모기가 무쇠로 만든 소 위에 올라 앉아 있듯이, 그대들이 입을 댈 곳이 없다. 모름지기 옛사람이 자비(慈悲)를 베풀었음을 믿어야 법이 있기도 하고 법이 없기도 한 것이다. 자비를 베풀지 않았다면, 도를 보는 눈이 열리지 못하여 대법(大法)이 밝아지지 않았을 것이니, 어떻게 남의 입 속에서 선(禪)을 찾고 도(道)를 찾고 현(玄)을 찾고 묘(妙)를 찾는 일에서 벗어나겠느냐?

그대들은 법을 찾은 뒤에는 남이 알까 봐 오로지 두려워하고, 말할 때가 되면 또 말을 다 해 버려 마지막에 말할 것이 없을까 봐 두려워한다. 이 법은 테두리가 없는 법인데, 그대들이 테두리 있는 마음을 가지고 그 귀결점에 도달하려 한다면, 착각하지 말기 바란다.

예컨대 세존께서 영취산의 법회에서 수많은 사람들 앞에서 꽃을 들어올려 두루 보여 주셨을 때에 오직 가섭(迦葉)만이 빙그레 미소를 지었는데, 어찌 남이 알까 봐 두려워했겠는가? 또 어찌 밀실(密室) 속에서 전해 주었겠는가?

나의 이 선(禪)은 여러분이 듣는 것은 허락하지만, 여러분이 이해하

---

766) 이해하고 이해하지 못하고와 이 일은 상관이 없다.

는 것은 허락하지 않는다. 위와 같이 풀어서 주석(注釋)한 이 사료간을 여러분들은 다같이 듣고서 다같이 이해하였지만, 임제 스님의 뜻이 과연 이와 같을까? 만약 단지 이와 같다면, 임제 스님의 종지(宗旨)가 어떻게 오늘날까지 이르렀겠는가?

여러분은 내가 말한 것을 듣고서, 단지 이와 같구나 하고 오해하지만, 내가 진실로 그대들에게 말한다. 내가 했던 이 말은 가장 나쁜 말이다. 만약 내가 했던 말에서 기역자 뒷다리라도 기억한다면, 이것은 곧 살고 죽는767) 뿌리가 될 것이다. 여러분들이 이곳저곳에서 배운 것이 현(玄)한 가운데 더욱 현(玄)하고 묘(妙)한 가운데 더욱 묘(妙)한 것이라면, 이 무슨 더러운 똥 같은 선(禪)인가? 한결같이 가죽 포대기768) 속에 막혀서 이러한 일이 진실로 있다고 오해하고 있으니, 착각하지 말기 바란다.

여러 스님들이여! 그대들이 진실로 나의 선(禪)에 참여하고자 한다면, 이곳저곳에서 배운 것들을 싹 쓸어서 저쪽으로 내버리고 아무것도 알지 못하고 아무것도 이해함 없이 마음을 비워 버려야, 비로소 그대들과 함께 알아차리게 될 것이다."769)

선(禪)에는 이해할 수 있는 것도 없고 이해할 수 없는 것도 없다. 이

---

767) 삶과 죽음 속에 빠져 헤어나지 못하는 어리석은 마음을 생사심(生死心)이라 한다. 불교에서는 삶과 죽음을 반복하는 윤회(輪回) 속에 갇혀 있는 까닭은 깨달음이 없기 때문이라 하여, 깨달음을 얻으면 삶과 죽음 속을 흘러 다니는 어리석은 윤회에서 해탈한다고 가르친다. 삶과 죽음 속을 흘러 다닌다는 것은 곧 깨달음이 없어서 어리석게 윤회의 그물 속에 갇혀 있다는 말.
768) 가죽 포대기 : 본래 피부 즉 육체를 가리키지만, 분별망상하는 어리석은 세속(世俗)의 마음을 뜻한다.
769) 『대혜보각선사보설』 제16권 9. 열 선인이 청한 보설.

해하느냐 이해하지 못하느냐는 분별의식의 일이고 선(禪)의 일은 아니다. 이 법은 테두리가 없는 법인데, 테두리 있는 마음을 가지고 어떻게 귀결점에 도달하겠는가? 진실로 선(禪)에 참여하고자 한다면, 이곳저곳에서 배운 것들을 싹 쓸어서 내버리고, 아무것도 알지 못하고 아무것도 이해함 없이 마음을 비워 버려야 한다.

『대혜보각선사법어』 제24권의 '38. 충밀선인(沖密禪人)에게 보임'에서도 대혜는 공안거량선에 대한 문제를 다루고 있다.

"요즈음 말만 배우는 무리들은 많이 다투면서 재빨리 말하는 것을 자랑하고, 터무니없이 엉터리로 말하는 것을 자유자재하다고 여기고, 엉터리 할(喝)을 제멋대로 외치는 것을 종지(宗旨)라고 여기며, 한 번 밀치고 한 번 핍박함에 마치 부싯돌 불이 튀는 것 같고 번갯불이 번쩍이는 것 같고, 주저없이 하하 하고 크게 웃어제끼는 것을 일러 기봉(機鋒)이 준엄하고 재빠르며 의식(意識)에 떨어지지 않았다고 한다. 이런 것들이 바로 업식(業識)을 가지고 귀신의 눈동자를 놀리는 것인 줄 이들은 전혀 모른다. 그러니 어찌 남을 속이고 자신을 속이며, 남을 그르치고 자신을 그르치는 짓이 아니랴?

 보지 못했느냐? 임제(臨濟)가 덕산(德山)을 모시고 서 있을 때에 덕산이 임제를 돌아보고 물었다.

 '물어볼 일이 있는데, 괜찮겠느냐?'

 임제가 말했다.

 '노인네가 잠꼬대를 하여 어쩌겠습니까?'

 덕산이 방망이를 집어드니, 임제가 곧 선상(禪床)을 뒤집어엎어 버렸다. 덕산은 금새 그만두었다.

말해 보아라. 이 두 노숙(老宿)이 이렇게 북돋우고 불러일으켰는데, 헤아리고 따질 곳이 있느냐? 용과 코끼리가 차고 밟는 것을 당나귀는 감당하지 못함을 확실히 알아야 한다. 참으로 이러한 안목을 갖추고 이러한 활용을 하는 것이 아니라면, 이해득실 속에서 두루 헤아리고 짐작하는 것을 아직 벗어나지 못한 것이다.

또 임제가 보화(普化)와 함께 진주(鎭州)에서 시주(施主) 집에 밥 먹으러 갔을 때에 임제가 물었다.

'털 하나가 커다란 바다를 삼키고 겨자씨 속에 수미산을 넣는 것은 신령스럽게 통하고 묘하게 작용하는 것인가? 아니면 법(法)이 본래 그런 것인가?'

보화는 곧 밥상을 뒤집어엎어 버렸다. 임제가 말했다.

'너무 거칠구나!'

보화가 말했다.

'여기에 거칠다느니 세밀하다느니 할 무엇이 있는가?'

임제는 그만두었다. 다음 날 다시 함께 어떤 시주 집에 밥 먹으러 갔는데, 임제가 다시 물었다.

'오늘의 공양(供養)은 어제와 비교하여 어떻느냐?'

보화가 다시 밥상을 뒤집어엎었다. 임제가 말했다.

'옳긴 옳으나, 너무 거칠구나!'

보화가 말했다.

'눈먼 작자야! 불법(佛法)에서 무슨 거칠고 세밀함을 말하느냐?'

임제는 다시 그만두었다.[770]

말해 보아라. 임제가 두 번 그만둔 것에 헤아리고 따질 것이 있는가?

만약 있다면, 어떻게 헤아리고 따질 것인가?

충밀선인(沖密禪人)은 총림에서 매우 오랫동안 흔히 모두를 헤아리기도 하고, 설명하기도 하고, 비판하기도 하며, 스스로 언제나 분명하고 합당하게 여겼다. 뒤에 비로소 그 잘못을 알고서, 이윽고 일시에 모두를 밀쳐놓고서 헤아리고 따짐이 없는 곳에서 공부를 하였다. 이제 비로소 보게 되고 믿게 되어서야, 바야흐로 이 일은 전해 줄 수도 없고 배울 수도 없고 헤아릴 수도 없고 따질 수도 없음을 알았다."

이 공부는 헤아리고 따짐이 없는 곳에서 해야 하니, 이 일은 전해 줄 수도 없고 배울 수도 없고 헤아릴 수도 없고 따질 수도 없기 때문이다.

(8) 묵조선(默照禪)

① 가장 삿된 선

"오늘날 도를 배우는 사람들은 흔히 한가히 앉는 곳에 꽉 머물러 있습니다. 요즈음 총림(叢林)에 깨달음이 없는 무리들이 그것을 일러 묵조(默照)라 하는 것이 바로 이것입니다."771)

"근년(近年)에 들어서 선도(禪道)와 불법(佛法)이 매우 쇠락합니다. 어떤 부류의 엉터리 장로(長老)는 근본적으로 스스로 깨달음이 없고 업(業) 짓는 마음만 끝없이 가득하여 기댈 만한 바탕이 없고 참된 솜씨가 없으

---

770) 『임제록』에 나오는 내용.
771) 『대혜보각선사서』 제29권. 50. 엄교수 자경에 대한 답서.

면서도, 배우는 사람을 단속하여 모든 사람들에게 자기와 같이 칠흑처럼 어둡게 눈을 꽉 감도록 시키고는, '고요히 하여 늘 비춘다.'[772] 하고 말합니다."[773]

"삿된 견해 가운데에서도 좀 나은 것은, 보고·듣고·느끼고·아는 것을 자기라고 이해하고, 드러난 그대로의 경계를[774] 심지법문(心地法門)으로 삼는 것입니다. 이보다 못한 것은, 업식(業識)[775]을 놀려 깨달음으로 들어가는 출입구를 알아차리고는[776] 경솔하게 입술을 놀려서 현(玄)을 이야기하고 묘(妙)를 말하는 것입니다. 더 심한 것은, 발광(發狂)하기에까지 이르러서도 말을 아끼지 않고 인도말로 중국말로 상관없는 것들을 이것저것 지껄이는 것입니다. 가장 못한 것은, 묵묵히 비추며 말없이 텅 비고 고요하게 하며 귀신굴 속[777]에 머물러 궁극적 안락(安樂)을 찾는 것입니다. 그 나머지 여러 가지 삿된 견해를 말로 다할 수 없

---

772) 묵조선(默照禪)을 가리킨다. 굉지정각(宏智正覺)의 「묵조명(默照銘)」 첫머리는 이렇게 시작한다 : 묵묵히 말을 잊으면, 밝고 밝게 앞에 나타난다. /비추어 볼 때에는 텅 비었지만, 체험하는 곳은 신령스럽다. /신령스럽게 홀로 비추니, 비추는 속에 다시 묘함이 있다.(默默忘言, 昭昭現前. 鑒時廓爾, 體處靈然. 靈然獨照, 照中還妙.)(『굉지선사광록(宏智禪師廣錄)』 제8권)
773) 『대혜보각선사서』 제27권. 22. 유보학 언수에 대한 답서.
774) 현량(現量) : 비판하고 분별함을 떠나서 바깥 경계(境界)의 모습을 그대로 느끼고 알아차리는 것. 예를 들면, 맑은 거울이 어떤 형상이든 그대로 비치듯, 꽃은 꽃으로 보고, 노래는 노래로 듣고, 냄새는 냄새로 맡고, 매운 것은 매운 대로 맛보고, 굳은 것은 굳은 대로 느껴서, 조금도 분별하고 미루어 구하는 생각이 없는 것.
775) 업식(業識) : 업(業)을 짓는 의식(意識). 좋고 나쁨, 옳고 그름을 분별하여 취하고 버림으로써 업을 짓는 중생의 망상심(妄想心).
776) 깨달음으로 들어가는 출입구라고 분별할 뿐, 깨달아 들어가지는 못하고.
777) 귀굴리(鬼窟裏) : 귀신이 사는 굴 속. 죽은 사람이 사는 굴 속. 정식(情識)이 활동하지 않는 공적(空寂)에 빠진 묵조선자(默照禪者)가 머무는 곳. =흑산하귀굴(黑山下鬼窟)

습니다."778)

대혜는 묵조선을 삿된 선 가운데에서도 가장 삿된 선이라고 힐난하고 있다. 그 까닭은 아마도 당시에 묵조선이 꽤 유행하고 있었기 때문에 특히 그 폐해를 강하게 지적한 것으로 보인다.

② 묵조선의 주장과 문제점

"오늘날 도를 배우는 사람에게는 승속(僧俗)을 막론하고 모두 두 가지 큰 병이 있습니다. 하나는 말과 문자를 많이 배워서 말과 문자 속에서 기특한 생각을 내는 것입니다. 또 하나는 달을 보고 손가락을 잊는 일을 하지 못하고, 말과 문자에서 깨달아 들어가려 하다가, 불법(佛法)과 선도(禪道)가 말과 문자 위에 있지 않다는 말을 듣고는 곧 말과 문자를 모조리 쓸어버리고, 한결같이 눈을 감고는 죽은 사람처럼 앉아서 '고요히 앉는다'[정좌(靜坐)]느니 '마음을 본다'[관심(觀心)]느니 '묵묵히 비춘다'[묵조(黙照)]느니 하고 말하면서, 다시 이러한 삿된 견해로써 무식하고 어리석은 사람들을 꼬드겨 말하기를 '하루 고요하게 지내면 곧 하루 공부를 한 것이다.'라고 합니다. 안타깝습니다! 이들 모두가 귀신 집안의 살림살이인 줄 전혀 모르고 있습니다. 이 두 가지 큰 병에서 벗어나야, 비로소 배움에 참여할 몫이 있습니다."779)

"어떤 사람은 말없이 침묵하는 것으로써 공겁이전(空劫已前)780)의 일

---
778)『대혜보각선사서』제29권. 44. 이랑중 사표에 대한 답서.
779)『대혜보각선사법어』제20권. 6. 진여도인에게 보임.

로 삼아 사람들에게 그만두고 쉬라고 가르치는데, 쉬어서 흙·나무·기와·돌과 같이 되라고 합니다. 또 사람들이 '검은 산 아래 귀신굴 속에 앉아 있다.'고 말하는 것을 두려워하여, 뒤따라 곧 조사(祖師)의 말씀을 인용하여 증거(證據)하기를 '또렷하게 늘 알고 있는 까닭에 말로는 설명할 수가 없다.'781)고도 합니다. 쉬어서 흙·나무·기와·돌과 같이 될 때에는 캄캄하여 지각(知覺)이 없는 것이 아니라, 곧장 또렷하고 분명히 깨어 있어서, 가고·머물고·앉고·누움에 늘 지니고 있다고 합니다. 그리하여 다만 이와 같이 수행(修行)하여 오래오래 하면, 저절로 본래 마음에 계합한다고 합니다."782)

"불법(佛法)과 선(禪)이 문자언어(文字言語) 위에 있지 않다고 여기고서, 곧장 모든 것을 옆으로 밀쳐놓고 차려져 있는 죽과 밥을 게걸스레 먹고서, 검은 산 아래의 귀신굴 속에 꼼짝하지 않고 앉아서, 묵묵히 늘 비춘다고 하고, 또 완전히 죽은 사람과 같다고 하고, 또 부모가 낳기 이전의 일이라 하고, 또 공겁(空劫) 이전의 일이라 하고, 또 위음나반(威音那畔)의 소식이라 합니다. 앉고 또 앉아서 엉덩이에 굳은살이 박혔는데도 전혀 움직이려 하지 않고, 공부가 차츰차츰 순수하게 익어 간다고 하고, 다시 수많은 쓸데없는 말들과 수다스런 말들을 하나하나 도리를 지어 값을 따져서 한 번 전해 주고는 그것을 종지(宗旨)라고 부르나, 마음속은 여전히 새까맣게 어둡습니다. 본래 나다 남이다 하는 생각을 제거

---

780) 공겁이전(空劫已前) : 위음왕불 이전과 같음. 위음왕 이전 혹은 공겁 이전이란 본유(本有)의 본래면목(本來面目)을 가리키는 뜻이다.
781) 이조혜가(二祖慧可)의 말. 『경덕전등록』 제3권, 제28조 보리달마에 나와 있다.
782) 『대혜보각선사보설』 제14권. 3. 황덕용이 청한 보설.

하려 하면 나다 남이다 하는 생각이 더욱 치성하게 일어나고, 본래 무명(無明)을 없애고자 하면 무명이 더욱 커지는데도, 이러한 사실을 전혀 모르는 것입니다."[783]

"요즈음 총림(叢林)에는 일종의 삿된 선(禪)이 있어서 병을 붙잡고 약으로 여깁니다. 이들은 스스로 깨달은 곳이 없어서, 깨달음을 건립된 것이라 여기고, 깨달음을 사람을 이끄는 말씀이라 여기고, 깨달음을 두 번째에[784] 떨어진 것이라 여기고, 깨달음을 지엽말단의 일이라 여깁니다. 자기가 깨달은 곳이 없으니 남의 깨달음도 믿지 않습니다. 덮어놓고 오로지 텅 비고 고요하고 우둔하게 앎이 없는 것을 위음나반(威音那畔) 공겁이전(空劫已前)의 일이라고 합니다. 매일 두 끼의 밥을 게걸스레 먹고는 어떤 일도 이해하지 못하고 줄곧 입을 꽉 다물고 앉아 있으면서, 그것을 일러 쉬고 또 쉰다고 합니다. 입을 열어 말을 하기만 하면 곧 금시(今時)[785]에 떨어졌다고 하고, 또 자손(子孫) 쪽의 일이라고 합니다. 이러한 검은 산 아래의 귀신굴 속을 지극한 법칙으로 여기고, 또 조상(祖上)이 애초부터 이 문을 나서지 않았다고 합니다. 이들은 자기가 어리석은데도 도리어 타인을 어리석게 여기니, 석가모니가 말한 어떤 사람이 스스로 자기의 귀를 막고는 큰 소리로 부르면서 남이 듣지 않기를 바라는 비유와 꼭 같습니다. 이런 무리는 이름하여 가련하고 불쌍한

---

783) 『대혜보각선사법어』 제19권. 2. 동봉거사에게 보임.
784) 두 번째 : 분별로 인식하는 세속을 가리킨다. 첫 번째는 분별을 벗어난 불이(不二)의 실상(實相)을 가리킨다. 첫 번째는 제일의제(第一義諦)라고도 하고, 두 번째는 제이의문(第二義門)이라고도 한다.
785) 금시(今時) : 금시(今時)는 바로 지금 현재 눈앞에 펼쳐지는 온갖 경험세계로서, 망상(妄相) 혹은 생멸문(生滅門)이라 하며, 시간과 공간이 분별되는 세계. 반면에 실상(實相)인 진여문(眞如門)을 본분(本分)이라고 함.

자들입니다."786)

　이상 대혜의 지적을 바탕으로 묵조선이 어떤 것인가를 요약해 본다. 당시 조동종(曹洞宗)이 말하는 묵조선이 어떤 것인가는 여기에서 살펴보지 않겠다. 다만 대혜가 삿되다고 지적하는 묵조선이 어떤 것인가만 대혜의 말을 바탕으로 살펴본다.

　첫째, 침묵을 본분이라고 한다

　말과 문자를 모조리 쓸어서 내버리고, 말없이 침묵하는 것으로써 공겁(空劫) 이전의 일로 삼아, 사람들에게 그만두고 쉬라고 가르치는데, 쉬어서 흙·나무·기와·돌과 같이 되라고 한다. 오로지 텅 비고 고요하고 우둔하게 앎이 없는 것을 일러 완전히 죽은 사람과 같다고 하고, 부모가 낳기 이전의 일이라고 하고, 공겁(空劫) 이전의 일이라고 하고, 위음나반(威音那畔)의 소식이라고 하면서, 입을 열어 말을 하기만 하면 곧 금시(今時)에 떨어졌다고 하고, 또 자손(子孫) 쪽의 일이라고 한다. 공겁 이전이나 위음나반의 소식이란 곧 본분(本分) 즉 본래면목(本來面目)을 가리킨다. 본분에 상대적인 말이 금시인데, 본분이 불생불멸(不生不滅)이요, 불이중도(不二中道)인 진여문(眞如門)의 실상(實相)이라면, 금시는 바로 지금 현재 눈앞에 펼쳐지는 온갖 경험세계로서 생멸문(生滅門)의 망상(妄相)이다.
　그러나 금시와 본분은 방편의 이름일 뿐, 진실로 금시와 본분이라

---

786) 『대혜보각선사법어』 제21권. 16. 여기의에게 보임.

는 세계가 따로 있는 것은 아니다. 그러므로 금시를 버리고 본분만 취한다는 것은 이법(二法) 속에서 취하고 버리는 것이지, 불이법(不二法)이 아니다.

둘째, 고요히 앉아 쉬는 것을 공부로 삼는다

한결같이 눈을 감고는 죽은 사람처럼 앉아서 "고요히 앉는다."[정좌(靜坐)]라고 하면서, 앉고 또 앉아서 엉덩이에 굳은살이 박혔는데도 전혀 움직이려 하지 않고, 공부가 차츰차츰 순수하게 익어 간다고 한다. 오로지 사람들에게 가르치기를 죽은 개처럼 쉬고 또 쉬라고 하는데, 매일 두 끼의 밥을 게걸스레 먹고는 어떤 일도 이해하지 못하고 줄곧 입을 꽉 다물고 앉아 있으면서 그것을 일러 쉬고 또 쉰다고 한다.

고요히 앉아 마음을 쉬는 것은 고심망회(枯心忘懷)에 해당하고, 혼침(昏沈)에 해당한다.

셋째, 묵묵히 비추어 본다

늘 묵묵히 비추어[묵조(默照)] 마음을 보라[관심(觀心)]고 한다. 쉬어서 흙 · 나무 · 기와 · 돌과 같이 될 때에는 캄캄하여 지각(知覺)이 없는 것이 아니라, 곧장 또렷하고 분명히 깨어 있어서 가고 · 머물고 · 앉고 · 누움에 늘 인연 따라 지니고 있되, 희로애락(喜怒哀樂)의 감정(感情)을 잊고 말없이 고요히 비추라고 가르친다. 또 사람들이 "검은 산 아래 귀신굴 속에 앉아 있다."라고 말하는 것을 두려워하여 조사(祖師)의 말씀을 인용하여 증거(證據)하기를 "또렷하게 늘 알고 있는 까닭에 말로는 설명할 수가 없다."고도 한다.

늘 지니고서 묵묵히 비추어 본다는 것은 기심관대(起心管帶)에 해당하고, 도거(掉擧)에 해당한다.

넷째, 오래 고요하면 깨닫는다

고요함이 뿌리이고 깨달음은 가지나 잎과 같으니, 다만 이와 같이 수행(修行)하여 오래도록 고요할 수 있으면 저절로 깨달아 본래 마음에 계합한다고 한다. 묵조(黙照)란 하나의 수행을 실천하는 것이며, 이러한 수행을 오래 실천하면 언젠가는 저절로 깨닫는다고 한다.

이것은 수행을 하면서 깨달음을 기다리는 것이니, 역시 이법(二法)이고 불이법(不二法)이 아니다.

다섯째, 공안을 도리로 이해한다

수많은 쓸데없는 말들과 수다스러운 말들을 하나하나 도리(道理)를 지어 값을 따져서 한 번 전해 주고는 그것을 종지(宗旨)라고 부른다.

묵조선을 하는 사람들도 고칙공안(古則公案)에 대하여 거량(擧量)을 한다. 공안에 대한 거각상량의 문제에 대해서는 위의 거각상량(擧覺商量)선에서 이미 살펴보았다.

③ 묵조선이 삿된 이유

묵조선의 주장을 보면 이미 그 문제점을 알 수 있지만, 다시 대혜가 말하는 묵조선이 삿된 이유들을 살펴본다.

첫째, 수행만 있고 깨달음이 없다

"어떤 사람은 말없이 검은 산 아래의 귀신굴 속에 눈을 꼭 감고 앉아서는 그것을 일러 위음왕(威音王) 나반(那畔)의 부모가 낳기 이전 소식이라 하며 또한 묵묵히 늘 비춘다고 하면서 이것을 선으로 여깁니다. 이와 같은 무리들은 묘한 깨달음을 구하지 않고, 깨달음을 두 번째에 떨어진 것으로 여기며, 깨달음을 사람을 속이거나 놀리는 것으로 여기며, 깨달음을 만들어 세우는 것으로 여깁니다. 이들은 스스로 깨달은 적이 없으니, 깨달음이 있다는 것을 믿지도 않습니다."[787]

"비록 이와 같더라도, 이러한 말을 듣고서 곧 조작함이 없고 행함이 없는 곳에서 눈을 감고서 죽은 듯한 모양을 지으며 묵묵히 늘 비춘다고 해서는 안 됩니다. 원숭이[788]를 묶은 밧줄을 꽉 쥐고서 놈이 날뛸까 두려워한다면, 이런 사람은 옛 스님이 말씀하신 공망(空亡)[789]에 떨어진 외도(外道)이며 혼백이 흩어지지 않은 시체입니다. 참으로 마음의 삶과 죽음을 끊고 마음의 더러운 때를 씻고 마음에 가득한 삿된 생각을 제거하려 한다면, 반드시 이 원숭이를 한 방망이에 때려죽여야만 합니다. 만약 한결같이 원숭이를 묶은 줄을 꽉 붙잡고서 의도적으로 조복시키려 한다면, 이런 사람은 지나치게 집착한 것이니 참으로 불쌍하다고 나는 말합

---

787) 『대혜보각선사서』 제30권. 61. 장사인 장원에 대한 답서.
788) 호손(猢猻) : 원숭이. 잠시도 가만 있지 못하고 이리저리 헤매는 중생의 마음을 비유함.
789) 공망(空亡) : 텅 비고 아무것도 없음. 허무(虛無).

니다. 바른 눈으로 본다면, 이들은 모두 천마(天魔)[790]요, 외도(外道)요, 망량(魍魎)[791]이요, 요정(妖精)이니 우리 불교의 집안이 아닙니다."[792]

"대개 세상에서 산전수전 다 겪은 사람은 오래도록 번다하고 피곤한 세간의 일에 집착해 있다가, 문득 누구에게 고요한 곳에서 공부하라는 가르침을 받고서 잠깐이라도 가슴속에 일이 없어지면, 곧 이것을 마지막 안락한 곳이라 여기지만, 이것이 돌로 풀을 잠시 눌러 놓은 것과 같음을 전혀 알지 못합니다. 비록 잠시 소식이 끊어짐을 느끼겠지만, 뿌리는 여전히 남아 있으니 어찌하겠습니까? 이래서야 적멸(寂滅)을 철저히 얻을 때가 있겠습니까? 참된 적멸을 실현하고자 한다면, 반드시 활활 타오르는 생멸(生滅) 속에서 문득 한 번 뛰쳐나와야 합니다. 그래야 털끝만큼도 움직이지 않고서 긴 강을 저어서 곧장 제호(醍醐)를 만들고, 대지를 변화시켜 황금으로 만들며, 때에 따라 놓고 붙잡고 죽이고 살림에 자유로워, 자기와 남을 이롭게 함에 베풀지 못할 일이 없을 것입니다."[793]

반드시 깨달음을 얻어서 원숭이처럼 제멋대로 날뛰는 이 마음이 조복되어야 한다. 묵조(默照)라는 수행 속에 갇혀서 원숭이가 조복되었다고 착각하면 안 된다. 묵조라는 수행을 행하고 있는 동안에는 원숭이 같은 마음이 날뛰지 않아서 마치 조복된 듯이 보이겠지만, 이것은 마치

---

790) 천마(天魔) : 천자마(天子魔). 마왕(魔王). 욕계의 꼭대기에 있는 제6천의 주인으로 파순(波旬)이라는 이름으로 경에 등장함.
791) 망량(魍魎) : 도깨비.
792) 『대혜보각선사법어』 제22권. 18. 묘심거사에게 보임.
793) 『대혜보각선사서』 제26권. 14. 부추밀 계신에 대한 답서(2).

돌멩이로 풀을 눌러 놓은 것처럼 일시적인 방책이고 근본적인 조복은 아니다. 반드시 참된 깨달음을 얻어 원숭이가 완전히 죽어 버려야만, 아무런 노력이나 수행 없이도 저절로 마음이 조복되는 것이다.

둘째, 고요함에 머물러 있다

"문득 몸과 마음이 편안하고 고요해지면 반드시 노력해야 하지, 곧장 편안한 곳에 빠져 있어서는 안 됩니다. 경(經)의 가르침에서는 그것을 일러 해탈의 깊은 구덩이는 두려워해야 할 곳이라고 하였습니다. 반드시 물 위에 떠 있는 조롱박처럼 빙글빙글 자유자재하여 구속받지 않고, 깨끗함에도 들어가고 더러움에도 들어가면서 가로막히지도 않고 빠져들지도 않아야, 비로소 납승(衲僧)의 문하(門下)에 조금 가까울 몫이 있을 것입니다. 만약 다만 울지 않는 어린아이를 안고 있는 듯이 해서야, 무슨 소용이 있겠습니까?"[794]

"편지에 말씀하시길, '초보자가 잠시 고요히 앉으니 공부가 저절로 좋아진다.'라고 하시고 또 말씀하시길 '감히 고요하다는 견해를 망령되이 짓지 않는다.'라고 하시니, 이는 부처님의 '어떤 사람이 스스로 귀를 막고 큰 소리를 지르면서 다른 사람도 듣지 않기를 바라는 것과 같다.'[795]라는 말씀처럼 참으로 스스로 어려운 장애를 만드는 일일 뿐입니다. 만약 생사심(生死心)이 부서지지 않으면, 일상 24시간의 한 순간 한 순간이 어둡고 어리석어서 마치 혼이 흩어지지 않은 시체와 마찬가

---

794) 『대혜보각선사법어』 제20권. 7. 공혜도인에게 보임.
795) 『수능엄경』 제6권에 나오는 구절.

지입니다. 그러니 다시 무슨 부질 없는 공부를 하여 고요함을 이해하고 시끄러움을 이해하겠습니까? …… 만약 참된 고요함을 바란다면, 반드시 생사심(生死心)이 부서져야 합니다. 애써 공부할 필요 없이 생사심만 부서지면 저절로 고요해집니다. 옛 성현이 말씀하신 고요함이라는 방편은 바로 이렇게 되는 것을 가리키는 것입니다만, 제멋대로 옳게 여기는 말세의 삿된 스승들이 옛 성현께서 방편으로 하신 말씀을 이해하지 못할 뿐입니다."[796)

고요하고 편안함이라는 곳에 머물면 도리어 고요함과 편안함이 구속이 되어 해탈도 없고 자재함도 없다. 참으로 고요하고 편안함이란 묵조라는 수행으로 만들어 내는 것이 아니라, 깨달음을 얻어서 어리석게 헤매는 중생심(衆生心)이 사라져야 비로소 참으로 고요하고 편안한 것이다. 어리석게 헤매는 중생심이 사라지면 침묵하지 않아도 고요하고, 앉아서 쉬지 않아도 편안하다.

셋째, 방편을 오해하였다

"사람들에게 고집스레 쉬고 또 쉬라고만 가르치는 것은 곧 생각을 잊은 텅 비고 고요함에 머물러 이해한 것이요, 쉬어서 느낌도 앎도 없는 곳에 다다르면 흙이나 나무나 기와나 돌과 같을 것이니 바로 이러한 때에는 어둡고 알 수 없는 상태가 아니다라고 하는 것은 방편으로 묶인 것을 풀어주는 말을 잘못 알고서 이해한 것이다."[797)

---

796) 『대혜보각선사서』 제26권. 14. 부추밀 계신에 대한 답서(3).

"오늘날 어떤 부류의 머리 깎은 외도(外道)798)들은 스스로는 안목이 밝지도 못하면서 오로지 사람들에게 가르치기를, 죽은 개처럼 쉬고 또 쉬라고 합니다. 만약 이와 같이 쉰다면, 천 명의 부처님이 세상에 나오더라도 결코 쉬지 못할 뿐만 아니라, 오히려 마음을 어리석고 어둡게 할 뿐입니다. 또 사람들에게 가르치기를, 인연 따라 지니고 있되, 희로애락(喜怒哀樂)의 감정(感情)을 잊고 말없이 고요히 비추라고 가르칩니다만, 비추고 또 비추며 지니고 또 지니면 더욱 어리석고 어두움을 더하여 끝마칠 기약이 없을 것입니다. 이는 조사의 방편을 완전히 잘못 알아서 엉터리로 사람들에게 가리키는 것이니, 오로지 헛되이 삶을 떠돌다가 죽게 만드는 짓입니다."799)

"그런데 진헐800) 스님께서는 늘 배우는 사람들이 흔히 눈앞에 드러난 느낌을 인정하고서 지견(知見)을 찾고 이해(理解)를 구하며 쉬지 않는 모습을 보시고는, 어쩔 수 없이 사람들에게 '시간 밖에서 계합(契合)해야 한다.'고 가르치셨다. 사실을 말하자면, 이 한 마디도 벌써 많은 것이다. 이것은 한때의 방편이니, 마치 사람에게 달을 가리켜 주는 것과 같아서, 응당 달을 보아야지 손가락을 알아서는 안 되는 것이다. 요즈음 사람들은 알아차리지를 못하고, 진실로 이런 일이 있다고 여긴다. 이것은 조사(祖師)가 말씀하신 '잘못 아는 것'이니, 어찌 방편을 이해한 것이겠는가? 이미 방편의 말씀을 알지 못한다면, 곧 연등불(然燈佛)의 뱃속에 자리잡

---

797) 『대혜보각선사서』 제25권. 4. 증시랑 천유에 대한 답서(3).
798) 대혜 당시 묵조선(默照禪)을 행하던 선승(禪僧)들을 가리킨다.
799) 『대혜보각선사서』 제25권. 4. 증시랑 천유에 대한 답서(3).
800) 진헐청료(眞歇淸了) : 1088-1151. 송대(宋代)의 선승(禪僧)으로 조동종(曹洞宗)이다.

고,801) 검은 산 아래의 귀신굴 속에서 움직이지 않으며, 엉덩이에 굳은 살이 박히도록 앉아 있으나, 입 속에는 침만 흥건히 고이고, 뱃속은 여전히 캄캄하니, 나귀해가 된다고 한들 꿈에라도 깨닫겠는가?"802)

방편의 말을 오해하여 진실로 그런 일이 있다고 여기고서 그렇게 이룩하려고 노력한다면, 이것은 분별에 따라 행하는 것이므로 취하고 버리는 삿됨이 있다. 대개 삿된 까닭은 방편의 말을 분별심으로 이해하여 그런 일이 있다고 여기고서 그렇게 되려고 노력하기 때문이다. 분별심으로 방편의 말을 이해하는 순간 이법(二法)에 떨어지는 것이다.

넷째, 취하고 버림을 행한다

"제멋대로 말하는 엉터리 장로의 무리가 님에게 고요히 앉아서 부처되기를 기다리라고 가르치니, 이 어찌 헛됨과 망령됨의 뿌리가 아니겠습니까? 또 말하기를 '고요한 곳에서는 잃지 않지만 시끄러운 곳에서는 잃는다.'라고 하니, 이 어찌 세간상(世間相)을 부수어 실상(實相)을 찾는 것이 아니겠습니까? 만약 이와 같이 수행한다면 어떻게 우두법융이 말한 '이제 말한 마음 없음은 마음 있음과 다르지 않다.'는 것과 들어맞을 수 있겠습니까?"803)

시끄러움을 버리고 고요함을 취하니, 세간의 모습을 버리고 실상(實

---

801) 미래에 성불할 것이라고 수기(授記)하는 연등불의 뱃속에 자리잡는다는 말은, 미래에 성불(成佛)하기를 바라고 수행을 하고 있다는 말.
802) 『대혜보각선사보설』 제13권. 1. 설봉에서 보리회 만들 때의 보설.
803) 『대혜보각선사서』 제27권. 23. 유통판 언충에 대한 답서(1).

相)을 찾는 것이다. 이렇게 취하고 버리는 것이 바로 이법(二法)이다. 불법은 불이법(不二法)이니, 이법(二法)은 삿되다.

다섯째, 혼침에 떨어져 있다

"요즘은 선객들뿐만 아니라 사대부들도 총명하고 영리하여 아주 많은 책들을 두루 섭렵한 사람들이지만, 각자에게는 두 종류의 병이 있다. 만약 주의를 기울이지 않으면 곧 잊어버리게 되는데, 잊어버리면 검은 산 아래 귀신굴 속에 떨어질 것이다. 교학에서는 그것을 일러 혼침(昏沈)이라 한다. 주의를 기울인다면 심식(心識)이 어지러이 날게 되는데, 한 생각이 또 한 생각으로 연결되고, 앞생각이 아직 그치지 않았는데도 뒷생각이 잇달아 일어난다. 교학에서는 이것을 일러 도거(掉擧)라고 한다. 이들은 사람들의 발밑에 혼침하지도 않고 도거하지도 않는 한 개 대사인연(大事因緣)이 있어서, 하늘이 두루 뒤덮는 것 같고, 땅이 두루 떠받치고 있는 것 같은데, 세계가 아직 있기 이전에 먼저 이 한 개 대사인연이 있는 줄을 알지 못한다. 세계가 부서질 때에도 이 한 개 대사인연은 털끝 하나도 움직인 적이 없다. 흔히 사대부들은 도거하기 쉽다. 그런데 지금 여러 곳에 있는 묵조(默照)라는 삿된 선(禪)을 하는 무리들은 사대부들이 분별망상에 막혀서 마음이 평안하지 못한 것을 보고는 곧 그들에게 불꺼진 재나 고목나무처럼 되라 하고, 한 폭의 하얀 명주(明紬)처럼 되라 하고, 오래된 사당(祠堂)의 향로처럼 되라 하고, 썰렁하고 적막해지라고 시킨다. 이렇게 쉬는 사람을 그대들은 쉬었다고 말할 수 있는가? 이 원숭이[804]가 죽지 않은 것을 전혀 알지도 못하면서, 어떻게 쉬었다는 것인가? 올 때에는 맨 먼저 오고 갈 때에는 맨 나중에 가면서 죽질 않는데, 어떻게 쉬었다는 것인가?"805)

말을 버리고 침묵하면서 불꺼진 재나 고목나무처럼 썰렁하고 고요하게 쉰다면, 이것은 혼침(昏沈)에 떨어진 것이다. 위에서 살펴보았듯이 도거와 혼침은 모두 이법(二法)에 떨어진 것이니 삿되다.

(9) 전광석화선(電光石火禪)

① 전광석화선이란?

대혜는 전광석화와 같은 재빠름을 자랑하는 선자(禪者)들을 여러 곳에서 비판하고 있다. 특히 대혜가 법을 계승한 스승인 원오극근의 문하에 이런 선자들이 많이 있었던 모양이다. 이러한 선자들을 비판하는 대혜의 말을 살펴보자.

"지금 여러 곳에 몇 종의 삿된 선(禪)이 있지만, 대법에 밝으면 이 삿된 선은 곧 자기가 즐겨 사용하는 가구(家具)일 뿐이다. 부싯돌 불과 번갯불처럼 한 번 때리고 한 번 고함치는 것을 좋아하고 마음과 본성을 말하는 것을 전혀 좋아하지 않는 자는 다만 기봉(機鋒)이 뛰어나고 재빠른 것을 좋아할 뿐인데, 그를 일러 대기대용(大機大用)이라 하고, 마음과 본성을 말하기를 좋아하고 부싯돌 불과 번갯불 같은 한 방망이와 한 번의 고함을 전혀 좋아하지 않는 자는 다만 끊임없이 얽히고설키는 것을

---

804) 원숭이는 망상분별하는 중생의 마음을 가리킨다.
805) 『대혜보각선사보설』 제17권. 12. 전계의가 청한 보설.

좋아할 뿐인데, 그를 일러 면면밀밀(綿綿密密)이라고도 하고 근각하사(根脚下事)806)라 하기도 한다. 그러나 이들은 모두 한 개 활용함이 없는 곳을 전혀 모르고 진흙덩이를 가지고 노는 자들이다."807)

"미쳐 날뛰는 헛된 행동으로 부싯돌 불이 일 듯이 번갯불이 일 듯이 말을 꺼내기만 하면 곧장 이해하고는 모든 것을 싹 없애 버리는 것을 선으로 삼기도 합니다."808)

"어떤 사람은 정식(情識)과 경계(境界)를 벗어 버리고 고정된 형식을 세우지 않는 것을 드나드는 문(門)으로 삼아, 옛사람의 공안(公案)을 말하기만 하면 벌써 알아차려 버립니다. 혹시 사가(師家)가 묻기를 '마음도 아니고, 부처도 아니고, 물건도 아니니, 그대가 어떻게 알겠는가?'라고 하면, 곧 말하기를 '스님께서는 활짝 깨어 있음을 꺼리지 마십시오.'라고 하기도 하고, 혹은 '스님께서는 어디에 갔다 오셨습니까?'라고 하기도 하고, 혹은 '화살 위에 다시 살촉을 더해선 안 됩니다.'라고 하기도 하고, 혹은 '얼마나 많은 사람을 속였습니까?'라고 하기도 하고, 혹은 '마음도 아니고, 부처도 아니고, 물건도 아니다.'라고 같은 말을 다시 한 번 말하기도 합니다. 저 옛사람들의 인연(因緣)을 물을 때마다, 모두 말을 꺼내는 곳에서 바로 받아들이고, 부싯돌 불꽃이나 번갯불처럼 번쩍 스치는 곳에서 알아차리고, 말을 하면 바로 알아차립니다. 질문을

---

806) 근각하사(根脚下事) : 근각(根脚)은 각근(脚根), 각근(脚跟)과 같이 발바닥을 가리킨다. 근각하사(根脚下事)는 발밑의 일이라는 뜻으로서 누구나 자리 잡고 서 있는 자신의 근본(根本)을 가리키는 말이다.
807) 『대혜보각선사보설』 제15권. 5. 전계의가 청한 보설.
808) 『대혜보각선사법어』 제19권. 3. 지통거사에게 보임.

할 때마다 전혀 받아들이지 않고는, 깨끗이 벗어나 자재하며 큰 안락을 얻었다고 합니다."809)

대혜가 말하는 전광석화선이 어떤 것인지 정리하면 다음과 같다.

㉮ 부싯돌 불과 번갯불처럼 한 번 때리고 한 번 고함치는 것을 좋아하고, 마음과 본성을 말하는 것을 전혀 좋아하지 않는다. 다만 기봉(機鋒)이 뛰어나고 재빠른 것을 좋아할 뿐인데, 그를 일러 대기대용(大機大用)이라고 하고, 정식(情識)과 경계(境界)를 벗어 버리고 고정된 형식을 세우지 않는다고 한다.

㉯ 말을 꺼내는 곳에서 바로 받아들인다. 부싯돌 불이 일 듯이 번개가 치듯이, 말을 꺼내기만 하면 곧장 알아차리고는 모든 것을 싹 없애 버린다. 그리하여 어떤 질문도 받아들이지 않으면서, 깨끗이 벗어나 자재하며 큰 안락을 얻었다고 한다.

㉰ 부싯돌 불꽃이나 번갯불처럼 번쩍 스치는 곳에서 알아차리고, 옛사람의 공안(公案)을 말하기만 하면 벌써 알아차려 버린다.

② 전광석화선의 삿됨

"요즈음 말만 배우는 무리들은 많이 다투면서 재빨리 말하는 것을 자랑하고, 터무니없이 엉터리로 말하는 것을 자유자재하다고 여기고, 엉터리 할(喝)을 제멋대로 외치는 것을 종지(宗旨)라고 여기며, 한 번 밀

---

809) 『대혜보각선사보설』 제14권. 3. 황덕용이 청한 보설.

치고 한 번 핍박함에 마치 부싯돌 불이 튀는 것 같고 번갯불이 번쩍이는 것 같고, 주저없이 하하 하고 크게 웃어제끼는 것을 일러 기봉(機鋒)이 준엄하고 재빠르며 의식(意識)에 떨어지지 않았다고 한다. 이런 것들이 바로 업식(業識)을 가지고 귀신의 눈동자를 놀리는 것인 줄 이들은 전혀 모른다. 그러니 어찌 남을 속이고 자신을 속이며, 남을 그르치고 자신을 그르치는 짓이 아니랴?"810)

앞에서도 지적하였지만 이렇게 재빨리 말하는 것을 자랑하고, 터무니없이 엉터리로 말하는 것을 자유자재하다고 여기고, 엉터리 할(喝)을 제멋대로 외치는 것을 종지(宗旨)라고 여기며, 한 번 밀치고 한 번 핍박함에 마치 부싯돌 불이 튀는 것 같고 번갯불이 번쩍이는 것 같고, 주저없이 하하 하고 크게 웃어제끼는 것을 일러 기봉(機鋒)이 준엄하고 재빠르며 의식(意識)에 떨어지지 않았다고 하는 것은 역시 도리(道理)와 격식을 세워 그 속에 갇혀 있는 것이다. 머뭇거림 없이 곧장 받아들이고 행동하고 말하는 것을 정식(情識)과 경계(境界)를 벗어난 대기대용(大機大用)이라고 하고, 의식에 떨어지지 않았다고 하고, 기봉(機鋒)이 준엄하다고 하고, 종지(宗旨)를 드러낸다고 한다면, 이것이 바로 도리와 격식을 세우는 것이다. 선(禪)이라는 도리와 격식을 세우고서 그 도리와 격식 속에 머문다면, 선(禪)이 도리어 분별된 경계가 되어 버린다. "선은 이런 것이다."라는 견해가 있기만 하면 이미 선이 아니라 분별이다. 이렇게 전광석화처럼 재빠른 것을 좋아하는 분위기가 대혜의 스승인 원오극근의 문하에 꽤 유행하고 있었던지, 대혜는 이 문제를 원오극근에게 제기하고 있다.

---

810) 『대혜보각선사법어』 제24권. 38. 충밀선인에게 보임.

"오늘날 배우는 자들은 이러한 길을 벗어나지 못하고 있다. 그들에게 언어 위에 있지 않다고 말하면, 곧 마주하는 경계 위에서 알려고 한다. 또 마주하는 경계 위에 있지 않다고 말하면, 곧 말을 꺼내는 곳에서 받들어 지키려[811] 하고, 마음도 아니고 부처도 아니고 사물도 아니라고 말하면 말하자마자 곧 이해해 버린다. 원오(圜悟) 선사(先師)께서 늘 말씀하셨다.

'요즈음 이곳저곳에서는 모두 소굴(巢窟)을 만들고 있다. 오조(五祖)[812] 문하에서 나와 불감(佛鑑)[813]과 불안(佛眼)[814] 세 사람이 결사(結社)[815]하여 참선(參禪)하였는데, 지금 벌써 허물이 드러나는 것이 보인다. 불감 밑에는 강아지 울음소리와 비둘기 울음소리를 내어서 웃음거리가 되는 사람들이 있고, 불안 밑에는 등롱(燈籠)과 노주(露柱) 혹은 동쪽을 가리키거나 서쪽을 가리키지만 눈으로는 귀신을 보는 것과 같은 무리들이 있다. 나의 여기에는 그런 부류의 병통이 없다.'

내가 말씀드렸다.

'병통이 없어서 참 좋으시겠습니다.'

선사께서 말씀하셨다.

'무슨 말이냐?'

내가 말씀드렸다.

'부싯돌을 치고 번갯불을 일으키는 듯이 하여, 수많은 사람들이 업식

---

811) 거기처승당(擧起處承當) : 말을 하는 곳에서 곧장 받아들이다. 말을 끄집어내는 곳에서 곧장 인정하고 수긍하다.
812) 오조법연(五祖法演; ?-1104).
813) 불감혜근(佛鑑慧懃; 1059-1117).
814) 불안청원(佛眼淸遠; 1067-1120).
815) 결사(結社) : 불교 수행 혹은 참선 수행이라는 공동의 목적을 위하여 단체를 조직함.

(業識)을 희롱하여 말하자마자 곧 이해하도록 하는 것이 어찌 불법(佛法)의 커다란 소굴이 아니겠습니까?'

선사께서는 자기도 모르게 혀를 내두르고는 말씀하셨다.

'그것은 상관하지 말아라. 나는 다만 깨달아 진리에 들어맞는 것만을 기약할 뿐이다. 만약 깨달아 진리에 들어맞지 않는다면, 결단코 눈감아 주지 않는다.'

내가 말씀드렸다.

'깨달아 진리에 들어맞는다고 하시면 되었습니다만, 염려스러운 것은 후생들이 단지 그렇게 전하여 말하자마자 곧 이해하여 온통 부싯돌을 치고 번갯불을 일으키는 일만을 주장한다면, 드넓은 업식(業識)이 끝날 날이 없을 것입니다.'

선사께서는 깊이 긍정하셨다."816)

소굴(巢窟)이란 머무는 집을 가리키니, 도리와 격식을 세워 그 속에 머무는 것을 일러 소굴이라 한다. 말하는 곳에서 곧장 받아들이고 전광석화처럼 재빠르게 반응하는 것을 선이라고 여겨서, 그러한 행동에서 벗어나지 않으려 하니 그것이 바로 소굴이다. 어떤 도리나 격식도 모두 삿된 일이니, 이들은 참된 깨달음이 아니기 때문이다. 선(禪)이란 모름지기 참으로 깨달아야 하는 것이다. 참으로 깨달으면 저절로 온갖 장애로부터 벗어나 걸림없이 자유로우니, 어떤 도리나 격식도 없다.

---

816) 『대혜보각선사보설』 제18권. 13. 정성충이 청한 보설.

(10) 기타 여러 가지 삿된 경우들

기타 대혜가 말하는 삿된 선들을 모아 보면 다음과 같다.

① 여러 가지 삿된 이해들

"눈먼 자가 사람들에게 잘못 가리키는 것은 모두 고기 눈알을 밝은 구슬로 알고서 명칭에 머물러 이해한 것이요, 사람들에게 지니고 있으라고 가르치는 것은 곧 눈앞의 지각(知覺)에 머물러 이해한 것이요, 사람들에게 고집스레 쉬고 또 쉬라고만 가르치는 것은 곧 생각을 잊은 텅 비고 고요함에 머물러 이해한 것이요, 쉬어서 느낌도 앎도 없는 곳에 다다르면 흙이나 나무나 기와나 돌과 같을 것이니 바로 이러한 때에는 어둡고 알 수 없는 상태가 아니라고 하는 것은 방편으로 묶인 것을 풀어주는 말을 잘못 알고서 이해한 것이요, 사람들에게 인연 따라 주의를 기울이되 나쁜 깨달음이 앞에 나타나게 하지 말라고 가르치는 것은 촉루(髑髏)의 정식(情識)[817])에 집착하여 이해한 것이요, 사람들에게 다만 비워 버려서 자유에 맡겨 두고 마음을 내거나 생각을 움직임에 관여치 말 것이니 생각은 일어나고 사라지지만 본래 실체(實體)가 없는 것인데도 만약 이것을 진실하다고 여겨 집착하면 생사심(生死心)[818])이 생긴다고 가르치는 것은 자연체(自然體)[819])에 머물러 구경법(究竟法)으로 여겨

---

817) 촉루(髑髏)의 정식(情識) : 깨달음이 없는 사람에게 있는 육체에 얽매인 감정(感情)과 의식(意識). 촉루(髑髏)는 해골(骸骨), 시신(屍身)이라는 뜻으로서 깨달음이 없는 사람의 육신을 가리킴.
818) 생사심(生死心) : 분별과 차별 속에서 취하고 버리고 조작하는 중생의 분별심(分別心).
819) 자연체(自然體) : 본래 그러한 본바탕이 있다고 여기는 것.

이해한 것입니다. 이와 같은 여러 병은 도를 배우는 사람의 탓이 아니라, 모두 눈먼 스승이 잘못 가르치기 때문에 생깁니다."820)

여러 가지 삿된 선은 잘못된 이해와 삿된 견해로 말미암은 것이다.
㉮ 사람들에게 잘못 가리키는 것은 방편의 언어를 분별심으로 이해했기 때문이다.
㉯ 사람들에게 지니고 있으라고[관대(管帶)] 가르치는 것은 곧 눈앞의 지각(知覺)에 머물러 있는 것이 선(禪)이라고 이해했기 때문이다.
㉰ 사람들에게 고집스레 쉬고 또 쉬라고만 가르치는 것은 생각을 잊은 텅 비고 고요함에 머무는 것이 선이라고 이해했기 때문이다.
㉱ 쉬어서 느낌도 앎도 없는 곳에 다다르면 흙이나 나무나 기와나 돌과 같을 것이니 바로 이러한 때에는 어둡고 알 수 없는 상태가 아니라고 하는 것은 옛사람이 묶인 것을 풀어주려고 방편으로 했던 말을 잘못 이해했기 때문이다.
㉲ 사람들에게 인연 따라 주의를 기울여 비추어 보되 나쁜 깨달음이 앞에 나타나게 하지 말라고 가르치는 것은 육체에 묶인 의식(意識)에 집착하여 선을 이해했기 때문이다.
㉳ 사람들에게 다만 비워 버려 자유에 맡겨 두고 마음을 내거나 생각을 움직임에 관여치 말 것이니 생각은 일어나고 사라지지만 본래 실체(實體)가 없는 것인데도 만약 이것을 진실하다고 여겨 집착하면 생사심(生死心)이 생긴다고 가르치는 것은 일 없는 자연스러움을 진리라고 이해했기 때문이다.

---
820) 『대혜보각선사서』 제25권. 4. 증시랑 천유에 대한 답서(3).

② 눈앞의 경계를 마음이라고 한다

"오늘날 배우는 자들은 이러한 길을 벗어나지 못하고 있다. 그들에게 언어 위에 있지 않다고 말하면, 곧 마주하는 경계 위에서 이해한다."[821]

"삿된 견해 가운데에서도 좀 나은 것은 보고·듣고·느끼고·아는 것을 자기라고 이해하고, 드러난 그대로의 경계[822]를 심지법문(心地法門)으로 삼는 것입니다."[823]

보고·듣고·느끼고·아는 것을 자기(自己)라고 이해하고, 현량(現量) 즉 분별 없이 앞에 드러나 있는 경계를 마음이라고 이해하는 것도 삿되다. 현량이란 분별함을 떠나서 바깥 경계(境界)의 모습을 그대로 느끼고 알아차리는 것인데, 맑은 거울이 어떤 모습이든 그대로 비치듯이 꽃은 꽃으로 보고, 노래는 노래로 듣고, 냄새는 냄새로 맡고, 매운 것은 매운 대로 맛보고, 굳은 것은 굳은 대로 느껴서, 조금도 분별하고 미루어 구하는 생각이 없는 것을 현량이라 한다. 이렇게 분별 없이 드러나 있는 세계를 바로 자기 마음이라고 여기고, 그러한 세계를 보고·듣고·느끼고·아는 것을 자기 자신이라고 여기는 것은 역시 분별과 이해 속의

---

821) 『대혜보각선사보설』 제18권. 13. 정성충이 청한 보설.
822) 현량(現量) : 분별함을 떠나서 바깥 경계(境界)의 모습을 그대로 느끼고 알아차리는 것. 예를 들면, 맑은 거울이 어떤 형상이든 그대로 비치듯, 꽃은 꽃으로 보고, 노래는 노래로 듣고, 냄새는 냄새로 맡고, 매운 것은 매운 대로 맛보고, 굳은 것은 굳은 대로 느껴서, 조금도 분별하고 미루어 구하는 생각이 없는 것.
823) 『대혜보각선사서』 제29권. 44. 이랑중 사표에 대한 답서.

일이고 참된 깨달음은 아니다. 이에 대한 대혜의 말을 보자.

"그러므로 경전에서 말한다. '법(法)은 볼 수도 들을 수도 느낄 수도 알 수도 없다. 만약 보고·듣고·느끼고·안다면, 이것은 보고·듣고·느끼고·아는 것일 뿐, 법을 찾는 것이 아니다.'[824] 비유하자면, 어떤 사람이 (성(城) 안의 길에 서서) 묻기를 '성 안의 길은 어디로 가야 합니까?' 하였는데, 가리키며 답하기를 '여기로 갑니다.'라고 하였다고 하자. 묻는 사람이 그 말을 듣고서 곧장 간다고 하여도 벌써 굽어 버린 것이다. 이것을 어떻게 지견(知見)·이해(理解)·헤아림·얻고 잃음·현묘(玄妙)·옳고 그름 등의 마음을 가지고 배울 수 있겠는가? 그대들이 진실하게 공부하려고 한다면, 다만 모든 것을 놓아 버리고, 마치 완전히 죽은 사람처럼 아무것도 알지 못하고 아무것도 이해하지 못해야 한다. 알지도 못하고 이해하지도 못하는 곳에서 문득 이 한 생각이 부서지게 되면, 부처님도 그대들을 어찌하지 못할 것이다. 보지도 못하였느냐? 옛사람이 말하였다. '절벽에 매달려 손을 놓아 버리고 스스로 기꺼이 받아들이면, 죽었다가 다시 살아난 것과 같아서 그대를 속일 수가 없을 것이다.'"[825]

③ 깨끗한 빛에 통달하는 것을 깨달음으로 삼는다

"또 지극히 깨끗한 빛에 통달하는 것을 깨달음이라고도 하는데, 잘못 알지 않는 것이 좋을 것이다. 옛 성인이 어쩔 수 없이 지극히 깨끗한

---

824) 「유마힐소설경」「불사의품」 제6에 나오는 구절.
825) 「대혜보각선사보설」 제13권. 1. 설봉에서 보리회 만들 때의 보설.

빛에 통달함을 말하고 고요한 비춤 속에 허공을 품고 있다고 말한 것은, 비유하자면 좋은 의사가 병에 따라 약을 처방하는 것과 같은 것이다. 지금 묘한 깨달음이 있음을 믿지 않는 자가 도리어 깨달음은 만들어진 것이라고 말하니, 이 어찌 약을 병으로 여기는 것이 아니랴?"826)

옛 성인이 어쩔 수 없이 지극히 깨끗한 빛에 통달함을 말하고 고요한 비춤 속에 허공을 품고 있다고 말한 것은 모두 병에 따라 약을 처방한 방편의 말일 뿐이니, 진실로 그러한 일이 있다고 이해하면 잘못하는 것이다. 방편의 말을 문자 그대로 이해하는 것은 중생의 분별심을 가지고 불심(佛心)을 이해하려는 것이니 잘못될 수밖에 없다.

④ 인가(印可)를 구하지 말라

"요 몇 년 사이에 불법(佛法)에 일종의 장사꾼 무리들이 있어서, 곳곳에서 한 무더기 혹은 한 짐의 상사선(相似禪)827)을 배우고 있다. 이따금 종사(宗師)가 경솔하게 눈감아 주기라도 하면, 드디어 메아리같이 헛된 것을 이어받고는 서로 번갈아 인가(印可)해 주며 뒷사람들을 속인다. 그리하여 바른 종지(宗旨)의 맛이 싱겁고 오로지 곧장 가리켜서 전하는828)

---

826) 『대혜보각선사보설』 제18권. 13. 정성충이 청한 보설.
827) 상사선(相似禪) : 상사(相似)란 '닮다' '비슷하다'란 뜻이니, 상사선(相似禪)이란 선(禪)과 비슷하게 닮았지만 선이 아닌 사이비선(似而非禪)을 가리킨다.
828) 단전직지(單傳直指) : 말이나 글자에 의지하지 않고 마음을 곧장 가리켜서 다만 마음으로써 마음에 전하는 선종(禪宗)의 법을 말함. 단전(單傳)이란 오로지 하나만을 전한다는 말이고, 직지(直指)란 이 하나를 즉각 바로 가리킨다는 말이다. 조사선(祖師禪)은 이심전심(以心傳心)으로 오로지 마음 하나만을 전하고, 직지인심(直指人心)으로 이 마음을 바로 가리켜서 전한다.

가풍이 거의 사라질 지경에 처하게 되었으니, 자세히 살피지 않을 수 없느니라."829)

"삿된 스승이 부드럽게 어루만지며 동과(冬瓜)로 도장을 만들어 찍어 주는 것을 받고는830) 곧 말하기를, '나는 천 가지에 밝고 백 가지에 알맞다.'라고 말하는 그런 짓은 절대로 하지 마십시오. 이와 같은 무리가 나락이나 삼이나 대나무나 갈대처럼 많지만, 님께서는 총명하고 식견이 있으므로 절대로 이런 부류의 해악을 받아들여서는 안 됩니다. 그러나 또한 간절히 마음을 써서 빠른 효험을 구하는 것을 두려워해야 하니, 자기도 모르는 사이에 그런 것에 물들어 버리기 때문입니다."831)

자기가 바른 선을 깨달았음을 인가받기를 바라는 사람은 참된 공부를 할 자격이 없다. 인가를 구하는 것은 곧 '내가 알았다' '내가 얻었다'라는 생각에서 비롯되는 것인데, 이런 생각을 하는 것이 바로 분별과 아견(我見)에서 벗어나지 못한 것이다. 알았다거나 몰랐다는 것이 곧 분별이요, 내가 알았다는 것이 곧 아견이다. 또 이런 사람은 '나'라는 아견과 '안다, 모른다' 하는 차별 속에 있기 때문에 내가 알아야겠다는 욕심을 앞세워 빠른 효험을 바라는데, 빠른 효험을 바라고 애써 노력한다면 반드시 삿됨이 나타난다. 선을 참으로 공부하는 사람에게는 다만 저절로 드러나는 진실이 있을 뿐이다. 진실이 저절로 드러나면 저절로 의문

---

829) 『대혜보각선사서』 제30권. 65. 고산체장로에 대한 답서.
830) 동과인자(冬瓜印子) : 동과(冬瓜)는 박처럼 생긴 일년생 풀로서 열매는 수박과 비슷하고 맛이 좋으며, 동아라고도 한다. 인자(印子)는 도장. 동과인자(冬瓜印子)란 동과를 이용하여 엉터리 도장을 만들어 사용한다는 말로서, 가짜를 가지고 속인다는 말이다.
831) 『대혜보각선사서』 제30권. 61. 장사인 장원에 대한 답서.

이 사라지고, 저절로 아견이 사라져서 저절로 안팎의 차별이 사라진다. 진실이 저절로 드러나면, 나도 없고 법도 없으며, 안도 없고 바깥도 없으며, 안다거나 모른다는 차별이 없으며, 옳다거나 그르다는 차별이 없으며, 얻는다거나 잃는다는 차별이 없다.

6. 선문(禪門)의 본보기

『대혜보각선사법어』 제23권의 '30. 묘명거사(妙明居士)에게 보임'에서 대혜는 선문(禪門)에서 본보기가 되는 경우의 예화를 8가지 들고 있다. 이 글은 대혜의 선(禪)이 어떤 것인가를 살펴볼 수 있는 좋은 자료이다. 이 8가지 예문은 설명이 필요없는 것이므로 그대로 옮겨 싣는다. 대혜는 먼저 다음과 같은 말로써 이야기를 시작한다.[832]

도는 마음을 깨닫는 것이지, 말을 전하는 것이 아닙니다. 요즈음에는 이 도를 배우는 자가 흔히 근본을 버리고 말단을 좇으며, 바른 것을 등지고 삿된 것에 뛰어들며, 기꺼이 자기의 발밑에서 마지막 진실을 찾지는 않고 오로지 종사(宗師)가 말한 곳에 머물러 있으니, 비록 지극히 정밀하게 말할 수 있다고 하더라도 본분(本分)의 일과는 전혀 상관이 없습니다. 옛사람은 배우는 사람들이 헛것을 보고 진짜로 여기는 것을 보고서, 마지못해 방편(方便)을 시설하여 그들을 이끌어 그들이 스스로 자기

---

[832] 이하 모두는 인용문이지만, 따로 인용부호 없이 전재(全載)한다.

의 본지풍광(本地風光)을 알고 자기의 본래면목(本來面目)을 밝게 보도록 하였을 뿐이니, 처음부터 사람에게 줄 참된 법이란 없는 것입니다.

(1) 첫 번째 본보기

예컨대 강서(江西)의 마조(馬祖)는 처음에는 좌선(坐禪)을 좋아하였습니다. 뒤에 남악회양(南嶽懷讓) 스님은 그가 좌선하는 곳에서 벽돌을 갈았습니다. 마조가 선정(禪定)에서 빠져나와 물었습니다.
"벽돌을 갈아서 어쩌시렵니까?"
회양이 답했습니다.
"거울을 만들려 하네."
마조가 웃으며 말했습니다.
"벽돌을 간다고 어떻게 거울이 되겠습니까?"
회양이 말했습니다.
"벽돌을 갈아서 거울이 되지 못한다면, 좌선을 하여 어떻게 부처가 되겠는가?"
회양 스님이 마조에게 좌선하여 무엇을 하려 하느냐고 물었는데 마조는 부처가 되길 바란다고 답했으니, 경전 속에서 말한 "먼저 선정(禪定)으로 움직이고 뒤에 지혜로 뽑아 낸다."[833]는 것입니다. 마조는 좌선하여 어떻게 부처가 될 수 있느냐는 말을 듣고서, 비로소 마음이 조급해져서 이윽고 자리에서 일어나 절을 하여 경의를 표하고는 물었습니다.
"어떻게 해야 옳습니까?"

---

833) 『대반열반경』 제31권 「사자후보살품(師子吼菩薩品)」 제11-5에 나오는 구절.

회양은 마조에게 때가 온 것을 알고서 비로소 그에게 말했습니다.

"비유하면, 우마차가 있는데 수레가 만약 가지 않는다면 소를 때려야 옳은가, 수레를 때려야 옳은가?"

그리고 다시 말했습니다.

"그대는 좌선(坐禪)을 배우는가, 좌불(坐佛)을 배우는가? 만약 좌선을 배운다면, 선은 앉거나 눕는 것이 아니다. 만약 좌불을 배운다면, 부처는 정해진 모습이 아니다. 머묾 없는 법에서 취하거나 버려서는 안 된다. 그대가 만약 좌불을 배운다면 곧 부처를 죽이는 것이고, 만약 앉는 모습에 집착한다면 그 도리에 통달하지 못한다."

마조는 말을 듣고서 문득 깨닫고는, 이윽고 물었습니다.

"어떻게 마음을 써야 무상삼매(無相三昧)에 합치하겠습니까?"

회양이 말했습니다.

"그대가 마음의 법문(法門)을 배우는 것은 마치 씨앗을 심는 것과 같고, 내가 법의 요체를 말해 주는 것은 비유하면 저 하늘이 비를 내리는 것과 같다. 그대는 인연을 만난 까닭에 그 도를 볼 것이다."

마조가 다시 물었습니다.

"도는 색깔이나 모습이 아닌데, 어떻게 볼 수 있습니까?"

회양이 말했습니다.

"법을 보는 마음의 눈으로 도를 볼 수 있다. 무상삼매(無相三昧)도 그러한 것이다."

마조가 말했습니다.

"이루어지거나 부서지는 것입니까?"

회양이 말했습니다.

"이루어지고 부서지고 모이고 흩어지는 것으로써 도를 보려 한다면,

잘못이다."834)

앞서 "방편으로 이끈다."고 말했는데, 이 일화가 바로 우리 종문(宗門) 가운데 첫 번째 본보기입니다. 묘명거사(妙明居士)는 이것에 의지하여 공부하기 바랍니다.

(2) 두 번째 본보기

옛날 대주(大珠) 스님이 처음 마조(馬祖)를 찾아뵈었을 때, 마조가 물었습니다.
"어디에서 오는가?"
대주가 말했습니다.
"월주(越州)의 대운사(大雲寺)에서 옵니다."
마조가 말했습니다.
"여기에 와서 무슨 일을 하려 하는가?"
대주가 말했습니다.
"불법(佛法)을 찾아 왔습니다."
마조가 말했습니다.
"자기의 보물창고는 돌아보지 않고, 자기를 버리고 이리저리 내달려서 어쩌겠는가? 나의 여기에는 한 물건도 없는데, 무슨 불법을 찾는가?"
대주가 이에 절을 하고서 물었습니다.

---

834) 『경덕전등록』 제5권 '남악회양선사(南嶽懷讓禪師)' 및 『사가어록』 「마조록」에 나오는 내용.

"어떤 것이 저 혜해(慧海) 자신의 보물창고입니까?"

마조가 말했습니다.

"지금 나에게 묻는 것이 곧 그대의 보물창고이다. 모든 것이 다 갖추어져 있고, 또 부족함이 없으며, 자재하게 사용하는데, 왜 밖에서 구하겠는가?"

대주는 말을 듣고 자기의 본마음은 알아차려서 얻는 것이 아님을 알았습니다.[835] 뒤에 대주산(大珠山)에 머물렀는데, 질문을 받으면 질문에 따라 답을 하여 자기의 보물창고를 열어 자기의 재산을 꺼내도록 하였는데, 마치 쟁반 위를 구르는 옥구슬처럼 걸림이 없었습니다. 일찍이 어떤 승려가 대주에게 물었습니다.

"반야는 큽니까?"

대주 : "반야는 크다."

승려 : "얼마나 큽니까?"

대주 : "끝이 없다."

승려 : "반야는 작습니까?"

대주 : "반야는 작다."

승려 : "얼마나 작습니까?"

대주 : "보아도 보이지 않는다."

승려 : "어느 곳입니까?"

대주 : "어느 곳이 아닌가?"[836]

---

[835] 『경덕전등록』 제6권 '월주대주혜해선사(越州大珠慧海禪師)' 및 『사가어록』 「마조록」에 나오는 내용.

[836] 『경덕전등록』 제28권 '월주대주혜해화상(越州大珠慧海和尙)'에 나오는 내용.

그가 자기의 보물창고를 깨닫는 것을 보십시오. 남에게 전해 줄 진실한 법이 조금이라도 있습니까? 저는 늘 이 도를 배우는 자들에게 말합니다. 만약 참으로 도를 보는 사람이라면, 마치 종경(鐘磬)이 틀에 걸려 있는[837] 듯하고 골짜기에 메아리가 울리는 듯하여, 크게 치면 크게 울리고 작게 치면 작게 울립니다.

요즈음의 불법은 애처롭게도 남의 스승 노릇하는 자가 먼저 기특하고 현묘한 것을 가슴에 쌓아 놓고서 차례차례 서로 따라서 이어받아 입에서 귀로 전해 주는 것으로 종지(宗旨)를 삼습니다. 이러한 무리는 삿된 독이 마음에 들어와 있으나, 치료할 수도 없습니다. 옛 스님은 이들을 일러 반야를 비방하는 사람이라 하였으니, 이런 사람들은 천 분의 부처가 세상에 나와도 참회할 수 없습니다.[838]

이것이 우리 선종(禪宗)이 뛰어난 방편으로 배우는 사람을 이끄는 두 번째 본보기입니다. 묘명거사께서 꼭 마지막 진실을 찾고자 한다면, 마땅히 이러한 본보기처럼 공부하여야 합니다.

(3) 세 번째 본보기

이미 이러한 믿음을 갖추고서 이 한 수[839]를 이해하고자 한다면, 먼저 모름지기 결정적인 뜻을 세우고, 경계를 대하고 인연을 만남에 순조롭거나 거스를 경우에도 물샐틈없이 지키면서 주인 노릇하며 여러 가

---

837) 종(鐘)은 악기(樂器)로서 사용되는 종경(鐘磬), 거(虡)는 그 종경을 걸어 놓고 치는 틀.
838) "천 분의 부처가 세상에 나와도 참회할 수 없습니다."라는 말은 『천수천안관세음보살광대원만무애대비심다라니경(千手千眼觀世音菩薩廣大圓滿無礙大悲心陀羅尼經)』 혹은 『천수천안관세음보살대비심다라니(千手千眼觀世音菩薩大悲心陀羅尼)』에 나오는 구절.
839) 일착자(一着子) : (바둑에서) 한 수 두다. 손을 한 번 쓰다. 한 번 행동하다.

지 삿된 말을 듣지 말아야 합니다. 일상생활에서 인연을 만날 때에는 늘 세월은 재빨리 흐르니, 삶과 죽음이란 두 낱말을 콧마루840) 위에다 걸어 놓으십시오. 또 마치 백만 관(貫)의 빚을 진 사람이 돌려줄 돈은 한 푼 없는데 빚쟁이가 문 앞을 지키고 있어서 걱정되고 두렵지만, 천 번을 생각하고 만 번을 헤아려도 돌려줄 길이 없는 것과 같아야 합니다. 만약 늘 이런 마음을 가지고 있다면, 나아갈 몫이 있을 것입니다. 만약 반은 나아가고 반은 물러나며, 반은 믿고 반은 믿지 않는다면, 집이 두세 채뿐인 시골의 지혜 없는 어리석은 사내만도 못한 것입니다. 왜 그럴까요? 그는 아무것도 알지 못하고 아무것도 이해하지 못하기 때문에 도리어 여러 가지 잘못된 지식이나 깨달음이 장애가 되질 않고, 오로지 어리석음을 지킬 수 있기 때문입니다.

옛 스님이 말했습니다.

"지극한 도리를 캐 보려 한다면 깨달음을 모범으로 삼아야 한다."841)

요즈음은 흔히 깨달은 종사(宗師)를 믿지 않고, 깨달음은 사람을 속이는 것이라고 말하고, 깨달음은 건립된 것이라고 하고, 깨달음은 파정(把定)842)이라 하고, 깨달음은 두 번째에 떨어진 것이라 하니, 사자의 껍질을 쓰고서 여우의 울음을 우는 자가 헤아릴 수 없이 많습니다. 법을 가려 볼 눈을 갖추지 못한 자가 종종 이런 무리들에게 속으니, 잘 살

---

840) 비공첨두(鼻孔尖頭) : 코끝. 콧마루. 비공(鼻孔)과 마찬가지로 본성(本性), 본래면목(本來面目)을 가리킨다.
841) 『위산경책(潙山警策)』에 나오는 구절.
842) 파정(把定) : 선지식이 수행자를 가르칠 때에 수행자가 그때까지 마음에 품고 있던 사상·신념·견해 등 모든 것을 타파부정하여 수행자를 곤혹절망(困惑絶望)의 깊은 늪으로 몰아넣음으로써 오히려 생생한 향상(向上)으로 나아가는 결과를 가져다주려고 하는 것. 모든 망상을 빼앗아 손을 쓸 수 없도록 만드는 것이다. 파주(把住)라고도 한다. 방행(放行) 혹은 방개(放開)의 반대.

펴서 생각하지 않을 수 없고 잘 생각하여 살피지 않을 수 없습니다. 이것이 종사가 어리석은 세상 사람들을 가르쳐서 달을 보고 손가락은 잊게 만드는 세 번째 본보기입니다. 묘명거사가 삶과 죽음의 소굴에서 벗어나고자 한다면, 이렇게 말하는 것을 일러 바른 말이라 하고, 다르게 말하는 것을 일러 삿된 말이라 합니다. 잘 생각하십시오!

(4) 네 번째 본보기

삶과 죽음을 두려워하는 의심의 뿌리를 완전히 뽑아 내지 않으면, 백 겁(百劫)의 세월 동안 천 번을 윤회하며 업(業)을 따라 과보를 받으며 나타났다 사라졌다 하면서 쉴 때가 없을 것입니다. 참으로 세차게 심혈을 기울일 수 있다면, 단번에 깨끗이 뽑아 내 버리고 곧 중생의 마음을 떠나지 않고 부처의 마음을 볼 수 있을 것입니다. 만약 오래된 원력(願力)이 있어서 참되고 바른 선지식을 만나 뛰어난 방편에 이끌려 일깨워진다면, 무슨 어려움이 있겠습니까? 보지 못했습니까? 옛 스님이 말했습니다.

"세속에는 사람을 가로막는 마음이 없고, 부처님과 조사에게는 사람을 속이는 뜻이 없다. 다만 요즈음 사람들이 지나가지 못하기 때문에, 세속이 사람을 가로막지 않는다고 하지 못하는 것이다."[843]

---

843) 『경덕전등록』 제17권 '호남용아산거둔선사(湖南龍牙山居遁禪師)'에 나오는 용아거둔(龍牙居遁)의 말을 순서에 관계 없이 인용하였다. 용아거둔의 전체 말은 다음과 같다 : "강호(江湖)에는 비록 사람을 가로막는 마음이 없지만, 요즈음 사람들이 지나가지를 못하기 때문에, 강호가 사람을 가로막는 꼴이 되어서, 강호가 사람을 가로막지 않는다고 말하지 못하는 것이다. 부처와 조사에게는 비록 사람을 속이는 마음이 없지만, 요즈음 사람들이 뚫고 벗어나지 못하기 때문에 부처와 조사가 사람을 속이는 꼴이 되어서, 부처와 조사가 사람을 속이지 않는다고 말하지 못하는 것이다. 만약 부처와 조사를 뚫고 벗어난다면,

부처님과 조사의 말씀이 비록 사람을 속이지는 않지만, 다만 이 도를 배우는 자가 방편을 잘못 알고서 한 마디 말과 한 구절 속에서 현(玄)함을 찾고 묘(妙)함을 찾고 얻음을 찾고 잃음을 찾는 까닭에 뚫고 지나가지 못하고 부처님과 조사가 사람을 속이지 않는다고 말하지 못하는 것입니다. 마치 눈먼 사람이 햇빛이나 달빛을 보지 못하는 것이 눈먼 자의 허물이지 해와 달의 허물이 아닌 것과 같습니다. 이것이 이 도를 배움에 문자의 모습을 떠나고 분별의 모습을 떠나고 언어의 모습을 떠난 네 번째 본보기입니다. 묘명거사는 잘 생각하십시오.

(5) 다섯 번째 본보기

태어나도 온 곳을 알지 못하고 죽어도 갈 곳을 알지 못하는 의심을 아직 잊지 않았다면, 삶과 죽음이 뒤얽힐 것입니다. 다만 이렇게 뒤얽힌 곳에서 한 개 화두(話頭)를 살펴보십시오.

승려가 조주에게 물었습니다.
"개에게도 불성이 있습니까?"
조주가 말했습니다.

이 사람은 부처와 조사를 지나쳐 버린 것이니, 비로소 부처와 조사의 뜻을 몸소 얻은 것이고, 바야흐로 위쪽에 있는 옛사람과 같다. 만약 뚫고 벗어나지 못하고 다만 부처를 배우고 조사를 배우기만 한다면, 영원토록 기회를 얻을 날이 없을 것이다."(江湖雖無礙人之心, 爲時人過不得, 江湖成礙人去, 不得道江湖不礙人. 祖佛雖無謾人之心, 爲時人透不得, 祖佛成謾人去, 不得道祖佛不謾人. 若透得祖佛過, 此人過卻祖佛也, 始是體得祖佛意, 方與向上古人同. 如未透得, 但學佛學祖, 則萬劫無有得期.)

"없다."

다만 이 태어나도 온 곳을 알지 못하고 죽어도 갈 곳을 알지 못하는 의심을 "없다."는 글자 위에 옮겨 온다면, 뒤얽힌 마음이 사라질 것입니다. 뒤얽힌 마음이 사라지고 나면, 오고 가는 삶과 죽음에 대한 의심이 끊어질 것입니다. 다만 끊고자 하나 아직 끊어지지 않은 곳에서 맞붙어 버티다가 때가 되어 갑자기 단번에 확 깨달으면, 곧 경전에서 말하는 "마음의 삶과 죽음을 끊고, 마음의 선(善)하지 못함을 멈춘다."[844]는 것이 마음의 무성한 번뇌망상을 잘라 내고, 마음의 더러움과 혼탁함을 씻어 내는 것임을 알 것입니다.

그러나 마음에 무슨 더러움이 있겠습니까? 마음에 무슨 혼탁함이 있겠습니까? 좋고 나쁨을 분별하는 잡독(雜毒)이 모인 것을 일러 선하지 않다고도 하고, 더럽고 혼탁하다고도 하고, 빽빽한 번뇌망상이라고도 하는 것입니다. 만약 참으로 단번에 확 깨달으면, 단지 이 빽빽한 망상의 숲이 곧 향기로운 전단나무의 숲이고, 단지 이 더럽고 혼탁한 것이 곧 깨끗하게 해탈하여 조작이 없는 묘한 본바탕입니다. 이 본바탕은 본래 더러움이 없고, 더럽게 만들지도 못합니다. 분별이 생기지 않아 텅 비고 밝고 스스로 비추는 것이 곧 이 조그마한 도리입니다. 이것이 종사가 배우는 자로 하여금 삿됨을 버리고 바름으로 돌아가게 만드는 다섯 번째 본보기입니다. 묘명거사는 다만 여기에 의지하여 공부하십시오. 오래오래 하면 저절로 빈틈없이 딱 들어맞을 것입니다.

---

844) 『화엄경』(80권) 제63권 「입법계품」 제39-4에 나오는 구절.

(6) 여섯 번째 본보기

도는 있지 않은 곳이 없으니 닿는 곳마다 모두 참되어서, 참됨을 떠나 발 디딜 곳이 없고 발 딛는 곳이 곧 참입니다. 경전에서 말했습니다.
"먹고살기 위해 직업에 종사하는 것들이 모두 바른 도리를 따르고 실상(實相)과 어긋나지 않는다."845)

이 까닭에 방거사(龐居士)가 말했습니다.

"일상생활에 다른 것은 없고
오직 나 스스로 내키는 대로 어울린다.
하나하나의 일을 취하지도 버리지도 않고
곳곳에서 어긋남이 없다.
붉은색과 보라색이라고 누가 이름 지었는가?
언덕과 산에는 한 점의 티끌먼지도 없네.
신통(神通)과 묘용(妙用)이

---

845) 이 구절은 『법화경』의 다음 내용의 취지를 요약한 것이다 : 만약 선남자 선여인이 여래가 적멸한 뒤에 이 경(經)을 기억한다면, 또 읽거나 외우거나 설명하거나 베낀다면, 천이백 억의 공덕을 얻을 것이다. 이러한 깨끗한 의식(意識)으로 한 게송이나 한 구절을 듣는다면, 헤아릴 수 없고 끝없는 뜻에 통달할 것이다. 이러한 뜻을 이해한 뒤에 한 구절이나 한 게송을 말할 수 있으면, 한 달, 넉 달, 혹은 일 년이 되도록 그 뜻을 따라 말한 모든 법 모두가 실상(實相)과 어긋나지 않을 것이다. 만약 세속의 경서(經書)나 세속을 살면서 하는 말들이나 먹고사는 일들을 말하더라도, 모두 바른 법을 따를 것이다.(若善男子善女人, 如來滅後受持是經, 若讀若誦若解說若書寫, 得千二百意功德. 以是淸淨意根, 乃至聞一偈一句, 通達無量無邊之義. 解是義已, 能演說一句一偈, 至於一月四月乃至一歲, 諸所說法隨其義趣, 皆與實相不相違背. 若說俗間經書治世語言資生業等, 皆順正法.) 『묘법연화경』「법사공덕품(法師功德品)」제19)

물 긷고 땔나무 나르는 일이로다."846)

그러나 곧 이렇다고 알고 있으면서 묘한 깨달음을 구하지 않으면, 다시 일 없는 껍질 속847)에 떨어져 있게 됩니다. 보지도 못했습니까? 위부(魏府)의 노화엄(老華嚴)이 말했습니다.

"불법(佛法)은 그대가 매일 생활하는 곳에 있고, 가고·머물고·앉고·눕는 곳에 있고, 죽 먹고 밥 먹는 곳에 있고, 말로써 서로 묻는 곳에 있다. 그러나 일부러 만들거나 행하거나 마음을 내고 생각을 움직이면 도리어 옳지 않다."848)

또 진정(眞淨)849) 스님이 말했습니다.

"마음으로 헤아리지 않으면, 하나하나가 밝고 묘하며, 하나하나가 자연스러우며, 하나하나가 마치 연꽃이 물에 젖지 않는 것과 같다. 자기 마음이 어두운 까닭에 중생이 되고, 자기 마음을 깨달은 까닭에 부처가 된다. 중생이 본래 부처이고 부처가 본래 중생이지만, 어리석음과 깨달음으로 말미암아 중생과 부처라는 차이가 나는 것이다."

또 석가모니가 말씀하셨습니다.

"이 법은 법의 지위(地位)에 머물러 있고, 세간의 모습도 늘 머물러 있다."850)

---

846) 『경덕전등록』 제8권 '양주거사방온(襄州居士龐蘊)'에 나오는 시(詩).
847) 무사갑리(無事甲裏) : 일 없는 상자 속. 일 없는 껍질 속. 참으로 깨달아 마음이 쉬어진 것이 아니라, 지금 있는 그대로가 전체요, 완전하여 더할 것도 뺄 것도 없다고 이치로 이해하고는, 이 이해 속에 머물러 있으면서 다시는 참된 깨달음을 찾지 않는 선병(禪病).
848) 『경덕전등록』 제30권 후서(後序) 뒤에 첨부되어 있는 '위부화엄장로시중(魏府華嚴長老示衆)'에 나오는 구절.
849) 진정극문(眞淨克文; 1025-1102).
850) 『묘법연화경』 「방편품(方便品)」 제2의 게송에 나오는 구절.

또 말씀하셨습니다.

"이 법은 생각하고 헤아리고 분별하는 것으로 알 수 있는 것이 아니다."851)

이 역시 마음으로 헤아리는 것을 허락하지 않는다는 말일 뿐입니다. 참으로 인연에 응하는 곳에서, 안배(安排)하지 않고, 조작(造作)하지 않고, 마음으로 생각하거나 헤아리거나 분별하거나 비교하지 않는다면, 저절로 막힘 없이 트여서 바랄 것도 없고 의지할 것도 없고, 유위(有爲)에 머물지도 않고, 무위(無爲)에 떨어지지도 않고, 세간이니 출세간이니 하는 생각도 하지 않을 것입니다. 이것이 곧 일상생활의 행위 속에서 본래면목(本來面目)에 어둡지 않은 여섯 번째 본보기입니다.

(7) 일곱 번째 본보기

본래 삶과 죽음의 일이 크고 세월은 재빠른데 아직 자기의 일을 밝히지 못했기 때문에 종사(宗師)를 찾아 뵙고 삶과 죽음의 속박에서 벗어나는 길을 찾았으나, 도리어 삿된 스승의 무리들을 만나면 더욱더 얽매이고 더욱더 속박을 당합니다. 옛날의 속박을 아직 풀지도 못했는데 새로운 속박을 더하면서도, 도리어 삶과 죽음이라는 속박은 이해하지 못하고, 다만 한결같이 쓸데없는 잡다한 말들만 이해하여 종지(宗旨)라 부르니, 매우 중요한 일을 대수롭지 않게 여기는 짓입니다. 이것이 경전에서 말한 "삿된 스승의 잘못이지, 중생의 허물이 아니다."852)는 것입니다.

---

851) 『묘법연화경』「방편품」제2에 나오는 구절.
852) 『원각경(圓覺經)』에 나오는 구절.

삶과 죽음에 속박되지 않으려면, 다만 늘 마음속을 텅 비워 버리고, 단지 태어날 때 오는 곳을 알지 못하고 죽을 때 가는 곳을 알지 못하는 마음을 언제나 인연을 만나는 곳에서 일깨우십시오. 일깨우는 것이 익숙해져서 오래되면 저절로 탁 트여서 걸림이 없을 것입니다.

일상생활 속에서 힘들지 않음853)을 느낄 때가 곧 이 도를 배움에 힘을 얻는 곳입니다. 힘을 얻는 곳에서 무한히 힘들지 않으며, 힘들지 않은 곳에서 다시 무한한 힘을 얻습니다. 이 도리는 남에게 말해 줄 수도 없고, 남에게 보여 줄 수도 없습니다. 힘들지 않은 것과 힘을 얻는 것은 마치 사람이 물을 마셔서 그 차가움과 따스함을 스스로 아는 것과 같습니다.

저는 일생 동안 다만 힘들지 않은 곳을 사람들에게 가리켜 주었을 뿐, 수수께끼854)를 붙잡고 이리저리 헤아리도록 만들지는 않았습니다. 역시 단지 이렇게 수행할 뿐이고, 이 밖에 따로 요상하고 괴상한 일을 만들 것은 없습니다. 내가 힘을 얻은 곳은 남이 알지 못하고, 내가 힘들지 않은 곳 역시 남이 알지 못하고, 생사심(生死心)855)이 끊어진 것 역

---

853) 생력(省力) : 힘을 덜다. 수월하다. 수고롭지 않다. 힘들지 않다.
854) 미자(謎子) : 수수께끼. 여기에서 수수께끼는 곧 공안(公案)을 가리킨다. 대혜가 가르치는 간화선(看話禪)은 수수께끼 같은 공안을 제시하여 그 뜻을 헤아리도록 하는 것이 아니라, 화두(話頭)를 제시하여 생각으로 헤아림이 끊어지는 곳에서 문득 깨달음이 나타나도록 가르치는 선(禪)이다.
855) 생사심(生死心) : 분별과 차별 속에서 취하고 버리고 조작하는 중생의 분별심(分別心). 『사가어록(四家語錄)』「강서마조도일선사어록(江西馬祖道一禪師語錄)」에서 말하기를, "도(道)는 닦을 필요가 없으니, 단지 오염되지만 말라. 무엇이 오염인가? 생사심(生死心)이 있기만 하면 조작하고 쫓아다니니, 이들이 모두 오염이다. 만약 곧장 도를 깨닫고자 한다면, 평상심(平常心)이 곧 도이다. 무엇을 일러 평상심이라 하는가? 조작이 없고, 옳고 그름을 따짐이 없고, 취하고 버림이 없고, 단절(斷絶)과 항상(恒常)이 없고, 범부와 성인이 없는 것이다."(道不用脩, 但莫汚染. 何爲汚染? 但有生死心, 造作趣向, 皆是汚染. 若欲直會其道, 平常心是道. 何謂平常心? 無造作, 無是非, 無取捨, 無斷常, 無凡

시 남이 알지 못하고, 생사심을 아직 잊지 못하는 것 역시 남이 알지 못합니다. 다만 이 법문(法門)을 모든 사람들에게 베풀어 줄 뿐, 따로 전해 줄 현묘하고 기특한 것은 없습니다.

묘명거사가 반드시 저처럼 수행하고자 한다면, 다만 이 말에만 의지하시고, 다시 다른 도리를 찾을 필요는 없습니다. 참된 용(龍)이 가는 곳에는 구름이 저절로 따라오는데, 하물며 신령스럽게 통하는 광명(光明)이 본래 저절로 있는 경우에야 말할 것도 없습니다. 보지 못했습니까? 덕산(德山) 스님이 말했습니다.

"그대가 다만 마음에 일이 없고 일에 마음을 두지 않는다면, 텅 비면서도 신령스럽고 텅 비면서도 묘하다. 만약 털끝만큼이라도 그 근본과 말단을 말한다면, 모두 스스로를 속이는 짓이다."[856]

이것이 이 도를 배우는 중요한 길인 일곱 번째 본보기입니다.

(8) 여덟 번째 본보기

위와 같은 일곱 가지 본보기가 부처에 머무는 병과 법에 머무는 병과 중생에 머무는 병을 한꺼번에 다 말했으나 다시 여덟 번째 본보기가 있

無聖.)라고 하였다. 그러므로 생사심(生死心)은 평상심(平常心)과 상대되는 말이니, 조작하고, 옳고 그름을 따지고, 취하고 버림이 있고, 단절과 항상이 있고, 범부와 성인의 차별이 있는 것이 곧 생사심(生死心)이다. 『선문요략(禪門要略)』에서는 "앞의 아홉이 세간심(世間心)이요, 생사심(生死心)이며, 뒤의 하나가 출세간심(出世間心)이요, 열반심(涅槃心)이요, 성인심(聖人心)이요, 해탈심(解脫心)이다."(前九是世間心, 是生死心, 後一是出世心, 是涅槃心, 是聖人心, 是解脫心.)라고 하였다.

856) 『경덕전등록』 제15권 '낭주덕산선감선사(朗州德山宣鑒禪師)'에 나오는 상당법어(上堂法語). 앞에 다음의 구절이 생략되어 있다. "자기에게 일이 없으면 헛되이 구하지 말라. 헛되이 구하여 얻는다고 하여도 역시 얻은 것이 아니다."(於己無事則勿妄求. 妄求而得亦非得也.)

으니, 도리어 묘원도인(妙圓道人)857)에게 묻기 바랍니다.858) 다시 묘원도인을 대신하여 일전어(一轉語)859)를 말합니다.

"큰 깨달음을 그대가 얻지 못한다면, 잡다한 세속을 그대 자신이 떠맡을 것이다."

---

857) 앞서 법어 '28. 묘원도인(妙圓道人)에게 보임'에서 소개된 부인(夫人). 묘명거사(妙明居士)가 곧 이지성(李知省)이므로, 묘원도인은 묘명거사 자신의 부인이다.
858) 묘원도인이 여덟 번째 본보기가 되는 훌륭한 도인(道人)이라는 말.
859) 일전어(一轉語) : 그때그때의 상황에 따라 말을 자유자재하게 사용하여 선지(禪旨)를 가리키는 것. 심기(心機)를 바꾸어서(一轉) 깨닫게 하는 힘이 있는 말이라는 뜻이기도 하다.

7. 실중(室中) 가르침

(1) 입실(入室) 지도

대혜는 37세에 깨달음을 얻고서 40세인 1128년에 성저(星渚)에 이르러 운거산(雲居山)의 수좌료(首座寮)에 들어간 뒤에 본격적으로 대중을 지도하기 시작하였다. 69세인 1157년에 조태위(曺太尉) 공현(功顯)에게 쓴 편지에는 매일 100여 명을 입실케 하여 지도하였다고 말하였다.

"제가 비록 늙었지만 애쓰지 않을 수가 없어, 힘써 이 일을 납자(衲子)들에게 격려하고 진작시킵니다. 매일 밥 먹은 뒤에 팻말을 내세워 차례차례 100여 명을 입실(入室)860)케 하니, 그 가운데 바른 명령861)을 거역하는 자는 낚싯바늘에 걸려들지만,862) 또 사람을 무는 사자(獅子)도 있

---

860) 입실(入室) : 학인이 방장이나 조실의 방에 들어가 공부를 점검받는 것.
861) 명(命). =정명(正命). 불조(佛祖)의 바른 명령(命令). 일반적으로 불법(佛法)을 가리키며, 선에서는 교외별전(敎外別傳)의 종지(宗旨)를 뜻한다. =정령(正令).
862) 말을 따라 헤아리는 사람을 가리킨다.

습니다.863) 이렇게 법(法)의 즐거움과 선(禪)의 기쁨을 즐기며 지겨움을 전혀 느끼지 못하겠으니, 또한 타고난 천성일 따름입니다."864)

(2) 죽비자화(竹篦子話)

실중 가르침에서 대혜가 가장 즐겨 이용했던 것은 죽비자화(竹篦子話)이다. 죽비자화에 대한 언급은 대혜어록 여러 곳에서 등장한다.

① 대혜의 죽비자화(竹篦子話)

"나는 늘 학인들에게 묻는다. '죽비(竹篦)라고 부르면 사물을 따라가고, 죽비라고 부르지 않으면 사물을 무시한다. 말을 해도 안 되고, 입을 다물고 있어서도 안 된다.' 열이면 열 모두 두 눈이 찌그러져 있고, 설사 총명하게 견해를 드러내는 자라 하여도, 이해한 글자 하나를 있는 힘을 다하여 말하는 정도이며, 혹은 나와서 손에 쥐고 있는 죽비를 빼앗기도 하고, 혹은 소매를 떨치고 곧장 나가기도 하지만, 그 나머지 삿된 이해는 다 헤아릴 수도 없으니, 살가죽 아래에 피가 흐르는 자는 한 사람도 없다."865)

"나는 늘 실중(室中)에서 형제들에게 묻는다. '마음도 아니고, 부처도

---

863) 『대반야론(大般若論)』에 "개에게 흙덩이를 던져 주면 개는 흙덩이를 뒤쫓으나 흙덩이는 끝내 멈추질 않고, 사자에게 흙덩이를 던져 주면 사자는 사람을 뒤쫓으나 그 흙덩이는 저절로 멈춘다."라는 구절이 있다.(『조정사원(祖庭事苑)』 제8권)
864) 『대혜보각선사서』 제29권. 56. 조태위 공현에 대한 답서.
865) 『대혜보각선사보설』 제14권. 3. 황덕용이 청한 보설.

아니고, 물건도 아니라면, 무엇인가?' 아직 묻지 않았을 때에는 원래 자기 집에 앉아 있었는데, 무엇이냐 하고 묻자마자 곧 본래 자리를 벗어나 문밖으로 달려나간다. 비유하자면 어떤 사람에게 '너는 어디에 있느냐?' 하고 물으니 그가 말하기를 '집 안에 있다.'고 하는데, 다시 그에게 집안과 자식의 형편을 물으면 곧 집을 잊어버리고 밖으로 나가 언어(言語)로써 따져서 응대하려 하는 것과 같다. 이른바 차이가 털끝만큼이라도 있으면, 잃는 것은 천리(千里)라는 것이다. 만약 진실로 이해하고자 하면, 이 일은 결코 언어 위에 있지 않다."866)

② 『주봉장로(舟峰長老)의 말』

"그러므로 나는 방장실(方丈室)에서 늘 선객(禪客)들에게 묻는다.

'죽비(竹篦)라고 부르면 사물을 따라가고, 죽비라고 부르지 않으면 사물을 무시한다. 말을 해도 안 되고, 말을 하지 않아도 안 되고, 생각을 해도 안 되고, 헤아려 보아도 안 되고, 소매를 떨치고 곧장 가 버려도 안 되고, 어떻게 하든지 안 된다.'

그대들이 곧 죽비를 빼앗아 버리면, 나는 우선 그대들이 죽비를 빼앗도록 내버려둔다. 내가 주먹이라고 부르면 사물을 따라가고, 주먹이라고 부르지 않으면 사물을 무시한다고 하면, 그대들이 또 어떻게 빼앗겠느냐? 다시 그대들이 '스님 내려놓으십시오.' 하고 말한다면, 나는 우선 내려놓는다. 내가 노주(露柱)867)라고 부르면 사물을 따라가고, 노주라고 부르지 않으면 사물을 무시한다고 하면, 그대들은 또 어떻게 빼앗겠는

---

866) 『대혜보각선사보설』 제18권. 13. 정성충이 청한 보설.
867) 노주(露柱) : 법당이나 불전(佛殿)의 노출된 둥근 기둥을 가리킨다.

가? 내가 산하대지(山河大地)라고 부르면 사물을 따라가고, 산하대지라고 부르지 않으면 사물을 무시한다고 하면, 그대들이 또 어떻게 빼앗겠는가?

주봉(舟峯)이라는 장로(長老)가 있는데 이렇게 말했다.

'제가 스님의 죽비 말씀을 보니, 마치 죄인의 재산을 모조리 기록하여 몰수하고는 다시 그에게 재물을 내놓으라고 요구하는 것과 같습니다.'

내가 말했다.

'그대의 비유가 지극히 묘하구나. 나는 참으로 그대에게 물건을 내놓으라고 요구한다. 그대가 내놓을 방도가 없다면, 곧장 죽음의 길로 가야만 한다. 물로 뛰어들든지 불로 달려들든지 하여 목숨을 서슴없이 버려야 비로소 죽을 수 있고, 죽어 버리면 도리어 서서히 다시 살아난다.'

그대들을 보살이라 부르면 좋아하고 그대들을 도적놈이라 부르면 싫어하지만, 그대들은 여전히 다만 이전의 그 사람일 뿐이다. 그러므로 옛사람은 말했다.

'절벽에 매달려 손을 놓아 버려야, 스스로 기꺼이 받아들일[868] 것이다. 죽은 뒤에 다시 소생한다면, 그대를 속일 수 없을 것이다.'[869]

여기에 이르러야 비로소 나의 죽비 이야기에 계합할 것이다."[870]

여기에서 대혜는 죽비자화가 어떻게 깨달음으로 이끄는가를 말하고 있다. 죽비자화가 요구하는 것은 마치 죄인의 재산을 모조리 기록하

---

868) 승당(承當) : 맡다. 담당하다. 받들어 지키다. 불조(佛祖)에게서 전해져 온 정법(正法)을 받아 지킨다는 뜻으로서, 종지(宗旨)를 깨달아 체득하는 것을 가리키는 말.
869) 『경덕전등록』 제20권 '소주영광원진선사'의 상당 법어 가운데 한 구절.
870) 『대혜보각선사보설』 제16권. 8. 부경간이 청한 보설.

여 몰수하고는 다시 그에게 재물을 내놓으라고 요구하는 것과 같다. 손 쓸 수 없는 곳으로 몰아넣고는 다시 손을 쓰라고 요구하는 것이고, 분 별할 수 없는 곳으로 몰아넣고서 다시 분별하라고 요구하는 것이다. 물 건을 내놓을 방도가 없다면, 곧장 죽음의 길로 가야만 한다. 물로 뛰어 들든지 불로 달려들든지 하여 목숨을 서슴없이 버려야 비로소 죽을 수 있고, 죽어 버리면 도리어 다시 살아난다. 절벽에 매달려 손을 놓아 버 려서 떨어져 죽은 뒤에 다시 소생하여야 비로소 죽비 이야기에 계합하 는 것이다. 이렇게 깨달음으로 이끄는 방편은, 앞서 살펴보았듯이, 육 조혜능 이래로 선(禪)에서 깨달음으로 이끄는 전형적인 방편이다. 뒤에 살펴보겠지만, 대혜가 제창한 간화선(看話禪)에서 깨달음으로 이끄는 방법 역시 동일하다.

③ 요현비구(了賢比丘)의 말

"말해 보아라. 어느 쪽의 일을 밝힐까? 지금 비구(比丘) 요현(了賢)은 근체시자(近體侍者)[871]인데, 속가(俗家)에서 보내 온 옷과 기물의 값을 말 하면서 노승(老僧)에게 종지(宗旨)를 드러내어 보토(報土)[872]를 꾸며 달라 고 부탁하고 있다. 아깝게도 이 형제(兄弟)는 처음 죽비 이야기에서 밝 힌 곳이 있었으나, 지금은 이미 재작년의 이야기가 되어 버렸다. 하루 는 그에게 물었다.

---

871) 근체시자(近體侍者) : 가까이서 모시는 시자.
872) 보지(報地) . =보토(報土). 애써서 수행한 결과로 얻은 불토. 보신(報身)이 있는 국토. 아 미타불의 정토는 법장 비구 때 세운 원력과 그 소원을 실천 수행하여 얻은 국토이므로 보 토라 함.

'죽비라고 하면 사물을 따라가고, 죽비라고 하지 않으면 사물을 무시한다. 어떠냐?'

그는 답을 하지 못하고 도리어 말했다.

'스님께서 저를 위하여 방편을 써서 가리켜 주시기 바랍니다.'

내가 그에게 말했다.

'그대는 복주(福州) 사람이니, 내가 그대에게 비유를 하나 말하겠다. 마치 진귀한 물건인 여지(荔枝)873)의 껍질을 일시에 다 벗겨서 손으로 그대의 입가에 내밀었는데, 다만 그대가 삼킬 줄 모르는 것과 같다.'

그가 이 말을 듣더니 자기도 모르게 웃으면서 말했다.

'스님! 삼켰다면 재앙입니다.'

얼마의 시간이 지난 뒤에 다시 그에게 물었다.

'일전에 삼킨 여지(荔枝)를 단지 그대는 맛을 알지 못하고 있다.'

그가 말했다.

'만약 맛을 안다면 더욱 재앙이 될 것입니다.'

나는 그의 이 두 마디 전어(轉語)874)를 좋아한다. 이른바 대문으로 들어온 것은 집안의 보물이 아니다. 종사(宗師)에게는 사람에게 줄 진실한 법이 없다는 것을 참으로 믿어야 한다."875)

깨달음은 오로지 본인의 본래면목이 드러나는 일이며 본인의 마음이 드러나는 일이지, 죽비자화(竹篦子話)에서 무엇을 얻는 것은 아니다.

---

873) 여지(荔枝) : 복주(福州)에서 많이 생산되는 향기로운 과실(果實)의 이름.
874) 전어(轉語) : 그때그때의 상황에 따라 말을 자유자재하게 사용하여 선지(禪旨)를 가리키는 것. 심기(心機)를 바꾸어서(一轉) 깨닫게 하는 힘이 있는 말이라는 뜻이기도 하다.
875) 『대혜보각선사보설』 제17권. 10. 예시자 단칠이 청한 보설.

죽비자화는 다만 분별하는 마음이 활동하지 못하도록 막아서 분별심을 쉬게 하는 방편일 뿐이다. 분별심이 쉬어지면 분별심에 가려 있던 본래 면목이 드러난다.

(3) 구자무불성화(狗子無佛性話)

"원소(元昭)는 처음에 이와 같은 말을 듣고서 마음속은 비록 의심이 있으면서도 입은 매우 완강하여, 오히려 나를 차갑게 비웃었다. 그날 밤 방장실로 찾아왔기에, 다만 그에게 '개에게는 불성이 없다.'는 화두를 물었는데, 곧장 손쓸 수가 없게 되자 비로소 (그는) 참선(參禪)하여 깨달아야 함을 알았다. 장락(長樂)에서 열흘 동안 머물면서 스무 번 내 방으로 찾아와 자기의 모든 솜씨를 다 내보였지만, 어떻게도 할 수 없자 비로소 마음이 조급해졌다. 나는 진실로 그에게 말했다.
'솜씨를 내보일 필요는 없습니다. 반드시 우지끈 꺾어지고 뚝 끊어져야, 비로소 생사(生死)에 맞설 수 있습니다. 솜씨를 자랑하여서야 어떻게 끝날 기약이 있겠습니까?'"[876]

여기에서는 죽비자화 대신 구자무불성화를 가지고 학인을 지도하고 있다. 비록 구자무불성화를 사용하고 있지만, 학인이 손을 쓸 수 없는 곳으로 몰아넣는 방편은 죽비자화와 동일함을 알 수 있다.

---

[876] 『대혜보각선사보설』 제14권. 3. 황덕용이 청한 보설.

(4) 간시궐화(乾屎橛話)

"요즈음 참선(參禪)하는 사람들은 생사(生死)를 끝냈는지 끝내지 못했는지를 묻지 않고, 다만 신속한 효험만을 찾아서 우선 선(禪)을 이해하려고 하므로, 도리(道理)를 설명하지 않는 사람이 하나도 없다. 단월(檀越)[877] 급사(給事)[878] 같은 사람도 그러한 것을 보고서 즐겨 도리를 말하는 것이었다. 이에 드디어 도리 없는 인연(因緣) 하나를 그에게 보도록 시켰다.

한 승려가 운문(雲門)[879]에게 물었습니다.
'무엇이 부처입니까?'
운문이 말했습니다.
'똥 닦는 막대기다.'

다시 그가 도리로 이해할까 봐 염려하여, 먼저 그에게 말했다.

'도(道)가 똥오줌에 있다고 말해서도 안 되고, 도가 지푸라기에 있다고 말해서도 안 되고, 도가 기와 조각이나 자갈에 있다고 말해서도 안 되고, 색(色)에 마주쳐서 마음을 밝히고 물건에 의지하여 이치를 드러낸다고 말해서도 안 됩니다. 곳곳이 진실이고, 티끌 하나하나가 모두

---

877) 단월(檀越) : 보시하는 사람. 시주(施主).
878) 급사(給事) : 벼슬 이름.『대혜보각선사연보』에 의하면 대혜와 인연을 맺은 인물 가운데 급사(給事)라는 벼슬을 한 사람은 강소명(江少明), 풍제천(馮濟川), 유행간(劉行簡) 등이다. 여기에선 문맥으로 보아 황단부(黃端夫)를 가리킨다고 보아야 할 것이다.
879) 운문문언(雲門文偃)

본래의 사람이라는 등으로 말해도 안 됩니다.'

그는 이 이야기를 보고서 어떻게도 할 수가 없자 있는 힘을 다 써 보았지만, 결국 그 실상을 있는 그대로 보아 내지는 못했다."880)

여기에서는 죽비자화 대신 간시궐화를 사용하고 있다. 역시 학인이 손을 쓸 수 없는 곳으로 몰아넣는 방편은 죽비자화와 다름이 없음을 알 수 있다.

(5) 실중 가르침의 요체

"죽비(竹篦)라고 부르면 사물을 따라가고, 죽비라고 부르지 않으면 사물을 무시한다. 말을 해서도 안 되고, 침묵해서도 안 되고, 생각해서도 안 되고, 의논해서도 안 된다. 바로 이러한 때에 석가 노인네와 달마 대사에게 비록 코가 있다고 하더라도, 즉시 숨쉴 곳이 없다. 잘 알겠느냐? 귀함을 만나면 천해지고, 천함을 만나면 귀해진다. 만약 귀하고 천한 곳에 도달한다면, 다시 짚신을 사 신고 행각(行脚)하여야만 된다. 그러므로 말한다.

'마음을 가짐으로써 찾을 수도 없고, 마음을 없앰으로써 찾을 수도 없고, 언어로써 만들 수도 없고, 침묵으로써 통할 수도 없다.'

비록 이와 같지만, 마치 하늘이 두루 뒤덮고 있고 땅이 두루 받치고 있듯이, 완전히 놓으면 완전히 거두어들이고, 완전히 죽으면 완전히 살아

---

880) 『대혜보각선사보설』 제14권. 3. 황덕용이 청한 보설.

난다. 내가 이렇게 말하는 것은 이 소식을 떠나지 않은 것이니, 아까 선객(禪客)이 좌구(坐具)881)를 가지고 땅을 한 번 두드린 것과 꼭 같다."882)

"일시에 그의 살림살이를 몽땅 빼앗아 버리고, 도리어 그에게 다시 물건을 내놓으라고 요구하여 그가 빠져나갈 곳이 없게 만들자, 비로소 기꺼이 목숨을 버리고 죽을 곳을 찾게 된 것이다."883)

죽비자화를 사용하든, 구자무불성화를 사용하든, 간시궐화를 사용하든, 또는 어떤 화두를 사용하든지, 학인을 깨달음으로 이끄는 방편을 사용하고 있는 것이다. 학인을 깨달음으로 이끄는 방편은 다만 학인의 분별심이 손을 쓸 수 없는 궁지로 학인을 몰아넣어서 학인의 분별심이 마침내 멈추어서 죽어 버리도록 만드는 것이다. 분별심이 어떻게도 손을 쓸 수 없어서 스스로 죽어 버린 곳에서 본래면목이 모습을 드러내기 때문이다. 이러한 방편은 이미 말했듯이 육조(六祖) 문하(門下) 선종(禪宗)에서 학인을 깨달음으로 이끄는 정통적인 방편이다. 또한 이 방편은 대승불교인 중관불교(中觀佛敎)에서 사용하는 근본적인 방편이기도 하다.

---

881) 좌구(坐具) : 절을 하거나 앉을 때 쓰는 도구, 즉 돗자리나 방석 등을 말한다.
882) 『대혜보각선사보설』 제17권. 10. 예시자 단칠이 청한 보설.
883) 『대혜보각선사보설』 제14권. 4. 진국태부인이 청한 보설.

부록

1. 필자의 공부와 대혜종고

이상과 같이 선이 어떤 것인지를 대혜종고를 비롯한 여러 선사들의 어록에서 인용하여 정리하였다. 이러한 정리는 전적으로 필자의 안목으로 정리한 것이다. 필자는 비록 대학원에서 선학(禪學)을 전공하여 박사 학위까지 받았지만, 선을 학문으로만 공부한 것은 아니다. 사실 필자가 선학으로 박사 학위를 받은 가장 큰 바탕은 필자의 학문이 아니라 필자가 직접 선을 공부하여 깨닫고 체득한 안목이다. 필자가 지금 무심선원을 설립하여 여러 도반들과 함께 공부하면서 도반들의 공부에 도움을 드리고 있는 것도 물론 학문적으로 배운 선이 아니라, 실제로 체험하여 얻은 이 자리가 변함없는 진실이기 때문이다.

필자가 박사 과정 중에 만난 선(禪)의 스승은 훈산 박홍영 거사님이다. 훈산 거사님은 세상에 이름을 알리는 것을 매우 싫어하셔서 직접 그 문하에서 배운 몇몇 분 이외에는 거의 아는 사람이 없는 분이다. 박사 과정 중에 선을 전공하고도 선이 무엇인지 몰라 헤매던 필자는 요행히 스승님을 만나 선에 입문하게 되었다. 훈산 거사님은 필자가 직접 만나 의지하여 공부한 스승이라면, 대혜종고는 책을 통하여 접한 또 한 분의 스승이다. 아래의 글은 필자가 어떻게 훈산 거사님을 만나 공부하였고, 또 어떻게 대혜종고를 만나 공부하였는지를 피력한 것이다. 필자가 어떻게 공부하였고 어떤 체험을 하였고 어떻게 선문(禪門)에 들어오게 되었는지를 피력한 글이 선 공부에 관심 있는 독자들에게 도움이 되리라고 여겨서 여기에 첨부한다.

필자가 하고 싶은 말은, 선에 입문하는 것은 결코 어렵거나 힘든 일이 아니라는 것이다. 참으로 관심이 있고 물러나지 않고 끈기 있게 매달려 있으면 마침내 입문하게 될 것이다. 선은 신비스러운 일도 아니고 일상을 떠난 기이한 일도 아니고 특별한 사람만이 할 수 있는 일도 아니다. 누구든 마음만 먹으면 할 수 있는 일이 선이다. 왜 선을 공부하는가? 선에 입문하면 그 가치를 알 수 있다. 부담 가지지 말고 한번 공부해 보길 권한다.

(아래 글 ①에서 ⑥까지는 2003년 3월에 어떤 분과 대담하는 도중에 질문에 답한 것이고, ⑦에서 ⑨까지의 내용은 2010년 4월에 그 뒷이야기를 부가한 것이다.)

선생님께서는 어떤 식으로 공부를 하셨는지 저희들이 알기 쉽게 구체적으로 말씀해 주시기 바랍니다.

① 저의 그때 상황이 박사 과정에서 선불교를 공부하면서 선(禪)을 주제로 하여 박사 논문을 써야 한다는 그런 마음의 부담을 안고 있는 상황이었습니다. 그러나 선이라고 하는 것은 책만 가지고는 알 수가 없었기 때문에 여러 가지로 고민을 하고 있었는데, 마침 스승님을 그 당시에 우연한 계기로 만나서 그 회상에서 공부를 했죠. 아마 제 기억으

로는 일주일에 두 번 정도 그분에게 갔었던 것 같아요. 가면 『원오심요』
니 『서장』이니 『임제록』이니 『육조단경』이니 하는 그런 어록을 내놓고
설법(說法)을 하시곤 했습니다.

그 당시 스승님은 부산대학교 앞에서 하숙집을 하고 계셨어요. 하숙
집 주인 할아버지셨는데, 처음에 그분의 회상에 나가서 그분을 만나보
니까 그냥 할아버지인데도 뭐라 할까, 불신감 같은 것은 없었던 것 같
아요. 하여튼 그 당시에는 그분에 대하여 이러니 저러니 하는 판단 같
은 것을 내릴 입장은 아니었고, 그냥 제가 선에 대하여 목이 마른 상황
이었어요. 선에 대해서 저는 아무것도 공부해 본 적이 없었습니다. 실
제로 절이나 선방이나 이런 곳에 가 본 적도 없었고, 스님들을 만나 본
적도 없었고, 아니 솔직히 대학원에서 선을 전공으로 삼기 전까지는 선
에 대하여 읽은 책도 거의 없었습니다.

대학의 철학과에서 동서양의 철학을 대강 훑어보았지만 모두가 잘
짜여진 이론의 체계이고, 현재 내가 목말라 하는 그 무엇에 대한 해답
을 주진 않더군요. 그래서 불교가 나의 목마름에 대한 해답을 주지나
않을까 하는 기대를 가지고 대학원에서는 불교를 공부했습니다. 불교
의 역사 그리고 초기불교, 소승불교, 대승불교의 교리를 공부하며 석사
과정을 보내면서, 결국 선이 내 목마름을 실제로 적셔 줄 살아 있는 불
교라는 사실을 알았어요. 그 뒤 여러 가지 선에 대한 안내서나 선어록
등을 읽었습니다. 그러나 그런 책들은 단지 역사적인 사실들을 전달하
거나 해석하고 있을 뿐이었으므로, 선 그 자체를 알고 싶은 의문과 목
마름은 더욱 커져 가기만 하는 그런 상황이었습니다.

그러다 스승님을 만난 것입니다. 학문이 아닌 선을 직접 가르치고 계
신 분을 처음 만난 거지요. 그러니까 저로서는 그냥 선에 대해서 목이

말라 있는 그런 상황이었으므로, 이분이 어떤 사람이고, 어떻게 보이니까 이분에게서 공부를 하면 되겠다 안 되겠다 하는 그런 판단 자체를 아예 안 했어요. 안 한 것이 아니라 그냥 그런 생각 자체가 안 일어나더라고요. 그런 생각이 없었어요.

그저 그냥 설법을 한번 들어 보니까 무슨 말인지 통 모르겠고, 모르니까 졸리기도 하고 따분하기도 하고 그랬죠. 그러나 달리 어디를 가야 할지 몰랐기 때문에, 어쨌든 스승에 대한, 처음엔 스승이란 그런 생각조차도 없이 그저 하숙집 주인 할아버지였는데, 그분에 대한 믿음이라는 게 저도 모르게 생겼던 것 같아요. 처음 대하는 순간에 '아, 이분에게 무언가 있구나!'라는 그런 느낌을 저도 모르게 받았는지도 몰라요.

여하튼 저는 선을 실제로 맛볼 수 있는 기회를 원하고 있었는데, 그런 기회가 아주 쉽게 학교 바로 앞에서 왔기 때문에 좋았습니다. 저는 오히려 절에 나가는 것을 좀 부담스럽게 생각했던 것 같아요. 왜냐하면 스님이라는 존재와 예법 같은 것에 대해서 부담이 있더라고요. 그러나 이분은 하숙집 주인 할아버지시니까 아무 부담이 없었죠. 그래서 그냥 부담 없이 가서 앉아 있었습니다. 저는 특별히 질문을 해 본 적도 없었고, 그분도 저한테 이런저런 말을 건넨 적도 없었습니다. 그냥 뒷자리에 가서 조용히 앉아 듣고 있었을 뿐이에요.

② 어쨌든 공부를 해 보자는 심정으로 앉아 있었을 뿐인데, 그렇게 시간이 한 몇 개월 지나니까 참 가기가 싫어지더라구요. 왜냐하면 그 법회라는 것의 분위기가 익숙한 분위기도 아니었고, 그리고 법문도 도대체 무슨 이야기인지 영 모르는 이야기였고……. 그렇지만 마음속에 어떤 신뢰는 있었던 것 같아요. 여기에 분명히 무언가 있긴 있다, 뭔지

모르지만 여기서 내가 이것을 다 캐내 보고, 그러면 내 나름대로 판단이 설 것이고, 그때가 되면 어딘가 다른 곳에서 또 공부할 수도 있지 않을까? 일단 여기에서 캐내 볼 만큼 캐내 보자. 그런 생각이었던 것 같아요. 그러면서도 스승에 대한 신뢰감이랄까? 어쨌든 그분을 한 번도 의심해 본 적은 없습니다. 분명히 이분이 뭔가를 알고 계시는구나! 이런 생각을 가지고 있었죠. 그분이 알고 있는 것을 나도 알고 싶다는 그 생각밖에 없었어요. 특별히 마땅하게 다른 데 갈 곳도 없고 해서 계속 거기를 다녔죠.

하나 기억나는 것은, 같이 공부했던 도반들과 가끔씩 공부가 끝난 뒤에 학교 앞의 찻집을 찾아 차를 마시곤 하였는데, 그때마다 그분들이 말씀하시길, "여기에서 끝을 내어 보아라. 반드시 좋은 결과가 올 것이다."라고 격려를 하시더군요. 이 격려에도 상당히 힘을 입었던 것 같아요. 일반 사회생활에서 만난 그런 인간관계가 아니라 도반이라고 하는 그런 인간관계는 또 다른 어떤 정 같은 게 느껴지더라고요. 그런 것들이 참 편하고 좋았어요.

그렇지만 저는 공부를 모르니까 공부에 대해서는 어떤 말도 할 수 없었어요. 그래서 입을 다물고 항상 듣는 입장이었죠. 그냥 앉아서 무조건 듣기만 했어요. 모르니까 질문도 못 하겠더라고요. 무조건 아무 질문도 없이, 좋다 나쁘다는 그런 판단도 없이, 그냥 듣기만 했어요. 저는 그런 기질이 좀 있는 거 같아요. 뭐냐 하면, 어떤 일이 닥쳤을 때 그 일을 완전히 내 손아귀에 쥐고서 자신 있게 이야기하기 전까지는 곰처럼 묵묵히 매달리는 그런 특성이 좀 있는 것 같아요. 그러니까 그런 자세로 매달렸던 거죠.

그러다 몇 달이 지나니까 같이 공부하러 갔던 후배 대학원생이 공부가 좀 됐다고 하면서 스승님하고 대화도 하곤 하더라고요. 그래서 저는 부럽기도 하고, 한편으로는 자존심도 상하고, 그렇지만 겉으로는 그 후배를 격려도 해 주고, 칭찬도 해 주고 하면서도 속으로는 "나도 반드시 해낼 것이다."라는 오기랄까, 자신감 같은 것도 있었습니다. "언젠가는 되겠지." 하는 기대도 있었고…….

그러면서 또 일 년 정도가 흘렀던 것 같아요. 말귀를 못 알아들으니까 가면 그냥 멍하게 앉아 있는 겁니다. 가끔씩 졸기도 하면서 말이죠. 그러나 시간이 점점 지날수록 어떤 변화가 오느냐 하면, 처음 몇 개월 동안에는 분위기가 적응이 안 되어 몸이 뒤틀려서 삼십 분도 못 앉아 있고 밖에 나가고 싶고 그러던 것이 시간이 좀 지나니까 그분위기에 익숙해지는 거예요. 말하자면 훈습이 되어서 그분위기가 익숙해지고 좋아지고 편안해지기 시작했어요. 그러니까 이제는 즐겁게 법회에 참석하게 되더라고요. 거기에 앉아 있으면 편하고, 앉아 있을 동안에는 뭔가 조금씩 세속적인 번뇌망상 같은 것들이 없어지는 것 같기도 하고, 좌우간 편안하더라고요. 그렇게 되니까 법회가 없어도 시간만 나면 스승님을 찾아가는 겁니다. 심심하면 갔죠. 일주일에 몇 번씩 가서 법회도 듣고 도반들과 이야기도 나누고 하면서, 회상에서 스승님과 접촉을 자주 가졌죠.

그래도 여전히 공부는 막막하였습니다. 제 나름대로는 화두(話頭) 드는 것을 한 번 시도해 보았는데, 저는 화두를 정말 하루도 못 들겠더라고요. 하루가 뭐야, 한 시간도 채 못하고 짜증이 났어요. "이렇게 하여 무슨 공부가 되겠나?" 하는 의문이 생기고……. 지금 이렇게 목이 마른데 애써 화두를 든다는 것이 당장 나에게 실질적으로 아무런 효과가 없었어요. 그렇다고 지금의 이 목마름을 가시게 해 줄 무슨 특별한 방법이 있는 것도 아니었습니다. 수행(修行)이라는 이름으로 내가 어떤 노력을 하더라도, 그것이 해답을 줄 것 같지가 않았습니다. 사실 몇 년간 목마름에 발버둥치며 도달한 결론은, 내가 의식적으로 어떤 노력을 해도 안 될 것이라는 절망적인 것이었습니다. 이 끈질긴 의식이라는 감옥 밖으로 탈출하고 싶은데, 아무리 둘러보아도 의식뿐이었거든요. 결국 모든 손을 놓아 버리고 아무것도 하지 않고, 그저 목마름에만 맡겨 놓을 수밖에 없었습니다. 목은 마른데 손쓸 방법은 없고, 그러니까 오로지 설법의 회상에 그저 의존한 것입니다. "하다 보면 어찌 되겠지." 하는 기대만 가지고, 법회에 참석하는 그것만 믿고서 그냥 그렇게 왔다갔다 하고 있었던 겁니다.

③ 그렇게 시간이 지나면서 차차 뭔가 손에 잡힐 듯 말 듯 하게 되더라고요. 그러면서도 여전히 확실하게 잡히지 않으니까 자신감도 없고, 막막하기도 하고, 두렵기도 하고 그렇더군요. 잡힐 듯 말 듯 할 때도 조급하게 생각하지는 않았습니다. 저는 저 자신을 믿었어요. "하면 되겠지. 죽기 전에는 되겠지." 하면서(웃음)……. 그러면서 학교 공부는 조금 밀쳐놓고, 책 보는 것도 당분간 접어 두고—책이 보기 싫어지더라고요—그냥 법회에 참석하고 그분위기에 젖어서, 오로지 이 공부에만 매달려 있었어요. 그 기간이 몇 개월인가 꽤 된 것 같은데, 그때 제가 더욱 분명히 느낀 게 뭐냐 하면, "내가 의식적으로 공부를 해서는 절대로 안 되는구나! 어쨌든 나 자신의 힘으로는 이것은 절대로 안 되는 것이다."라는 거였어요. 그래서 내 힘으로 해낸다는 것은 포기해 버렸고, 그냥 "되겠지."라는 희망만 가지고 법회에 열심히 참석을 했던 겁니다.

왜냐하면 내가 의식적으로 노력하면 벌써 이 헤아리는 생각이 나오면서 내가 원하지 않는 방향으로 가 버리더라고요. 그렇기 때문에 "이런 식으로 공부를 해 볼까, 저런 식으로 공부를 해 볼까?"라는 식의 공부에 대한 생각은 아예 하지 않았어요. 공부에 대한 생각을 하게 되면 헤아리는 마음이 그 순간부터 다른 데로 가 버리는 겁니다. 그래서 "이건 아니다."라는 생각이 들었죠. 공부라는 생각 자체를 안 하고 그냥 법회에만 무조건 참석을 한 거예요. 스승님에게만 의존하면서 법회에만 참석한 거예요. 그러니까 나 자신을 완전히 놓아 버리고, 포기를 하고, 그냥 법회에 의지를 했던 겁니다.

법회에 참석하는 동안에는 거기에 푹 빠져 있고 집에 돌아오면 마음속에는 항상 그 갈망이 상처처럼, 하나의 부담으로 자리하고 있으니까 늘 부담을 느끼고 있는 거지요. 법문을 듣는 것은 말을 듣고 이해하는 것이 아니었습니다. 말을 이해하는 건 나에게 공부가 아니었어요. 그냥 그 법회 분위기에 푹 젖어서 그분위기 속에서 의식이 아닌 그 자리에 젖어 들어가는 것을 원했던 거지, 제가 머리로 말을 이해하는 것을 원했던 것은 아니거든요. 말이라는 것은 학교에 다니면서 너무도 많이 익혀 왔고, 저는 그러한 말의 구속이 싫었고, 공부는 말이 아니라는 걸 너무도 잘 알고 있었어요.

법회 자리에서도 스승님께서 말씀하시는 그 말의 내용은 항상 동일한 것이기 때문에, 몇 번 들으면 똑같은 말이기에 더 들을 것도 사실 없는 것이었죠. 그러니까 말을 들으러 가는 게 아니라 거기에서 말 아닌 이것에 빠져 들어가고 거기에 내 가슴이 열리기를 원했던 것이지, 머리로 이해하는 것을 원했던 것은 아니었기 때문에 간절하게 가슴이 열리기만을 원하고 있었던 거죠. 그래서 말에는 관심이 없었어요.

사실 저도 지금 여기서 설법(說法)을 하고 있지만, 말하는 내용 자체는 항상 똑같은 거예요. 똑같은 내용인데 이해를 못하니까 계속 가슴만 답답했었죠. 말하자면 동일한 송곳으로 계속 가슴을 찌르고 있었지만 가슴에 구멍이 나지 않았던 거예요. 송곳은 언제나 동일하니까 "어떤 송곳으로 나를 찌르는가?" 하는 그런 생각은 할 필요가 없는 거예요.

④ 그렇게 가슴이 열리기만을 바라고 앉아 있었는데, 어느 여름 날 스승님께서 법문을 시작하신지 몇 분 지나지 않아 말씀하시길, "선이란 다름이 아니라 이것이 바로 선이다!"라고 하시며, 손가락으로 방바닥을 톡톡 치시는 거예요. 그 순간 꽉 막혀 있던 게 마치 순간적으로 섬광처럼 눈앞에서 싹 스쳐 지나가는 그런 식이었어요. 싹 하고 스쳐 지나가는데, "어, 그래 이거!" 하고 탁 통하더라고요. "아, 결국 이분이 여태까지 이야기한 것이 전부 이것이구나!" 마치 지금까지 내 머릿속에 이분 이야기가 다 녹음되어 있었지만 그 녹음이 여태까지 한 마디도 풀려서 들리지 않았는데, 그때 순간적으로 스쳐 지나가니까 그 녹음 되어 있던 것들이 싹- 하고 다 풀려서 들리는 식으로 소화가 다 되어서 내려가 버리는 거예요. 마치 엉클어져 있던 녹음테이프가 풀리면서 빠져나가듯이 말이죠.

그런데 그것은 순간적이니까, 그 당시에는 그것에 대해서 이야기도 안 했습니다. 어쨌든 그 후부터는 그분이 무슨 말씀을 하시는 건지는 알겠더군요. 그리고 나서도 이분이 하시는 말씀은 알아듣겠는데 그래도 여전히 의심 하나 없이 확고부동하고, 가슴이 딱 안정되고, 아무 문제가 없이 되었느냐 하면, 그런 건 아니었어요. 여전히 모든 문제가 그대로 남아 있었어요. 불안하고 답답하기는 마찬가지였어요. 그러면서도 그분의 말씀을 알아듣고 나니까 점차점차 조금씩 조금씩 자꾸자꾸 시원해지더라고요.

그 후 어느 날인가 혼자 집에서 책을 보다가, 그 구절이 지금도 기억나는데, "온 세계는 전부 신의 은총이다."라는 구절을 보는데 이번에는 온몸에서 열기 같은 게, 갑자기 온몸이 후끈 달아오르면서 온몸에 전율이 스쳐 지나가는 그런 묘한 느낌이 들더군요. 그러면서 "아! 아! 그래 그래." 하면서 정말 온 세계가 축복으로 가득 차 있는 느낌이 들기도 했어요. 그런 식의 경험들이 몇 번 있었어요.

그리고 시간이 점차 지나면서 가슴속에서 "아, 이놈이구나! 내가 그토록 갈구하고 갈망했던 게 바로 이놈이구나!"라고 하는 것이 점점 더 뚜렷하게 확인되더군요. "이놈이구나! 이런 게 있구나!" 그런데 그것이 확인될 때의 그 느낌이라고 하는 것은 밑바닥이 없는 텅 빈 허공 속에 발을 딛고 있는 것 같기도 하고, 동시에 아주 강렬하여 모든 힘을 그 속에 다 가지고 있는 무엇 같기도 하였습니다. 뭔가 뚜렷이 잡히는 것은 없지만, 모든 것이 다 해체되어서 아무런 갈등이나 분별이 없는 심연(深淵) 같았어요. 나중에 제가 원자로(原子爐) 같다는 비유도 들곤 했는데, 좌우간 뭔가가 있어요. 거기에 의지해 있으면 잡생각이 안 일어나고 안심이 되고 안정이 되는 반면, 생각을 따라가면 항상 불안한 거예요. 생각을 따라가면 불안하고, 흔들리고, 떨리고 그렇더라고요. 그러나 불덩이와 같은 거기에만 의존하면 안정이 되고, 안심이 되고, 마치 엄마 품속에 들어와 있는 것 같은 포근함과 안정감이 있어요. 거기에 의지하고 있으면 여러 욕망이나 감정이나 생각으로부터 많이 자유로움을 느꼈습니다. 하여튼 그런 게 있더라고요.

하지만 그 당시에는 그게 뭔지 뚜렷하지는 않고, 막연하게 그놈이 항상 내 곁에 있다는 느낌이 들고, 그런 확인의 느낌 속에서 안심이 되더라고요. 그러면서도 그것이 나와 확실하게 하나가 되었다는 그런 느낌은 아니었죠. 아직까지는 목이 마르고, 그립고, 미흡한 거예요. 그러니까 항상 그놈과 하나가 되어 있으려고 하는 그 욕구밖에 없었어요. 그런 시간이 몇 년이 지난 것 같아요. 그놈에 대한 느낌이 어떨 땐 강하게 왔다가 어떨 땐 희미하게 되었다가, 주기적으로 그렇게 되더라고요. 어떨 땐 아주 강하게 내가 정말 흔들림 없는 그 자리에 있는 것 같기도 하다가 어떨 땐 아닌 것 같기도 하고 말이죠.

⑤ 그렇지만 스스로 아직 공부가 부족하다고 여기는 것이, 또 어떤 점이 남았느냐 하면, 삼매(三昧)에 빠지는 버릇이 생겨 있더군요. 삼매가 뭐냐 하면 잠시 혼자 있는 시간들, 쉬는 시간에 의자에 앉아 있으면 어떤 알 수 없는 심연 같은 게 있어요. 그걸 우리가 공(空)이라고 그러는 거 같은데, 알 수 없는 심연 속으로 푹 빠져드는 겁니다. 그렇게 깊이를 모를 허공과 같은 심연 속으로 빠져들면 아무 생각도 없고 욕망도 없고 한없이 편안한 거예요. 아무리 피곤할 때도 앉아서 십 분만 그렇게 빠져들고 나면 마치 오랫동안 수면을 취한 것 같은 상쾌함이 있어요. 그러니까 그러한 재미에 한동안 빠져 있었어요. 그런데 그렇게 삼매에 빠진다는 것은, 빠져 들어갈 때가 있고 빠져 나올 때가 있기 때문에 그것 역시 기복(起伏)이 있는 거죠. 공부에 아직은 문제가 있다는 것이죠. 자기가 비록 맛을 보고 이 자리에 있다 하더라도, 말하자면 법의 맛에 취해 있는 것이라고나 할까?

그 후에 불교신문에 『서장』과 『임제록』을 강의한 것이 계기가 되어, 찾아오시는 분들과 더불어 공부를 함께 하게 되었습니다. 사람을 깨어나도록 이끌어 준다는 것, 남과 더불어 공부를 공유한다는 이것이 저의 공부에 많은 도움이 되었습니다. 지도를 하다 보니 제 공부의 부족한 점이 계속해서 드러나고, 계속 보완이 되어 나갔지요. 저로 말미암아 새로 깨어나는 경험을 하시는 분들에게 제가 도리어 배우기도 했습니다. 남녀노소를 불문하고 모두들 진지한 관심을 가지고 진실한 믿음을 가지는 분들은 하나 둘씩 깨어나는 경험을 하시고, 저와 경험을 공유하게 되었습니다. 그런 과정을 통하여 저는 더욱 이 자리에 익숙해져 가고 있었습니다.

⑥ 그러면서도 여전히 일주일에 한 번씩은 스승님의 법회(法會)에 참석하여 설법을 들었습니다. 그러던 어느 날 법회를 들으며 앉아 있는데 갑자기 모든 의식이 천천히 하나의 점으로 모여들기 시작하더군요. 그러더니 마치 욕조 바닥의 마개를 빼면 물이 물 빠지는 구멍으로 모여들어 쏙 하고 빠져나가 버리고 모든 것이 깨끗해지듯이, 한 점으로 모인 의식이 쏙 사라져 버리고 전체 허공이 한 점이 되어 버리더군요. 나타나는 모든 것이 다만 이것일 뿐, 다른 것은 그 가능성조차도 사라져서 없어요. 갑자기 모든 것이 너무나 가벼워졌습니다. 아무런 무게도 느끼지 못하겠어요. 전혀 힘이 들지 않아요. 눈앞에 나타나는 모든 일들은 너무나 당연하고 너무나 평범할 뿐이고, 다른 생각을 하려고 해도 도무지 되질 않아요. 어긋나고 싶어도 어긋나지지가 않는단 말이에요. 훨씬 더 편안하고 자유로웠습니다.

예전에 삼매에 빠져들곤 할 때에는 나에게 무슨 문제가 생기고 어떤 경계가 다가오고 하면 삼매 쪽으로 피했거든요. 눈으로 보고 듣고 하는 대상들은 별 문제가 아니었어요. 어떤 경계가 제일 심한 거냐 하면 감정적인 문제, 사람이죠. 사람이 제일 안 떨어져 나가는 경계더라고요.

사물은 문제가 안 돼요. 사람은 감정적으로 서로 공감을 하고 교류를 하기 때문에, 상대가 공부가 된 사람이면 상관이 없어요. 공부가 된 사람들은 이 자리에서 통하기 때문에 문제가 안 되는데, 공부가 안 된 사람을 대할 땐 그 사람하고 나하고 아무런 유대관계가 없으면 괜찮은데, 인간적으로 여러 가지 정이 있고 이렇게 되면 그 영향으로부터 자유롭지가 못하더라고요. 그 관계란 부모, 형제, 친구, 제자, 그런 인간관계들이죠. 공부가 된 사람들 사이에선 부담이 없는데, 부모나 아내나 자식이나 친구라든지 동료, 제자 등 정을 주고 마음을 열어 놓고 교류한 사람들을 대할 때는 옛날의 세속적인 정(情)으로 쉽사리 이끌려 가 버리는 거예요. 그 경계가 정말 안 떨어져요. 그럴 때마다 나는 어디로 피하느냐 하면 빨리 혼자 있으려고 하고, 혼자 있으면 삼매 속으로 빠져들면서 자유롭게 되곤 했었어요. 계속해서 나는 이 자리에 있으려고 발버둥을 쳤던 것이죠.

그런데 한 점이 되는 이 체험 이후에는 상황이 달라졌어요. 어떠냐 하면, 그러한 삼매에 빠지는 것이 아니라, 그냥 언제나 다른 것이 없어요. 훨씬 더 자유로워진 것이지요. 공부를 한다는 그런 생각도 없고, 그저 평소의 일거수일투족이 다른 것이 없고, 이것뿐이라는 생각조차도 없었어요. 이 한 점이 되는 체험을 비유하여 말하면, 흰 백지 위에 조그마한 점이 하나 있는데 연필을 쥐고 위에서 그 점 하나를 정확하게 찍는 것과 같습니다. 처음에는 수없이 옆으로 빗나가겠죠. 그러다가 어느 순간에 정확하게 딱 찍게 됩니다. 그렇게 되면 거기서 연필을 떼지 않는 거죠. 딱 고정시켜 버리는 거죠. 또는, 전기선을 연결할 때 플러스, 마이너스 연결선이 서로 빗나가기만 하고 잘 안 맞다가 어느 순간 정확하게 딱 맞는 때가 오죠. 그러면 계속 불이 켜지죠. 그런 식으로, 그래서 계합(契合)이라고 하는데, 이 자리는 아주 작은 점 같지만 딱 들어맞으면 흔들림 없이 고정되어 버리는 자리가 있어요. 거기에 딱 들어맞는 경험을 하게 되니까 이제는 감정이라든지 그런 모든 경계가 나를 흔들어 놓지 못해요. 피하고, 피하지 않고 그런 것도 없어요. 그런 것들이 다가와도 이제는 주위만 맴돌지 나에게 직접적으로 영향을 주지는 못하더라고요. 그러니까 많이 자유롭고 많이 편안해진 거죠. 달리 손쓸 일이 없어요. 그냥 평소대로 생활하는 거예요. 그야말로 배고프면 밥 먹고 목마르면 물 마시는 거지요. 그것뿐이지 특별하게 법이란 게 없어요. 그야말로 손 가는 대로, 발 가는 대로, 생각 가는 대로 그렇게 그저 살고 있을 뿐이었죠. 그런데 그것이 끝이 아니었습니다.

⑦ 나 자신이 이만큼 자유로워지고 선원의 일도 여러 가지로 바쁘고 하자 스승님의 회상에 공부하러 가는 횟수가 점점 줄어들었습니다. 그리하여 선원을 열고난 2,3년 뒤에는 스승님의 회상으로 공부하러 가는 일은 그만두고 가끔씩 시간이 날 때에 들러 인사만 드렸습니다. 이제는 스승에게 의지함 없이 나의 길을 스스로 한 발 한 발 나아가야 하겠다는 내면적 욕구도 있었고, 나 자신의 공부는 나 스스로가 완성해야지 언제까지나 스승의 영향 아래에 있을 수는 없다는 것도 알았습니다. 장성한 자식이 독립하여 자기의 길을 찾아간다고 해야 할까요?

한편 무심선원이란 이름으로 선원을 열어 놓고 또 신문에 글도 쓰고 하여 이름이 알려졌기 때문인지 종종 마음공부 하시는 분들이 찾아오셔서 대화를 요청하곤 하였습니다. 이런 분들을 만나는 일은 언제나 저의 공부를 돌아보는 기회가 되었습니다. 그분들은 자신의 공부를 드러내 보이시고 저는 제 공부를 드러내 보이면서 서로 탁마하고 공부하는 기회로 삼는 것이지요. 여러 부류의 공부인들이 찾아왔습니다. 어떤 분은 분명하게 외도(外道)의 길에 서 있었고, 어떤 분들은 저와 같은 길에 서 있었습니다.

이런 분들을 만나면서 저는 제가 분명히 세속에서 해탈하여 얽매임 없고 머묾 없고 흔들림 없는 자리에 있다는 사실을 확인하였습니다만, 한편으로는 아직은 해탈한 자리의 힘이 세속의 분별과 시비의 힘을 압도할 만큼 충분히 강하지는 못함을 느끼기도 하였습니다. 마치 빨리 자라서 어른이 되고 싶은 아이처럼 좀 더 강하고 확실하고 흔들림 없기를 갈망하였습니다. 그러나 일부러 선지식이라고 알려진 사람들을 찾아다니면서 네 공부가 높으냐 내 공부가 높으냐 하고 겨루어 보는 일은 하지 않았습니다. 그렇게 해 볼까 하는 생각도 있었으나 그 순간 내면에서 시비심과 승부욕이 일어나는 것을 보고는, 그렇게 하는 것이 도리어 공부에 방해가 될 것만 같았기에 그만두었습니다. 이렇게 싹이 올라와 자라고 있는 내 공부가 아무런 방해 없이 순수하게 본래의 성품에 따라 자랄 만큼 충분하고 완전히 잘 자라 주기를 바랄 뿐이었습니다.

또 어떤 부분에서는 분명하게 판단이 서지 않아서 애매한 부분이 있기도 하였습니다. 찾아오는 분들을 만날 때에도 그분들의 공부의 큰 테두리가 옳은 길에 있는지 그른 길에 있는지는 분명히 판단이 되었지만, 미세한 부분에 들어가서는 공부가 어느 정도로 완성되어 있는지를 잘 판단할 수 없는 경우가 많았습니다. 이것은 물론 나의 공부가 그렇게 미세한 부분까지 초점이 정확히 맞아 있는 것이 아니었던 까닭에 나의 눈도 그렇게 미세하지 못했던 것이지요. 온갖 것들로부터 많이 자유롭고 또 언제나 흔들림 없는 자리에 있기 때문에 바른 공부의 길에 들어서 있다는 것은 알겠는데, 아직 스스로의 힘과 능력이 부족함 또한 분명하게 느꼈던 것입니다.

또 입으로는 분명 여법(如法)하고 앞뒤가 맞는 분명한 말을 자신만만하게 하면서도 마음속은 그렇게 자신만만하지 못하고 무언가 부족한 듯한 느낌을 지울 수 없기도 하였습니다. 이전보다는 많이 자유로워졌다고 하지만 역시 아직 육체와 마음의 감각이나 의식을 경험하고 인식하는 것에서 완전히 자유롭지 못했습니다. 많이 가벼워졌지만 여전히 육체가 있고 마음이 있어서 그 장애에 걸려 있었죠. 특히 어쩌다 욕망에 끄달릴 경우나 가족이나 친지 등 사람들에 끄달릴 경우에는 언제나 자신의 공부가 아직 부족함을 뼈저리게 느끼곤 하였습니다. 그리하여 하루에 일정한 시간은 혼자만 있는 시간을 가지는 것을 여전히 좋아하였습니다. 집안 식구들이라든지 친지들도 여전히 부담스러운 존재였으므로 집에서도 가능한 혼자 있는 시간을 가지려고 했습니다.

⑧ 그 당시에는 선원이 금정구 남산동에 있었는데, 저녁에 연산동 토곡에 있는 집으로 돌아올 때에는 지하철을 동래역에서 내려, 온천천 강변 산책로를 따라 한 시간 정도 혼자 걸어서 집으로 오는 것을 즐겼습니다. 물론 평소에 부족한 운동을 겸하는 산책이기도 하였지만 혼자서 냇가 산책로를 걸어가는 것은 또한 공부의 시간이기도 하였습니다. 홀로 이 자리, 이 법과 함께 걷는 것은 언제나 즐거운 일이었습니다. 말하자면 법의 즐거움에 취하여 한 발 한 발 걸음을 옮겼다고나 할까요? 산책로 주변의 풍경이나 사람들은 눈에 들어오지 않고 오로지 내 마음자리, 이 법의 자리와 마주하며 걸었습니다.

그러던 어느 날이었습니다. 몇 년도인지 기억은 없습니다만, 지금이야 이렇게 이야기를 하지만 사실 저는 언제나 지금 이 자리에 머물러 있고자 하기 때문에 내가 언제 어디서 무슨 체험을 했는가 하는 것들은 생각하지도 기억하지도 않습니다. 지금의 이 이야기도 공부하는 사람들에게 조금이라도 공부에 대한 믿음을 주리라는 기대 때문에 억지로 이야기하는 것입니다. 그날 저녁도 여느 때와 마찬가지로 혼자 법에 젖어서 산책을 하고 있었습니다. 그런데 연산교라는 무지개다리 밑을 지나는데 문득 마음이 없어져 버렸습니다. 마음이 없어지니 법의 자리라고 할 것도 없었습니다. 갑자기 허공처럼 아무것도 없었습니다. 육체는 여전히 이전처럼 걷고 있고, 보고 · 듣고 · 느끼고 · 생각하는 것도 이전과 다름이 없었지만, 육체든 감각이든 느낌이든 생각이든 모두가 아무것도 없는 허공과 같아서 아무런 걸림도 장애도 되지 않았습니다. 이제 비로소 정확히 초점이 들어맞고 틈이 사라져서 완전히 하나가 되었다는 것을 알았습니다. 마음이 없고 법이 없으니 모든 경계에도 대상에도 전혀 걸림이 없고 끄달림이 없었습니다. 그날 저녁 집에 도착하여 아내와 아이들을 보아도 이전과는 확연히 다르게 전혀 성가시지 않았습니다. 사람들과 함께 있어도 마치 아무도 없는 것처럼 너무나 자유로웠습니다. 사람들도 없고 나 자신도 없고, 마음도 없고 세계도 없었습니다. 공부니 법이니 하는 생각도 나지 않았습니다.

너무나 상쾌하였습니다. 마음이 없어짐으로써 비로소 모든 구속에서 해방이 되더군요. 사실 그 이전에는 늘 바로 (손으로 탁자를 두드리며) 이 자리에 깨어 있긴 하였으나, 마음이 있었기 때문에 마음에서 일어나는 욕망이나 마음에 부딪히는 경계들이 언제나 성가신 것이었고 극복의 대상이었습니다. 장애가 있고 걸림이 있었던 것이지요. 그런데 이제 마음이 없고 보니, 사람도 없고 세계도 없고 진리도 없고 공부도 없고 깨달음도 없었습니다. 그야말로 티끌 하나 걸릴 것이 없어요. "산하대지에 티끌 하나 보이지 않는다."는 방거사의 말이나, "깨달음을 얻는 부처가 없는데 또 무슨 깨달음이 있겠는가?"라고 하는 경전의 말을 비로소 알겠더군요.

그 이후에는 경전의 말이나 선사(禪師)들의 말이나 아무런 걸림 없이 보는 족족 저절로 소화가 되었습니다. 그 이전에 애매했던 구절들도 이제는 그냥 술술 수긍이 되니 감탄도 절로 나왔습니다. 누가 공부에 대하여 말하면 그 세밀한 부분까지 판단이 되었습니다. 이른바 세간에 이름을 날리는 유명한 선사들의 실제 살림살이가 어떤지도 알아보겠더군요. 거위왕은 우유와 물을 섞어 놓으면 물은 버리고 우유만 마신다는 말이 와 닿았습니다. 육조스님의 "본래 한 물건도 없다."는 말씀, 금강경의 "얻을 법이 조금도 없다."는 말씀, 반야심경의 "얻을 것이 없기 때문." 또는 "장애가 사라진다." 또는 "색이 공이고 공이 색."이라는 말씀, "만법에 자성(自性)이 없다."는 말씀, "중도(中道)는 무주(無住)."라는 말씀, "아공(我空)과 법공(法空)."이라는 말씀, "어리석은 사람은 바깥 경계를 없애려 하지만, 지혜로운 사람은 자기 마음을 없앤다."는 말씀 등이 모두 참으로 평범한 말이더군요. 어느 때에는 어떤 책에서 "만약 세계가 둘이 아니라면 바로 지금 눈앞의 일이 모두 진실이다."라는 구절을 보았는데, 이 말도 크게 공감되며 감동이 일었습니다. 또 마조어록에 있는 "서 있는 곳이 곧 진실이고, 발길 닿는 곳마다 주인공이다."라는 구절이나, "중생이라고 마음이 작은 것도 아니고 부처라고 마음이 큰 것도 아니다."라는 구절도 진실하게 와 닿았습니다. 또 대혜가 서장에서 말한 "어리석음도 헛된 망상이요, 깨달음도 헛된 망상이다. 헛된 약을 가지고 헛된 병을 치료함에 병이 나아 약을 치우면, 여전히 다만 옛날 그 사람일 뿐이다. 만약 따로 사람도 있고 법(法)도 있다면, 이것은 삿된 외도(外道)의 견해이다."는 구절도 분명하게 와 닿았습니다.

⑨ 2005년 가을부터는 한국학술진흥재단의 지원을 받아『대혜보각선사어록』30권을 번역하기 시작하였습니다. 그동안 보아 온 한국 간화선의 행태에 많은 의문점이 있었으므로, 간화선의 창시자가 말하는 선(禪)은 어떤 것인지 알고 싶어서 대혜종고의 어록 전체를 번역하는 일을 맡았던 것입니다. 3년 이상이 걸린 힘든 번역 작업이었습니다만, 대혜의 어록을 통하여 많은 공부를 할 수 있었습니다. 한국 간화선에서 일반적으로 알려진 것들 가운데 의문을 가졌던 문제들의 답을 모두 얻을 수 있었습니다만, 그것보다는 법과 방편을 보는 대혜의 안목(眼目)을 접한 것이 공부에 큰 도움이 되었습니다.

대혜를 통하여 부처님의 깨달음이 무엇이고 불교의 방편이 무엇인가를 확실히 알게 되었습니다. 유식학(唯識學)에서 말하는 "일체유심(一切唯心), 만법유식(萬法唯識), 유식무경(唯識無境)."이라든지,『원각경』에서 말하는 "세계도 깨달음도 꿈과 같고 환상과 같다."라든지,『유마경』에서 말하는 "법(法)은 볼 수도 들을 수도 느낄 수도 알 수도 없다. 만약 보고·듣고·느끼고·안다면, 이것은 보고·듣고·느끼고·아는 것일 뿐, 법을 찾는 것이 아니다."라든지 하는 말들도 확연히 알게 되었습니다. 대혜의 가르침과 대혜가 인용한 경전과 조사의 말씀들은 제가 깨달은 것을 입증해 주는 증거이기도 하였습니다. 대혜의 어록을 통하여 저는 저의 깨달음과 안목을 미세하고 세밀하게 다듬었습니다.

특히 화엄경을 읽다가 앙굴리마라가 임산부 집에 탁발간 공안을 소화시킨 뒤에 대혜가 말하기를 "참된 금강권(金剛圈)이란 바로 자기의 마음임이 밝혀져야 비로소 벗어날 수 있다."라는 구절을 보고 대혜의 선이 어떤지를 확실히 알았습니다. 그리하여 이런 시를 쓰기도 하였습니다.

내가 나를 속이고
내가 나에게 속았구나.
내가 나의 감옥이요
내가 나의 해탈문이로다.

내가 없으니 세상도 없고
세상이 없으니 속임도 없다네.
내가 없으니 감옥도 없고
내가 없으니 해방도 없도다.

온갖 일들이 여전히 일어나지만
하나의 일도 일어난 적이 없다네.
있는 것이 곧 없는 것이니
있음도 아니고 없음도 아니로다.

마음 밖으로 벗어나려고 하므로 마음은 감옥이고, 마음 안에 머물러 있으려고 하므로 마음은 감옥입니다. 내가 나를 속이고 내가 나에게 속습니다. 내가 나의 감옥이고 내가 나의 해탈문입니다. 문득 마음이 사라지면 안도 없고 밖도 없고, 나도 사라지고 감옥도 사라져서 걸림이 없습니다. 티끌 하나라도 마음이라고 할 무엇이 있다면, 아직 마음이 있는 것입니다. 마음이 없다면 보고 듣고 느끼고 생각함에 어떤 물건이 있어서 장애가 되겠습니까?

이처럼 마음도 없고 세계도 없다는 깨달음 뒤로는 시간이 지날수록 이 깨달음을 더욱 확신하게 되고, 더욱 힘을 얻게 되고, 더욱 세밀해지고, 더욱 자신만만해지고, 더욱 눈이 밝아져서 무엇을 보더라도 의심이 없게 되었습니다. 마음이라 할 것도 없고 법이라 할 것도 없으니, 둘이니 둘이 아니니 하는 말도 필요가 없고, 깨달음이니 어리석음이니 하는 차별이 없고, 부처라 할 것도 없고 범부중생이라 할 것도 없고, 티끌먼지 하나 걸릴 것이 없습니다.

　법이니 마음이니 나니 타인이니 하는 온갖 것들은 아직 깨달음이 원만하지 못하여 생긴 그림자입니다. 마치 여름날 정오에 곧은 막대기를 태양을 향하여 세우는 것과 같습니다. 막대기가 조금만 기울어져도 그 모습이 그림자로 생겨서 차별되는 무엇이 있는 것 같습니다. 그러나 막대기가 정확히 태양과 일치하면 그림자는 사라지고 온통 태양의 밝음이 있을 뿐 어떤 차별되는 물건도 없습니다. 이와 같이 정확히 계합되면 둘이 없습니다. 나와 세계가 둘이 아니고, 나도 없고 세계도 없습니다. 변함없이 이전처럼 생활하지만 나도 없고 세계도 없습니다. 나도 없고 세계도 없지만, 당장 앞에 드러나는 보고·듣고·느끼고·아는 일들은 너무나 생생합니다. 생생하면서도 앞도 없고, 뒤도 없고, 안도 없고, 바깥도 없고, 이것도 없고, 저것도 없습니다. 사물 하나하나가 마음이니 사물과 마음에 차별이 없고, 사물과 사물에 차별이 없습니다. 마음이 따로 없고 경계가 따로 없고, 경계가 곧 마음이요, 마음이 곧 경계입니다. 사물사물이 마음이고, 마음마음이 사물입니다. 사물도 없고 마음도 없어서 마음에도 막히지 않고 사물에도 막히지 않습니다. 대혜의 선이 다만 이러할 뿐이고, 역대 조사의 선이 다만 이러할 뿐이고, 부처님의 법이 다만 이러할 뿐입니다.

박훈산 거사님이 저를 깨달음의 문으로 안내해 준 첫 번째 스승이라면, 대혜의 어록은 저의 공부를 증명해 주고 온갖 의문을 해소시켜 주어 공부를 세밀하게 갈고 닦아 준 두 번째 스승이었습니다. 이 몸을 낳은 이는 부모님이지만, 이 마음을 드러낸 이는 스승님들입니다. 부모님의 은혜가 태산 같다면, 스승님의 은혜는 헤아릴 수가 없습니다. 감사합니다.

2. '사주인견대성'의 뜻에 관하여

(1) 서론

사주인견대성(泗州人見大聖)은 '사주(泗州) 사람이 대성(大聖)을 본다.'는 말이다. 여기서 대성(大聖)은 승가대사(僧伽大師)를 가리킨다. 이 구절은 사주견대성(泗州見大聖)이라고도 쓰는데, 선어록에서 흔하지는 않지만 몇몇 곳에 등장한다. 그런데 이 구절의 뜻이 명확하지가 않다. 퇴옹성철은 법어집인 『영원한 자유인』 '10. 승가(僧伽) 스님'에서 이 구절을 놓고 말하길 "이렇듯이 승가대사가 사후에 보광왕사의 탑 위에 그 모습을 자주 나타낸 사실은 그 근방 사람들이 다 보게 됨으로써 천하가 잘 아는 사실이 되었습니다. 그리하여 사실이 확실하여 의심할 수 없는 것을 가리켜 '사주 사람들이 대성을 보듯 한다(泗州人見大聖).'라는 관용구까지 생겨나게 된 것을 세상이 다 잘 아는 바입니다."라고 하고 있으나, 이렇게 말하는 근거를 제시하지는 않았다. 어떤 중국어 사전(詞典)이나 중국의 속담을 모아 놓은 『한어속어사전(漢語俗語詞典)』[884]을 찾아보아도 이러한 관용구는 발견되지 않는다. 따라서 이 구절의 정확한 뜻이 무엇인지를 당송시대의 여러 문헌을 통하여 살펴볼 필요가 있다.

(2) 승가대사와 승가신앙

사주(泗州) 사람이 대성(大聖)을 본다는 말에서 대성(大聖)은 승가대사(僧伽大師)를 가리킨다. 사주 사람이 대성을 본다는 말은 사주에서 승가대사를 관음보살(觀音菩薩)이나 부처로 숭배했던 승가신앙(僧伽信仰)에 관련된 이야기임이 분명하다. 앞서 본 퇴옹성철의 말도 승가신앙을 언급한 것이다. 그러므로 사주 사람이 대성을 본다는 말의 뜻을 알아내기 위해서는 우선 승가대사와 그를 숭배하는 승가신앙을 살펴볼 필요가 있다.

승가대사에 관한 최초의 기록은 이옹(李邕; 673-742)이 쓴 「보광왕사비(普光王寺碑)」이다.[885] 그것에 의하면 승가대사는 당(唐) 중종(中宗) 때 서역에서 와 사주(泗州) 임회현(臨淮縣)에 보조불(普照佛)을 모시는 보광왕사(普光王寺)를 건립하여 머물렀다. 사주는 대운하와 회수(淮水)가 만나는 수로의 요충지인 덕택에 원근의 신자들과 여행객들의 참배로 인하여 널리 이름이 알려지게 되었다. 그리하여 마침내 중종이 서울 장안(長安)으로 불러 국사(國師)로 삼고 친필사액(親筆賜額)하였다. 승가대사는 장안의 천복사(薦福寺)에 머물다가 세상을 떠났는데, 중종은 제자의 예를 갖추어 시신에 옻칠을 하도록 하고, 사주의 보광왕사에 탑을 세워 모시도록 하였다. 「보광왕사비」에서는 승가대사를 가리켜 진짜배기 승려라는 뜻인 진승(眞僧)이라고 하였는데, 이 점은 이백(李白; 701-762)이 지은

---

884) 『漢語俗語詞典』(周斌 責任編輯. 北京. 商務印書館國際有公司. 2005)
885) 이하 승가신앙에 관한 내용은 남동신(南東信)이 쓴 「북한산 승가대사상(僧伽大師像)과 승가신앙(僧伽信仰)」이라는 논문을 바탕으로 정리한 것임.

「승가가(僧伽歌)」에서도 교리에 밝고 송주(誦呪)에 능하며 수행이 뛰어나고 계행이 높다는 말로서 표현되어 있다. 이때만 해도 사주에서 신앙의 대상은 보조불(普照佛)이었지 승가대사는 아니었다.

그러나 승가대사의 사후 100여년이 지나면 승가대사를 모시는 사당(祠堂)이라든지 조각이나 그림으로 된 승가대사상(僧伽大師像)이 사주 이외의 지역에도 나타나면서 보조불이 아닌 승가대사가 전국적으로 신앙의 대상이 되었다. 승가대사를 관세음보살의 화신(化身)이라고 말하는 현존 최고의 문헌은 의초(義楚)가 954년에 편찬한 『석씨육첩(釋氏六帖)』이다. 이것에 따르면 승가신앙에는 두 가지 특징이 나타난다. 첫째는 승가대사를 사주대성(泗州大聖)이라 하고 있고, 둘째는 승가대사를 관음(觀音)의 화신(化身)이라고 하는 것이다. 또 태평흥국 연간(976-983)에 편찬된 『태평광기(太平廣記)』에서는 승가대사의 머리에 구멍[정혈(頂穴)]이 있다고 하여 승가대사의 신체를 신비화하였다.

승가대사를 관음의 화신으로 확고히 다지고 승가대사에게 관음보살과 같은 신이(神異)한 능력이 있다고 기술한 것은 998년에 편찬된 『송고승전(宋高僧傳)』이다.[886] 『송고승전』에 의하면 승가대사는 기우(祈雨), 치병(治病), 예언(豫言), 득남(得男) 등을 행하였고, 또 전란(戰亂)이 일어나자 사주의 백성을 수호하는 신통력까지 나타낸다. 이후에 편찬되는 『경덕전등록』(1004년), 『불조통기(佛祖統紀)』(1269년), 『불조역대통재(佛祖歷代通載)』(1341년) 등에 나오는 승가대사의 내용은 모두 『송고승전』의 내용을

---

886) 임금이 우러러 연모하여 잊지 못하고 만회(萬迴) 스님에게 물었다. "저 승가(僧伽) 스님은 어떤 사람입니까?" 만회가 답했다. "관음보살(觀音菩薩)의 화신입니다."(帝以仰慕不忘, 因問萬迴師曰: "彼僧伽者何人也?" 對曰: "觀音菩薩化身也.")(『송고승전(宋高僧傳)』제18권 '당사주보광왕사승가전(唐泗州普光王寺僧伽傳)')

답습하고 있다.

　1119년 송(宋)의 수도인 변경(汴京)에 큰 홍수가 난 것을 계기로 승가대사는 물을 다스리는 사주대성(泗州大聖)이라는 치수신(治水神)의 성격도 두드러지게 되었는데, 명초(明初)에 편찬된『석씨원류(釋氏源流)』에는 승가대사가 1119년 변경의 대홍수 때에 궁궐에 모습을 나타내어 홍수를 몰고 온 용을 격퇴하는 그림이 등장한다. 그리하여 마침내 승가대사를 부처의 화신으로 보는 문헌까지 등장하였으니, 돈황 막고굴에서 발견된『승가화상경(僧伽和尙經)』이 그것이다. 이 경은 송초(宋初)에 만들어진 위경(僞經)인데, 승가대사는 석가모니불의 전신(前身)으로서 후세에 미륵불과 함께 이 땅에 내려와 물난리를 당하는 중생을 구제할 것이라고 씌어 있다. 원(元), 명(明) 이후에는 승가신앙이 중국 전역에서 급속하게 민간신앙으로 되면서 각지에 사주(泗州)가 들어가는 사찰의 이름이나 지명(地名)이 등장하였으며, 승가대사상(僧伽大師像)도 많이 조성되었다.

　이처럼 승가신앙은 가뭄·홍수·전쟁·질병·죽음 등 현세의 각종 고난에서 벗어나려는 기복적(祈福的)인 현세신앙이다. 이로써 미루어보면, 사주 사람이 승가대사를 본다는 말은 곧 온갖 재난에서 벗어난다는 뜻이며, 장애가 사라지고 평화로워진다는 뜻이다.

(3) 불교 이외 문헌의 사례

　사주에서 대성을 본다는 말을 불교 이외 문헌에서 찾아보고자 문연각(文淵閣) 사고전서(四庫全書)를 검색해 보았다. 그 결과 유안세(劉安世)에 관한 기록에서 유일하게 하나의 사례가 등장하였다.

　송(宋)의 주자(朱子; 1130-1200)가 찬집한『송명신언행록(宋名臣言行錄)』

후집(後集) 제12권 「유안세원성선생(劉安世元城先生)」에서 유안세(劉安世)의 덕망(德望)에 대하여 말하기를 "공은 송나라에 있으면서 문을 닫고서 외부인의 발길을 막고 함부로 사람들과 어울리지 않았기 때문에 공의 얼굴을 본 사람이 드물었다. 그러나 시골의 농부나 마을의 서민들은 말하기를 남경(南京)을 지나면서 유대제(劉待制)를 보지 못한다면, 마치 사주(泗州)를 지나면서 대성(大聖)을 보지 못하는 것과 같다고 하였다. 공이 죽자 늙은이, 선비, 서민, 부인, 여자 등이 향을 사르고 불경을 외우면서 공을 위하여 우는 사람이 며칠 동안 일천 인이나 되었다."887)라고 하였는데, 여기에 사주에서 대성을 본다는 구절이 등장한다.

이 내용은 송(宋)의 이창령(李昌齡)이 주석한 『태상감응편주(太上感應篇注)』 제5권, 송의 조선료(趙善璙)가 편찬한 『자경편(自警編)』 제6권 「덕망(德望)」 '사군류상(事君類上)', 원(元)의 장광조(張光祖)가 찬한 『언행귀감(言行龜鑑)』 제2권 「덕행문(德行門)」, 명(明)의 팽대익(彭大翼)이 찬한 『산당사고(山堂肆考)』 제103권 '원견대제(願見待制)' 등에도 동일하게 나타난다.

여기의 "시골의 농부나 마을의 서민들은 말하기를 남경(南京)을 지나면서 유대제(劉待制)를 보지 못한다면, 마치 사주(泗州)를 지나면서 대성(大聖)을 보지 못하는 것과 같다고 하였다."라는 구절의 뜻은, 남경의 유대제가 사주의 대성만큼 훌륭한 인물이니, 사주를 지나는 사람이면 누구나 대성을 보기를 원하는 것처럼 남경을 지나는 사람이면 누구나 유

---

887) 公自宣和元日以後, 謝絕賓客, 四方書問, 皆不啓封家事無巨細, 悉不問. 夏六月丙午, 忽大風飛瓦驟, 雨如注雷電, 晝晦於公正寢, 人皆駭懼而走. 及雨止辨色公已終矣. 聞者咸異焉. 及葬楊中立以文弔之曰: "刼火洞然, 不爐惟玉." 搢紳往往傳誦, 以爲切當. 公在宋, 杜門屛跡, 不妄交遊, 人罕見其面, 然田夫野叟市井細民, 以謂若過南京不見劉待制, 如過泗州不見大聖. 及公歿, 耆老士庶, 婦人女子, 持薰劑, 誦佛經, 而哭公者, 日數千人.

대제를 만나 보기를 원한다는 것이다. 사주대성(泗州大聖)의 덕성(德性)과 위력(威力)을 짐작할 수 있는 구절이다.

(4) 선어록에서의 사례

사주 사람이 대성을 본다는 구절이 선어록(禪語錄)에서 등장하는 사례는 다음과 같다.

① 『가태보등록(嘉泰普燈錄)』(1204년) 제8권 '기주오조법연선사(蘄州五祖法演禪師)'에 나오는 오조법연(五祖法演; 1024-1104)의 상당법어.

"어렵고도 어려우니 몇 종류나 되는가?/ 쉽고도 쉬우니 붙잡을 것이 없구나.[888]/ 애쓰고 노력하면[889] 사람의 늙음을 재촉하니,/ 말없이 이로부터 얻는다네./ 이 네 겹 관문(關門)을 통과하면, 사주 사람이 대성을 보는 것이다. 참구하라."[890]

여기에서 사주 사람이 대성을 본다는 말의 뜻은 앞을 가로막았던 장

---

888) 몰파비(沒巴鼻) : 파비(巴鼻)는 파비(把鼻), 파비(把臂)라고도 하는데 파(巴)는 파(把)로서 '잡는다'는 뜻이므로, 파비(巴鼻)는 붙잡을 곳, 의지할 근거(根據) 등을 의미한다. 본래 소를 부릴 때 코를 붙잡고서 끌고가는 것에서 유래하는 말이라 한다. 몰파비(沒巴鼻), 무파비(無巴鼻), 몰가파(沒可把)는 붙잡을 만한 것이 없음을 뜻한다. 임제(臨濟)는 이것을 두고, "조사문중에서 일대사를 펴는 일이란 입을 열기만 하면 곧바로 어긋나니 그대들이 발을 디딜 곳이 없다."(若約祖宗門下, 稱揚大事, 直是開口不得, 無你措足處.)(『四家語錄』「臨濟錄」)라고도 말하고, 또 무의도인(無依道人)이라고도 말하고 있다.
889) 호호(好好) : 노력하다. 힘쓰다.
890) 上堂: "難難幾何般, 易易沒巴鼻. 好好催人老, 『從此得. 過這四重關了, 泗州人見大聖. 參"(『嘉泰普燈錄』(1204년) 卷第八. '蘄州五祖法演禪師')

애물인 관문을 통과했으므로 장애물이 사라지고 문제가 없어져서 편안하게 되었다는 뜻이다.

② 대혜종고(大慧宗杲)의 『정법안장(正法眼藏)』(1141년경) 제2권 하(下)에서 향엄상수화(香嚴上樹話)를 제시하고서 대혜가 자신의 말을 붙였다.

"율극봉(栗棘蓬)[891]을 삼키고 금강권(金剛圈)[892]을 뚫고 나가서 이 이야기를 살펴보면, 역시 사주 사람이 대성을 보는 것이다."[893]

여기에서 사주 사람이 대성을 본다는 말의 뜻은 부서지지 않는 금강석으로 만든 감옥을 뚫고 나오고 목에 걸려 있던 밤송이가 사라졌다는 뜻이니, 역시 장애물이 사라지고 문제가 없어져서 편안하게 되었다는 뜻이다.

③ 『대혜보각선사법어』 제19권의 '2. 동봉거사(東峰居士)에게 보임'

---

891) 율극봉(栗棘蓬) : 가시투성이인 밤송이. 밤송이라는 뜻의 율봉(栗蓬)에 가시를 강조하여 율극봉(栗棘蓬)이라 함. 입 안에 밤송이를 넣으면, 삼키려고 해도 가시가 찔러 아프고 뱉으려고 해도 가시가 찔러 아프니 삼킬 수도 없고 뱉을 수도 없는 진퇴양난의 상태를 가리킨다. 사가(師家)가 학인에게 율극봉 같은 화두(話頭)를 시설해 놓고 분별로 이해하지도 못하게 하고 버리지도 못하게 하는 것, 혹은 마치 쥐가 덫에 빠진 것처럼 학인의 공부가 나아갈 수도 없고 물러설 수도 없는 상태에 봉착한 것을 가리킴. 금강권(金剛圈)과 같은 것.
892) 금강권(金剛圈) : 금강(金剛)은 결코 부서지지 않는 견고한 것이고, 권(圈)은 울타리를 나타내는 말이니, 금강권은 결코 부서지지 않는 울타리나 장벽을 뜻한다. 즉, 분별심으로는 결코 부술 수 없는 언어를 방편으로 시설하여 두고, 배우는 자가 그 언어의 장벽을 스스로 뚫고 나가기를 바라는 것. 선사(禪師)가 학인(學人)을 인도할 때에 사용하는 방편. 율극봉(栗棘蓬)과 같은 뜻.
893) 吞得栗棘蓬, 透得金剛圈了, 看遮般說話, 也是泗州人見大聖.

(1146년) 가운데 한 단락.

"범어(梵語) 반야(般若)는 번역하면 지혜(智慧)입니다. 아직 반야에 밝지 못하여 탐욕(貪慾)과 진에(瞋恚)⁸⁹⁴⁾와 어리석음이 있는 것이고, 아직 반야에 밝지 못하여 중생에게 악독한 해를 끼치는 것입니다. 이러한 일들을 행하는 것은 반야와는 반대 방향으로 가는 일이니, 어찌 지혜가 있다고 하겠습니까? 나는 늘 주위의 사람들에게⁸⁹⁵⁾ 말하기를, '깨닫기만 하면 일상생활에서 인연에 응하는 곳이 수월해질 것이니, 그때에 곧 자기에게 힘이 생기는 것이며, 힘이 생기면 무한히 수월해지며, 수월해지면 무한한 힘이 생긴다.'고 합니다. 많이들 말하는 것을 흔히 들어 보면,⁸⁹⁶⁾ 도리어 사주(泗州) 사람이 대성(大聖)을 보는 것 같지만, 내가 이렇게 말하는 것이 바로 평소의 나의 삶⁸⁹⁷⁾임을 전혀 모릅니다. 믿지 못하는 자가 있을까 염려하여, 세 번 네 번 말해 주고 일깨워 주며 진흙을 묻히고 물에 젖는⁸⁹⁸⁾ 일을 마다하지 않으니, 대개 일찍이 가출하여

---

894) 진에(瞋恚) : 분노. 성냄.
895) 개중인(箇中人) : 관계자.
896) 견설(見說) : 들은 바에 의하면. -라고 듣고 있다. -라고 말하는 것을 듣다. =견도(見道).
897) 행리처(行履處) : 행(行)은 궁행(躬行)을, 리(履)는 실천을 의미한다. 행주좌와(行住坐臥)·어묵동정(語黙動靜)·끽다끽반(喫茶喫飯) 등으로 기거동작(起居動作)하는 일체의 행위를 가리키거나, 행위가 남긴 실적(實績)이나 자취를 가리킨다. 행적(行蹟). 삶. 생활.
898) 타니대수(拖泥帶水) : 진흙을 묻히고 물에 젖는다는 뜻인 타니대수(拖泥帶水)는 선가(禪家)에서 가르침을 펼 때, 곧바로 재빠르게 가리켜 주지 않고 말로 설명하고 자세히 일러 주는 경우를 가리키는 말이다. 진흙에 들어가고 물에 들어간다는 뜻인 입니입수(入泥入水)라 하기도 하고, 진흙과 섞이고 물과 섞인다는 뜻인 화니화수(和泥和水)라 하기도 한다. 가르침을 펼치려면 법을 세우고 말로 가리키지 않을 수 없으니 이렇게 말하지만, 이것은 반드시 비난받을 일만은 아니니, 노파심이 간절한 자비를 베푸는 것이기 때문이다. 그러므로 가르침은 언제나 자기가 맞을 몽둥이를 짊어지고 나서는 일이라고 하는 것이다. 타니섭수(拖泥涉水)라고도 한다.

방탕한 나그네 생활을 했기 때문에 나그네를 특별히 가엾게 여기기[899] 때문입니다."[900]

여기에서 사주 사람이 대성을 본다는 말의 뜻은 '깨닫기만 하면 일상생활에서 인연에 응하는 곳이 수월해질 것이다.'라는 말과 같이 깨달아 지혜의 힘을 얻으니 일상생활에서 인연을 만남에 힘이 들지 않고 수월해졌다는 것이다. 역시 장애물이 사라지고 문제가 없어져서 편안하게 되었다는 뜻이다.

④ 고봉원묘(高峰原妙; 1238-1295)의 『고봉화상선요(高峰和尚禪要)』(1599년) '통앙산로화상의사서(通仰山老和尚疑嗣書)' 가운데 한 단락.

"5년이 지나 하루는 암자에서 잠을 자다가 깨어 바로 이 일을 의심하고 있었습니다. 그때 문득 함께 자던 도우(道友)가 밀어 낸 목침(木枕)이 땅에 떨어져 소리를 냈는데, 갑자기 의심 덩어리가 부서지면서 마치 그물 속에서 뛰쳐나온 듯하였습니다. 이전에 의심했던 부처님과 조사의 난해한[901] 공안(公案)과 고금의 여러 가지 인연들을 상기해 보니, 흡사

---

899) 증위탕자편련객(曾爲蕩子偏憐客) : 일찍이 가출하여 방탕한 나그네 생활을 해 보았기 때문에 나그네를 특별히 불쌍히 여긴다. 『법화경』 「신해품(信解品)」의 빈궁한 아들의 이야기가 배경이 되어 있다.
900) 梵語般若, 此云智慧. 未有般若而有貪欲瞋恚癡者, 未有般若而毒害衆生者, 作如此等事底, 與般若背馳, 焉得謂之有智慧? 妙喜尋常爲箇中人說 : "纔覺日用應緣處省力, 時便是當人得力處, 得力處省無限力, 省力處得無限力." 往往見說得多了, 卻似泗州人見大聖, 殊不知妙喜恁麽說, 正是平昔行履處. 恐有信不及者, 不免再四提撕擧覺, 拖泥帶水, 蓋曾爲浪子偏憐客爾. 『대혜보각선사법어』 제19권. 2. 동봉거사(東峰居士)에게 보임)
901) 효와(諢訛) : ① 글이 까다로워 이해하기 어려움. 글이 난삽하여 오해하기 쉬움. 일부러

사주(泗州)에서 대성(大聖)을 보는 것과 같았습니다. 멀리 나온 나그네가 고향으로 돌아가니, 원래 다만 옛날 그 사람이어서 옛날의 행동거지를 고치지 않았습니다. 이로부터 나라가 안정되고 천하가 태평하여서, 한 순간 아무 하는 일이 없는데도 온 세계가 거꾸러졌습니다.902)"903)

여기에서 사주 사람이 대성을 본다는 말의 뜻은 이해하기 어려운 장애물이었던 공안이 더 이상 어려운 장애물이 아니라는 것이니, 역시 장애물이 사라지고 문제가 없어져서 편안하게 되었다는 뜻이다. 이 뜻은 이어지는 '멀리 나온 나그네가 고향으로 돌아가니, 원래 다만 옛날 그 사람이어서 옛날의 행동거지를 고치지 않았습니다. 이로부터 나라가 안정되고 천하가 태평하여서, 한 순간 아무 하는 일이 없는데도 온 세계가 거꾸러졌습니다.'라는 구절에도 분명히 나타나 있다.

⑤ 『북간화상어록(北礀和尙語錄)』의 「안길주사계원각선사어록(安吉州

  어렵게 보이도록 비틀어 말함. ② 난잡하게 뒤섞임. 뒤흔들어 어지럽힘. 뒤섞여 잘못됨. =오아(鏊牙), 효와(淆訛), 효와(殽訛), 요와(譊訛), 오와(鏊訛). ③ 고칙공안(古則公案)의 성격을 말함. 고칙공안은 수수께끼 같은 문제를 내어 듣는 이가 자신의 본성(本性)을 놓치고 말에 끌려가 헤매도록 유도하기 때문에 이렇게 말함.
902) 좌단(坐斷) : =좌단(挫斷), 좌단(剉斷). 꺾다. 꺾어 끊다. 쪼개다. 거꾸러뜨리다.
903) 經及五年, 一日寓庵宿, 睡覺正疑此事, 忽同宿道友推枕子墮地作聲, 驀然打破疑團, 如在網羅中跳出. 追憶日前所疑, 佛祖誵訛公案, 古今差別因緣, 恰如泗州見大聖. 遠客還故鄉, 元來只是舊時人, 不改舊時行履處. 自此安邦定國, 天下太平, 一念無爲, 十方坐斷.
904) 지사(知事)와 두수(頭首) : 선원(禪院)에서 감원(監院)·유나(維那)·전좌(典座) 등을 지사(知事)라 하고, 수좌(首座)·서기(書記)·장주(藏主)·지객(知客)·욕주(浴主) 등을 두수(頭首)라고 함. 중국의 선림(禪林)에서 조정의 문무양반(文武兩班)을 본떠 지사와 두수의 양반(兩班)을 만든 것임.

思溪圓覺禪寺語錄)」에 있는 지사(知事)와 두수(頭首)904)에게 사례하는 상당 설법.

"아직 문을 넘지 않았을 때에는 사주 사람이 대성을 보게 되지만, 문을 넘으면 도리어 대성이 사주 사람을 보게 된다. 두수(頭首)는 서쪽에 있고, 지사(知事)는 동쪽의 동서(東序)에 있으며,905) 노주(露柱)와 등롱(燈籠)은 여법(如法)하게 머물러 있다. 결국 문을 넘지 않았을 때와 하나인가, 둘인가?"906)

문을 넘는다는 것은 곧 선문(禪門)을 넘는다는 것이니 깨달음을 얻는다는 말이다. 선문을 넘기 전에는 즉 깨달음을 얻기 전에는 사주 사람이 대성을 보고 구원을 얻듯이, 범부가 부처님을 만나 깨달음을 얻어야 한다. 그런데 깨달음을 얻고 난 뒤에는 범부가 만법의 주인공이니 오히려 부처가 범부에게 구원을 얻어야 한다. 깨닫기 전에는 범부가 부처에게 부림을 당하지만, 깨닫고 나면 범부가 부처를 부린다. 그런데 여법(如法)한 노주와 등롱은 선문을 아직 넘지 않은 범부와 같은가, 다른가?
 여기에서 사주 사람이 대성을 본다는 뜻은 중생이 깨달음을 얻는다는 뜻이니, 분별망상의 장애가 사라지고 중생이 구원을 얻어 안락하게 되었다는 뜻이다.

---

905) 양반(兩班)을 가리킴. 양반은 양서(兩序)라고도 함. 동반(同班)과 서반(西班), 동서(東序)와 서서(西序). 동서는 지사(知事)이고, 서서(西序)는 두수(頭首)이다.
906) 未跨門時, 已是泗州人看大聖, 及乎到來, 卻是大聖看泗州人. 頭首在西邊, 知事在東序, 露柱燈籠, 如法而住. 畢竟與未跨門時, 一般耶兩般?

⑥ 『불감선사어록(佛鑑禪師語錄)』 제3권 '소참(小參)'에서 섣달 그믐날 밤 소참의 말.

"한 해가 다 가니 연말(年末)이고, 연말이니 한 해가 다 갔다. 동쪽 마을의 왕씨 노인은 밤중에 지전(紙錢)을 태워 복을 비는데, 장공(張公)이 술을 마시니 이공(李公)이 취하는구나. 세제(世諦)를 유포시키지도 말고, 불법(佛法)을 헤아리지도 말라. 딱딱하기는 솜뭉치 같고, 부드럽기는 무쇠 같다. 영리한 사람이 한 번 밟아 버리면, 사주 사람이 대성을 보는 것과 같을 것이다. 아직 그렇지 못하다면, 오늘 저녁이 끝나면 내년의 해가 뜰 것이다."907)

여기에서 영리한 사람이 한 번 밟는다는 말은 답착비공(踏着鼻孔) 즉 코를 밟는다는 뜻이다. 코는 바로 본래면목을 가리킨다. 즉 영리한 사람이 한 번 밟는다는 말은 본래면목을 밟는다는 말이다. 그러므로 영리한 사람이 코를 밟으면 사주 사람이 대성을 보는 것과 같다는 말은 사주 사람이 대성을 보는 것이 곧 본래면목을 깨닫는다는 뜻임을 알 수 있다.

⑦ 『석전훈화상어록(石田薰和尚語錄)』 제3권 법어(法語)의 '시사각선인(示師覺禪人)' 가운데 한 구절.

"눈 안에 모래를 넣어서 안 되고, 귀 안에 물을 넣어도 안 된다. 왜

---

907) 年窮歲盡, 歲盡年窮. 東村王老夜燒錢, 張公喫酒李公醉. 不作世諦流布, 不作佛法商量. 硬似綿團, 軟如生鐵. 靈利漢子一踏踏着, 也是泗州人見大聖. 其或未然, 今歲今宵盡, 明年明日來.

그런가? 한 오라기 실이 있다면, 바로 한 오라기 실이기 때문이다. 눈 안에 수미산을 집어넣고, 귀 안에 사대해(四大海)를 집어넣는다. 왜 그런가? 한 오라기 실이 있다면, 한 오라기 실이 아니기 때문이다. 이 이중의 관문(關門)을 넘어간다면, 사주 사람이 대성을 보는 것과 같다."908)

관문을 넘어간다는 말은 곧 분별망상의 장애를 넘어서 깨달음을 얻는다는 말이다. 그러므로 사주 사람이 대성을 보는 것은 곧 장애를 넘어 구원을 얻는다는 뜻이다.

⑧『절안화상어록(絕岸和尙語錄)』「월주구암혜운선사어록(越州九巖惠雲禪寺語錄)」에서 저녁의 소참법문.

"아홉 길 바위 앞에서 바람은 돌절구에 불고, 집 셋 있는 촌구석에서 소가 꼬리를 흔드니, 평소909) 열에 열 모두 마치 사주 사람이 대성을 보는 것과 같도다."910)

아홉 길 바위 앞에서 바람은 돌절구에 불고 집 셋 있는 촌구석에서 소가 꼬리를 흔든다는 말은 곧 삼가촌리성사한(三家村裏省事漢)을 가리키는 말이다. 삼가촌리성사한(三家村裏省事漢)이라는 말은 집이 세 채 뿐인 시골에 살아서 세상물정에 어둡고 배운 것 없는 어리석은 촌놈이지

---

908) 眼裡着不得沙, 耳裡着不得水. 何故? 若有一絲頭, 卽是一絲頭. 眼裡着得須彌山, 耳裡着得四大海. 若有一絲頭, 不是一絲頭. 過得這兩重關了, 泗州人見大聖.
909) 거상(居常) : 평소. 여느 때. 보통 때.
910) 九仞巖前, 風吹石臼, 三家村裡, 牛動尾巴, 居常十箇有五雙, 似泗州人見大聖.

부록 457

만 탐욕과 집착을 줄여 일 없이 한가한 사람을 가리킨다. 이 말은 많이 배우고 세상물정에 밝은 사대부 지식인을 비판할 때에 지식인과 대비되는 사람을 가리키는 말이지만, 일 없이 한가한 도인(道人)을 가리키는 말이기도 하다. 그러므로 사주 사람이 대성을 본다는 말은 곧 일 없이 한가한 도인이 되었다는 말이다.

(5) 결론

이로써 종합해 본다면, 사주 사람이 승가대사를 본다는 말은 곧 온갖 재난에서 벗어난다는 뜻이며, 장애가 사라지고 평화로워진다는 뜻임이 분명하다. 깨달음을 얻은 뒤에 멀리 집을 떠났던 나그네가 다시 고향으로 돌아와 편안히 지내는 것처럼, 모든 번뇌망상의 장애가 사라지고 편안하게 되었다는 것을 표현하는 말이 곧 '사주 사람이 대성을 본다.'는 것이다. 깨닫고 난 뒤에는 공안을 보면, 이전처럼 이해하기 어렵고 극복할 수 없는 장애물로 보이는 것이 아니라, 공안에 전혀 걸림이 없으니 공안이 아무런 장애물이 아니다. 이 점은 대혜가 마침내 깨닫고서 원오가 제시한 공안을 마주하면서 한 다음과 같은 말에도 나타나 있다.

"나는 그 말을 듣자마자 곧 알아차리고는 말했다.
'제가 알았습니다.'
노스님이 말씀하셨다.
'다만 그대가 공안(公案)을 아직 뚫고 벗어나지[911] 못했을까 봐 걱정이다.'
내가 말씀드렸다.

'스님께서 한 번 공안을 말씀해 보십시오.'

노스님께선 이에 연달아 몇몇[912] 까다롭고 난해한 공안을 말씀하셨는데, 나는 두 번 세 번[913] 끊어 버리고, 마치 태평하여 일 없는 때에 길에 들어서 곧장 가는 것과 같이 다시는 막힘이 없었다. 노스님께서 말씀하셨다.

'내가 너를 속일 수 없음을 이제 비로소 알겠구나.'"[914]

깨닫고 나서 공안을 보니 마치 태평하여 일 없는 때에 길을 곧장 가는 것과 같이 다시는 막힘이 없었다는 것은 모든 장애물이 사라지고 일이 없어져 편안한 것이니, 이것이 바로 사주 사람이 대성을 보는 것이다.

---

911) 투득(透得) : 돌파하여 벗어남. 뚫고 지나가다. 깨달음을 가로막는 장애를 뚫고 벗어나 깨달음에 이른다는 말. =투탈(透脫), 투과(透過), 투출(透出), 투취(透取).
912) 일락색(一絡索) : 한 줄의 예화(例話). 일련(一連)의 예화. 일련의 일.
913) 삼전양전(三轉兩轉) : 두 바퀴 세 바퀴. 두 차례 세 차례. 두 번 세 번.
914) 老漢纔聞舉, 便理會得, 乃曰 : '某會也.' 老和尙曰 : '只恐你透公案未得.' 老漢曰 : '請和尙舉.' 老和尙遂連舉一絡索[言+肴]訛公案, 被我三轉兩轉截斷, 如箇太平無事時, 得路便行, 更無滯礙. 老和尙曰 : '如今方知道我不謾你.'

3. 퇴옹성철 오매일여론의 비판[915]

(1) 퇴옹성철의 오매일여론과 한국불교

대한불교조계종의 교육원에서 출, 재가자의 간화선 수행 지침서로 발행한 『간화선(조계종 수행의 길)』의 제2부 실참단계 가운데 제6장 화두참구와 삼매의 단계 속에는 '5. 동정일여, 몽중일여, 오매일여의 세 가지 단계란?'이라는 항목에 다음의 글이 있다.

화두가 빈틈없이 지속적으로 들려야 화두삼매를 이루게 되고, 이러

---

915) 이 글은 2011년 『간화선 창시자의 선』을 출간할 당시에 이 책의 일부분으로 집필된 것이지만, 당시에 이 글이 불교계에 시끄러운 논란을 일으킬 것이라는 우려가 있어서 일부러 이 글을 제외하고 책을 출판하였다. 그러나 오늘날까지도 오매일여를 오해한 잘못된 가르침에 의지하여 수행하는 불자들이 많다고 하므로 『간화선 창시자의 선』의 2쇄를 출간할 때에 부록으로 넣어 출간하기로 결정하였다. 잘못된 가르침에 의지하여 수행하면 아무리 오래 수행하여도 시간만 헛되이 낭비할 뿐, 그 결실을 얻을 수 없기 때문에 잘못된 가르침은 과감히 지적하여 바로잡는 노력이 필요하다.

한 삼매를 거쳐 화두를 타파하면 깨닫게 되는 것이다. 화두삼매는 그 철저함의 정도에 따라 동정일여(動靜一如), 몽중일여(夢中一如), 오매일여(寤寐一如)의 세 단계로 나눌 수 있다.

이 책에서는 이어서 이 세 단계의 의미를 풀이하기를, 동정일여는 '화두가 움직일 때나 가만히 있을 때나 한결같이 들리는 것'이며, 몽중일여는 '화두가 깨어 있을 때나 꿈꿀 때나 한결같이 들리는 것'이며, 오매일여는 '화두가 깨어 있을 때나 깊은 잠을 잘 때나 똑같이 들리는 것'이라고 하고는, 오매일여의 단계에 들어서야 깨달음이 가깝다고 주장한다. 그리고 이러한 주장의 근거로서 『태고화상어록』 상권 「답방산거사」의 글과 대혜종고의 『서장』 「답향시랑」과 『종문무고』에서 담당문준(湛堂文準)이 대혜종고에게 당부한 말을 인용하고 있다.

그러나 주지하다시피 오늘날 조계종에서 오매일여를 거쳐야 깨달음에 이른다는 이러한 주장을 하게 된 계기는, 사실 20세기 후반 한국 조계종의 선불교에 가장 큰 영향력을 행사한 선승 가운데 한 사람인 전 조계종 종정 퇴옹성철(退翁性徹)의 주장에서 기인한 것이다. 성철이 이러한 오매일여를 가장 강력하게 주장하였고, 그 주장이 조계종의 선승들 대다수에게 오늘날까지 확고한 진실인 것으로 받아들여지고 있는 것이 지금의 현실이다.

그런데 본문 '4. 방편을 오해하지 말라'의 '(5) 오매일여라는 방편'에서 살펴보았듯이 대혜의 『서장』이나 고봉의 『선요』에 나오는 오매일여는 자나깨나 한결같은 경계가 있다고 여기며 경계에서 법을 찾으려는 삿된 견해를 부수어 주는 방편이지, 실제로 거쳐 가야 할 오매일여라는 경계가 있다는 주장은 아니다. 그러나 조계종에서 발행한 『간화선』의 오매일여는 깨달음에 이르기 위하여 반드시 거쳐가야 할 삼매의 단계가 오매일여라고 주장하니, 이 주장은 도리어 『서장』과 『선요』에서 오매일여라는 방편을 통하여 부수려고 했던 삿된 견해에 해당한다. 이러한 점에서 조계종의 『간화선』에서 주장하는 오매일여는 삿된 견해다. 오늘날 간화선을 수행하는 출, 재가의 많은 사람이 이러한 삿된 견해를 따라 수행한다면, 이것은 작은 일이 아니다. 그렇기 때문에 『간화선』오매일여 주장의 근거가 된 퇴옹성철의 오매일여 주장을 꼼꼼히 살펴서 그 정사(正邪)를 더 확실히 판가름할 필요가 있다.

아래에서는 퇴옹성철의 오매일여를 그의 대표작인 『선문정로(禪門正路)』의 '8. 오매일여(寤寐一如)'에서 살펴보고, 그 주장이 타당한지를 따져보겠다.

(2) 퇴옹성철의 오매일여론 검토

①현사사비의 오매일여

먼저 성철은 『경덕전등록』 제18권 '복주현사종일대사(福州玄沙宗一大師)'에 나오는 문장을 다음처럼 인용하고는, 이 문장이 오매일여를 주장하는 문장이라고 자신의 사견을 붙이고 있다.

"有一般昭昭靈靈한 靈臺智性하야 能見能聞하야 向五蘊身田裏하야 作主宰하나니 恁麼爲善知識하면 大賺人이니라 我今問汝하노니 若認昭昭靈靈하야 爲汝眞實이면 甚麼하야 瞌睡時엔 又不成昭昭靈靈고 若瞌睡時에 不是면 這箇는 認賊爲子니 是生死根本이며 妄想

緣起니라"(玄沙備 傳燈錄 十八)

"如何히 大悟하고 知見이 高明한 것 같아도, 實地境界에 있어서 熟眠時에 如前히 暗黑하면 이는 妄識의 變動이요 實悟는 아니다. 그러니 修道者는 반드시 寤寐一如의 實境을 透過하여야 正悟케 된다."

(아무리 크게 깨달아 지견이 높고 훌륭한 것 같아도 실지 경계에 있어서 깊은 잠에 들어서 여전히 캄캄하면, 이는 망식의 움직임이지 실제로 깨달은 것은 아니다. 그러므로 수도자는 반드시 자나깨나 한결같은[오매일여] 실지 경계를 뚫고 지나야만 바로 깨치게 된다.)916)

여기에서 성철은 『경덕전등록』에 있는 본래의 내용을 거두절미(去頭截尾)하고 몇몇 글자를 생략하여 인용함으로써, 현사사비가 원래 말하고 있는 의미를 왜곡하고 있다. 『경덕전등록』에 있는 전체 문단의 내용은 다음과 같다.

"선지식이라고 불리는 어떤 한 부류의 승상(繩床)에 앉아 있는 화상은 질문을 하면, 곧장 몸을 움직이거나 손을 움직이거나 눈길을 주거나 혀를 내보이거나 눈을 크게 뜨고 보거나 한다. 또 어떤 한 부류는 (질문을 받으면) 곧장 말한다. '밝고도 신령한[소소영영(昭昭靈靈)] 마음917)의 지혜로운 자성은 볼 줄도 알고 들을 줄도 알아서 오온(五蘊)으로 된 몸속에서

---

916) 성철의 사견(私見)에 대한 한글 해석은 성철 스님 법어집 1집 3권인 『선문정로평석(禪門正路評釋)』(장경각. 1993)에 따랐다.
917) 영대(靈臺) : 마음. 심령(心靈). 본래 혼령이 깃들어 있는 곳이라는 뜻.

주인공 노릇을 한다.'

이와 같이 하여 선지식이라 한다면 사람을 크게 속이는 것이다. 알겠는가? 내가 이제 그대들에게 말한다. 그대가 만약 밝고 신령스러움이 그대의 진실이라고 인식한다면, 무엇 때문에 잠잘 때는 또 밝고 신령스럽게 되지 못하는가? 만약 잠잘 때 밝고 신령스럽지 못하다면, 어찌하여 밝은 때가 있겠느냐? 그대들은 알겠느냐? 이런 것을 일러 도적을 자식으로 인식한다고 하니, 이것은 생사의 뿌리요, 망상(妄想)의 모습918)이다.

그대들은 이 원인을 알고자 하는가? 내가 그대들에게 말한다. 그대들의 밝고 신령스러움은 다만 그대들 앞의 색깔. 소리. 냄새 등 여섯 경계919)로 말미암아 분별이 있는 것인데, 곧 이것을 밝고 신령스럽다고 말하는 것이다. 만약 그대들 앞에 이 여섯 가지 경계가 없다면, 그대들의 이 밝고 신령스러움은 거북이 털이나 토끼의 뿔920)과 같다.”921)

---

918) 연기(緣氣) : 유식설(唯識說)에서 설명하는 심식(心識)의 사분(四分) 가운데 견분(見分)이 바깥 경계를 인식하는 국면인 상분(相分). 심식(心識)이 인식 작용을 일으킬 때, 그와 동시에 인지(認知)할 그림자를 마음 가운데 떠오르게 하여 대상으로 삼는데, 이것을 상분이라고 한다. 연영(緣影), 연사(緣事)라고도 한다.
919) 전진(前塵) : 망상심(妄想心) 앞에 대상으로 나타나는 색(色)·성(聲)·향(香)·미(味)·촉(觸)·법(法)의 여섯 가지 경계(境界). 육경(六境)을 가리킴.
920) 구모토각(龜毛兎角) : 거북의 털과 토끼의 뿔. 둘 다 이름만 있고 실재는 없는 허망한 것. 헛된 망상을 가리키거나, 불법을 가리키기 위하여 방편으로 세운 이름을 가리킴.
921) 有一般坐繩床和尙, 稱爲善知識, 問著, 便動身動手點眼吐舌瞪視. 更有一般便說: '昭昭靈靈, 靈臺智性, 能見能聞, 向五蘊身田裏作主宰.' 恁麼爲善知識, 大賺人. 知麼? 我今問汝: 汝若認昭昭靈靈是汝眞實, 爲什麼瞌睡時又不成昭昭靈靈? 若瞌睡時不是, 爲什麼有昭昭時? 汝還會麼? 遮箇喚作認賊爲子, 是生死根本妄想緣氣. 汝欲識此根由麼? 我向汝道: 汝昭昭靈靈, 只因前塵色聲香等法而有分別, 便道此是昭昭靈靈. 若無前塵, 汝此昭昭靈靈同於龜毛兔角.(『景德傳燈錄』卷第十八 福

현사사비의 이 말은 엉터리 선지식들의 행태를 사례로 들면서, 그 가운데 한 부류가 어떤 엉터리 주장을 하고 있는지를 지적한 것이다. 현사사비의 말은, '밝고도 신령한(소소영영(昭昭靈靈)) 마음의 지혜로운 자성은 볼 수도 있고 들을 수도 있어서 오온(五蘊)으로 된 몸속에서 주인공 노릇을 한다.'라는 주장이 사람을 속이는 말인데, 왜 이런 주장이 사람을 속이는 엉터리 주장인지를 설명하고 있는 것이다.

"그대가 만약 밝고 신령스러움이 그대의 진실이라고 인식한다면, 무엇 때문에 잠잘 때는 또 밝고 신령스럽게 되지 못하는가? 만약 잠잘 때 밝고 신령스럽지 못하다면, 어찌하여 밝은 때가 있겠느냐? 그대들은 알겠느냐? 이런 것을 일러 도적을 자식으로 인식한다고 하니, 이것은 생사의 뿌리요, 망상(妄想)의 모습이다."라는 현사의 말은, 오온으로 된 몸을 주재하면서 볼 줄도 알고 들을 줄도 아는 밝고 신령스러움이 있다고 한다면 이것은 망상의 모습이라는 뜻이다.[922]

이것은 그다음 현사의 말에서 더욱 명백하다. 현사는 "그대들의 밝고 신령스러움은 다만 그대들 앞의 색깔·소리·냄새 등 여섯 경계로 말미암아 분별이 있는 것인데, 곧 이것을 밝고 신령스럽다고 말하는 것이다. 만약 그대들 앞에 이 여섯 가지 경계가 없다면, 그대들의 이 밝고 신령스러움은 거북이 털이나 토끼의 뿔과 같이 헛된 것이다."라고 말하였는데 현사의 이 말은, 밝고 신령스러움이 있다면 그것은 경계로 말미암아 나타나는 분별일 뿐이고, 이러한 경계로 말미암은 분별이 없는데도 밝고 신령스러움이 있다고 한다면 이것은 거북이 털이나 토끼 뿔

州玄沙宗一大師)
922) 이런 면에서 현사의 이 방편은 담당문준이 대혜종고에게 사용한 방편과 동일한 것이다.

과 같이 헛된 말이라는 것이다.

이러한 현사의 말 어디에 잠잘 때나 깨어 있을 때나 한결같다는 오매일여의 주장이 있는가? 현사가 잠잘 때를 언급한 것은, 밝고 신령스럽게 나타나는 자성이 있어서 오온을 주재한다는 주장을 논파하기 위하여 '그러면 어찌하여 잠잘 때는 밝고 신령스러움이 나타나지 않느냐?'고 따진 것이지, 잠잘 때나 깨어 있을 때나 한결같은 무엇이 있다고 주장하는 말은 아니다.

'깊은 잠에 들어서 여전히 캄캄하면, 이는 망식의 움직임이지 실제로 깨달은 것은 아니다. 그러므로 수도자는 반드시 자나깨나 한결같은(오매일여) 실지 경계를 뚫고 지나야만 바로 깨치게 된다.'라는 성철의 말은, 밝고 신령스러운 자성이 깨어 있을 때나 잠잘 때나 변함없이 밝고 신령스럽게 나타나야 한다고 주장하는 것처럼 보이는데, 이러한 주장이라면 이것은 현사의 말을 완전히 오해한 것이다.

②대혜종고의 오매일여

다음으로 성철은 담당문준이 대혜종고에게 "너는 이 하나를 풀지 못하고 있다. 내가 방장 속에서 너에게 말할 때는 곧 선(禪)이 있다가도 방장을 나오자마자 곧 없어져 버리고, 깨어서 생각할 때는 곧 선이 있다가도 잠이 들자마자 곧 없어져 버린다. 만약 이와 같다면, 어떻게 생사(生死)와 맞설 수 있겠느냐?"라고 한 말을 사례로 들어 이렇게 주장한다.

"說法 其他에 아무리 能한 것 같아도 睡眠時에 캄캄하면 이는 전혀 第六意識中의 思量分別인 知解邪見이요 實悟가 아니니, 修道人은 양심에 비추어 猛然히 반성하여야 한다. 寤寐一如의 境地에도 도달하지 못하고서 頓悟見性이라고 自負한다면 이는 自誤誤人의 大罪過이며 修道過程에 있어서 可恐할 病痛이요 障碍이다."

(설법이나 그 밖의 모든 일을 아무리 잘한다 해도 잠들었을 때 캄캄하면 이는 전적으로 제6식 속에서의 사량분별인 알음알이며 사견이지 실지 깨달음은 아니다. 그러므로 수도하는 사람은 양심에 비추어 크게 반성해 보아야 한다. 오매일여의 경지에도 도달하지 못하고서 돈오견성을 자부한다면, 이는 자신을 그르치고 남까지 그르치는 커다란 죄과를 짓는 것으로, 수도하는 과정에 있어서 무서운 병통이며 장애다.)

성철은 다시 대혜종고가 원오극근을 만나 오매항일(寤寐恒一)을 질문하다가 원오가 말한 게송의 한 구절을 듣고서 문득 마음속 장애가 사라져 오매가 항일하다는 부처님 말씀을 알게 되었다고 하는 『대혜어록』 제29권 '46. 향시랑(向侍郞) 백공(伯恭)에 대한 답서'의 내용을 인용하고서 이렇게 주장한다.

"寤寐恒一은 睡夢中과 熟眠時의 兩種이 있는데, 夢中位는 第六意識의 領域이니 敎家의 七地에 該當하고, 熟眠位는 第八梨耶의 微細에 住著한 八地 以上의 自在菩薩들과 梨耶微細를 永離한 佛地의 眞如恒一이니, 지금 大慧가 말한 바는 夢中一如이다. 대개 寤寐一如를 不信하는 것은 大慧만의 病痛이 아니요 修道人의 古今通病이다. 一知半解의 邪見으로써 寤寐一如의 實境을 부정하고 감히 大開口說禪하니 참으로 痛歎할 바이다. 大慧가 만일에 湛堂·圓悟 같은 明眼宗師를 만나서 回心하지 않았다면, 後日의 大成은 절대로 없었을 것이다. 大慧가 寤寐一如를 實地로 體得하고는 佛言寤寐恒一이 是眞語며 不妄語라고 讚歎하며 그 恩惠는 粉骨碎身未足酬라고 感激하였다.

修道人은 各自의 私見을 고집하지 말고, 古佛古祖의 言敎를 표준삼아 究竟無心地를 實證하여야 한다. 그렇지 않으면 自己의 生死大事도 해결하지 못하며 佛祖의 慧命은 영원히 斷絕될 것이다."

(오매일여에는 몽중위(夢中位)와 숙면위(熟眠位) 두 가지가 있다. 꿈속에서도 일여한 몽중위는 제6의식의 영역으로서 교가(敎家)의 7지에 해당하고, 꿈도 없는 깊은 잠에서도 일여한 숙면위는 제8아뢰야식의 미세한 망상에 머물러 있는 8지 이상의 자재보살들과 아뢰야식의 미세망상을 영원히 여읜, 진여가 항상한 부처 지위를 말한다. 지금 대혜가 말한 것은 몽중일여다. 오매일여를 믿지 않는 것은 대혜만의 병통이 아니라 수도하는 사람에게는 고금에 공통하는 병이다. 아무것도 모르는 사견으로 오매일여의 실지경지를 부정하고 감히 입을 크게 열어 선을 말하니 참으로 통탄할 일이다. 대혜가 만일 담당과 원오 같은 눈 밝은 종사를 만나서 마음을 돌이키지 않았다면 뒷날 크게 성공하지는 못했을 것이다. 대혜가 오매일여를 실제로 체득하고는 '자나깨나 한결같다는 부처님 말씀이 진실이요, 거짓말이 아니다.'라고 찬탄하였으며, '그 은혜는 분골쇄신해도 다 갚을 수 없다.'라고 감격하였다. 수도하는 사람은 각자의 사견을 고집하지 말고 옛 부처와 옛 조사의 말씀을 표준 삼아 구경무심지를 실제로 증득해야 한다. 그렇지 않으면 자기 생사 문제도 해결하지 못하고 결국 불조의 혜명을 영원히 단절할 것이다.)

대혜종고가 담당이 제기한 오매항일(寤寐恒一)의 문제에 가로막혀 있다가 원오의 한마디 말을 듣고서 문득 깨달은 일에 대하여는 앞서 '제2장. 대혜의 공부와 깨달음'과 '(5) 오매일여라는 방편'에서 자세히 살펴보았다. 대혜는 깨어 있을 때 주인공 노릇 함을 분별의식(分別意識)하고 있듯이 잠잘 때도 주인공 노릇 함을 분별의식하는 것이 곧 오매항일인 줄로 오해하였던 것이다. 그러나 원오의 한마디 말을 듣고서 문득 깨달아 분별망상이 사라지니, 깨어 있을 때가 곧 잠잘 때고 잠잘 때가 곧 깨어 있을 때에서 두 가지 경계가 없었으니, 깨어 있을 때건 꿈꿀 때건 모든 경계가 아공법공(我空法空)인 제법공상(諸法空相)임이 저절로 밝혀진 것이었다.

그러므로 대혜는 "부처님께서는 '그대가 인연(因緣)을 상대하는 마음으로 법(法)을 들으면, 이 법도 인연(因緣)일 뿐이다.'라고 하셨습니다. '지인(至人)은 꿈이 없다'라고 말하는데, 여기서 '없다'는 말은 '있다·없다'라고 할 때의 '없다'가 아니라, 꿈과 꿈 아님이 하나일 뿐이라는 말입니다."[923)]라고 말했고, 또 "도리어 세간(世間)을 살펴보면 오히려 꿈속의 일과 같습니다. 경전 가운데 본래 분명한 글이 있습니다. '오직 꿈일 뿐이니 곧 전적으로 망상(妄想)이다. 그러나 중생은 거꾸로 뒤바뀌어 매일 대하는 눈앞의 경계를 실제(實際)라 여기고, 이 모든 것이 꿈인 줄은 전혀 알지 못한다.' 그 가운데에서 다시 허망한 분별을 내어 생각에 얽매인 의식(意識)이 어지럽게 일어나는 것을 참된 꿈으로 여기고 있으니, 이것이 바로 꿈속에서 꿈을 말하는 것이며 거꾸로 된 가운데 다시 거꾸로 되는 것임을 전혀 모르는 짓입니다."[924)]라고 말했던 것이다.

이러한 대혜의 깨달음에 대하여 성철은, "꿈속에서도 일여한 몽중위(夢中位)는 제6의식의 영역으로서 교가(敎家)의 7지에 해당하고, 꿈도 없는 깊은 잠에서도 일여한 숙면위(熟眠位)는 제8아뢰야식의 미세한 망상에 머물러 있는 8지 이상의 자재보살들과 아뢰야식의 미세망상을 영원히 여읜 진여가 항상한 부처 지위(佛地)"라고 하여 이러한 "오매일여의 실지경계(實境)"가 있다고 주장하고 있으니, 이것은 대혜의 깨달음

---

923) 『대혜보각선사서』 제29권. 46. 향시랑 백공에 대한 답서.
924) 위와 같은 곳.

을 완전히 오해한 것이다. 대혜종고가 "꿈과 꿈 아님이 하나일 뿐"이고 "모든 꿈이 곧 실제이고 모든 실제가 곧 꿈이어서 취할 수도 없고 버릴 수도 없다."925)라고 말하는 반면에, 성철은 "꿈속에서도 일여한 몽중위"와 "꿈도 없는 깊은 잠에서도 일여한 숙면위" 등의 차별경계를 내세워 그것이 실재하는 경계이니 그러한 경계를 성취해야 한다고 주장하고 있는 것이다.

이러한 성철의 주장은 '그대가 인연(因緣)을 상대하는 마음으로 법(法)을 들으면, 이 법도 인연(因緣)일 뿐이다.'에 해당하는 잘못이며, '있음'과 '없음'으로 분별하여 취하고 버리는 잘못을 범하고 있는 것이며, 방편의 말을 진실이라고 여기는 잘못을 범하고 있는 것이다.『유마경』에서는 "법을 구하는 자라면, 경계(境界)를 구하지 않는다. 까닭이 무엇일까? 법은 경계가 아니기 때문이다. 만약 어떤 경계를 헤아린다면, 이것은 경계를 구하는 것이니, 법을 구한다고 할 수 없다."926)라고 하였는데, 성철의 주장대로라면 성철은 경계를 구하고 있는 것이다. 만약 성철의 주장대로 대혜의 깨달음이 몽중일여를 성취한 것이라고 한다면, 마땅히 대혜는 꿈속에서 몽중일여를 성취하는 실제 경계를 체험하고서 몽중일여를 성취했다고 말했어야 할 것이다. 그러나 대혜는 법회에 참석하여 설법을 듣다가 원오의 말 한마디를 듣고서 곧장 깨달아 오매일여의 진실한 뜻을 알아차린 것이니, 성철의 주장에 해당하지 않는다.

담당문준이 대혜에게 제기한 오매항일이라는 방편은 위에서 살펴본

---

925) 위와 같은 곳.
926) 諸求法者, 不求境界. 所以者何? 法非境界. 若數一切境界所行, 是求境界, 非謂求法.(『說無垢稱經』「不思議品」第六)

현사사비가 말한 방편처럼, 눈앞에 나타난 경계를 분별하여 진실이라고 착각하는 병을 치유하려는 목적을 가진 방편이다. 이법(二法)으로 분별하여 있음과 없음을 가리는 곳에서 진실을 얻는 것이 아니라, 있음과 없음이 둘이 아닌 불이법에 통달하여 온갖 차별경계 속에서 차별경계가 적멸(寂滅)한 것이 깨달음인 것이다.

③능엄경의 오매일여

또 성철은 『수능엄경(首楞嚴經)』 제10권의 다음 구절을 인용하여 다음과 같이 주장한다.

"想陰이 盡者는 是人이 平常에 夢想이 消滅하야 寤寐恒一하야 覺明이 虛靜하야 猶如虛空하야 無復麤重前塵影事니라."(楞嚴經 十)

"第六意識의 麤重妄想은 消滅하여도 第八의 微細妄想이 尙存하니 寤寐恒一은 夢中과 熟眠에 다 통한다. 그리하여 夢中一如는 七地, 熟眠一如는 八地以上에 해당한다."

(제6의식의 거친 망상은 없어져도 제8의 미세망상이 남았다. 오매일여는 몽중과 숙면에 다 통하니 몽중일여는 7지, 숙면일여는 8지 이상에 해당한다.)

본래 담당문준이나 대혜종고가 말하는 오매항일(寤寐恒一)의 출처는 바로 『수능엄경』의 이 부분이다. 인용된 『수능엄경』의 앞뒤 문맥을 보충하면 다음과 같다.

"아난(阿難)아, 저 선남자는 삼매(三昧)를 닦아서 상온(想蘊)927)이 다 소멸한 자다. 이 사람은 평상시에 꿈과 생각이 소멸하여 자나깨나 늘 한결같다. 깨달음은 밝고 텅 비고 고요하여 마치 맑게 갠 하늘과 같아서, 다시는 거친 육진경계(六塵境界)928)의 그림자가 없다. 세간의 모든 산하대지(山河大地)를 보면 마치 거울에 밝게 비추인 듯하여, 다가와도 달라붙지 않고 지나가도 흔적이 없다. 헛되이 비추고 반응하는 오래된 습기(習氣)929)가 전혀 없고, 오직 하나의 맑고 참됨이 있을 뿐인데, 생겨나고 사라지는 뿌리가 이것에서 나타난다."930)

이 문단에 대한 해설을 파현거사(巴縣居士) 유도개(劉道開)가 지은 『능엄설통(楞嚴說通)』제10권에서 살펴보면 다음과 같다.

"이것은 행온(行蘊)931)의 시작과 끝의 모습을 서술한 것이다. 아난아, 저 선남자가 삼매를 닦아 이전의 10가지를 모두 투과한다면, 끝내 좋아

---

927) 상온(想蘊) : 오온(五蘊)의 하나. 외계(外界)의 사물을 마음속에 받아들이고, 그것을 그려 보는 마음의 작용. 생각.
928) 전진(前塵) : 망상심(妄想心) 앞에 대상으로 나타나는 색(色)·성(聲)·향(香)·미(味)·촉(觸)·법(法)의 여섯 가지 경계(境界). 육경(六境)을 가리킴.
929) 진습(陳習) : 오래된 습기(習氣). 숙습(宿習)과 같은 말. 진(陳)은 오래되었다는 뜻.
930) 阿難, 彼善男子, 修三摩提, 想陰盡者. 是人平常, 夢想銷滅, 寤寐恒一. 覺明虛靜, 猶如晴空, 無復麤重, 前塵影事. 觀諸世間, 大地河山, 如鏡鑑明, 來無所粘, 過無蹤跡. 虛受照應, 了罔陳習, 惟一精眞, 生滅根元, 從此披露.(『수능엄경(首楞嚴經)』제10권의 첫 부분)
931) 행온(行蘊) : 오온(五蘊)의 하나. 4대로 이루어진 색온(色蘊)이 수·상의 2온(蘊)을 거치면서 더욱 단단하게 집착이 가해진 상태. 유위법, 곧 5온에는 모두 이 뜻이 있다. 행온은 다른 4온에 비하여 특히 조작(造作)과 변화를 행하는 뜻을 가지고 있으므로 행온이라 한다.

해 찾는 마음을 내지 않고 마장(魔障)이 오더라도 금새 먼저 알아차린다. 이렇게 오래오래 하면 상온(想蘊)이 저절로 소멸할 때가 있다.

무릇 사람은 잠잘 때는 꿈을 꾸고 깨어 있을 때는 생각을 하니, 꿈은 잠 속의 생각이요, 생각은 깨어 있는 동안의 꿈이다. 생각과 꿈은 모두 오직 의식(意識)이 만드는 것으로, 상온(想蘊)의 본바탕 모습이다. 만약 상온이 사라진다면, 이 사람은 평소에 꿈과 생각이 모두 사라질 것이니, 잠잘 때 꿈이 없고 깨어 있을 때 생각이 없다. 그 때문에 깨어 있을 때와 잠잘 때가 한결같이 같다.

본성(本性)의 깨달음은 묘하고 밝고 텅 비고 고요하고 움직이지 않으니, 꼭 맑게 갠 하늘에 털끝만 한 구름도 없이 깨끗하여 아무것도 없는 것과 같다. 굵직한 티끌 그림자들이 곧 법진(法塵)[932]이니, 오로지 상온이라는 바탕에 의지하여 일어난다.

지금 상온이 사라지면 티끌경계는 의지할 곳이 없기 때문에, 다시는 거친 육진경계(六塵境界)의 그림자가 없고, 의식은 변하여 묘관찰지(妙觀察智)[933]를 이룬다. 여기에서 모든 세간의 산하대지(山河大地)를 보면 꼭 거울이 영상을 비추는 것과 같아서, 모습이 오더라도 들러붙을 것이 없고 모습이 지나가더라도 남아 있는 흔적이 없어서 다만 헛되이 비추고

---

932) 법진(法塵) : 6진(塵)의 하나. 온갖 종류의 법. 의근(意根)의 대상경계가 되어 정식(情識)을 물들게 하는 것. 12처(處)에는 법처(法處)라 하고, 18계(界)에는 법계(法界)라 한다. 근(根)과 경(境)을 서로 대하여 말할 적에는 법경(法境)이라 함.
933) 묘관찰지(妙觀察智) : 유식(唯識)에서 말하는 4가지 지혜(智慧) 가운데 하나. 제6식을 바꾸어 얻은 지혜. 묘(妙)는 불가사의한 힘의 자재를 말함. 관찰은 모든 법을 살피는 것. 모든 법을 관찰하여 정통하고, 중생의 근기를 알아서 불가사의하고 자재한 힘을 나타내며, 공교하게 법을 설하여 여러 가지 의심을 끊게 하는 지혜. 5불(佛) 중에는 아미타불에 해당한다.

반응할 뿐이다. 무릇 뜬구름같은 생각이 마음을 뒤흔드니, 진실로 오랫동안 쌓여서 제거하기 어려운 습기(習氣)인 이른바 진습(陳習)이다. 지금 헛되이 비추고 반응한다면, 이미 진습이 없음을 깨달아 오직 하나 깨달음의 밝고 깨끗하고 참된 본체가 맑게 홀로 있을 뿐이니, 이들은 모두 상온이 사라진 모습이다."934)

이 내용의 요점을 뽑는다면, 다음 두 문단이다.

"꿈은 잠 속의 생각이요, 생각은 깨어 있는 동안의 꿈이다. 생각과 꿈은 모두 오직 의식(意識)이 만드는 것으로, 상온(想蘊)의 본바탕 모습이다. 만약 상온이 사라진다면, 이 사람은 평소에 꿈과 생각이 모두 사라질 것이니, 잠잘 때 꿈이 없고 깨어 있을 때 생각이 없다. 그 때문에 깨어 있을 때와 잠잘 때가 한결같이 같다."

"지금 상온이 사라지면, 티끌경계는 의지할 곳이 없기 때문에, 다시는 거친 육진경계(六塵境界)의 그림자가 없고, 의식은 변하여 묘관찰지(妙觀察智)를 이룬다. 여기에서 모든 세간의 산하대지(山河大地)를 보면

---

934) 此敘行陰始終之相也. 阿難, 彼善男子 修三摩地 從前十種 若俱透過, 或終始不起愛求 或魔來便能先覺. 如是久久, 想陰自有盡時. 凡人寐中有夢 寤中有想, 夢乃寐中之想 想乃寤中之夢. 皆獨頭意識所爲, 想陰之體相也. 若想陰盡者, 是人平常夢想皆滅, 由寐無夢而寤無想. 故寤寐一如. 而性覺玅明 虛靜不動, 正如晴明太虛 纖雲盡淨 迥無所有也. 且粗重塵影 卽是法塵, 全依想陰爲體. 今想陰旣盡 塵無所依故, 無復粗重前塵影事, 而意識轉成玅觀察智矣. 於是觀諸世間大地山河, 直如鏡之照像, 像來無粘 像過無跡, 但虛受照應而已. 夫浮想擾心, 誠宿積難除之習氣 所謂陳習也. 今虛受照應, 則已了無陳習 惟一覺明精眞之體 湛然獨存, 此皆想盡之相也.

꼭 거울이 영상을 비추는 것과 같아서, 모습이 오더라도 들러붙을 것이 없고 모습이 지나가더라도 남아 있는 흔적이 없어서 다만 헛되이 비추고 반응할 뿐이다."

여기 어디에 성철이 주장하는 "제6의식의 거친 망상은 없어져도 제8의 미세망상이 남았다. 오매일여는 몽중과 숙면에 다 통하니 몽중일여는 7지, 숙면일여는 8지 이상에 해당한다."라는 내용이 있는가? 상온이 사라지고 묘관찰지를 이루면 마치 거울이 영상을 비추는 것처럼, 깨어서 생각을 하여도 생각이 진실하지 않아서 생각의 흔적이 남지 않고, 자면서 꿈을 꾸더라도 꿈이 진실하지 않아서 꿈의 흔적이 남지 않으니, 이것을 일러 깨어 있을 때와 잠잘 때가 한결같다고 말하고 있는 것이다. 이러한 『능엄경』의 말은 곧 "꿈과 꿈 아님이 하나일 뿐"이고 "모든 꿈이 곧 실제이고 모든 실제가 곧 꿈이어서 취할 수도 없고 버릴 수도 없다."라는 대혜종고의 말과 일치하는 것이고, 성철의 주장처럼 꿈속에서 어떤 실제 경계를 얻는다는 말이 아니다.

④십지품의 오매일여

또 성철은 『대명고승전(大明高僧傳)』 제6권에 나오는 한 문장을 근거로 대혜의 깨달음이 화엄칠지(華嚴七地)에 해당한다고 주장하면서, 『화엄경(華嚴經)』 「십지품(十地品)」과 『십지경(十地經)』의 한 문장을 인용하여 다음과 같이 주장한다.

"妙喜는 一生을 不自肯하고 晩登川勤之室하야 直階華嚴七地하니

라."(大明高僧傳 六)

"華嚴七地菩薩의 聖位가 高遠難到한 것 같지마는, 누구든지 夢中에 一如하면 七地位이다. 그러나 熟眠一如인 滅盡定의 自在位는 아니어서 여기에 아직 一大重關이 있으니 노력하여 期必코 透過하여야 한다."

(화엄7지 보살의 지위는 아무나 도달하기 어려울 것 같지만 누구든지 몽중일여가 되면 7지위다. 그러나 숙면일여인 멸진정(滅盡定)의 자재위(自在位)는 아니어서 여기에 한 겹의 큰 관문이 더 있으니 노력하여 기필코 뚫어야 한다.)

성철이 인용한 구절은 명나라 승려 여성(如惺)이 찬술한 『대명고승전』 제6권의 '천주교충사사문석미광전십(泉州敎忠寺沙門釋彌光傳十)'에서 미광(彌光)의 언행을 소개한 뒤에 이 책의 편찬자인 여성(如惺)이 해설로 덧붙여 말한 계왈(系曰)[935)]에 나오는 한 구절이다. 여성은 대혜가 원오를 만나 곧장 화엄칠지에 올랐다고 말했지만, 그 이유나 근거를 전혀 설명하지 않았다. 즉, 이 구절은 대혜종고 본인이나 스승인 원오극근 혹은 대혜에게서 배운 제자의 말이 아니라 『대명고승전』의 찬술자인 명나라 승려 여성의 말일 뿐이다. 그러므로 이 한 구절을 근거로 하여 대혜종고의 깨달음을 곧 화엄칠지(華嚴七地)에 오른 것이라고 주장하는 것은 타당하지 않다.

---

935) 계왈(系曰) : 덧붙여 말하다. 연계하여 말하다. 책의 편찬자가 인용문 뒤에 자신의 견해를 덧붙이는 것.

성철은 이어서 『화엄경』 「십지품」과 『십지경(十地經)』의 한 문장을 인용하여 칠지보살(七地菩薩)이 몽중일여를 얻었다고 주장한다.

"菩薩이 住此第七地하야 修習方便慧와 殊勝道하야 安住不動하야 無有一念도 休息廢捨하나니 行住坐臥와 乃至睡夢中에도 未曾與蓋障으로 相應하느니라."(華嚴經 十地品)

"第七地의 無相定에서는 麤重妄想이 習伏되어, 夢中에서도 如如하여 어떤 障碍도 받지 않는다."
(제7지 무상정에서는 굵은 망상이 극복된다. 꿈속에서도 여여하여 어떤 장애도 받지 않는다.)

"菩薩이 第七地에 行住坐臥와 乃至睡夢에도 遠離障蓋니라."(十地經)

"障蓋는 煩惱妄想으로 發生하는 修道上의 障碍이다. 菩薩이 第七地에서 비로소 夢中에 一如하니 修道人이 夢中一如만 되면 第七地와 同等하다."
(개장은 번뇌망상으로 생기는 수도상의 장애다. 보살이 제7지에 이르러야 비로소 몽중에 일여하니, 도를 닦는 사람이 몽중일여가 되면 제7지와 동등하다.)

보다시피 『화엄경』 「십지품」의 내용과 『십지경(十地經)』의 내용은 차이가 없다. 여기 『화엄경』의 구절 역시 발췌하여 인용한 문장이다. 앞뒤의 문맥을 보충하면 다음과 같다.

"불자여! 보살마하살이 이 제7지에 머물고 나면 헤아릴 수 없는 중생의 세계에 들어가고, 헤아릴 수 없는 모든 부처가 중생의 업을 교화함에 들어가고, 헤아릴 수 없는 세계의 그물로 들어가고, 헤아릴 수 없는 모든 부처의 깨끗한 국토에 들어간다. … 이 보살은 이와 같이 생각한다. '이와 같이 헤아릴 수 없는 여래의 경계는 아무리 오랜 세월이 지나더라도 알 수가 없다. 나는 노력 없고 분별 없는 마음으로써 하나하나 응하여 원만(圓滿)함을 성취해야겠다.' 불자여! 이 보살은 깊은 지혜를 가지고 이와 같이 관찰하며, 늘 부지런히 방편의 지혜를 닦고 익혀 뛰어난 도(道)를 일으켜 그곳에 꼼짝없이 머물러 한순간도 쉬거나 버리지 않으니, 가고·머물고·앉고·눕는 일상생활과 나아가 꿈속에서까지 잠시도 개장(蓋障)[936]에 가로막히지 않고 늘 이와 같은 생각을 버리지 않는다. 이 보살은 매 순간 속에 늘 십바라밀(十波羅蜜)을 완전히 갖추고 있다. 왜 그런가? 순간순간 늘 대비(大悲)를 앞세워 불법을 수행하여 부처님의 지혜를 향하기 때문이다."[937]

이 내용을 두고 성철은 "제7지 무상정에서는 굵은 망상이 극복된다. 꿈속에서도 여여하여 어떤 장애도 받지 않는다."라고 주장한다. 그런데 『화엄경』의 이 내용이 과연 오매일여를 말하고 있다고 할 수 있을까?

---

936) 개장(蓋障) : 장애(障碍). 번뇌장(煩惱障)과 소지장(所知障)의 총칭하는 말.
937) 佛子! 菩薩摩訶薩, 住此第七地已, 入無量衆生界, 入無量諸佛敎化衆生業, 入無量世界網, 入無量諸佛淸淨國土. … 此菩薩作是念: '如是無量如來境界, 乃至於百千億那由他劫, 不能得知. 我悉應以無功用無分別心, 成就圓滿.' 佛子! 此菩薩, 以深智慧, 如是觀察, 常勤修習方便慧, 起殊勝道, 安住不動, 無有一念休息廢捨, 行住坐臥, 乃至睡夢, 未曾暫與蓋障相應, 常不捨於如是想念. 此菩薩於念念中, 常能具足十波羅蜜. 何以故? 念念皆以大悲爲首, 修行佛法, 向佛智故.(『大方廣佛華嚴經』卷第三十七「十地品」第二十六之四)

『화엄경』의 이 내용은 깨달음의 지혜가 원만하면 일상생활의 모든 경우와 나아가 잠 속[938])에서까지 번뇌망상에 가로막히지 않는다는 뜻이다. 이 말은 꿈속에서도 깊은 잠 속에서도 깨어 있을 때와 같은 상태를 유지한다는 뜻이 아니다. 그러므로 이 구절을 깨어 있을 때의 상태가 꿈속에까지 지속되고 깊은 잠 속에까지 지속된다는 뜻으로 해석하는 것은 옳지 않다.

더구나 『화엄경』의 이 내용이 담당문준이나 대혜종고가 말하는 오매항일(寤寐恒一)의 근거는 아니다. 담당문준이나 대혜종고가 말하는 오매항일(寤寐恒一)의 근거는 위에서 밝혔다시피 『수능엄경』 제10권의 첫 단락이다. 대혜가 명확히 언급한 '오매항일(寤寐恒一)'이라는 구절은 『수능엄경』에만 등장하는 구절이고, 여기 『화엄경』 「십지품」에는 등장하지 않는다. 그러므로 오매일여를 주장하면서 오매일여의 근거로서 「십지품」의 이 구절과 담당문준이나 대혜종고나 『수능엄경』의 오매항일을 동일한 근거라고 제시하는 것은 논리의 지나친 비약이다. 만약 『화엄경』 「십지품」의 이 내용과 『수능엄경』의 오매항일이 동일한 내용이라고 주장하려 한다면, 그렇게 주장하는 이유를 더욱더 구체적이고 체계적으로 설명해야 할 것이다.

⑤성유식론의 오매일여

또 성철은 『성유식론(成唯識論)』 제7권의 한 단락과 이 단락에 대한 해설인 『종경록(宗鏡錄)』 제55권의 한 단락을 인용하여 다음과 같이 주장

---

938) 수몽(睡夢)은 잠, 수면, 꿈 등으로 문맥에 따라 해석되는 단어다.

한다.

"無想天과 無想定과 滅盡定과 睡眠과 悶絕의 此五位中에 異生은 有四하니 除在滅定이요 聖唯後三이라 於中에 如來及自在菩薩은 唯得一이니 無睡悶故니라."(成唯識論 七)

"無心五位中에 異生이 有四者는 除滅定이요 聖唯後三이며 佛及八地已去菩薩은 唯得一滅定하야 無睡眠悶絕이니 二以惡法故로 現似有睡나 實無有故요 卽二乘無學도 亦有悶絕也니라."(宗鏡錄 五十五)

"여기에서 無心이라 함은 如來를 除外하고는 전부 假無心을 말한 것이다. 自在菩薩과 如來를 滅盡定이라 하였는데, 自在菩薩의 滅定은 第六意識 즉 囂麤만 消滅된 假無心이요 如來의 滅定은 第八識 즉 三細까지 消滅한 眞無心이다. 睡眠과 悶絕이 없음은 寤寐가 一如함을 말함이니, 自在菩薩은 第八의 無記無心에서 一如하고, 如來는 眞如의 究竟無心에서 一如한 바 眞正한 一如는 佛地의 究竟無心뿐이다."

(여기서 무심이라 함은 여래를 제외하고는 전부 가무심(假無心)을 말한다. 자재보살과 여래를 멸진정이라 하였는데, 자재보살의 멸진정은 제6의식 즉 6추만 소멸된 가무심이요, 여래의 멸진정은 제8식 즉 3세까지 없어진 진짜 무심이다. 수면과 민절이 없다 함은 오매일여를 말한 것이다. 자재보살은 제8의 무기무심(無記無心)에서 일여하고, 여래는 진여의 구경무심에서 일여한 바, 진정한 일여는 불지의 구경무심뿐이다.)

『성유식론』 제7권의 이 구절은 「유식삼십송(唯識三十頌)」 제16송을 해설하는 내용 가운데 등장하는 구절인데, 제16송은 다음과 같다.

의식(意識)은 늘 나타나지만,
무상천(無想天)에 태어나는 경우와
무심이정(無心二定)과
수면(睡眠)과 민절(悶絕)은 제외한다.[939]

무심이정(無心二定)은 무상정(無想定)과 멸진정(滅盡定)을 가리킨다. 이 제16송은 의식이 나타나지 않는 무의식(無意識) 즉 무심(無心)의 경지를 다섯 가지로 말하고 있다. 무상천에 태어나는 경우, 무상정에 든 경우, 멸진정에 든 경우, 깊은 잠에 빠진 경우, 기절한 경우 등 다섯 경우에는 의식이 없지만, 이 다섯 경우를 제외하고는 의식이 늘 나타난다는 말이다. 의식이 없는 다섯 경우 가운데 무상천에 태어남, 무상정에 듦, 깊은 잠에 빠짐, 기절함의 넷은 범부에게 해당한다. 멸진정, 깊은 잠, 기절의 셋은 깨달음을 얻은 성인(聖人)에게 해당하지만, 성인들 가운데 여래와 자재보살은 멸진정만 해당한다. 즉 멸진정에 들어 의식이 사라진 선정의 경지만 여래와 자재보살이라고 할 수 있고, 수면과 기절에서 잠시 의식이 사라지는 경우는 여래와 자재보살에게 해당하지 않는다. 여래와 자재보살의 경지에 이르지 못한 여타의 대소승의 성인들에게는 수면과 기절도 무의식에 해당하겠지만, 여래와 자재보살에게는 수면과 기절이 무의식에 해당하지 않고 오직 멸진정만이 무의식에 해당한다. 그러므로 여래와 자재보살에게는 수면과 기절이 없기 때문이라고 한

---

939) 意識常現起, 除生無想天, 及無心二定, 睡眠與悶絕.(『成唯識論』卷第七)

것이다.

여기에서 성철은 "수면과 민절이 없다 함은 오매일여를 말한 것이다."라고 주장한다. 이러한 성철의 주장대로라면 수면과 민절이 없는 오매일여가 곧 여래와 자재보살의 무심(無心)이라는 뜻으로 받아들여진다. 그러나 『성유식론』의 이 구절의 초점은 오직 멸진정 하나를 얻은 자가 여래와 자재보살이라는 것이다. 다시 말하여, 여래와 자재보살은 오직 멸진정에서 무심이 될 뿐, 수면과 민절에서 무심이 되는 것은 아니라는 말이다.

그러므로 『종경록』에서 이 구절을 해설하기를, "수면과 민절 둘은 악법(惡法)이기 때문이니, 겉으로 드러나기는 수면이 있는 듯하나 실제로는 없기 때문이다."라고 한 것이다. 겉으로는 수면과 민절에서 무심인 듯하나, 다시 깨어나서 유심(有心)이 되는 수면과 민절은 참된 무심이 아니라 악법(惡法)이라는 말이다. 다시 말해서, "여래와 자재보살은 오직 멸진정을 얻을 뿐이니, 수면과 민절이 없기 때문이다."라는 구절은, 여래와 자재보살은 오직 멸진정 하나를 얻는다는 주장을 하는 것이지, 여래와 자재보살에게는 수면과 민절이 없이 자나깨나 한결같다는 오매일여를 주장하는 것이 아니다. 이 구절을 두고서 "수면과 민절이 없다 함은 오매일여를 말한 것이다."라고 주장한다면, 이것은 이 말의 문맥을 오해한 것이다.

만약 이 구절을 여래와 자재보살은 잠도 자지 않고 기절하는 일도 없다고 이해한다면, 이러한 이해 역시 오매일여와는 맞지 않는다. 오매일여는 잠을 자되 깨어 있을 때와 다름이 없다는 말이지, 잠을 자지 않는다는 뜻은 아니기 때문이다. 어떻게 보더라도 "수면과 민절이 없다."는

구절을 오매일여의 주장이라고 이해할 수는 없다.[940]

　더 중요한 문제는 성철의 주장처럼 깨어 있을 때나 꿈속에서나 숙면 속에서나 한결같은 오매일여의 성취가 깨달음에 필수불가결한 조건이라면,『선문정』에서 인용한『수능엄경』,『화엄경』,『성유식론』전체에서 이 문제를 이렇게 한 구절로 처리하고 더욱 상세한 논의나 설명이 없다는 것은 납득하기 어렵다는 것이다. 정말로 오매일여가 깨달음에 이르는 필수적인 관문이고 깨달음에 필요한 불가결한 요소라면, 어떻게 이렇게 단 한 구절로 언급하고 지나갈 수가 있을까? 그렇게 중요한 것이라면 반드시 상세하고 구체적으로 반복하여 다루었을 것이다. 그러나 오매일여에 해당하는 문구는『수능엄경』,『화엄경』,『성유식론』전체에서 여기에 인용한 구절들뿐이다. 그토록 중요한 관문이라면, 과연 이렇게 소홀히 다룰 수 있을까? 사실, 팔만대장경 전체에서 오매일여에 해당할 만한 부분은 여기에서 검토해 본 몇 구절이 전부라고 해야 할 것이다. 참으로 오매일여가 깨달음에 들어가는 데 필수적인 요소라면, 경전에서 이렇게 소홀히 다룰 수가 있을까? 그럴 수는 없을 것이다.

　⑥태고와 나옹의 오매일여

　또 성철은 태고보우(太古普愚)의『태고집(太古集)』과 나옹혜근(懶翁惠勤)의『나옹집(懶翁集)』에 나오는 구절을 인용하여 다음과 같이 오매일여를 주장한다.

---

940)『성유식론』의 이 구절이 오매일여의 주장이라고 할 수 있는지에 관해서도 유식학을 전공한 전문가들이 한 번 검토해 주기를 바란다.

"漸到寤寐一如時에 只要話頭心不離라 疑到情忘心絶處하면 金烏夜半에 徹天飛리니 於時에 莫生悲喜心하고 須參本色永決疑어다"(太古集)

"이 寤寐一如는 如來의 眞如一如를 除外한 것이다. 寤寐가 一如한 後에 了徹하여 無餘하면 自性을 洞見하는 것이다. 그러나 根器에 따라서 或 未徹함이 있을 수 있으니, 正眼宗師를 期必코 往參하여 印證을 받아야 참으로 의심을 놓는 것이다. 太古和尙은 二十年間을 刻苦參究하여 三十七歲에 寤寐一如가 되고 三十八歲에 大悟하여, 中國의 石屋禪師를 參謁하여 印可를 받고 臨濟正脈을 繼承하였다."

(여기서의 오매일여는 여래의 진여일여를 제외한 것이다. 오매일여가 된 후에 확철히 깨달아 남음이 없으면 자성을 훤히 본다. 그러나 근기에 따라 확철히 깨닫지 못하는 경우도 있으니, 반드시 눈 밝은 종사를 찾아가 인가를 받아야 참으로 의심을 놓을 수 있다. 태고 스님은 이십 년 간의 피나는 참구 끝에, 37세에 오매일여가 되고 38세에 대오하였다. 중국의 석옥(石屋)선사를 찾아가 인가를 받고 임제의 정통 맥을 이어받았다.)

"工夫가 旣到動靜無間하며 寤寐恒一하야 觸不散蕩不失하야 如狗子見熱油相似하야 要舐又舐不得하며 要捨又捨不得時에 作麽生合殺오"(懶翁集)

"懶翁이 工夫十節目을 作成하여 修道의 指針이 되게 하였는데 이는 그 第六節目이다. 그리하여 參禪悟道에는 寤寐一如의 通過를 必須條件으로 삼는다. 만일에 이것을 통과하지 못하면 見性이 아니며 悟道가 아니다. 十地等覺을 超過한 究竟覺인 無心을 徹證하여 眞正

한 寤寐一如에서 永劫不昧하여야 見性이며, 이 大無心地를 保任하는 것이 悟後履踐임은 佛祖正傳의 鐵則이다. 그러면 究竟無心을 實證한 宗師가 그 얼마나 되는지 의심할지도 모른다. 그러나 夢中一如가 되면 벌써 華嚴七地며 熟眠一如가 되면 八地以上이다. 禪門의 正眼宗師치고 이 寤寐一如의 玄關을 透過하지 않고 見性이라고 한 바는 없으며, 八地 以上인 熟眠一如 以後에서 開悟하였으니 究竟覺이 아닐 수 없다. 그러니 客塵煩惱가 如前無殊하여 楸重妄識도 未脫한 解悟는 見性이 아니며 頓悟가 아니므로 이를 절대로 容認하지 않는 것이다."

(이 대목은 나옹이 수도의 지침서로 지은 「공부십절목」 중 여섯 번째다. 참선해서 도를 깨치는 데는 오매일여를 통과함이 필수 조건이다. 그러므로 이것을 통과하지 못하면 견성이 아니며 오도가 아니다. 10지 등각을 넘어선 구경각인 무심을 철저히 증득하여 진정한 오매일여에서 영겁토록 어둡지 않아야 견성이며, 이 대무심지를 보임하는 것이 깨달은 뒤의 행리임은 불조정전의 철칙이다. 그러면 구경무심을 실제로 증득한 종사가 얼마나 되는지 의심할지도 모른다. 그러나 몽중일여가 되면 화엄 7지이며, 숙면일여가 되면 8지 이상이다. 선문의 정안종사치고 이 오매일여의 깊은 관문을 뚫지 않고 견성했다고 한 이는 없으며, 8지 이상인 숙면일여 이상에서 깨달았으니 구경각이 아닐 수 없다. 그러니 객진번뇌가 전과 다름 없고 거친 망식도 벗어나지 못한 해오는 견성도 아니고 돈오도 아니다. 그러므로 절대로 인정하지 않는 것이다.)

성철이 주장하는 오매일여의 가장 직접적인 근거는 나옹혜근(懶翁惠勤)과 태고보우(太古普愚)의 어록에 등장하는 오매일여에 관한 내용이라고 할 수 있다. 나옹과 태고는 한국 조계종의 뿌리이며 그들이 말하는 오매일여는 성철의 오매일여와 큰 차이가 없어 보인다. 그런데 나옹과 태고가 주장하는 오매일여는 결국 몽산덕이(蒙山德異)의 『몽산법어(蒙山法語)』에 나오는 내용을 답습한 것이다. 그러므로 성철이 주장하는 오매일여의 뿌리는 사실 『몽산법어』다. 『몽산법어』가 정통 조사선(祖師禪)이나 간화선(看話禪)과는 본질적으로 다른 점이 있고, 또 『몽산법어』의 선법(善法)이 염불선(念佛禪)의 요소를 가지고 있다는 사실과, 나옹과 태고의 오매일여가 몽산의 영향을 받고 있다는 사실은 졸저 『간화선 창시자의 선』 하권(下卷) '제3장. 몽산법어와 한국의 간화선'에서 자세히 밝혔으니 참고하기 바란다.

(3) 퇴옹성철 오매일여론의 문제점

퇴옹성철이 말하는 오매일여론을 정리하면 다음과 같다.

㉮수도자는 반드시 자나깨나 한결같은(오매일여) 실지 경계를 뚫고 지나야만 바로 깨치게 된다. 참선해서 도를 깨치는 데는 오매일여를 통과함이 필수 조건이다. 그러므로 이것을 통과하지 못하면 견성이 아니며 오도가 아니다. 선문의 정안종사치고 이 오매일여의 깊은 관문을 뚫지 않고 견성했다고 한 이는 없다.

㉯실지 경계에 있어서 깊은 잠에 들어서 여전히 캄캄하면, 이는 망식의 움직임이지 실제로 깨달은 것은 아니다. 잠들었을 때 캄캄하면 이는 전적으로 제6식 속에서의 사량분별인 알음알이며 사견이지 실지 깨달음은 아니다.

㉰오매일여에는 몽중위(夢中位)와 숙면위(熟眠位) 두 가지가 있다. 꿈속에서도 일여한 몽중위는 제6의식의 영역으로서 교가(敎家)의 7지에

해당하고, 꿈도 없는 깊은 잠에서도 일여한 숙면위는 제8아뢰야식의 미세한 망상에 머물러 있는 8지 이상의 자재보살들과 아뢰야식의 미세망상을 영원히 여읜, 진여가 항상한 부처 지위를 말한다. 몽중일여가 되면 화엄 7지이며, 숙면일여가 되면 8지 이상이다.

㉔수도하는 사람은 구경무심지(究竟無心地)를 실제로 증득해야 한다.

㉕여래는 진여의 구경무심에서 일여한 바, 진정한 일여는 불지의 구경무심뿐이다. 여래의 멸진정은 제8식 즉 3세까지 없어진 진짜 무심이다. 10지 등각을 넘어선 구경각인 무심을 철저히 증득하여 진정한 오매일여에서 영겁토록 어둡지 않아야 견성이며, 이 대무심지를 보임하는 것이 깨달은 뒤의 행리임은 불조정전의 철칙이다.

다시 요약하면 다음 네 가지로 말할 수 있다.

첫째 : 도를 닦는 사람은 자나깨나 한결같은 오매일여의 실지 경계를 반드시 통과하여야 깨달음에 이른다.

둘째 : 오매일여란 꿈속에서나 깊은 잠 속에서 캄캄하게 어둡지 않은 것이다.(즉, 잠 속에서도 깨어 있을 때처럼 밝은 소소영영(昭昭靈靈)함이다.)

셋째 : 오매일여에는 몽중위(夢中位)와 숙면위(熟眠位) 두 가지가 있는데, 부처의 지위는 깊은 잠 속에서도 일여한 숙면위다.

넷째 : 여래는 진여(眞如)의 구경무심(究竟無心)에서 일여(一如)한 바, 진정한 일여는 불지(佛地)의 구경무심뿐이다.

위에서 살펴본 것을 바탕으로 이러한 성철의 오매일여론이 어떤 문제를 가지고 있는지 다각도로 살펴보자.

①잠 속에서 캄캄하지 않고 밝은 실지 경계와 구경무심은 일치하지 않는다.

동정일여(動靜一如), 몽중일여(夢中一如), 오매일여(寤寐一如)가 깨달음을 얻기 위한 조건으로서 실제로 성취되어야 할 경지(境地)라면, 일여(一如)가 하나의 경계가 되어 버린다. 일여(一如)란 대혜가 말했듯이 둘이 아니라는 불이법(不二法)을 말하는 것이지 분별되는 경계가 아니다. 일여(一如)란 여여(如如)와 다름이 없는 말이니 불이(不二)의 법성(法性)을 가리킨다. 성철 스스로도 오매일여를 구경무심(究竟無心)이라고 말했듯이, 오매일여는 분별경계가 아니라 무상(無相)·무주(無住)·무념(無念)의 무심(無心)인 것이다.

그렇기 때문에 『유마경』에서는 "법을 구하는 자라면, 경계(境界)를 구하지 않습니다. 까닭이 무엇일까요? 법은 경계가 아니기 때문입니다. 만약 어떤 경계를 헤아린다면, 이것은 경계를 구하는 것이니, 법을 구한다고 할 수 없습니다."[941]라고 하였고, 또 "법을 구하는 자라면, 보고·듣고·느끼고·알고 하는 일을 구하지 않습니다. 까닭이 무엇일까요? 법은 보거나 듣거나 느끼거나 알 수 없기 때문입니다. 만약 보고·듣고·느끼고·알려고 한다면, 이것은 보고·듣고·느끼고·아는 것을 구하는 것이니, 법을 구한다고 할 수 없습니다."[942]라고 한 것이다. 따라서 오매일여를 꿈속이나 숙면 속에서 나타나는 소소영영(昭昭靈靈)

---

941) 諸求法者, 不求境界. 所以者何? 法非境界. 若數一切境界所行, 是求境界, 非謂求法.(『說無垢稱經』「不思議品」第六)
942) 諸求法者, 不求見聞及與覺知. 所以者何? 法不可見聞覺知. 若行見聞覺知, 是求見聞覺知, 非謂求法.(위와 같은 곳.)

한 실지(實地) 경계(境界)라고 하는 주장은 여법(如法)하지 않다.

②성철이 오매일여의 근거로 제시한 자료들에 타당성이 없다.

지금까지 살펴본 것처럼 성철이 『선문정로』에서 오매일여의 근거로 제시한 자료들 가운데 『나옹어록』과 『태고어록』을 제외한 나머지는 타당한 근거라고 할 수 없다. 특히 조사선 선사인 현사사비의 말과 간화선 선사인 대혜종고의 말을 성철은 오매일여를 주장한 말이라고 완전히 오해하였다. 또한 근거로 제시한 자료들이 조사선·능엄경·화엄경·유식학·간화선 등의 자료들로서 비록 모두 불교라는 범주 속에 포함되긴 하지만, 제각각 다른 종류의 방편들이기 때문에 이들 사이에 일관되고 정합적인 연관관계를 주장할 수는 없다. 동일한 단어라도 다른 문맥에서는 다른 의미로 사용되기 때문이다.

③조사선과 간화선에서 오매일여를 통과해야 견성한다는 주장은 찾을 수 없다.

염불선과 관련 있는 몽산덕이(蒙山德異)와 몽산을 답습한 나옹혜근, 태고보우, 그리고 정토(淨土) 수행자인 감산덕청(憨山德淸)의 말을 제외하고는 어떤 조사선의 선사나 간화선의 선사도 몽중일여·오매일여를 깨달음에 필수불가결한 요소라고 주장한 적이 없다. 육조혜능 이후 몽중일여·오매일여의 주장은 오직 몽산덕이에서 비롯된 것이다. 『사가어록』 『천성광등록』 『고존숙어록』 같은 선어록(禪語錄), 『조당집』 『경덕전등록』 『오등회원』 같은 전등서(傳燈書), 『연등회요』 『선문염송』 같은 공안집(公案

集),『선원제전집도서(禪源諸詮集都序)』『인천안목(人天眼目)』『조정사원(祖庭事苑)』『선문수경(禪門手鏡)』같은 선학서(禪學書) 등 어디에도 몽중일여와 오매일여가 깨달음에 필수적인 요소라는 말은 없다. 아니 몽중일여니 오매일여니 하는 구절조차 발견할 수 없다.

 ④선문의 선사들 가운데 오매일여를 통과하여 견성했다는 경우는 찾을 수 없다.

 『전등록』이나 각종 선어록에서 선사들이 깨달은 이야기를 보면 오매일여의 경계를 성취하여 깨달음을 얻었다는 기록이 전혀 없다. 석가모니가 정각(正覺)을 이룬 이야기에도 오매일여라는 말은 등장하지 않는다. 다만, 태고보우의 문인(門人) 유창(維昌)이 찬술(撰述)한 태고의 행장(行狀)이『태고어록』에 실려 있는데, 이 기록에 의하면 태고가 동안거 때 오매일여의 경지에서도 무자(無字) 화두의 의심이 부서지지 않고 마치 죽은 사람과 같았다가 정월 칠일 오경(五更)에 문득 크게 깨달았다고 한다.943) 깨닫기 전에 오매일여의 경계에 들었다는 기록은 아마도 이것이 유일하다고 생각된다. 그러나 이 기록에서 나타난 태고의 오매일여는 마치 완전히 죽은 사람처럼 캄캄한 무심(無心)의 경험이었지, 성철의 주장처럼 소소영영한 밝은 경계가 아니었다.

---

943) 동안거 결제를 청했다. 스님은 이때에 오매일여의 경계까지 이르렀으나 여전히 무자(無字) 위에서 의심을 부수지는 못하였고, 마치 완전히 죽은 사람과 같았다. 무인(戊寅)년 정월 칠일 오경에 이르자 마음이 확 열리면서 크게 깨달았다.(請結冬. 師於是到寤寐一如之境, 尙猶無字上破疑不得, 如大死人焉. 至戊寅正月七日五更, 豁然大悟.)(『太古和尙語錄』卷下. 附錄. 行狀)

⑤오매일여의 단계를 거치는 것은 점수법(漸修法)이니 돈오법(頓悟法)인 선문과 맞지 않는다.

동정일여 · 몽중일여 · 오매일여의 3단계의 경계를 거쳐야 깨달음에 이른다고 한다면, 이것은 점차(漸次)로 깨달음을 이루어 가는 점수(漸修)이므로 육조 문하의 남종돈교(南宗頓敎)와 어긋난다. 남종돈교는 오직 말을 듣고서 곧장 깨닫는 언하변오(言下便悟)의 돈오견성(頓悟見性)을 말할 뿐이고 점차적인 단계를 따라 수행하여 깨달음을 얻는다는 점수(漸修)를 용납하지 않는다. 설사 점수를 말하더라도 문득 깨달은 뒤에 점차적으로 닦아 나아간다는 돈오점수(頓悟漸修)를 말하지, 점차 수행하여 깨닫는다는 점수돈오(漸修頓悟)를 말하지는 않는다.

⑥반드시 성취해야 할 실지 경계가 있다고 하면 선의 본질과 어긋난다.

오매일여라는 실제 경계가 있어서 반드시 그 경계를 성취하고 실현해야 한다고 한다면, 이것은 공부인을 얽어매는 것이다. 불교와 선이란 본래 온갖 개념, 견해, 경계에 얽매여 벗어나지 못하고 번뇌하는 중생을 그러한 장애물에서 풀어내어 허공처럼 걸림 없는 자재함을 얻도록 도와주는 가르침이다. 얻어야 할 어떤 경계가 있다고 한다면, 이것은 사람을 경계에 얽어매는 것이니 불교도 선도 아니다. 그러므로 암두(巖頭)는 "만약 진실한 법이라는 것으로 사람을 얽어맨다면, 보시를 받는다고 말해서는 안 되니, 흙 한 줌도 받을 자격이 없기 때문이다."944)라고 말했고, 혜충국사(慧忠國師)는 "얻는 것이 있다면 이것은 들여우의 울음소리이고, 얻을 것이 없다면 이것이 사자의 울부짖음이다."945)라고 했던 것이다.

⑦오매일여를 실지 경계라고 한다면 방편의 말을 실제라고 오해한 것이다.

성철이 오매일여의 근거로 들고 있는 주장을 보면, 꿈속에서도 소소영영하고 숙면 속에서도 소소영영한 경계를 성철 스스로가 체험하고서 이렇게 주장하는 것이 아니라, 경전이나 어록의 말을 근거로 오매일여를 주장하고 있음을 알 수 있다. 그렇다면 선지식이 시설해 놓은 방편의 말을 성철이 실제의 경계라고 오해하였다고 볼 수 있다. 경전과 어록의 모든 말이 그렇듯이 오매일여는 방편의 말이니, 있다·없다라고 분별되는 경계로 이해할 수 있는 말이 아니다. 경전에 나오는 부처님의 말씀과 어록에 있는 조사의 모든 말씀은 분별되는 사실을 알려 주려는 말이 아니라, 공부인의 분별망상을 부수어서 불이법(不二法)으로 이끌려는 방편의 말이다. 방편의 말을 듣고서 분별망상이 부서지고 해탈하면 그뿐, 방편의 말을 분별하여 그런 경계를 구한다면 방편의 말이 오히려 분별망상을 더하는 부작용을 일으키는 것이다.

---

944) 『대혜보각선사법어(大慧普覺禪師法語)』제21권. '포교수(鮑敎授)에게 보임'에 나오는 구절.
945) 『경덕전등록』제5권 '서경광택사혜충국사(西京光宅寺慧忠國師)'에 이 구절이 나온다.

결론적으로 말하면, 담당문준이나 대혜종고나 『수엄경』에서 말하는 오매일여는 잠과 깸이 둘이 아니라는 구경무심(究竟無心)의 불이법(不二法)을 말하는 것인데, 성철은 몽산덕이나 태고보우가 말하는 염불선(念佛禪) 방식의 화두공부 과정에 성취하는 경계를 도리어 구경무심의 불이법과 동일시하는 오류를 범한 것이다. 이미 경계로 나타난다면 이것은 불이법이 아니요, 이미 불이법이라면 분별되는 경계가 아니다. 이처럼 성철의 오매일여론은 여법(如法)하지 않다. 그러므로 이에 근거하여 조계종 수행지침서 『간화선』에서 말하는 동정일여·몽중일여·숙면일여의 삼단계 삼매를 거쳐야 깨달음에 이른다는 주장은 마땅히 수정되어야 한다.

상세 차례

머리말
일러두기

제1장 선이란 무엇인가

1. 선의 특징	23
(1) 불교와 선	23
(2) 선의 주요한 특징	25
2. 마음	30
(1) 세계는 오직 마음이다	31
(2) 깨달음은 마음의 일이다	34
3. 견성성불(見性成佛)	38
(1) 모든 모습은 허망하다	39
(2) 견성은 불이법문(不二法門)이다	42
① 불법은 불이법(不二法)이다	42
② 불이법에는 얻을 것이 없다	47
③ 불이법에는 단계가 없다	53
④ 불이법에는 머묾이 없다	56
(3) 견성(見性)이 발생할 조건	58
4. 선의 가르침	63
(1) 망상을 부숨	64
① 대법중도(對法中道)	64
② 삼구투탈(三句透脫)	67
③ 분별을 용납하지 않음	70
(2) 마음을 가리킴	74

① 즉심시불(卽心是佛)	75
② 마음을 설명함	77
③ 직지인심(直指人心)	80
(3) 고칙공안(古則公案)의 두 역할	85
① 분별 차단	85
② 법을 보는 안목	90

5. 수행하지 않는다   92

(1) 육조혜능(六祖慧能)의 돈교법문(頓敎法門)	93
① 돈교(頓敎)의 불이법문(不二法門)	93
② 남돈북점(南頓北漸)	97
③ 수행에 대한 혜능의 언급	114
(2) 남악회양(南嶽懷讓)	123
(3) 마조도일(馬祖道一)	125
① 도는 닦는 것이 아니다	125
② 수행은 조작이다	126
③ 수행하여 깨닫는 것이 아니다	126
④ 닦는 것이 도리어 더럽히는 것이다	127
⑤ 수도와 좌선에 의지하지 않는다	127
(4) 황벽희운(黃檗希運)	128
① 수행할 필요 없다	128
② 깨달음에는 차례가 없다	129
③ 수행은 모습에 집착하는 것이다	130
④ 수행은 조작하는 것이다	131
⑤ 깨달음이 없으면 헛일이다	132
(5) 임제의현(臨濟義玄)	134
① 수행은 조작이니 업짓는 일이다	134
② 닦아서 보충할 부족함이 없다	135
③ 좌선은 조사 문중의 법이 아니다	135
④ 좌선선정은 외도의 법이다	136
⑤ 깨닫지 못하면 헛일이다	137
(6) 대혜종고	138

6. 언하돈오(言下頓悟) 140
(1) 선지식의 가르침을 받아야 한다 141
(2) 언하대오(言下大悟) 144

제2장 대혜의 공부와 깨달음

1. 대혜의 공부와 깨달음 자료 152
(1) 깨달음 이전의 공부 152
(2) 첫 번째 깨달음 155
(3) 두 번째 깨달음 161
(4) 세 번째 깨달음 165

2. 해설 172
(1) 첫 번째 장벽 172
① 담당문준이 세운 장벽 172
② 대혜종고가 마주친 장벽 173
③ 원오극근의 가르침 173
④ 해설 174
(2) 첫 번째 깨달음 175
① 원오극근의 상당법문(上堂法門) 175
② 대혜종고의 깨달음 176
③ 첫 번째 깨달음에 대한 대혜종고의 소감(所感) 177
④ 첫 번째 깨달음에 대한 원오극근의 평가 177
⑤ 해설 177
(3) 두 번째 장벽 181
① 원오극근이 세운 장벽 181
② 대혜종고가 마주친 장벽 182
③ 해설 182
(4) 두 번째 깨달음 183
① 오조법연의 대답 183
② 대혜종고의 깨달음 184
③ 두 번째 깨달음에 대한 대혜종고의 소감 184

④ 두 번째 깨달음에 대한 원오극근의 평가 184
⑤ 해설 185
(5) 남아 있던 장벽 188
① 앙굴마라와 임산부 공안(公案) 188
② 이 공안에 대한 뒷날 대혜의 언급 189
③ 담당문준의 방편 189
④ 해설 190
(6) 세 번째 깨달음 190
① 화엄경의 무생법인(無生法忍) 설법 열람 190
② 대혜종고의 깨달음 191
③ 세 번째 깨달음에 대한 대혜종고의 소감 192
④ 해설 192
(7) 깨달음은 어떻게 발생하는가? 194

제3장 대혜의 가르침

1. 깨달아야 한다 197
(1) 반드시 깨달아야 한다 197
① 오직 깨달음뿐이다 197
② 깨달아야 통한다 200
③ 깨달을 뿐 말할 것은 없다 201
(2) 깨달음은 어떻게 일어나는가? 202
① 알 수 없는 곳에서 생각이 뚝 끊어진다 202
② 한 번 깨달으면 다 깨닫는다 205
③ 방편을 버리고 스스로 깨달아야 한다 206
(3) 깨달으면 어떤가? 207
① 저절로 늘 깨달아 있다 207
② 걸림 없이 자재하다 207
③ 마음도 없고 법도 없다 209
④ 차별세계가 곧 평등법계이다 210
⑤ 문득 깨달으나 점차 익숙해진다 211
⑥ 깨달음을 점검하는 말 212

상세 차례 497

(4) 잘못된 깨달음을 피하라 213
① 견해를 내면 시비분별에 떨어진다 213
② 버리지도 말고 취하지도 말라 214
③ 편안한 곳에 빠져 있지 말라 214
④ 남이 알아주기를 바라지 말라 215
⑤ 따로 얻을 것은 없다 215
⑥ 일부러 하는 일이 아니다 217
⑦ 생각함도 아니고 잊어버림도 아니다 217
(5) 깨달음의 모범적 사례 218
① 홍주수료 218
② 동산수초 220
③ 고산 안국사 222
④ 관계지한 223
⑤ 몽산도명 223

2. 법을 보는 바른 눈 225
(1) 주고 받을 법이 없다 225
(2) 차별이 곧 평등이다 228
(3) 테두리가 없다 229
(4) 하나하나 위에서 밝다 230
(5) 취함도 버림도 없다 231
(6) 모자람도 남음도 없다 232
(7) 세간이 곧 출세간이다 232
(8) 분별이 없으면 모두 법이다 233
(9) 모두가 자기의 일이다 235
(10) 깨달으면 깨달음이 없다 236
(12) 망상이 곧 실상이다 237
(13) 쓸 마음이 없다 237

3. 공부인에게 주는 도움말 238
(1) 깨달음을 본보기로 삼아라 238
(2) 믿음이 깨달음의 뿌리다 239

(3) 결정적인 뜻이 있어야 한다 240
(4) 눈 밝은 종사에게 의지하라 241
(5) 알 수 없는 곳에서 깨닫는다 242
(6) 깨달음을 기다리지 말라 245
(7) 빚을 갚지 못한 사람 같아야 한다 246
(8) 신속한 효과를 찾지 말라 247
(9) 애써 구하지 말라 248
(10) 힘들지 않은 곳에서 공부하라 249
(11) 방편의 말을 멋대로 이해하지 말라 250
(12) 헤아려서 점검하려 하지 말라 252
(13) 근본을 얻을 뿐 말단을 근심하지 말라 253
(14) 익숙한 곳을 낯설게 한다 254
(15) 깨달은 뒤의 공부 255
(16) 공부의 점검 257
(17) 생사심(生死心)이 끊어져야 깨달음이다 258

4. 방편을 오해하지 말라 261
(1) 방편이란 무엇인가? 261
(2) 모든 가르침은 방편이다 264
(3) 방편을 진실이라 여기지 말라 265
(4) 방편을 버리고 깨닫는다 275
(5) 오매일여라는 방편 278
① 오매일여라는 방편과 오해 278
② 오매일여와 대혜의 깨달음 284
③ 오매일여와 고봉의 깨달음 291
(6) 좌선이라는 방편 296
① 좌선을 참된 공부라고 여기지 말라 296
② 좌선은 한때의 방편일 뿐이다 298
③ 해설 302

5. 잘못된 공부와 삿된 선(禪) 304
(1) 깨달음이 없으면 삿되다 304

(2) 지식으로 이해하면 삿되다   306
① 두피선(肚皮禪)   307
② 구고자선(口鼓子禪)   308
③ 지식인의 병폐   311
(3) 양쪽에 머물면 삿되다   313
① 있음과 없음의 양쪽   313
② 말과 침묵의 양쪽   315
③ 관대와 망회의 양쪽   318
④ 도거와 혼침의 양쪽   320
⑤ 시끄러움과 고요함의 양쪽   321
⑥ 단상이견(斷常二見)   322
(4) 머물 곳이 있으면 삿되다   324
① 고요한 곳에 머묾   324
② 적멸한 곳에 머묾   328
③ 쾌활한 곳에 머묾   329
(5) 얻을 것이 있으면 삿되다   331
① 얻을 법이 있다   331
② 무언가가 있다   334
(6) 도리와 격식을 세우면 삿되다   336
① 침묵이 본래면목이다   336
② 전광석화처럼 알아차린다   337
③ 삼계는 오직 마음이다   339
④ 눈을 부릅뜨고 보는 곳에서 알아차린다   342
⑤ 말도 옳고 침묵도 옳으니 둘이 없다   344
⑥ 평상(平常)하고 무사(無事)하다   344
⑦ 곧장 뚫고 벗어나 현묘하다   346
⑧ 서 있는 곳이 곧 진실이다   347
⑨ 교학(敎學)에 의지한다   348
(7) 공안거량선(公案擧量禪)   350
① 공안(公案)을 거량(擧量)한다   350
② 공안에 대한 여러 가지 이해   354
③ 공안에 대한 대혜의 입장   356

(8) 묵조선(默照禪)	366
① 가장 삿된 선	366
② 묵조선의 주장과 문제점	368
③ 묵조선이 삿된 이유	373
(9) 전광석화선(電光石火禪)	381
① 전광석화선이란?	381
② 전광석화선의 삿됨	383
(10) 기타 여러 가지 삿된 경우들	387
① 여러 가지 삿된 이해들	387
② 눈앞의 경계를 마음이라고 한다	389
③ 깨끗한 빛에 통달하는 것을 깨달음으로 삼는다	390
④ 인가(印可)를 구하지 말라	391
6. 선문(禪門)의 본보기	394
(1) 첫 번째 본보기	395
(2) 두 번째 본보기	397
(3) 세 번째 본보기	399
(4) 네 번째 본보기	401
(5) 다섯 번째 본보기	402
(6) 여섯 번째 본보기	404
(7) 일곱 번째 본보기	406
(8) 여덟 번째 본보기	408

7. 실중(室中) 가르침 410
(1) 입실(入室) 지도 410
(2) 죽비자화(竹篦子話) 411
① 대혜의 죽비자화(竹篦子話) 411
② 주봉장로(舟峰長老)의 말 412
③ 요현비구(了賢比丘)의 말 414
(3) 구자무불성화(狗子無佛性話) 416
(4) 간시궐화(乾屎橛話) 417
(5) 실중 가르침의 요체 418

부록

1. 필자의 공부와 대혜종고 423

2. '사주인견대성'의 뜻에 관하여 445
(1) 서론 445
(2) 승가대사와 승가신앙 446
(3) 불교 이외 문헌의 사례 448
(4) 선어록에서의 사례 450
(5) 결론 458

3. 퇴옹성철 오매일여론의 비판 460

상세 차례 494

간화선 창시자의 禪
상권: 대혜의 깨달음과 가르침

초판 1쇄 발행일 2011년 12월 1일
개정증보판 1쇄 발행일 2021년 11월 26일

지은이 김태완

펴낸이 김윤
펴낸곳 침묵의향기
출판등록 2000년 8월 30일, 제1-2836호
주소 10401 경기도 고양시 일산동구 무궁화로 8-28
      삼성메르헨하우스 913호
전화 031) 905-9425
팩스 031) 629-5429
전자우편 chimmukbooks@naver.com
블로그 http://blog.naver.com/chimmukbooks

ISBN 978-89-89590-25-5 03220

* 책값은 뒤표지에 있습니다.